アウグスティヌスの恩恵論

アウグスティヌスの恩恵論

金子晴勇著

知泉書館

目　次

序論　アウグスティヌス時代の状況について
1　恩恵概念の歴史的伝統　　　3
2　アウグスティヌス時代の特質　　　7
3　ローマの攻略とペラギウス論争の開始　　　12
4　急進的改革派と保守的穏健派　　　13
5　経験の深化と恩恵論　　　14

第Ⅰ章　初期の著作における自然と恩恵
はじめに　　　19
1　カシキアクムの対話編　　　21
2　『自由意志』(388-395)　　　27
3　『カトリック教会の道徳』と『真の宗教』　　　33
終わりに　　　35

第Ⅱ章　中期の著作における自由意志と恩恵
はじめに　　　39
1　『シンプリキアヌスに答えた諸問題』(396-397)　　　41
2　『告白』(397-401)　　　48
3　回心の既述に現われた自由意志と恩恵　　　53
4　中期思想からペラギウス論争文書へ　　　58

第Ⅲ章　ペラギウスとペラギウス主義者たち
はしがき　　　65
1　ペラギウスの活動・著作・思想　　　66
2　カエレスティウスの行動と思想　　　84

　　　　　　　　　目　次

　　3　ユリアヌスの著作活動　　　　　　　　　　　　　　92
　　4　ペラギウス主義の特質　　　　　　　　　　　　　　99

第Ⅳ章　ペラギウス派論争の経過
　　1　ペラギウス派論争の開始と展開　　　　　　　　　105
　　2　カルタゴ教会会議（411年）　　　　　　　　　　 109
　　3　アウグスティヌスによる批判の開始　　　　　　　112
　　4　パレスチナのペラギウス訴訟　　　　　　　　　　127
　　5　教皇の異端尋問とカルタゴ教会会議（417年）　　 135
　　6　アウグスティヌスによるペラギウス批判　　　　　139
　　7　恩恵論の根本的な相違点　　　　　　　　　　　　144

第Ⅴ章　ペラギウス派論争の発展
　　1　ユリアヌスとの論争の開始　　　　　　　　　　　151
　　2　自由意志と原罪の正しい理解　　　　　　　　　　154
　　3　『ユリアヌス駁論』　　　　　　　　　　　　　　161

第Ⅵ章　セミ・ペラギウス主義との論争
　　1　カトリック内部からの反論 (1) 北アフリカのハドルメトゥム　170
　　2　カトリック内部からの反論 (2) 南フランスから　　180

第Ⅶ章　罪と恩恵の教義
　　は し が き　　　　　　　　　　　　　　　　　　　195
　　1　ペラギウスの人間論　　　　　　　　　　　　　　197
　　2　ペラギウスの恩恵論　　　　　　　　　　　　　　201
　　3　恩恵と自由意志　　　　　　　　　　　　　　　　205
　　4　自由意志と自由の区別と関連　　　　　　　　　　207
　　5　原罪をめぐる論争　　　　　　　　　　　　　　　210
　　6　情欲をめぐる論争　　　　　　　　　　　　　　　216
　　7　予定をめぐる論争　　　　　　　　　　　　　　　226
　　8　義認における宣義と成義　　　　　　　　　　　　231

目次　　　　　　　　vii

第Ⅷ章　オランジュの教会会議に至る論争の経過
1. カッシアヌスと修道院的伝統　　　240
2. アクイタニアのプロスペルと南フランスの
　　アウグスティヌス主義　　　245
3. セミ・ペラギウス論争の進展　　　250
4. アルルのカエサリウスとオランジュの教会会議　　　259

第Ⅸ章　恩恵論の中世における展開
1. ボエティウス，アンセルムス，クレルヴォーのベルナール　　　270
2. トマス・アクィナス　　　275
3. ドゥンス・スコトゥス　　　278
4. ウィリアム・オッカム　　　282

第Ⅹ章　近代思想における批判的受容
1. ルターの宗教改革とアウグスティヌスの恩恵論　　　285
2. エラスムスとルター論争の意義　　　290
3. カルヴァン　　　298
4. アウグスブルク信仰告白とトリエントの公会議　　　302
5. モリナ・パスカル・デカルト　　　307
6. ライプニッツの自由意志と恩恵　　　312

付論　オロシウスの恩恵論
　　　──『ペラギウス駁論を弁護する書』(415) について──　　　315

結　び
1. 恩恵に基づいた自由の意味　　　321
2. アウグスティヌス恩恵論の研究史　　　326
3. 本書の研究方法と概要　　　328

あとがき　　　330
参考文献　　　332
索　引　　　337

アウグスティヌスの恩恵論

序 論

アウグスティヌス時代の状況について

───────

1 恩恵概念の歴史的伝統

聖書で使用されている「恩恵」という言葉はギリシア語のカリス (χαρις) であり，七十人訳聖書（セプテュアギンタ）では同義語の「同情・いたわり」を意味するエレオス (ἔλεος) が使われた。しかし，これらの言葉が福音書では全く使われないか，使われてたとしてもわずかに過ぎなかった[*1]。それに対してパウロの真正な手紙では明らかに神学的な術語としてカリスは六十回も用いられ，その他の箇所でも四十回にわたって使われた。彼は自己の神学思想を構成する中心主題と関連させてカリスをしばしば使用しているが，その思想は聖書ではそれ以後には発展が見られず，アウグスティヌスの時代に至るまで，とくにペラギウスとの論争に至るまでは，明瞭な神学的考察の対象とはならなかった[*2]。恩恵の現実がもちろん経験されたとしても，その現実に立って学問的にそれを反省したり，少なくとも主題として採りあげることはなかった。それゆえ，パウロ神学に見られるように恩恵の神学はイエスにおける救いの経験として採りあげられてはいても，単にそれが開始している点が認められるにすぎない。やがて人間性に

---

1) これらはマルコ福音書には現れず，マタイ福音者ではエレオスが三回用いられるも，カリスは使われていない。ヨハネ福音書ではカリスが四回プロローグにおいてのみ用いられている。ルカではカリスが八回，エレオスは七回現れる。なお，続く叙述は Gottes Gnade, II. Im AT und Judentum (E. Würthwein), III. Im NT (G. Stälin) in: RGG, 1958, Bd. II. Sp. 1632-37 の研究に拠る。

2) J. Duffy, The Dynamics of Grace Perspectives in Theological Anthropology, 1993, p.17.

ついての反省が深まり，罪の贖いのためにはキリストの恩恵が不可欠であることが自覚されて初めて，恩恵の神学がゆっくりと立ち上がってくる。

　旧約聖書では恩恵は主として四つの言葉でもって表現された。①「好意や寵愛」を意味するヘーンは他者に対する義務や要求が伴われない一方的な好意が示される場合に用いられた。「彼はわたしの心に適った」（サムエル上16・22）や「大変気に入られ」（列王上11・19）「ノアは主の好意を得た」（創世6・8）などに表れている ②「同情や憐れみ」を意味するラフミームは強い情念をもって他者に臨み，親がその子に対する慈しみの情であって，授ける者と受け取る者との結合を前提とする。「その子を哀れに思うあまり」（列王上3・26），「貧しい人々を憐れむ，自分が産んだ子を憐れむ」（イザ49・13, 15）などに示される。③「慈しみ」を意味するヘッセドは相互的な人格間の信実を表し，「わたしは慈しみを喜ぶ」（ホセ6・6）に典型的に表現されている契約共同体の関係を示す。これは心の強い結びつきを相互に期待し，契約の内容ともなって，神とイスラエルとの関係を規定する。ここに恩恵の意義が示され，神への信実が，人間相互にも，求められる。「主があなたに求められることは，いつくしみを愛し，へりくだってあなたの神と共に歩むことではないか」（ミカ6・8）。④「公平」を意味するツェダカーはヘッセドと同じく契約共同体との関連で用いられる。それは「わたしはあなたに正義と公平を与え，慈しみ憐れむ」（ホセ2・21）に表れている。また「わたしは恵みをもってあなたを呼ぶ」（イザ42・6）にも用いられた。

　ところが新約聖書ではこの恩恵概念が新しい内容で満たされている。イエス自身の口から恩恵（カリス）について語られていないとしても，その行動と言説はすべて独自な神の恵みを告知しており，それを実現していた。たとえば「あなたがたの父は喜んで神の国をくださる」（ルカ12・32），また「これらの小さな者が一人でも滅びることはあなたがたの天の父の御心ではない」（マタイ18・14）との発言には神の恵みが告知されている。しかもそれは「小さな者」に向けられており，また「財産のない者」（マルコ10・26）や「家計で失敗した者」（マタイ18・27）また「半死半生の旅人」（ルカ10・30以下）や「見失われた一匹の羊」（同15・4）に憐れみが注がれた。このように神の憐れみや慈しみが新しい生活の源泉となった。

　これに対しイエスの弟子たち，とりわけパウロは，新しい福音の使信を

恩恵概念によって表明するようになった。彼自身の告白によれば神は「わたしの母の胎内にあるときから選び分け，恵みによって召し出してくださった」（ガラテヤ1・15）し，「神の恵みによって今日のわたしはある」（Ⅰコリント15・10）。また彼の使命も「恵みを受けて使徒とされた」（ロマ1・5）ことによっており，彼には「主の恵みがあふれるほど与えられた」（Ⅰテモテ1・14）ばかりか，その恩恵は無償で授けられたものである。ここから彼の恩恵論の基本主張「人は皆，神の恵みにより無償で義とされる」（ロマ3・24）が説かれるようになった。こうして「神の計画と恵み」（Ⅱテモテ1・9）のもとにあって，「信仰によって今の恵みに入れられる」（ロマ5・2）という信仰義認の教えが誕生した。しかもキリストが神の恩恵の源泉であって（Ⅱコリント8・9；12・9），キリストこそ神の恩恵の原像・啓示者・担い手・授与者として語られる（同13・13）。また聖霊も「霊の賜物」として恩恵を授け（ロマ1・11），「恵みの霊」（ヘブライ10・29）と呼ばれる。この恩恵は律法による救いの道を排斥する。パウロは「あなたがたは律法の下ではなく，恵みの下にいるのです」（ロマ6・14）とキリスト者の立っている場所が根本的に変化したことを告げ，「律法によって義とされようとするなら，キリストと縁もゆかりもない者とされ，いただいた恵みを失います」（ガラテヤ5・5）と警告する。この律法によっては罪の認識が得られるに過ぎず，律法から恩恵への方向転換を説いて，「律法が入り込んで来たのは，罪が増し加わるためでした。しかし，罪が増すところには，恵みはなおいっそう満ち溢れました」（ロマ5・20）と言う。

ここに信仰義認，無償の恩恵，聖霊の賜物としての恩恵というパウロの根本思想が確立された。アウグスティヌスの恩恵論はこうしたパウロ思想の復興の試みであるが，そこにはパウロから400年の歴史と経験とが重要な意味をもっている。しかし，古代教会においては三位一体とキリスト論が中心的な教義問題となっていて，恩恵についての教義は発展しなかった。したがってキリスト教思想史の最初の諸世紀においてはパウロが用いた恩恵（カリス）に相当する表現も使用例も見いだされないと言われる[*3]。パ

---

3) 恩恵という言葉が使われていても，それは聖書的な表現の引用に過ぎず，それについて反省する例が認められない。O. H. Pesch, A. Peters, Einführung in die Lehre von Gnade und Rechtfertigung, 1989, S. 8-9参照。また、この時期の思想家は新約聖書におけるキリストによる救済の理解よりも神・キリスト・聖霊に関する教義に関心が寄せられていた点をローゼが

ウロに続く使徒教父時代のキリスト教徒は伝承的なユダヤ教の律法的な敬虔と山上の説教の厳しい要求に忠実に従っており，強調点は倫理的な要求におかれ，恩恵によってもたらされた救いのときを生きた。同時に形成を見た教会の悔い改めが特別な「回心の恩恵」(charis metanoias) としての特徴をもっている。このような倫理の強調は，最初の3世紀にわたってキリスト教信仰が当時隆盛をきわめたグノーシス主義によって脅かされたためであった。そこでは物質的な世界を悪とみなし，そこからの救いは知識によって得られると説かれた。このようなグノーシス主義の異端に立ち向かってキリスト教の真理を弁証することが古代教会の中心的課題となり，三位一体とキリスト論の教義の確立を見たのである[*4]。

この時代には異教徒や異端者に対決する宗教論争が激しく展開し，教会では護教家たちが活躍した。とくに異端者マルキオンとエイレナイオス，異教徒のケルソスとオリゲネスとの間の論争が有名である。彼らは物質的世界を悪とみなすグノーシスの世界観を聖書の創造思想によって反駁し，神が物質や身体をも善として創造したことによってそれを肯定したのみならず，同時に世界を創造した神の超越性を力説した。ここから彼らは神自身が人となる受肉によって救いが実現したことをキリスト教の福音として説いた。また知識によって救われるというグノーシスの思想に対決して新しい教えは，世界や身体からの逃避ではなく，世界との交渉する自由を許したばかりか，善いわざの必要性と倫理的な新しい力を強調した。

こうしたグノーシス思想との対決状況においてはキリスト教的な救済は根本において創造思想によって説かれたのであった。神は創造神として物質的な世界から絶対的に超越した存在であるが，この超越性に立って，造られたのではないロゴスの受肉が説かれるに及んで，神の超越と内在との鋭い緊張関係が生まれた。この点を明らかにするために神の本質 (ousia) と活動 (energeia) とが区別され，神の本質はその超越性のゆえに認識できないとしても，神はただその活動をとおして出会われ，理解される。この神の活動のわざこそ「救済計画」(oikonomia) なのであって，言語学的には「家計」を意味する oikonomia は実質的には「神の救いの計画」つまり

指摘している (Lohse, Epochen der Dogmengeschichite, S. 107)。
　　4)　倫理の強調は人間には自由意志が備わっており，罪によっても善を選び，悪を避けることが妨げられていないと一般に確信されていた (Lohse, op. cit., S, 107)。

「経験」を含意し，東方教会の神学では「恩恵」と同じ機能をもっている[*5]。この oikonomia において一歩一歩自己を啓示するのは三位一体の神である。これによって人間における神の像は罪による毀損状態から回復される。そのためには神のロゴス自身が人となり，神の像としての人の姿を完全に明らかにし，この像の回復のために神の霊が遣わされる[*6]。それゆえ，キリストの人性をめぐってなされた対決はニカイヤからカルケドン公会議に至るまで隠された「恩恵論」として展開を見たのである。

こうした経過を辿りながら恩恵論は基本的には受肉という客観的な救済の出来事に基づいて展開したがゆえに，そこでは今日一般に考えられる恩恵はいわば「雄弁な沈黙」(das beredte Schweigen) という形で表出されているといえよう[*7]。このような展開の中からアウグスティヌスの恩恵論が新たに「罪と恩恵の教え」として宗教的経験の深みから語られるようになる。わたしたちはこうした新しい展開が生じた理由を古代末期の時代状況から明らかにしなければならない。

2 アウグスティヌス時代の特質

わたしたちは思想史を研究する場合に，特定の思想が一定の体系を形成する基礎となっている経験に注目する必要がある。この経験は一般に個人がおかれた文化的な状況とか比較的若いときに経験した特殊な出来事から生じる場合が多い。この基礎となる経験は思想史を研究していると，同じ時期に同じような姿を保っていても，これに個人が関与する仕方の相違から全く異質な思想に発展することがある。つまり状況と問題は同じでも，それに関与する主体的な態度によって全く異なった様相を呈する[*8]。どのよ

---

5) O. H. Pesch, A. Peters, op. cit., S. 12.
6) 「神の像」が古代東方教会においていかなる意義をもっていたかに関しては金子晴勇『ヨーロッパの人間像』（知泉書館）の第3章「ギリシア・ラテン教父における〈神の像〉」47-66頁参照。
7) O. H. Pesch, A.Peters, op. cit., S.11-15. 参照。
8) ここには同一の答えが出せる単純な算術が適用できない。だから思想を歴史の産物と見て，社会経済的下部構造の観念的反映であると一義的に主張することは困難であり，かくも多様なる形態をとって存在している思想をどう理解すべきか問い直さなければならないように思われる。わたしは思想の多様性を世界に関わる人間の自由な主体性に求めたい。

うに世界に対し自覚的に関わるかということが決定的に重要な意義をもち，それにより思想の方向性が出てくると考えられる。したがって基礎経験で問題となるのは，世界よりも，世界に自覚的に関わる自己なのである。

　アウグスティヌスの時代は古代末期である。この時代にはローマ帝国とキリスト教との関連が歴史に共通する最大の問題であったが，時代に内在する問いに各人は自由に関与しながら，自己の歴史を形成することができる。それゆえ，トレルチが説くように歴史の現実と各自の思想との間に「ある秘められた結びつき」が存在する[*9]。ここからわたしたちは，アウグスティヌスが時代の諸問題に深く関わっておりながら，きわめて個性的で豊かな思想を創造した点を理解できる。彼の独創的な思想はその根底においては時代に内在する問題と密接に関連しており，わたしたちがこれから問題とする「恩恵論」も同様に時代の問題や出来事に密接に関わっていた。

　アウグスティヌスの根本思想は「不安な心」(cor inquietum) から解明できる[*10]。この種の精神的な変化はマルクス・アウレリウス皇帝からコンスタンティヌス帝に至るまでの時代に起こったものである[*11]。この時代の文化に特有な不安やペシミスティックな感情を契機にして罪責感情が高まったのに対して，内面的な宗教性としてキリスト教やグノーシス主義が優勢になってきた[*12]。こうして個人の内面性を重視する思想が至るとこ

---

　9) トレルチは『歴史主義とその諸問題』において歴史的に与えられているものの評価の基準を「現代的文化総合」(gegenwätige Kultursynthese) によって捉えている。彼によると歴史的なものはすべて個別的にして相対的であって，歴史の記述もそのようなものであるにしても，歴史の価値評価の基準のほうは「当の歴史過程から有機的に成長してきており，思想と現実との間には，ある秘められた結びつき，主観と客観との本質的同一性が存在する」ことから得られる (Ernst Troeltsch, GA. Bd. III, S. 183)。したがって歴史の諸時代はその固有の中心から把握されるため，何時も同一で変わることはないにしても，現時点で行動し観察する各人の主体的な関心からのみ歴史的選択の方向と客観化および叙述の方向は生まれてくる。これがトレルチの言う「現代的文化総合」にほかならない。

　10) この点に関しては金子晴勇『アウグスティヌスとその時代』知泉書館，第5章「〈不安な心〉の軌跡と思想形成」(63-90頁) で詳しく論じておいたのでここでは省略する。

　11) ドッズはマルクス・アウレリウス皇帝からコンスタンティヌス帝に至るまでの精神的変化を考察し，「この時期は物質的衰退が急降下をたどる一方，新しい宗教感情がふつふつと沸き上がっていた時代である。これを称して私は〈不安の時代〉と呼ぶ」と述べている (ドッズ『不安の時代における異教とキリスト教』井谷嘉男訳，日本基督教団出版局，17頁)。

　12) ドッズ前掲訳書，28，44，50頁参照。

ろで起こり,人々は外的な世界と古い伝統から切り離されて,個人の内面世界が生まれてきた[*13]。ここには同時に,アタナシオスの『アントニオスの生涯』に見られるように,孤独な個人を内側から支える人格的な唯一神に向かう傾向が生じた。この種の神はローマの神々のように,人類全体を一括して政治的に支配するのではなくて,個別に人格的にかかわる神であった。伝統的な宗教はキケロが『神々の本性について』で端的に示しているように,個人の救済を直接問題にせず,宇宙に漲る聖なるものを宗教儀式や神聖とされる彫像・神託・神殿などをとして畏敬の念を起こさせていた[*14]。これに反してこの時代には個人的に関与する神が内面の深みから探求され,アウグスティヌスが『真の宗教』の末尾で問題にしたキケロとラクタンティウスとの宗教の定義に関する根本的な相違も生まれてきた[*15]。

次に,こうした個人の内面的な深みから世界を変えるような創造的な文化活動が起こった。この文化創造は古代末期の文化的偉業とみなすべきものであって,それによってヨーロッパの思想文化の根幹が形成されることになった。こうした文化創造はアウグスティヌスの下で決定的な成果を生み出したが,すでに同じような傾向が異教徒にもキリスト教徒にも萌芽として生まれてきていた。こうした人たちは何よりも自己が大きな神の力によって活かされていると信じたのである。したがって三世紀から四世紀にかけてローマ帝国内で活躍した人物たちは,人格的な唯一神であれ,宇宙に偏在する神々であれ,自分をその召使と信じて,その命令に謙虚に服し,

---

13) このことは「自己のうちに隠遁する」(anachorein eis heauton) というこの時代に流行った概念の分析からフェステュジェールによって立証された。その例としてマルクス・アウレリウス帝の『自省録』,哲学者プロティノスの神秘主義,グノーシス派の哲学などがあげられる (Andre-Jean Festugiere, Personal Religion among the Greeks, 1954, p. 58-67)。

14) キケロは言う「神々にたいする敬虔な気持ちがなくなれば,信義や人間社会の絆,さらには諸徳の中でも唯一際だつ正義の徳といったものも,おそらく消えてなくなるだろう。……神々の思慮や理知の働きによって全世界が統治され,支配されていると考える哲学者たちは穀物をはじめとする大地の産物,これらを実らせ成熟させる天候や季節のうつろい,天の運行といったものが,いずれも不死なる神々が人間に授けた恩寵にほかならないとみなす」(キケロ『神々の本性について』第1巻2節3-4,邦訳6-7頁)と。

15) アウグスティヌス『真の宗教』55, 111参照。キケロ前掲訳書,第2巻28節,72,邦訳134頁。「神々への信仰にかかわるあらゆる問題を注意深く再検討し,いわば〈読み直す〉(relego) ことを行った者たちは,この〈読み直す〉行為にちなんで〈敬虔な者〉(religiosi) と呼ばれたのである」。

力強い行動に駆り立てられた。たとえば，殉教をも恐れずに教会組織の形成に尽力したカルタゴ司教のキプリアヌス（位248-58年），帝国の改革に熱心であったアウレリアヌス帝（位270-75年），キリスト教徒に改宗してまでもローマの再建に尽くしたコンスタンティヌス帝，ふたたび古代の神々を蘇らせて「背教者」と呼ばれたユリアヌス帝（位361-63年），さらには教父の中ではアタナシオス（296頃-373年）やヒエロニュムスなどもそのよい例である。

　思想の創造的な発展には回心の経験が認められるが，これと密接に関連している罪の自覚や意味がこの時代には大きな変化を起こしていた。アリストテレスがギリシア人の考えを代表して罪を述べているところを参照すると，「罪」(hamartia) とは「過失」の意味で，過大と過小の「中」を外れて「間違って的を射る」ことを意味する[*16]。しかし，今やこれが神に対する反逆として，しかも一般的には，目に見えない悪魔の力に操られた結果だと考えられるようになった。したがって人が悪に向かうのは，それだけ悪魔の力がその人のうちに強まっていることを意味した[*17]。

　このように個人の罪責意識が高まったことは恩恵論を生み出す地盤となっているが，時代を全体としてみるならば，それは破局を迎えていたのであった[*18]。歴史家ドーソンはこの時代の特色を「瀕死の世界」と言っている[*19]。このような瀕死の状態はすでに一時代前から指摘されており，たとえばキプリアヌスによって「今や世界自身が語って，それ自身の終末の近いことを万物の凋落をもとにして証言している。すでに衰退への下り道を辿って，その終末に近付くものは，沈む日と欠ける月のように，枯死

---

16) アリストテレス『ニコマコス倫理学』1106b25, 1135b18参照。

17) ブラウン『アウグスティヌス伝』上巻，出村和彦訳，教文館，44-49頁参照。

18) アウグスティヌスはコンスタンティヌス帝がキリスト教へと回心することによって起こった歴史区分を，異教時代に対立するものとして「キリスト教時代」(Christiana tempora) と呼んだ。このような歴史的変化はさまざまな紆余曲折を経て徐々に実現したのであった。コンスタンティヌス帝とコンスタンス帝から，グラティアヌス帝，テオドシウス帝に至るまでローマ帝国は次第に異教から離れて，キリスト教を国家宗教として宣言するに至った。このようにローマ帝国はキリスト教に接近していき，皇帝が教会と緊密に結びついて，キリスト教の正統信仰を擁護しても，ゲルマン諸民族の侵入を防ぎきれず，帝国の崩壊を食い止めることはできなかった。

19) ドーソン他『アウグスティヌス』服部英次郎訳，筑摩書房，8頁。「この時代は，ローマの没落，すなわち500年余ものあいだ世界の栄枯盛衰を支配してきた，あの偉大な秩序の消失と新しい世界の基礎付けとをまのあたりに見た」。

する樹と枯渇する流れのように，力衰えることを免れない。これは世に下された宣告であり，神の審判である」[20]と証言された。また，ナジアンズスのグレゴリオスはその説教のなかで「至る所に死，至る所に悲嘆，至る所に荒廃」と叫び，「その心はすでに枯渇していた」と述べて[21]，古代文明が没落するにいたった最深の秘密を吐露している。さらに，アウグスティヌスの同時代人ヒエロニュムスの手紙にも異教徒のローマ攻略に触れて「どこをみても悲痛，どこをみても悲嘆，至る所に死の面影」と心痛が披瀝されている[22]。これらの証言が物語っているように，彼が活躍していた時代は，その生命力が尽き，荒廃と悲嘆の声を聞きながら崩壊していった[23]。

このような時代の苦悩をアウグスティヌスはその著作『告白』の冒頭で「不安な心」(cor inquietum) という言葉をもって表明した[24]。「心」は人間の存在を動的に表現するときに好んで用いられた言葉である。しかも，それは苦悩や悲惨ばかりでなく，矛盾や謎を秘めた存在をもいう。たとえば「わたし自身がわたしにとって大きな謎になった」（『告白』IV, 4, 9）と言われる。「謎」(quaestio) とは「問題」のことで，いまや人間が大問題となって彼の前に立ちはだかっている。この謎は，髪の毛のように簡単に数えられないし，理性の光も届かない人間の心における深淵である。だから「人間そのものが大きな深淵 (grande profundum) である」（同IV, 14, 22）と言われる。人間そのもの，また人間の心の深みの測りがたさの前に立ち，彼は驚異の念に打たれた。その驚異は内面的な深みをたたえるものとして現われており，やがてここから自然主義的な心の理解を超えた人間の深淵

---

20) キプリアヌス『デメトリアヌスに与える護教の書』第3章，ドーソン前掲訳書，同頁からの引用。
21) グレゴリオス（ナジアンズスの）『説教』第28説教。
22) ヒエロニュムス『手紙』60, ドーソン前掲訳書，同頁からの引用。このようなローマ帝政末期の社会的惨状は Ferdinand Lot, The End of the Ancient World and the Beginnings of the Middle Ages, 1961, p. 171-86 に詳しく叙述されている。
23) アウグスティヌスは『神の国』II, 20の有名な箇所でこの時代の道徳的な荒廃を異教徒の快楽主義において捉えている。異教徒たちはローマの神々の非道な恥ずべき行為を模倣から快楽主義に陥り，国政が「最悪の破簾恥きわまる状態」にあることを少しも憂えておらず，ローマ帝国はいまや古代アッシリア王サルダナパルスの宮殿に比べられるほどにまで転落しているという。
24)『告白』における「不安な心」の意味については金子晴勇『アウグスティヌスとその時代』129-32頁参照。

的な罪責観が生まれてくる。この深刻な罪責感情にこそ「罪と恩恵の教え」の根源がある。

　この教えはどのようにして彼の心中に芽生えてきたのであろうか。それはギリシア思想の影響を次第に脱却するプロセスから明らかになる。本書の第1章と第2章はこの点を考察する。次には恩恵論がキリスト教の教えとして誕生する歴史的契機としてペラギウス派との論争が重要な意味をもってくる。

3　ローマの攻略とペラギウス論争の開始

411年アラリックのひきいる西ゴート族が「永遠の都」ローマに侵入し略奪した事件は，西洋史のエポックを画する事件であった。永遠の都が没落にいたった原因がキリスト教徒とその宗教とに帰せられたのに対し，アウグスティヌスは『神の国』をあらわして護教家として活躍したが，ローマの没落はまたペラギウス論争を併発させることになった。ゴート族によるローマ劫掠の翌年の春に，その難を避けてペラギウスもカエレスティウスもローマを去り，北アフリカに移っており，あいついでアウグスティヌスが司教であったヒッポを訪ねている。その当時北アフリカの教会はドナティストとの論争に巻き込まれていて，ヒッポの町も410年8月25日に皇帝によって開催を命じられたドナティストとの協議会を準備することに追われ，両人の到着に注意しなかったし，アウグスティヌス自身もヒッポを離れてカルタゴに行っていた。その後，ペラギウスが彼に手紙で無事アフリカに到着したことを知らせたのに対して，彼は丁重にしかも用心深く返事をしている（『手紙』146）。彼が実際ペラギウスに会ったのはカルタゴにおいてであった。二人が出会ってどんな印象をたがいにもったであろうか。ペラギウスはアウグスティヌスから手紙をもらったことがあり，その初期の著作『自由意志』にも共感していたのであるが，彼の面前である司教が『告白』第10巻にしるされているアウグスティヌスの有名な祈り，「あなたの命じるものを与えたまえ，そしてあなたの欲するものを命じたまえ」を述べたとき，彼は我慢できず，激憤せんばかりであった（『堅忍の賜物』20, 53参照）[*25]。道徳的に深刻な腐敗現象を露呈していた当時の世相に対

しペラギウスは教養ある平信徒として大きな影響をもつようになり，人間の自然本性を自己開発力によって良い状態へと導こうとした。このような道徳主義者ペラギウスは何かを乞い求める祈りなどは行なわない。祈るのは神に感謝するため，しかも助力を求めてではなく，自由意志の力によって実現された行為に対する感謝のためである。したがって，彼はアウグスティヌスの精神的発展を理解しないで，かえって道徳的に堕落していると考えたから，そのような態度をとったのであろう。他方，アウグスティヌスの方はペラギウスがある会話のなかで，幼児洗礼は罪の赦しのためではなく，キリストにおいて聖化されるためだと，あたかも吐きだすように彼が主張しているのを聞いて，驚いている（『説教』167参照）。

アウグスティヌスとペラギウス派との論争はキリスト教史上画期的意義をもち，キリスト教の中心的教えである「罪と恩恵」の教義がこれにより明確に確立された[*26]。アウグスティヌスは中期から晩年にかけてほぼ一〇年間にわたって三位一体や，創造論，また魂の起源といった深淵的ではあるが，高度に思弁的な議論に携わってきた。ところがペラギウス主義の挑戦によって彼が直面した新しい問題は，キリスト教の「最も確かに基礎づけられた信仰」(fundatissima fides) と直接関係するものであった（『手紙』166, 25）。この論争から彼が確立した恩恵論はその後の歴史にとって計り知れない意義をもったがゆえに，彼は後代の人々から「恩恵の博士」(doctor gratiae) と呼ばれるようになった。

4　急進的改革派と保守的穏健派

ところで，ローマ世界の悲惨な出来事を経験した人たちには，当時の世界

---

25) ここにある「ある司教」というのはノラの司教パウリヌスであると思われる。ペラギウスにはこのような祈りは神が個人に対し依怙贔屓をするように求めるがゆえに，律法を授ける神の大いなる権能を犯す不敬虔と思われたであろう。とくに病人に対する癒しなど必要ないというのが彼の意見であった（『自然と恩恵』21, 23）。ブラウン『アウグスティヌス伝』下巻，69頁参照。ペラギウスは人間を完全に独立した個人において常に考えている。それに反しアウグスティヌスは『告白』第4巻の最初に記されているように神によって養われる「乳飲み子」において「人間としての人間」を捉えている（『告白』IV, 1, 1）。

26) この論争の意義について教義史家ハルナックは言う，「論敵が問題とされた原理をそのように明瞭にかつ純粋に表現したような，教会史における二度とないような重要な危機

の道徳的頽廃を徹底的に批判し，道徳の再建を説いたペラギウス主義はキリスト教会を全面的に方向転換させる改革を意図しているように思われた。ペラギウスはすべてのキリスト教徒に修道士となるように求めた。実は，アウグスティヌスもタガステの地に退いたときには同じ理想に燃えていたはずであった。しかし，ペラギウスの急進主義はカルタゴの司教アウレリウスやアウグスティヌスまたその友人のアリピウスによって修正させられた。それはローマの攻略を前にして北アフリカに移住してきたメラニアとピニアヌスという大富豪に対する態度を見るとよく分かる。ペラギウスはこの世と完全に断絶するように彼らを導いたのに対して，アフリカの司教たちは彼らのアフリカの財産を教会に寄進するように説いた。彼らはこれにしたがって自分の永代所有地をカトリックの修道院に寄付した。ここにペラギウスの急進的な改革志向に反対するアフリカの司教たちの姿勢が明らかである。これはローマ帝国内の平均的な善良なカトリック平信徒の姿勢であった。ペラギウス派はそのような微温的な傾向に批判的であったが，多くの人たちは反体制の急進派から体制内改革の穏健派に転向する傾向もあって，ペラギウス論争の社会的な背景を提示している[*27]。

5　経験の深化と恩恵論

アウグスティヌスはキケロの『ホルテンシウス』を読んで哲学への回心をした経験からみても，ストア思想の影響を若い時に受けている。ペラギウスがアウグスティヌスの初期の著作に共鳴するのもうなずける[*28]。しかし，アウグスティヌスの精神的発展は，自由意志と恩恵との関係においていちじるしいものがあった。彼はパウロの予定説について論じたことに関して次のように『再考録』で語っている。「わたしはこの問題を解決しようとして人間の自由意志を弁護するように努力してきた。だが，神の恩恵

は恐らくなかった。ただ（ニカイア公会議における）アレイオス主義がこれと比較される。ただし、ここではすでに伝承によって限定された狭い形式の領域で論争が展開したに過ぎない」(A. von Harnack, Lehrbuch der Dogmengeschichte, III, S. 167) と。

27)　ブラウン前掲訳書，73-74頁参照。
28)　この点に関してはアウグスティヌス『自然と恩恵』67, 80-81参照。

が〔それに〕勝った」(『再考録』II, 1, 1) と。このように彼は自説が大きく変化したことを認めた。したがって彼によると自由意志によって救われるのではなく、聖書の真理は神の恩恵にもとづき、信仰の出発点も神の賜物によって与えられると説いている。このような変化はペラギウス論争が始まる以前にすでに芽生えていた。これが生じた原因は彼が司教として広く民衆に触れ、その慢性的な病弱状態を知悉し、とくに情欲に屈した自己の内なる罪の深淵にたえず目を向け、根源的罪性を洞察したことによる。たとえば『告白』第8巻に展開する堕落した意志の内部分裂のドラマは、キリスト教文学の最高峰であって、この内面的な戦いこそ思想の基礎にある経験である[*29]。ここから「恩恵が勝利した」という先の『再考録』の言葉も理解できるのみならず、ペラギウス主義との対立も鮮明になってくる。

　まずアウグスティヌスの思想における特質は、ペラギウスと比較してみるならば、深刻な罪悪観に求められる。罪とは神から離反して自己のみに立とうとする高ぶり、つまり傲慢であり、また道徳生活における邪欲としての「むさぼり」である。そこでは何よりも「病んだ人間」が恩恵によって癒されることに最大の関心が寄せられている[*30]。この罪はアダムによって説明される。彼は「罪を犯さないことができる」状態にあったが、それは自由意志のみの力によるのではなく、神の恩恵の助力によって可能であった。だが、恩恵に寄りすがることなく、自己自身で立とうとするなら、それは高慢であって、これにより罪が犯された。罪とは偶然犯される個別的な道徳違反ではない。それゆえ善いわざによって償われ帳消しにはならない。むしろ高慢によって人間の意志は正しい方向を失い、罪を犯さざるをえない状態に追い込まれる。これが罪の生んだ結果であり、人間の自然本性の破壊となって人類に及んだ原罪の事実である。アウグスティヌスはこの事実を、次のパウロの言葉から理解している。「こういうわけで、ひとりの人によって、罪がこの世にはいってきた。そして罪によって、死が

---

29) この部分が書かれる直前に『キリスト教徒の戦い』という書物で内的な葛藤が窮め尽くされている。

30) 例えば、ノラのパウリヌスに宛てた手紙には「恩恵ほど魅力的なものがほかにあるであろうか。わたしたち病んだ人間はこの恩恵によって癒されるから」(『手紙』186, 39) とある。この「病める人間」の宗教における意義についてはウィリアム・ジェイムズ『宗教経験の諸相』上巻、桝田啓三郎訳、岩波文庫、124頁以下参照。

はいってきた。このようにすべての人にそれがゆきわたり，ひとりの人によってすべての人は罪を犯したのである」（ロマ5・12）[*31]。

アダムの罪の結果は人間の自然本性の破壊としての「無知」と「無力」である。前者は知性の盲目であり，何をなすべきかを知らないことである。後者は当為を実現することのできない意志の脆弱である。これらは罪の罰であって，神を求める方向から転落した罪深い愛，つまり邪欲となって現われている。邪欲は性的なものにかぎらず，「むさぼり」でもあって，転倒した無秩序の意志であり，神を使用してまでも自己を享受しようとする。しかも邪欲は性的領域で優勢に支配しており，人間をその奴隷となしている。これは克服しがたい罪である。それは「罪の娘」から「罪の母」にまでなっていて，原罪を伝播させているとも考えられた（『結婚と情欲』I, 24, 27）。だからキリスト信徒の両親から生まれた子供といえども，罪から洗い清める洗礼が必要である。もちろん子供を産むこと自体は罪ではないが，情欲と結びついた生殖が問題となる[*32]。

罪の教説は神の恩恵を強調する基盤になっている。ペラギウスは神の恩恵のもとで，神の創造における恩恵として律法と自由意志の授与を考えたが，アウグスティヌスは罪からの救済としての恩恵を説いた。そこには創造者の恩恵と救済者の恩恵との相違がある。この相違は自然神学的な神と救済論的な神との相違とも，理神論的な考察と啓示論的な考察の相違とも言い換えられるし，宗教学的には「一回生まれの人」と「二回生まれの人」もしくは「健全な心」と「病める魂」との違いともいえよう[*33]。しかし，アウグスティヌスの場合には創造の恩恵から救済の恩恵にまで至るプロセスとして人間を把握しており，救済史的な理解となっている。とはいえ，ここには北アフリカとイタリアやガリアとの宗教性の相違もある程度影響していたかも知れない。なぜなら総じてアフリカではキリスト教が社会の

---

31) この言葉はアウグスティヌスが用いた古ラテン訳によって訳出したものであるが，終わりの文章は，「こうしてすべての人が罪を犯したので」と今日では訳されている。彼は自分の使用したテキストにしたがって「アダムによって」すべての人が罪を犯したと理解したのである。ここには『アンブロジアステル』の解釈が影響している。このテキストの解説と訳については小高毅編『原典・古代キリスト教思想史3』149-61頁参照。

32) こういう考えは古代末期の禁欲思想と彼自身の経験とから生じているものであろう。

33) ウィリアム・ジェイムズ前掲訳書，251-52頁参照。

中に深く浸透していたのに対し，イタリヤやガリアでは異教徒との対決や異教徒への宣教がいまだ継続しており，戦闘的なキリスト教徒の集団形成が急務であったからである。したがって前者では恩恵による罪の癒しが，後者では洗礼による劇的な回心が意図されていたといえよう[*34]。

---

34) この点に関してブラウン前掲訳書，95-96頁参照。

第Ⅰ章

初期の著作における自然と恩恵

―――――――

はじめに

　アウグスティヌスは今日さまざまな観点から研究されうる多面性をもった思想家である。なかでもヨーロッパ思想史における最大の功績，もしくはその特質は，彼が「恩恵の教師」(doctor gratiae) と呼ばれた恩恵論に求めることができる。この恩恵論は，内容的には原罪説と予定説というキリスト教の独自な教説をどう理解するかという問題を中心にして，ペラギウス派との論争において展開したものである。この論争はペラギウス派に対する批判というかたちで，具体的には「恩恵と自由意志」のテーマにもとづいて展開しており，なかでも自由意志は人間の自然本性と倫理とに深く関わっている。それゆえ，彼の説く恩恵論を正しく捉えるためには，「自然と恩恵」の関係，したがって人間生活と教義の関係を問題にしなければならない。

　ところで，アウグスティヌスの著作は回心前後の初期における哲学的な著述，司祭就任以後の中期の作品，ペラギウス派論争を中心とする後期の著作という三つの時期に分けられる。ここには彼自身認めているように，思想上の精神的発展があるがゆえに，彼の思想は発展の相の下に理解されなければならない[*1]。ここで言う発展とは単なる変化とは異なっており，

―――――――

　　1) たとえば『堅忍の賜物』12, 30 を参照。なお，わたしは Portalié, A Guide to the thought of St.Augustine, 1960, p.89 にしたがい，恩恵論をまず発展史的に考察する。その理由はアウグスティヌスが友人のマルケリヌス宛ての手紙で「わたしは進歩するがゆえにものを

そこでは一貫したテーマと問題意識が次第に成熟しながらいくつかの過程をとおって展開し，最終的には成熟した決定的な思想内容が語り出される。しかも，論敵との厳しい論争によって対決が迫られ，それを契機としてそれまでは隠されていた思想の本質が現われてくる。

　さて，初期の哲学的な諸著作からはじまって最終段階に到るまで，彼が生涯をとおして追求してやまなかった主題は「幸福」(beatitudo) であり，これを得るためにはキリストの「恩恵」(gratia) によらなければならないという問題意識がつねに伴われていた。彼はまず青年時代から強く影響を受けたストア哲学と新プラトン主義の哲学から「幸福」を問い，そこからキリスト教の必要性を説いた。とりわけ初期の著作『カトリック教会の道徳』ではキリスト教的な修練の実践をとおして倫理思想をまとめた。その要点をあげてみると，神が最高善であるにしても，人間にとっての最高善は，この「神に付くこと」(adhaerere Deo) という神への絶対的依存に求められる。これが彼の実践的な道徳の根本原理であり，この原理を実践するために「使用」(uti) と「享受」(frui) について語られる[*2]。やがてそれが定式化され「地上的善を使用して享受せず，神を使用しないで，享受する」という実践的原則が立てられる（『神の国』XI, 25: XV, 7）[*3]。このような実践道徳の根本思想はそれ以後変わることなく説かれる。しかし，彼の思想は道徳的な生活とキリスト教の教説との関連からさらに発展することになった。そこには彼自身の内的な自己理解の変化が認められ，キリスト教の教説との関係から独自な思想的発展を解明できる[*4]。

書くような人であって，実際書くことによって進歩してきた人間です」（『手紙』143, 3）と語っているからである。さらに彼はこの手紙で，キケロが「後に取り消すようなことばを一つも発しなかった」いったことをあげて，それは誉めるべきことばではあっても，実は愚か者にしか妥当しないと皮肉っている。

　2）『カトリック教会の道徳』16, 26; 3, 4; 19, 35を参照。また『八三の諸問題』30をも参照。

　3）Troeltsch E., Augustin, die christliche Antike und das Mittelalter, 1915, S.93-94『アウグスティヌス』西村貞二訳，新教出版社，92頁以下に『神の国』におけるこの原則の意義が述べられている。さらにアウグスティヌス『キリスト教の教え』I, 3, 3f.をも参照。

　4）アウグスティヌスの内面的な発展というと一般にはキリスト教への回心までが考えられているが，その後も彼は発展し続けている。この点に関して金子晴勇『アウグスティヌスの人間学』創文社，9-14頁参照。

1 カシキアクムの対話編

そこでまず「幸福」と「恩恵」との関係についてカシキアクムの諸著作を検討してみよう。キケロの『ホルテンシウス』にある命題「わたしたちは幸福であることを願う」はアウグスティヌスにとってあらゆる思想および総じて哲学することの根源である[5]。だが、この幸福は彼にとって「神の賜物」である（『幸福な生活』1, 5)[6]。したがって彼の説く「幸福」概念にはカントが後に批判するような幸福主義の要素が含まれていない[7]。彼はアリストテレスの倫理学を継承するストア哲学の影響を強く受けており、快楽、富、名誉に根ざす通俗的幸福観を拒否し、知者の幸福に立つ幸福観に従っている。また、人間のうちに本来そなわっている徳性にもとづく幸福をめざす点でもアリストテレスの目的論的倫理学説の影響を受けている[8]。

これによっても明らかなように、初期の著作を導いている主なる思想は、ストア派の道徳哲学であり、これに新プラトン主義の神秘思想も加わって、キリスト教の道徳的意義が説かれる。しかし、初期の思想の根底にある人間観は、本質的には精神と身体との二元論に立った古代的な人間観の図式であり[9]、キリスト教的霊・肉の葛藤とは異質であると言わなければならない[10]。つまり「わたしたちが魂と身体とから構成されていることは明らかであると、あなたがたには思われるか」（『幸福な生活』2, 7）と問われ[11]、これが全面的に肯定され、一切の議論の出発点にされる。

---

5) Cicero, Hor. frag. 36; Tusc. V, 28。同じことはアウグスティヌス『説教』150, 4;『手紙』118, 13;『告白』VI, 10, 17; 同19にも語られている。

6) なお『説教』150, 18をも参照。

7) カントの義務論的倫理学は幸福を快・不快の感情や自愛の原理とともに拒ける。カントの倫理学の特質について詳しくは、金子晴勇『倫理学講義』創文社、60-64頁を参照されたい。

8) アリストテレスの目的論的倫理学については金子晴勇前掲書、49-52頁参照。

9) これに関して詳しくは金子晴勇『アウグスティヌスの人間学』（前出）、36-42頁参照。

10) この相違について詳しくは金子晴勇『人間学講義』知泉書館、61-67頁参照。

11) アウグスティヌス『カトリック教会の道徳』I. 4, 6

このような二元論に立つ初期の倫理思想の特徴を『幸福な生活』(De beata vita) からはじめて主な作品をとおし追究し，人間の生き方を彼がいかに把握しているか，またそこに見られる変化をたどってみよう。彼によれば，精神に固有な栄養物は「事物に対する理解と知識」(intellectus rerum et scientia) であり（同2, 8），精神はこれに養われると，充実して強力になり，身体を秩序づけ支配する。これがストア派の説く「知者」(sapiens) であり，知者は，いかなる場合にも，幸福である（同2, 13-16）[12]。このような知者は節度や節制を最大の徳性と考えるが，知恵こそ魂が従うべき規範であり，魂は知恵を直視し，最高の規範である神を認識することによって幸福な生に達する（同3, 34）[13]。ここに実践的生活の原理である規範 ── この規範 modus から節度 modestia が派生し，節度のあるところ何ものも過大でも過小でもない ── が形而上学的に実体化され，知的観照の対象となり，「魂が見いだした知恵を直視」（同3, 33）するように説かれる。そうすると神は精神の太陽として人間の内面を照らすようになる（同3, 35）。それゆえ神の知恵である神の子を完全に認識する者こそ幸福である。このように「神の子」の認識というキリスト教の思想が導入され，恩恵は隠されたかたちで示されてはいるが，そこには幸福を知恵の観照におく新プラトン主義的な知的救済論が前景に現れている。

したがって，このような知的救済論が同時にキリスト教的意識を伴っており，そこから恩恵の萌芽が生まれる。この点を最初期の諸著作から明らかにしてみよう。

アウグスティヌスは最初の著作『アカデミア派批判』から，魂の働きのなかでも精神が神的であり，知性により神に達すると説いた。それゆえ，カシキアクム時代の諸著作はいずれも新プラトン主義的な知性的傾向を帯びながらも，これに修正が加えられていく。ここにキリスト教的意識の漸次的な形成過程が見られるだけでなく，自己に対する理解と恩恵論との内的な関連をとらえることができる。

『アカデミア派批判』第2巻には次のような自己の宗教的回心を記した文章がある[14]。

---

12) 『アカデミア派批判』I, 7, 24;『ソリロクィア』II, 1 参照。
13) 『アカデミア派批判』II, 2, 4;『秩序』II, 5, 14 参照。
14) このテキストに関する詳細な研究として次のものがあげられる。Franz Körner, Das

「わたしはあたかも長い旅からのように，わたしたちの少年時代に植えつけられ，心の内奥に (medullitus) 保たれていたかの宗教に向かって立ち返ったことを告白する。しかも，この宗教は無自覚でいたわたしをそれ自身の方へ向けて拉し去った (rapiebat)」(II, 2, 5)[*15]。

幼年時代以来彼の心の奥底にきざみこまれていたキリスト教は，キケロの『ホルテンシウス』を読み哲学を志したときにも想起された事態であった[*16]。彼が知らないうちに導かれていたのはキリスト教的人格神であり，哲学者が説く世界の第一原理としての世界内在的な神ではない。神は世界と人間とを創造した超越的人格神であり，人間との人格的関係をキリストにおいて啓示する三位一体の神である。彼は当時母とともにミラノの司教アンブロシウスの指導の下にあった。アンブロシウスはその正統的信仰に立って三位一体の教義を支持し，アレイオス（アリウス）派の異端と論争し，教会において正統的信仰を確立した。したがってキリストの神性のみならず，受肉して人性をとったことがともに説かれていた。それゆえ，アウグスティヌスがロゴスの受肉をキリスト教の中心思想として把握したことは，当時の教会の影響によると思われる。しかもユスティノスやエイレナイオス以来キリスト教をプラトン哲学を援用して弁証する伝統も，アンブロシウスを通して彼に影響していたことを考えるならば，アウグスティヌスがプラトン主義の哲学を積極的に受容し，キリスト教的観点からこれを解釈して行ったとしても不思議ではない。そのような試みは『真の宗教』において頂点に達するのであるが，すでに最初期の著作にも哲学的な知性による救済が修正される傾向が意識的にたどられている。その主なる傾向を指摘してみたい。

Sein und der Mensch. Die Existenzielle Seinsentdeckung des jungen Augustin. Grundlagen zur Erhellung seiner Ontologie, 1959, S.110-134. J. Nörregaard, Augustins Bekehrung, 1923, S. 134.

15) このテキストにある「拉し去る」(rapere) というのは神秘的経験の三段階「離脱」(excessus)「脱自」(exstasis)「拉致」(raptus) の最終段階を指している。金子晴勇『聖なるものの現象学』世界思想社，69-70頁参照。アウグスティヌスの最初の作品からこの経験が説かれている点に注目すべきである。

16) これについて『告白』(III, 5, 8) で彼は次のように言う，「ただ一つ，そのように燃えあがりながら，ものたりなく感じたのは，そこにキリストの御名が見あたらないことでした。この御名は，主よ，あなたのあわれみによって，あなたの御子，わたしの救い主の御名は，わたしのやわらかな心が，まだ母の乳を吸っていたころ，乳の中で，敬虔に飲みこみ，深く保っていたものでした」と。

（1）『アカデミア派批判』第1巻で弟子のリケンティウスはプラトンが説く魂の先在説に立って知性への帰還による救済を説いた。この考えは当時のアウグスティヌスの感化によるものであろう[*17]。次の点は皆によって承認されたと彼は言う。

　　「わたしたちは大いなる精神の静寂のうちに生き，身体のあらゆる汚れから心を護り，欲情の焔からできるかぎり遠ざかり，理性に献身し，つまり幸福な生活が成り立つ心のかの神的部分 (divina pars) にしたがって生きていた」(『アカデミア派批判』I, 4, 11)。

　ここでは身体と欲情から離れて，心の神的部分である理性に帰還することが幸福，つまり救済であると説かれる。これこそプラトン的知的救済論にほかならない。この理性への帰還は身体をはなれて，自己の内面に向かい，この内面からさらに神へ向かって超越し，これに触れる神秘主義的脱自の傾向をはっきりと示す。たとえばアウグスティヌスは言う，「自己自身のうちへ，また神のうちへ，常に静寂になって向けられる。こうして彼はこの地上で理性〔による生活〕を享受するのみならず，……先に人間的幸福を享受した彼は，また正当にも，神的な幸福をも享受するであろう」(同I, 9, 24) と。このように理性は内面に向かい，さらに精神が鍛えられ，知性が強化されることによって，見えない世界をも越えて「飛躍する」(transilire) とき，神秘的な神への超越が実現する (同I, 7, 21)。彼は言う，「多分，稀なことだが，知性 (intellectus) は神に触れる (attingit)。しかし感覚は決してそのようにならない」(同I, 8, 22) と。これを見ると彼が一者なる神との神秘的合一 (unio mystica) というプロティノスの神秘主義にしたがって知性による救済を説いているのが知られる。しかし，このような思想はキリスト教の信仰を否定するものではなく，信仰と矛盾しないかぎりで，理性的探求が新プラトン主義にしたがってなされているといえよう。

　（2）『幸福な生活』においては知的な救済論の枠内にありながらも，救済に達する方法がキリストの受肉に求められており，彼のキリスト教的意識のあらわれが示されている。

---

　　17)　この時代にアウグスティヌスが指導した学生の中にネブリディウスがおり，彼への手紙には当時の思想的な雰囲気が伝えられている。金子晴勇『アウグスティヌスとその時代』84-86頁参照。

ここでもプラトン主義は明らかに支持され,「魂は事物に対する理解と知識による以外の何ものによっても養育されないと思う」(『幸福な生活』2, 8)と主張される。つまり,魂は知性によって育成され,完全な姿を神的理念の観照において実現する。したがって「理解と知識」は「観照と理念」(theoria et cogitationes)とも言いかえられて,魂の知性的性格がいっそう明らかにされる[*18]。さらに神を太陽の比喩によって表象し,この光によって生じる観照を哲学の究極目標とみなし,知恵の探求である哲学よりもいっそう高い段階として観照的生活が立てられる[*19]。

しかし,このような新プラトン主義の受容にもかかわらず,いなその受容とともにキリスト教的救済論が説かれる。アウグスティヌスにおけるキリスト教的意識はプロティノスの哲学を受容することと矛盾することなく,かえって両者は並行しながら発展する。それゆえ,主知主義的な知的救済論と同時にそれを修正する試みが行なわれる。たとえばプラトン主義的な観照を説いた文章に続けて次のように言われる。

「精神のかの全き充実,つまり幸福な生活は,あなたが誰に導かれて真理に達するのか,いかなる真理を享受するのか,何によって最高の規範に結び付けられるのか,ということを敬虔にかつ完全に認識することである」(同4, 35)。

このようにアウグスティヌスは人間を神に導く仲保者を求める発言をしている。この仲保者の働きは受肉によってわたしたちに与えられる。彼は魂の食物を用意してくれる人について「そのお方が人間のあいだにとどまって彼らを幸福になしたもう」(同3, 17)と語ってキリストを示唆する。したがって知的救済(幸福)論の枠内にありながらも,救済に至る方法が宗教的敬虔に求められる。それゆえ「神を所有する人は幸いである」というこの書の主題はたしかに「神を認識する人は幸いである」とみなされる主知主義的な傾向をとりながらも,神にいたる道が宗教的敬虔によって探

---

18) なぜなら知性によって真理をとらえ,真理によって最高の規範たる神にいたりうるからである。知性,真理,最高規範は新プラトン主義におけるごとく密接なる関係をとっている。つまり最高規範は自己自身によって存在し,真理を生み,生まれた真理によって認識される。これが父なる神であり,真理は神の知恵,神の子である。この知恵を観照する知的生活こそ幸福(救済)であると説かれた(『幸福な生活』4, 34)。

19) この書物ではストア哲学の影響もかなりの部分を占めているが,終わりの部分(同4, 34-35)では新プラトン主義の哲学が決定的に受容されているといえよう。

求される。

（3） さらに回心と恩恵との関連を考えてみよう。彼の回心の特質は内面への帰還と神への超越という二重の運動となっている点に求められる[*20]。このような運動はプロティノスのもとでも顕著に認められるが、それが神からの語りかけと援助によって生じると考えられているところに、キリスト教的意識が明瞭に示される。たとえば『アカデミア派批判』第1巻で魂の先在説に立って祖国への帰還が語られているところは明らかにプラトン主義的発想であり、ここでも内面への帰還と神への超越が次のように語られている。「自己自身のうちへ向かって自己を集中し、欲望によって引き裂かれることを自己にゆるさず、静寂になって自己のうちへ、かつ神のうちへとたえず向けられる」(『アカデミア派批判』I, 8, 23) と。ところが、『幸福な生活』ではプラトンにしたがい魂の全面的転向について語っているところで、この転向が神の「先行する恩恵」によって生じると説かれる。ここに彼自身の回心の体験が背景をなしていることが知られる。

　「いまのところ目があまり健全でないか、あるいは突然目をあけて大胆にも転向し、かつ全体を直観するのをためらっていても、わたしたちが語るすべて真のものは、このもの〔太陽〕によるのである。それはいかなる欠陥によっても阻まれることのない、完全な神にほかならないことが知られる。そこではありとあらゆるものが完全であり、また同時にそれは全能の神である。しかし、わたしたちが探求しているかぎり、まだ源泉そのものによって、前の言葉を使うなら、充実によって満ち足りていないし、わたしたちはまだ自己の規範に到達していない、と告白しなければならない。それゆえ、神はすでに助けたもうているのに (quamvis jam Deo adjuvante)、それでも、わたしたちはいまだ知者でも幸福でもない」（同4, 35）。

神の完全性と人間の不完全性がここに対比されている。また神は全能であり、恩恵をもって人間に先行する。とはいえ、人間はたえず探求の途上にあって、神に向かって転向していても、これも神の導きによる。それゆえ、アウグスティヌスはプラトンに倣って神に向かう魂の全面的な方向転

---

20) 『真の宗教』39, 72における内面性の二つの命法がこれを端的に示している。ここにはアウグスティヌスの霊性の特質が示されている（金子晴勇『人間学講義』105-06頁参照）。

換を説きながらも，そこへいたる途上において神の働きの先行性を自覚するようになった。実際，先に引用した『アカデミア派批判』第 2 巻の回心の記事は，キリスト教の教えが無自覚でいた彼を「拉し去った」(rapiebat)と述べて，恩恵の先行性を語っていた。また神の完全性が「規範に到達していない」という人間の不完全性という非本来性の自覚を生みだしている[21]。したがって，ここには人格的な神の前における自己認識が存在している。

次に，この認識内容を知るために『秩序』における回心の定義を参照してみたい。そこには神に向かう魂の根本的動態が回心によって「それは身体の汚れと不潔また暗闇 —— これをもって迷妄がわたしたちを取り巻いている —— から離れる (a) ためではなくて何であろうか。回心するとは悪徳の不節制から離れて (ab) 徳と節度とによって自己へ高められること (in sese attolli) 以外の何であろうか」(『秩序』I, 8, 23) と説明される。それゆえ神へ向かって転向する回心が身体的汚れや悪徳から離脱して自己に帰還すること，しかもそれがストア的徳と節度によるものと説かれた。彼の回心は単なる知的回心ではなく，道徳生活をふくむ心身の全体的な方向転換であり，彼の場合にはとくに実践の領域に困難が伴われていた。この回心は具体的には古い生活様式から離れて真の自己自身に立ち返り，さらに神に向かう動態として示された[22]。

2 『自由意志』(388-395)

このようにカシキアクム対話篇に展開する思想は，ストア哲学と新プラトン主義の影響が著しいが，同時に回心経験が随所に反映して，恩恵論の萌芽を生み出していた。このことはストア派の自然哲学にしたがって悪の問題を解決しようと着手した『秩序』(De ordine) においても同様である。若いときに彼を最も苦しめた悪の問題は，ストアの自然学では解決されず，受洗直後から書きはじめられ司祭になってから漸く完成するに至った『自

---

21) この叙述は『告白』第 7 巻（10, 16）におけるミラノの神秘体験と共通している。詳しくは『アウグスティヌスの人間学』272-74 頁参照。

22) この点は『告白』の冒頭の「不安な心」に端的に示されている。

由意志』(De libero arbitrio) ではじめて，それは決定的に解決された。この書に展開する自由意志の説は，後に述べるように，ペラギウス自身によって肯定されており，何ら論争をもたらすものではなく，むしろ両者は少なくとも表面的には全く思想的に一致していた。

『自由意志』第1巻　　第1巻はマニ教の悪についての決定論的理解に対する批判を意図して書かれており，冒頭において「神が悪の創造者でないかどうか，どうぞわたしに話して下さい」との設問が提示され，神が造った魂に罪が由来するとしたら，罪の起源は神にまでいたるのかとの質問が提起された（『自由意志』I, 1, 1）。これに対し「罪の起源」に先立って「罪の本質」を問題にすべきであるとの提案がなされ，悪行の根底にあるものは人間の内的な欲情や欲望であり，現世的事物から離れて不滅なものに向かう真の愛と，その反対方向へ転落する欲情が区別され，この愛を動かすものが意志と呼ばれた。また，この不滅なものは永遠の法であり，理性によりこの法をとらえ，意志により欲情を抑える者が知者である（同 I, 8, 18）。だから「自己の意志と自由決定のほか何ものも精神を欲情の共謀者たらしめるものはない」（同 I, 11, 21）との結論が下された。この意志と自由決定が正しい場合，それは善い意志である。さらに，「意志自体に優って一体なにが自己の権能の下にあるであろうか」（同 I, 12, 26）と語られる[*23]。

　このような『自由意志』第1巻の説はストア哲学に依拠している。たとえばエピクテートスの『語録』第4巻1章の自由論を参照するならば，それは明らかになろう。彼によると「おのれの欲するがままに生きる人は自由であり」[*24]，自らの主人たらしめる条件は理性的選択意志である。「なぜかといえば，理性的選択意志あるいは倫理的目的に関わる事柄は美しいし，手の届くところにあるので，それに対しては，君は均衡のとれた平静な欲求を覚えるのではないか。だが選択的意志に関わらぬ事柄に対しては，まさか君は欲求を覚えるようなことはあるまい」[*25]。このような合理的な

　23）　この命題は後期スコラ神学で自らの行動の主人たらしめるものとして自由意志が主張されるときに常に引用されている。たとえば金子晴勇『近代自由思想の源流』73頁また108頁，さらに116頁のビールのテキストにそれが明瞭に説かれている。
　24）　エピクテートス『語録』斎藤忍随訳，第4巻第1章（『世界人生論全集』3）40頁。
　25）　エピクテートス前掲訳書，54頁以下。

ストア哲学的な自由意志についての考え方は同様の傾向に立つペラギウスが共鳴したものであった。ペラギウスは彼自身の著作『自然について』の中で青年時代に同じ傾向にあったアウグスティヌスの『自由意志』(III, 18, 50) から引用しているのも当然のことである[*26]。

『自由意志』第２巻　　第２巻では自由意志がいかなる種類の善であるかを探求し，それが悪用することができない「徳」と無用の「身体の優美な形姿」との間にある「中間的善」であって，人は恒常不変な善に寄りすがってはじめて人間的な善を獲得すると説かれる。こうして意志は不変的善と可変的善との中間に位置しており，自由決定によって普遍的で客体的な善をめざすとき，意志には善の規定が与えられ，その反対の場合には悪の規定が与えられる。したがって，恒常不変の善を分有することから意志の倫理的規定が与えられる。このような思想には新プラトン主義の存在論が大きく影響しているといえよう。たとえばプロティノスの「一なる者の自由と意志について」という論文には，知性による自発性と自己決定性が詳しく説かれており，自由意志と同じ働きがそこに認められる。また意志により真の存在に達しうることが力説され，「彼は〈有る〉をも自分次第のこととして所有しているから，あらゆる点で自己自身の主人なのである」[*27]と言われる。ここで「自己自身の主人」というのは意志の自律を指し，「有る」という存在は善の分有をいうのであって，それは客体的善によって規定されている。プロティノスは次のように言う。

>　「有るもののそれぞれは善なる者を希求していて，有るものであること以上に，かのものであることを欲する。そして，善なる者を分有したときにこそ，自分は本当に有るのだと信じるのである。そしてこのような事情においてそれぞれのものは，自己の〈有ること〉を，善なる者から得られるかぎりにおいて，選択する。それは彼らが，善は自分にとってはるかに選択に値すると考えるからである。というのは，善なる者以外のものが分与されている善のいくばくかが，そのものにとって最も選択に値するものであるからこそ，その有性も好ましいも

---

26)　アウグスティヌス『自然と恩恵』67, 80-81参照。
27)　プロティノス『エネアデス』VI, 8「一なる者の自由と意志について」田之頭安彦訳（『世界の名著』15）368頁。

のとなり，意志のもとに生じ，意志と同一のものであり，意志によって存在している」[*28]。

意志は客体的善の存在秩序に関与しており，自由な選択の働きをもっていても，その善性は客体の側から規定される。同じ分有関係に立つ意志の倫理的課題について「悪の本性と起源について」という論文では，徳は善や美のイデアに関与する「分有」によって成立すると説かれる[*29]。他方，悪徳の方は善とは全く相違する「不等性の支配する場所」に転落し，肉体の泥沼に沈んでいくことを意味する[*30]。

アウグスティヌスが自由意志を存在論的に解明して行くときに使用したのは，このようなプロティノスの思想であった。もちろん彼はキリスト教的な創造論の立場から神が与えた秩序と人間の意志との関係としてこれを解釈している。しかし，創造の秩序とその壊敗の哲学的考察は新プラトン主義の存在論を使用して考察された。

『自由意志』第3巻　さらに『自由意志』第3巻に入るとアウグスティヌスの宗教的で主体的な解釈が自由意志に向けられ，原罪による罪の奴隷状態からの解放として自由が論究される。そのさい創造における自然本性と罪による本性の壊敗との双方が説かれた。こうして罪は自由意志によって本来的意味で犯されるが，この罪に対する罰としての無知や困難（無力）によっても派生的意味でも犯されると主張された。ここにアウグスティヌスの思想が原罪説を受け入れて展開していることが明らかである。マニ教の二元論的決定論に対し，自由意志による非決定論の立場を確立した彼の思想は，人間の現実への洞察のもとに宗教的に深められている。したがって，自由決定の能力を主張してきた立場も，現実の悪の勢力を無視してまで説かれるのではない。なかでも，原罪の悲惨な状況は「無知」(ignorantia) と「困難」(difficultas) に認められると指摘された。無知とは理性的な能力の欠陥であり，「困難」とは「無力」のことで，善を実現する

---

28) プロティノス前掲訳書，387頁。
29) 「ところでわれわれが〈徳は美自体でも善自体でもない〉と言ったのは，美自体つまり善自体は徳よりも先に，しかもそれを超えた彼方の世界にあるからであって，徳は何らかの仕方でそれに関与することによって，善きもの，美しきものとなる」（プロティノス前掲訳書「悪の本性と起源」214頁）。
30) プロティノス前掲訳書，同頁。なおアウグスティヌス『告白』第7巻10, 16参照。

力が欠けていることを言う。前者は理性の欠陥であって、理性が善を知らないことであり、後者は意志の欠陥であって、たとえ理性が善を知っていても、意志がそれを実現する力がないことである。これが人祖の罪によってもたらされた「致命的欠陥」としての原罪である[*31]。

では原罪のもたらした悲惨な現実はいかに克服してゆくべきであろうか。ここにアウグスティヌスの『自由意志』における最大の難点が露呈してくるといえよう。だが、これを克服するためには、それが生じてくる根拠がとらえられねばならない。彼によると、困難なしにただ意志すれば可能であるとき、正しく使用しようと意志しなかった場合、人間はそれを喪失する。つまり当為についての知が正しくとも、行為が伴わないと、知を喪失し、当為が可能であるのに意志が伴わないと、意志するときに、能力を喪失する。これが罪に対する正しい罰である（同III, 18, 52）。知識も自由意志も実践が伴い活動していないと、自己喪失に陥る。そこから「意志の怠慢」により無知と困難を招来したことになるがゆえに、「怠慢」こそ人間の固有の罪となる。

「あなたが不本意にも無知であることは、あなたの罪責として非難されないが、あなたが無知である当のものの探求を怠っている点が非難される。また、あなたの傷ついた身体を手当しないことは非難されないが、癒そうとされるお方を軽蔑することは非難される」（同III, 19, 53）。

このように怠慢の責任は原罪の悲惨のなかにあっても問われる。だから無知や困難もこれを謙虚に告白し、「前進の促し」(proficiendi admonitio)や「完成への出発」(perfectionis exordium)となすべきである。魂は神の援助を得て、自らを開発しうる能力をもち、敬虔に満ちた努力によって、無知と困難から自己を解放する力を得ることができる。この前進を怠ることが罪である。すなわち「知ろうと努めなかったこと」および「善き行為のために備えられた能力を充分に働かさなかったこと」に罪がある（同III,

---

31) 『自由意志』III, 18, 52で述べられたこの原罪の理解は、アウグスティヌスの生涯で変化しないで反復して説かれた。『真の宗教』20, 39;『告白』X, 43, 70;『三位一体』XIV, 7, 9;『自然と恩恵』58, 81;『罪の報いと恩恵』II, 17, 26;『ユリアヌス駁論』V, 4, 18。人間の最高の資質である理性と意志における欠陥はだれしも認めることができる主張である。たとえば人は目が霞んでよく見えないとか、意志が弱くて何も実現できないと感じている。これが習慣となると鉄鎖のように人を縛るものとなる。

22, 64)。

　原罪を克服する方法はこのような精進努力に求められている。たとえ無知や困難があるとしても，なお人間は善悪を識別しうるし，神の援助によって前進し，有徳になりうる。この無知や困難にとどまるよう強制されているわけではないから，これをも道徳的前進への刺激として用いることができる。人間の魂には怠慢で肉的な部分があっても，それよりもいっそう高貴な部分は残っており，完成と幸福に向かいうる「大いなる尊厳」(tanta dignitas) をもっている。このような人間の尊厳を認める理想主義的態度こそのちに彼の思想において大きく変化してゆくものである。

　このような思想は本質においてストア主義的であって，後にペラギウスが共感するのも当然であると言えよう。アウグスティヌスは悪を実体とみるマニ教的な「形而上学的な悪」(malum metaphysicum) を断固として拒否し，「道徳的な悪」(malum morale) である「罪」(peccatum) の原因を「意志の自由なる決定」(liberum arbitrium voluntatis) に見いだした。またこの罪によって生じる「欠陥」(defectus) に「自然的悪」(malum physicum) を位置づける。さらに彼はこれを「罪の罰」とみなし，これによって神の正義は貫徹され，万有も非のうちどころなく完全に秩序が保たれている，と説いた（同 III, 9, 26; II, 15, 44)。また彼は道徳的判断のもとにある行為のすべてを，他のなにものによっても動機づけられない自由な選択，つまり意志の自由な決定に由来しているものと洞察した。こうして彼は断固たる非決定論の立場を確立する。彼が説いたのは善いとか悪いとかという性質規定をうける以前の無記的選択の自由である（同 II, 18, 49f.)。[32]

　しかし，意志の自由には「精神の志向性」や「情態，性情」という心の運動が決定的に重要な契機となっていた[33]。この心の運動は『自由意志』においては意志の自由なる決断によって行為する主体から生じる。自由意志は人間の「精神の運動」(motus animi) であり，理性によって「精神の支配」(regnum mentis) を確立し，知者ともなりうるが，精神の「非理性的傾向」(irrationalis animi motus) である欲情や欲望の友となって罪を犯すこともできる（同 I, 8, 18f.)。したがって，意志はそれ自体としては善悪無記の

---

32)　その他に『自由意志』I, 11, 21; I, 16, 35; III, 5, 15; III, 24, 71をも参照。
33)　『自由意志』III, 9, 26; III, 25, 75: II, 19, 52; III, 21, 60を参照。

中立的な自由であるが，諸対象の中から何を選びとり，何に「付く」(adhaerere, inhaerere) かによって善とも悪ともなる。彼はこのような「心の情態」(affectus) をいわゆるストア的「情念」としてではなく，精神と身体との二元説を超えて，人間を全体として捉える愛の方向性において把握した。

3 『カトリック教会の道徳』と『真の宗教』

この愛の動態を探究したのが受洗直後に執筆された『カトリック教会の道徳』であって，そこでも新プラトン主義の思想が随処に見られるが，この書はアウグスティヌスが「愛」(caritas) の倫理を説き始めたものとして注目すべき重要な作品である。ここには当時修道院が西方でも急速に普及しつつあったことが次のように記されている[*34]。「この世の魅惑を軽んじて放棄し，もっとも純潔でもっとも聖なる共同生活を行なうために集まり，祈祷と読書と談話のうちに日々を送る人々」が集い，彼らは「慎み深い，謙譲で穏やかな人々であり，自分たちの功徳の源泉である神に対し，その意にもっともかなう犠牲として，完全な同心一致と完全な瞑想の生活とをささげている」。ここに展開する考えを要約すると，道徳は「生活の在り方」(vitae modus) を探究し，幸福を獲得するために「徳」(virtus) を身につけることを問題にする（『カトリック教会の道徳』5, 8）。しかし徳行はもっぱら魂に固有の働きと見るべきで，身体とは関係がない。だが，徳というのは，知恵そのものたる神を追求するとき，魂のうちに生じる「習性」(habitus)，もしくは「知者の魂の性質」(sapientis animae qualitas) である（同6, 9）[*35]。したがって，徳が魂のうちに形成され，倫理的性状を生ぜしめると説かれた。この徳は神に対する人間の心の態度である愛であり，ギリシア人の四元徳（節制，勇気，正義，思慮）は神にたいする愛の諸表現にほかならない（同15, 25; 19, 35 ff.）[*36]。この愛によって神と「一致し，神に似たものになる」(conformare; configurare) ことが可能となる（同13, 23）。

---

34) 『カトリック教会の道徳』熊谷賢二訳，創文社，99, 105-06頁参照。
35) なお『八三の諸問題』31を参照。
36) なお『音楽』VI, 15, 50 ff. をも参照。

だが，神に似るといってもそれは神秘的合一を意味せず，創造者なる神と被造物なる人間の魂との間には絶対的断絶がある（同12, 20）。しかし，この神と人との距離は精神の知性的認識の働きによって克服され，神に近づくことができる。すなわち，精神は「ある特別な知性的方法で」(mirifico et intelligibili modo) 神を捉え，その真理により完全に照明され，捉えられる[37]。

このような考えは未だ新プラトン主義の主知的傾向を帯びているが，アウグスティヌスは他方でこのような神の観照を根本的に制約し，むしろそれを成立せしめる条件となっている愛 (caritas) と信仰 (fides) とを強調し，主知的傾向を緩和している。神の認識こそが永遠の生命であるにしても，この認識は完全な人に与えられる報酬であって，そのためには認識しようと欲する神を全き愛でもってまず愛さなければならない（同25, 47）[38]。それゆえ神の認識よりも，むしろ「神に寄りすがること」(adhaerere Deo) や「神を享受すること」(frui Deo) を彼は強調し，神への絶対的依存こそ人間にとって最高善であるというキリスト教道徳の根本原理を説くにいたった（同16, 26）[39]。

なお，原罪を暗示していた「致命的な欠陥」としての「無知」と「困難」は，初期の著作『真の宗教』(390) では魂の堕落としての罪とその結果受ける罰である。「魂の堕落は魂が行なったことがらであり，堕落からくる困難 (difficultas) は魂が受ける罰である。そしてこれが悪の全体である」(『真の宗教』20, 39)。この「困難」は原罪の結果として「無知」(ignorantia) とともに致命的欠陥とされているものである[40]。この「困難」は当為

---

37)「また，ある特別な知性的な方法によって神を捉えながら，その真理と聖性によって完全に照らされる。……神は光そのものであり，その同じ光により照明されることがわたしたちに許されている」(『カトリック教会の道徳』11, 18)。アウグスティヌスは神にいたる照明の道を説いている。真理の観照による享受にこそ幸福なる生活がある（同19, 35）。

38)「実際，人間の最高善は，それに寄りすがることが至福であるものにほかならないであろう。このような善は神のみであり，わたしたちが神に付くことができるのはたしかに愛(dilectio)，愛 (amor)，愛 (caritas) によるのみである」(同14, 24)。

39) なお『八三の諸問題』30をも参照。アウグスティヌスにとって愛とは神にわたしたちを結び付ける作用である。神の愛は聖霊によりわたしたちの心のうちに注がれるが，この注入された愛は神にたいする愛を生起せしめる（同13, 23; 30, 64）。心のうちに生じるこの愛の運動こそ affectio であり，神から離れるのも空間的にではなく，心の情態 affectio においてであり，愛によって神に帰るのであるが，その愛は神に服することを熱愛せしめる (affectare, 同12, 21)。ここに心の情態性 (affectio animi) が神との関係において愛という人格的作用として理解されている。

を実現する力が弱められ，罪を犯さざるを得ない人間本性の「弱さ」(infirmitas) である。だが，このような罪の罰という否定的事態も神の「慈悲深さ」(clementia) つまり「恩恵」を示すもので，愛の方向を転換するようにとの勧告であると説明される。

「人間の身体が堕罪以前ではその類において最善であったのに，堕罪以後は弱められ，死に予定されたことは罪の正当な報いであるにしても，主なる神の峻厳さよりも寛大さを示している。このようにしてわたしたちは身体の快楽から真理の永遠の本質へ向けてわたしたちの愛を転換すべきことが勧められるから」(同15, 29)。

愛の方向転換は罰の苦味により教育されることによって生じる。しかし，愛の方向転換を実際に行なうためには「神の恩恵」(gratia Dei) が必要であると彼は言うことを忘れない。

「魂が人生のこの段階を歩んでゆくあいだに，死すべきものを愛好し自己に敵対して養った欲情を克服し，この欲情を克服すべく神の恩恵が援助することを信じ，精神と善い意志により神に仕えるならば，魂は疑いなく回復され，形造られたのではなく宇宙を形成した知恵により造り変えられて，可変的多から恒常不変の一者に帰還するであろう。また神の賜物である聖霊により神を楽しむに至るであろう」(同12, 24)。

このようにして三位一体の神によって魂の新生は実現し，「霊的人間」(homo spiritualis) が生まれる。この霊的人間のために神の知恵自体なる神の独り子が「人間の全体」(totus homo) を摂取し，新生の道を開いた，と説かれた（同16, 30）。

終 わ り に

わたしたちはアウグスティヌスの初期の諸著作をとおして自然と恩恵の関連を追究してきた。この時期の作品はプラトン主義の影響を色濃く漂わせておりながらも，キリスト教の観点から保留と修正が施されている。彼の

---

40) 罪とその罰との関係はたとえば自発的に水中へと墜落してその結果窒息死すること，真昼の太陽を無謀にも注視して何も見えなくなること等であるが，この場合，行為自体が批難の的になる。

自然，とりわけ人間の自然本性に関する思想は自由意志の概念に明瞭に示されていた。しかし，意志の特性は単なる選択能力を超えて，それを動かす内心の深みである心の動態から理解されていた。それゆえ，『自由意志』では affectio 概念が「心の運動」(motus animi) として用いられ，自然学的使用から倫理学的にも使われるようになり（『自由意志』III, 9, 26; II, 7, 17 参照），『カトリック教会の道徳』では，もっぱら神と人間との人格的愛の関係に用いられ，さらに『真の宗教』では，心的情態における内面的出来事は身体の現象に現われるとしても，それ自身は内面的人格の働きとして把握された（『真の宗教』19, 28）。この心的情態は身体的にも現象し，苦痛 (dolor)，恐れ (timor)，悲しみ (tristitia) といった否定的な情念として，また喜悦 (laetitia)，歓喜 (tristitia) といった積極的な情念としても現われる。それが神の摂理のわざによって生じるとき，魂は真の超越を実現し，三位一体の神との交わりに導かれて信仰から理性による神の観照と享受へ進むのであるが，『自由意志』第3巻に至ると，有限な人間存在にひそむ神から転落し背反する傾向，つまり自然本性の弱さによる頽落性も自覚されるようになった。これこそ「無知と無力」という自然本性の脆弱さとして現われている「原罪」の事実であった。この原罪を克服するためには神の子の受肉が不可欠であるが，彼はなお人間の生き方の転換を説き勧め，罪から信仰への決断によって神へと方向転換するように力説する。こうして受肉の恩恵によって神への対向性 (affectus) が罪性と背反性 (defectus) に逆って起こってくる。この罪からの解放と自由は受肉がもたらす恩恵によって初めて起こってくる点を初期の著作でアウグスティヌスはすでに認めてはいても，いまだ全思想の根幹にそれを据えるところまでは至っていない。

　それにもかかわらずアウグスティヌスは心と心情を傾けて神への道を探求し続けており，心からの愛を込めて神に決断するように勧めている。この心情における歓喜は愛から起こっており，愛は「魂の重み」(pondus animae) であるといわれるように，神への愛が心情の全体に行きわたり，人間の性の全体を秩序づける（『音楽』VI, 11, 29）。このように戦慄と歓喜とを生ぜしめる心情において人は神の現臨を感知し，神へ向けての愛の転換，つまり宗教的な回心を起こす。この心の回心の出来事は『告白』において青年時代を回顧しながら探求されており，そこでの情念の深淵についての考察はストア哲学を超えた新しい思想の境地と特質を明瞭に示すことにな

る*41。この点に関しては次の章で考察することにしたい。

---

41) 情念の深淵について『告白』第1, 2巻にわたって記録されていて, これが「心」概念の回心にいたる歩みとなっている（詳しくは金子晴勇『アウグスティヌスの人間学』第2部第1章参照）。ストア派の情念論の批判として『神の国』IX, 4, XIV, 3-9;『手紙』115; 同177参照。

第II章

中期の著作における自由意志と恩恵

はじめに

　わたしたちはこれまでアウグスティヌスがマニ教の決定論と対決して自由意志を肯定し，これにより「悪」の問題を解決するに至ったことを考察したが，彼の自由意志についての理解は神の恩恵との関係で大きく発展する。そこには彼自身も認めているような思想上の発展があった。この発展は最初内面的な契機によってよりも，むしろ外的契機によって起こった。つまり391年ヒッポの司祭となり，その5年後に司教になったことは，アウグスティヌスをして新プラトン主義の哲学から聖書へ，とくにパウロの手紙の研究へ向けさせた。こうしてガラテヤ書とローマ書その他の諸講解が彼の手によって著わされ，神学上の難問も彼のもとに寄せられたことがきっかけとなって，彼は聖書を解釈してゆきながら，自分自身がこれまでとってきた立場の誤りに気付くようになった[*1]。そのような思想上の発展は，自由意志の理解においてもっとも顕著にあらわれている。

　さらに忘れてはならないことは彼がヒッポの司祭となり，さらに司教となることによってタガステにおける少数の哲学的なグループの交際から離れて，新しくはじめた司牧のわざによってヒッポの市民と親しく接触するようになった変化である。それまでのタガステにおける禁欲的な修道生活はローマでのペラギウスの活動と本質においては変わらないものであった

---

1) V. H. Drecoll, Die Entstehung der Gnadenlehre Augustins, 1999. S. 144-87

が，ヒッポでの生活は「生活の座」(Sitz in Leben) を根本から変え，思想においても重大な変化をもたらすことになった。

　司祭になった年からペラギウス論争が始まる以前の時期（396-411）を中期の著作活動とするのはアウグスティヌス自身の『再考録』二巻の区分にしたがっている。この中期の著作のなかでも最初に発表された作品『シンプリキアヌスに答えた諸問題』(Ad Simplicianum de diversis quaestionibus, 396) こそアウグスティヌスの思想的発展の跡をもっとも顕著に残している。この作品の第1巻第2問でパウロの予定説が論じられており，研究者たちはここにアウグスティヌスの思想体系の全体を解く鍵があるという。というのは彼自身『再考録』のなかで第2問で扱われた神の予定と自由意志について「わたしはこの問題を解決しようとして人間の自由意志を弁護すべく努力してきた。だが，神の恩恵がそれに勝った」（『再考録』II, 1, 1.）と語っているからである[2]。

　アウグスティヌスはシンプリキアヌスに答えたこの書の第2問において信仰も神の賜物であるという主張をはじめて明らかにする。それ以前は信仰の出発点は自由意志にあると考えられ，人間の側の主体性が説かれていた。さらに，信仰自身が節度や敬虔と同様に一つの徳行として考えられていた点も問題とされて，信仰が道徳的罪と汚れを清める徳の働きとみなされていた以前の立場がいまや修正されるようになった。このような思想の発展は単に司祭となったり，聖書の研究に励んだりすることからのみ生じたのであろうか。総じて思想の変化というものは，単にこうした外的な契機によっては説明できない。もちろん，外的出来事は大きな転機を与えたとしても，なおそこには人間の現実に向けられた理解の深まりが当然存在するはずである。この種の自己理解は神学的な人間理解と深く関わってい

　2）このことに関してアウグスティヌスは自由意志を弁護したが，聖書の真理は神の恩恵を説き，信仰の出発点も神の賜物であることが自覚されるにいたったと説明している。ところでキリスト教思想史の上で信仰の出発点を自由意志におく立場は後にセミ・ペラギウス主義と呼ばれる。これはいわゆる異端ではなく，中世のスコラ神学は全体としてこの傾向をもっているのであるが，晩年のアウグスティヌス自身も以前はこの立場に立っていたことを認めている。すなわち，『聖徒の予定』で彼は次のように語っている。「主としてこの証言（Ⅰコリント4・7）によってわたし自身も反駁されたのである。以前わたしとても同様に誤っていた。わたしたちは，それによって神を信じる信仰が，神の賜物ではなくて，わたしたち自身から自己に生じると，また信仰によって神の賜物を獲得し，節度をもって正しくかつ敬虔にこの世で生きる，と考えた」（『聖徒の予定』3, 7, 『堅忍の賜物』20, 52参照）。

ると考えられる。このことを中期を代表する著作から考察してみたい[*3]。

1 『シンプリキアヌスに答えた諸問題』(396-397)

このような人間観の変化は、魂のうちなる霊・肉の葛藤という聖書的人間観の受容にも現われている。とりわけ彼は『告白』第8巻において霊・肉の内的葛藤をパウロのローマ書第7章にもとづいて叙述し、そこでの人間の状況を律法の下にある生き方として把握し、ここから福音による救済を劇的に描こうと試みた。これは人間にたいする彼の洞察の深まりを示しているが、パウロ思想に対する理解の深まりは、すでに熟しつつあり、『告白』執筆以前の倫理的著作、『節制論』(De continentia)や『キリスト者の戦い』(De agone christiano)などにおいてもその成熟過程を把握することができる。だが、パウロのローマ書第7章の解釈に関するかぎり、『告白』以前では『シンプリキアヌスに答えた諸問題』第1巻が注目に値する。ここで得られた人間についての新しい認識にもとづいて『告白』第8巻は書かれているように思われる。

　アウグスティヌスはシンプリキアヌスの質問に答えて、ローマ書第7章を、「律法の下にとどまっていて、いまだ恩恵の下にいない人の性格にもとづいて、使徒は語っている」(『諸問題』I, 9;同書I, 1を参照)と解釈する。そして、そのような人間を支配しているのは欲望(cupiditas)と情欲(concupiscentia)であり、これらは律法によって罪として認識され、罪責から生じる不安により恩恵を捉えるべく回心させられる。人間の罪は、まず原罪のもたらした可死性(mortalitas)という人間の有限な本性に及んでいるものと、快楽への耽溺により罪が反覆され、習慣(consuetudo)となったものとがある。この二者、すなわち可死性と習慣とが結託して、欲望が強大になると、それは罪と呼ばれ、肉のうちに支配と王権を確立する。アウグスティヌスは、ここで、現実の悪の力を情欲に見、きわめて積極的なもの

---

3) アウグスティヌスにおいては神学思想がたえず人間学の問題によって性格づけられている。このことをルター研究家リンクが指摘して「人間学的問題設定が神学概念のすべてを呪縛している」と批判的に述べている。W. Link, Das Ringen Luthers um die Freiheit der Theologie von der Philosophie, S. 242.

とみなす。したがって、悪はたんに善性の欠如体 (privatio boni)、あるいは原罪にもとづく本性の欠陥や欠損にとどまるものではない[*4]。むしろ悪は、人間の自由意志をとおして主体によってそのつど犯される律法違反が反復されて習慣となり、これと結託して強力に作用するものと理解されている。だが、それゆえに人間の行為的主体への次のような勧告がなされる。すなわち「それゆえこの可死的生において自由意志に残されていることは、人間が意志するとき義を成就するのではなく、賜物を受けて義を成就させたもうお方に嘆願し、信仰をもって自ら立ち返ることである」（同I, 14）。彼はここに信仰を、自由意志に根ざしながらも、その苦境に立って恩恵を呼び求める一つの意志的決断として把握している。信仰が行なうこの主体的決断こそ、人間に根本的変化を生ぜしめる契機である。恩恵は人間の主体的決断との関係のうちにおかれており、人間の状態は恩恵を受けとめることによって変革を起こすものとみなされる。この理解は『告白』第8巻で叙述された回心の状況と一致している。

しかし、シンプリキアヌスに答えた書物の第1巻、第2部ではローマ書第9章の予定説を論じ、予定の問題を、彼が恩恵論の立場から解釈しているが、このような方法は彼の中期の神学的思惟の特徴をよく示している[*5]。そこにわたしたちは彼の恩恵論が成立していることを確認できる。そのさいわたしたちが注目すべき点は、人間の自由意志が罪の奴隷状態にあることの認識と恩恵論の成立とが密接に関連していることである。

『シンプリキアヌスに答えた諸問題』（以後『諸問題』と略記する）第1巻第2問はローマ書第9章10-29節の予定説を扱っている。このパウロの予定説を解釈しながらアウグスティヌスは自由意志を弁護しようと努めたが、既述のように「恩恵がこれに勝った」と述懐している転回が起こっており、自由意志と恩恵との見方がここで大きく変化するにいたる。ここにアウグスティヌスの恩恵論の出発点があり、後期のペラギウス派論争以前において、すでに彼の恩恵論の骨格が形成されていたことが知られる。その骨子は恩恵と自由意志の関係にあって、この関係において信仰の核心に

---

4) この点について金子晴勇『アウグスティヌスの人間学』192-97頁参照。

5) パウロのローマ書第9章にある予定説の解釈問題は司祭に就任したころから書き続けられた『八三の諸問題』(389-396) でも扱われており、「罪のかたまり」(massa peccati) としての人間の類的理解は説かれていた（同書68, 3; 4参照）。

迫る転換が起こっている。

さて第1問の解釈では信仰が謙虚なる信心によって神の恩恵へと回心する働きとして自由意志にもとづいて生じると考えられた。この主体的な意志の側面は第2問にも継承されるが、「信仰の恩恵」(gratia fidei), すなわち「信仰によって」(per fidem) 恩恵が獲得されるという主張を経て、さらに信仰自体は神の賜物であり、神の「召命」(vocatio) が、つまり神の側からの呼びかけが、イニシアティブをとらなければ、信仰は始まらないと説くにいたった[6]。これはパウロの予定説を解釈しながら生じた変化であるが、その背景には人間を全体として類的に壊敗のかたまりと見る原罪説が存在し、そこにわたしたちは人間学的自覚の深まりを見いだすことができる。したがって聖書解釈による神学的考察と自己自身に向けられた人間学的考察とは分かちがたく結びついている[7]。

そこでこの書に展開する基本的な主張を要約してみよう。

恩恵の先行性　アウグスティヌスは「信仰の恩恵がもろもろの行為に先行している」(fidei gratia praeponens operibus.『諸問題』I, q. 2, 2) ことから考察を開始する。恩恵が行為に先行し、この恩恵は信仰をとおして受領される。この受領の働きは内的な、もしくは外的な勧告により促されて生じる。とくに教会における救済の礼典的客観性が「身体的感覚によるいっそう明確なる促し」と考えられ、サクラメントの受領により「信仰の恩恵」は確固たるものとなる（同）。このように神は恩恵を授与すべく外的に促し、「呼びかける者」(vocans) であるのに対し、人間は信仰により恩恵を「受領する者」(percipiens) である。したがって神と人との関係は神が恩恵を授け人がそれを受ける授受の関係である。そしてこの関係は神が内的・外的に呼びかける促しにしたがって生じるがゆえに、神のイニシアティブによって呼び開かれてくる関係の世界を造りだしている[8]。

---

6) この「召命」とも「呼びかけ」とも訳される vocatio の哲学的意義をハンス・ヨナスは強調し、恩恵の「注入」(diffusio) という魔術的表現と対比させて考察する（H. Jonas, Augustin und das paulinische Freiheitsproblem, 1965, S.63-76）

7) 聖書解釈を人間学的な問題設定から切り離し、客観主義を標榜すると、必然的にドグマティズムに陥り、狭隘な神学主義にかたまり、その結果自己存在の虚偽を引き起こす危険をまぬがれ得ないであろう。

8) ここでいう「呼び開かれる」というのは関係の相互性によって間柄の世界が誕生す

予定と救済の順序　　予定説の最大の難問は信仰と自由意志との関係にある。つまり信仰が自由意志に発するとすれば，信仰による義というのは，信仰という善い行為を前提していると言えるのか。したがって使徒パウロが「選びにしたがって」と言っている意味は，信仰にしたがってという意味であろうかという問題である（同I, 問2, 5）。これに対するアウグスティヌスの回答は彼の恩恵論からなされる。信仰は恩恵の「召命」（vocatio＝呼びかけ）から生じ，選びとしての予定は神の義とする働きの先行性から捉えられる[*9]。「選びは義とすることに先行しないで，義とすることが選びに先行する」（同2, 6）。このように彼は予定を神の意志による強制という恣意的必然性とはみなさないで，神の恩恵の結果として捉えている。したがって予定は信仰する者を義とし善いわざを生みだす「神の計画」のなかに位置づけられる。つまり神が信仰へと召命しているのであって，神の召命以前に信仰の生じる根拠を探究することはできない。それゆえ，信仰は義とされるための功績とはなり得ず，神の賜物に属している（同6-7）。こうして神のあわれみがすべてにまさって力説される。彼は次のように言う。

　　「召されていない者はだれも信じない。あわれみに富みたもう神は召したもうが，信仰の功績は召命に先行するのではなく，それはむしろ〔召命に〕後続するからである。……だから神のあわれみが召命することによって先行していないなら，だれも信じることはできないし，信仰により義とされることも，善い行為をなす能力を受領することも始まらない。それゆえ恩恵があらゆる功績に先行している」（同7）。

　このように予定を神のあわれみの恩恵から説くことにより救済の順序が明確になっている。すなわち召命，信仰，義化，能力の受容，善い行為，選びという救済の順序がこのテキストで述べられている。こうして人間の側の功績は信仰のそれを含めて否定される。このようにして「いったいあなたの持っているもので，神からもらわなかったものがあるか」（Iコリント4・7）という聖句が彼のパウロ主義の根本命題として確立された（同9）。

ることをいう。ブーバーの『我と汝』を参照。
　9）　ハルナックによるとこの「召命」から信仰が「神の賜物」として与えられるが，信仰には成長過程があって，まず教会の権威を「真と見なす」確信からはじまり，さらに「服従」と「信頼」（fiducia）に至り，「愛」にまで至る（A. von Harnack, op. cit., III, S. 205）。

信仰と意志の関係　次に信仰と人間の意志との関係について考えてみたい。アウグスティヌスによると信仰は神の「召命と霊の注ぎ」(vocatio et inspiratio) によって発動する。それは「神は信仰を注ぎ込むことによってあわれみをかけたもうた」(qui miseretur inspirando fidem. 同) と語られていることによって明らかに示された。そのような信仰の注入は決して魔術的性格をもつものではない。なぜなら「召命」は神からの人間に対する呼びかけであり、この神のわざは人格的に人間にかかわり、自由を授ける行為であって、「神の賜物として授ける自由」(libertas donorum Dei) と言われるから。また、「注入」(inspiratio) という概念も神の霊が人間に注がれて霊化する働きである。信仰は、召命の場合においてもまた注入の場合においても、謙虚になって受容する意志の行為なのである。だから、「意志しないでは (invitus) だれも信じないにしても、召命がなければ、だれも信じることはできない」(同 2, 10) と言われる[*10]。そこで召命から選びへと発展するか否かはこの意志にかかっていることになる。聖書に「招かれる者は多いが、選ばれる者は少ない」(マタイ 22・14) とあるように、意志しない者を含めてすべての人は招かれているが、選ばれた人は疑いなく意志して信じた人である。しかし、パウロはローマ書 9・16 で「それは人間の意志や努力によるのではなく、神のあわれみによる」と反論し、人間の側の意志を否定している。これに対しアウグスティヌスは聖書から典拠を示して (例えばルカ 2・14、Ⅰコリント 9・24)、意志し走らねばならないという。そこで彼は「わたしたちが意志するようになること」(ut velimus) と「わたしたちが意志したもの」(quod voluerimus) とを区別し、前者つまり意志の発動には神の召命と人間の信仰がともに作用することがなければならないが、後者、つまり意志の内容は善い行為と幸福な生涯であり、これは神によってのみ与えられるという[*11]。

---

10)　「受容する」というのは単なる受動ではなく、能動と受動との混合形態である。ハインリヒ・バルトは言う、「行動はここでは受動であり、受動は行動である。人間は受動的態度におけると同様に能動的態度でも考えられている。そしてこのことは同じ生命の出来事なのである。〈彼らは何もしないためではなく、働くために働きかけられる〉『説教』156, 11)」と (H. Barth, Die Freiheit der Entscheidung im Denken Augustins, S. 140.)。この点に関してブーバーは言う、「〈汝〉がわたしと出会いをとげる。しかし、わたしが〈汝〉と直接の関係に入っていく。このように、関係とは選ばれることであり、選ぶことである。能動と受動とは一つになる」(『我と汝』植田重雄訳、岩波文庫、19頁) と。

11)　「わたしたちが意志するようになるためには神の意志とわたしたちの意志とがなけ

このような考え方は神と人とが協力して救いを達成する協働説のような外観を呈しているが、実際は恩恵のみの神学に人間学的反省が加わって生じている。アウグスティヌスによると意志には同意する働きがあり、神のあわれみによる召命も、それ自身では不十分であり、意志が加わらねばならない。「意志の同意が加わらなければ神のあわれみだけでは不十分である」(同12)。ところで人間の意志の現実はいかなるものであろうか。

人間の類的全体としての理解、肉的人間と霊的人間　アウグスティヌスは人間を全体的にとらえ、しかも類的存在としては「罪のかたまり」(massa peccati) であるとみなして次のように言う[*12]。

「使徒が〈アダムにおいてすべての人は死んでいる〉と言うように、アダムによって全人類のなかに神の怒りの泉が流れ込んでいる。それゆえに、すべての人間は、神の至高の正義に対し罰を負うている、一つの罪のかたまりである。この罰がとり除かれようと科せられようと、神には不正はない。だれから罰がとり除かれるべきか、だれに科せられるべきかを債務者が判断を下すことは明らかに傲慢である」(同16)。

神の予定の奥義は人間の尺度をもって計り知れない公義に根ざしている。したがって債権者の側の正義(自己の要求する刑罰を科しても放棄しても不正とならない)が神の予定において見られ、これに対し債務者がとやかく判断を下すことは不当である。ここに神の正義がもっている超越性、つまり人間の判断を超えている奥義と対比的に人間が罪のかたまりであるとみなされている。罪のかたまりは「罪人の集団」(massa peccatorum) とも、またエレミヤの比喩によって「全体が一つになった陶土のかたまり」

ればならないと神は欲している。神の意志とは召命であり、わたしたちの意志とは服従である。しかし、わたしたちが意志したものは神のみが授けたもう。すなわち善い行為をなすことができ、幸福に生きることが可能なのは神のみが与えたもう」(『シンプリキアヌスに答えた諸問題』I, 問 2, 10)。

12)　人間を類的な存在と見る点では初期のマルクスを想起させる。「人間は一つの類的存在である。というのは人間は実践的にも理論的にも、彼自身の類をも他の事物の類をも彼の対象にするからであるが、そればかりでなく……人間は自己自身にたいして、眼前にある生きている類にたいするようにふるまうからであり、彼が自己にたいして、一つの普遍的な、それゆえ自由な存在にたいするようにふるまうからである」(マルクス『経済学・哲学草稿』城塚・田中訳、岩波文庫、93-94頁)。しかしその内容はマルクスがヒューマニスティックな幻影を懐いていたのに対し、アウグスティヌスは原罪の悲観主義に立っていた。

(una conspersio omnium) とも表現されている（同17-20）。人間の罪をこのように全体的かつ類的にとらえることは，一方において人間の力によっては克服しがたいほどにまで罪の現実を深刻にとらえているのみならず，他方人間を類的に全人類の集団として捉えており，さらに全体的に，つまり精神と身体を含んだ人間の全体がいかに存在しているかを問い，人間のあり方を霊と肉としてとらえる人間学的区分がここから説かれるようになった。この肉的人間が霊的人間に変えられることが救済であり，神の霊の働きによって人間は霊化され，罪のかたまりから解き放たれる[*13]。

さて「肉的人間」(homo carnalis) は「肉の情欲」(cocupiscentia carnalis) の支配している状態であり，これこそ「すべてにゆきわたっている根源的罪過」(originalis reatus in omnia permanans) である。この罪過のゆえに本性において善である精神と身体は損傷され，悪化している（同20）。それゆえ，人間の自由意志も罪の下に売られた奴隷状態にある。「意志の自由決定はたいへん強力なものである。事実そのとおりに存在しているが，罪の下に売られている者たちにおいてそれはどんな力をもっているだろうか」（同21）。自由意志は存在している。しかし，それは罪の下に売られた奴隷状態ではまったく無力である。この無力になった意志を動かして信仰にまで導くのは聖霊の賜物，つまり恩恵の注ぎ以外にはない。「したがって，わたしたちを神へ向かって前進させるものがわたしたちを喜ばせるとき，このものは神の恩恵によって注ぎ込まれ与えられているのであって，わたしたちの意向・努力・行為の功績によって得られたのではない。なぜなら意志の意向・熱烈な努力・愛にもえる行為が生じるのは，神が与え，おしみなくほどこしたもうたからである」（同）。

このように神が人間の意志を内的に動かすことなしには，神へ向かって回心する運動は生じない。「意志自体は心を喜ばせ魅了する何かが生じないなら，決して動かされ得ない。しかし，このことを生じさせることは人間の力には与えられていない」（同22）。この結論こそ自由意志を弁護しよ

---

13)「使徒は肉的人間について明らかに語っていると思われる。なぜなら最初の人が造られた土のかたまりを彼は指し示しているから。またすでに述べたように，同じ使徒によれば，〈すべての人はアダムにおいて死んでいる〉とは，すべての人が一つの陶土のかたまりであることを言っているのである。ある器は栄光へと造られ，他の器は恥辱へと造られているとはいえ，栄光へと造られている者も，肉的な存在から開始し，そこから霊的な生命に新生しなければならない」（『諸問題』Ⅰ, 2, 17）。

うと努力したのに，神の恩恵が勝利したとアウグスティヌスが述べていた事態にほかならない。自由意志は存在しているが現実において罪の下に売られた状態にあり，無力である。ただ神の恩恵から来たる召命と聖霊の注ぎによってのみ意志は信仰への道に立ち向かうことができる。それゆえに信仰も神の賜物なのである。ここにアウグスティヌスの恩恵論が「恩恵のみ」(sola gratia) という形ではじめて成立している。

2　『告白』(397-401)

次にアウグスティヌスの中期の代表作『告白』に向かおう。彼はこの著作に先立つ『諸問題』で既述のようにローマ書第7章を律法の下にある人間を物語るものと解釈し，罪は習慣となることによって強大になり，肉的人間が生じ，霊的人間との戦いが起こることを力説した。このようなパウロ解釈を彼は自分自身の回心の決定的出来事と結びつけ，『告白』第8巻に見られるような回心直前の状況を叙述した。

習慣の鉄鎖　ここでのテーマは人間の心における霊・肉の葛藤と信仰による救済である。そのさい彼が習慣について語っていることに注意しなければならない。彼は言う，「意志は邪悪なものとなって肉欲 (libido) となり，肉欲がとげられているあいだに習慣 (consuetudo) となり，習慣がさまたげられないでいるあいだに必然 (necessitas) となった」(『告白』VIII, 5, 10) と。ここには習慣によって生まれる必然性が「鉄鎖」(ferrum) として心を縛り，神・永遠・真理を追求する善き意志と対抗し，心中に二つの意志の葛藤をもたらし，内心の分裂という悲惨な事態が結果する。意志は習慣となってエートス（倫理的性状）を形成するが，悪しき意志は反覆により古き習慣となり，新しく芽生えて来ていた善き意志を抑圧する。これこそ「習慣のもたらす暴力」(violentia consuetudinis) であり，パウロのいう「罪の法則」にほかならない（同VIII, 5, 12）。この強圧的習慣が「わたしが呼びかけられていたところへ飛躍すること」(transilire quo vocabar) を阻止し，そこから「このような相克が，わたしの心の中に，全くわたし自身から，わたし自身に敵対して，起こった」と言われる（同VIII, 11, 26f.）。習

慣は神に向かって飛躍しようとする神への対向性を抑圧し，阻止せんとする[14]。したがって習慣は神からの頽落現象をひき起こす。アウグスティヌスはこのような現象を神に向かう心の運動として前置詞を組み合わせて巧みに説明していう，「あなたの威光にひかれ，あなたに向かって (ad te) 引き寄せられたかと思うと，もうすぐわたしの重さによってあなたから (abs te) 引き離された，……この重さというのは肉の習慣であった」(同 VII, 17, 23) と[15]。アウグスティヌスによると，真理により引き立てられても習慣の重みに抑えられ，すっかり立ち上がっていない心の状態は，「心の病気」(aegritudo animi) であるがゆえに，この魂はキリストへの信仰により癒やされなければならない。それゆえ古い習慣からの訣別が回心の重要な内実となった。ここでの意志は習慣により自己分裂を生じ，もはや善悪無記的で中立的なものではなく，激しい苦悩を引き起こすものとなった。

すでに初期の諸著作を検討してみて明らかになったように，アウグスティヌスのもとでは人間が全体的に把握されており，その根本的状況は無知と無力といった悲惨な不幸 (miseria) として記述され，そこからの救済が切望されたのであるが，心に受けた苦痛によって愛や意志が方向転換する必要が痛切に感じられ，精神的変化が次第に熟成された。

「不安な心」と精神的な変化　このように中期の代表的作品『告白』において，彼の若い時代の諸著作を支配していた精神的状況の全体が根底から変化していることが示される。この作品ではキリスト教の救済にいたるまでの自己の歩みが伝記的に考察されるが，そこに展開する人間の分析は，明瞭な言語的表現をもって，端的に「不安な心」(cor inquietum) によって神の前に立つ自己の根本的な在り方を提示する。ここには人間を精神と身体とに分け，二つの世界に分ける二元的な考察はもはやなされない[16]。

---

14) この対向性は続いて考察されるその頽落現象である「不安な心」から取り出すことができる。

15) 習慣は神への飛躍を阻止する重みとして，キルケゴールの憂愁（重い意識）と同質の現象である（『あれか・これか』参照）。

16) そのような二元論的な古代的図式が崩壊し，人間を見る視座が根本的に変化した。こうした精神的変化の全体は，まず，人格的に人間の心に呼びかける神という神観に，またこのように呼びかける神に応答すべく造られ，「神の像」をもつという人間観に，さらに一つ

それは人格的に人間の心に呼びかける神の前での人間の全体が問われる。神は呼びかけ，人間はこれに応答する。神は人間を愛し (amare)，人間は神を愛し返し (redamare)，それにより自己を完成する（『教えの手ほどき』4,7参照）。このような相互的対向の関係は，神と人間との交わりにおいては，「告白」という罪の「懺悔」と神の「讃美」という二重の意味をもつ形式でもって表明される。

そこでわたしたちは「不安な心」の「心」(cor) 概念を検討してみたい[*17]。「心」は何よりもまず人間存在の全体を示している。「わたしの心のあるところ，わたしは，いかなる者であれ，在る」(『告白』X, 3, 4) と言われる。また「わたしは心霊である」(ego animus. 同X, 16, 25) と言われる。「心」または「心霊」はここで何ら内容の規定が与えられてはいないが，「わたし」(ego) という人格的「自己」の全体性と一回性とに関わるという意味で，一定の形態をもって語られている。人が心としての在り方を一般的に他者と共有する性質としてもっていることはここでは問題にならない。つまり心理学的な考察対象ではない。したがってアリストテレスが探究したような万人に共通な霊魂の客観的な観察ではない。そうではなく，むしろ個別的な自己の本来的在り方，各自に固有な，全体的，一回的な存在をもつ心髄が問われている。それゆえ，心は「核」(medulla) とも「最奥のもの」(intinum) とも表現される。このような心が自覚されるようになるのは，人間の心と腎（内奥）とを調べ，各自に語りかけて，その応答を引き起こす永遠者なる神から起こってくる。神の前に立つ自己は，有限的な存在であっても，同時に神の愛の対象として，永遠的な意味をもつ存在となっている。

アウグスティヌスはこのような永遠的意味をもつ人間存在を，現世へと

なる心の内において霊・肉の葛藤に苦しむ霊性としての自己の認識に，それぞれ示される。

17) cor 概念が始めて用いられたのは『カトリック教会の道徳』で引用された聖句「心をつくして (ex toto corde) 神を愛すべし」からであると思われる。なお cor 概念について misericordia（憐れみ）から cor を彼は分析しているが，これも内容的には聖書的概念に由来している（『カトリック教会の道徳』27, 53）。さらに聖書からとられたものであることは『音楽』も示している。「喜びはいわば魂の重みである。それゆえ喜びは魂を秩序づける。というのは〈あなたの宝のあるところに，あなたの心もあり〉，喜びのあるところに，宝があるから。しかし，心のあるところに，幸福か不幸かがある」(『音楽』VI, 11, 29)。「心」概念は聖書的関連からこのように派生し，『告白』ではアウグスティヌス的自己を示す概念として用いられている。

2 『告白』(397-401)

頽落した人間の救済という一つの観点から解釈しようとした[*18]。このことは『告白』巻頭の有名な文章のなかに見いだされる。

> 「あなたは人間を呼び起こして、あなたを讚美することを彼の喜悦となしたもう。それは、あなたがわたしたちをあなたに向けて (ad te) 造りたまい、わたしたちの心はあなたの中に (in te) 憩うまでは不安だからである」(『告白』I, 1, 1)。

『告白』のみならず、アウグスティヌスの思想の全体を、その本質において捉え、表現しているこの文章に、「心」概念が内容的規定を得て、「不安」であると規定される。それゆえ「不安な心」こそ人間の根本的な状況を提示する。それはある動的な運動を伴っている。すなわち、人間は元来神に向けて (ad Deum) 造られたのに、この根源的な神への対向性を喪失し、本来的在り方から転落している。さらにこれに続く叙述を参照すると、この頽落は神からの離反 (abs Deo, longe a Deo) から起こっているがゆえに、心は神への回心によって背反した神のもとに立ち返り、神への対向を取り戻さなければならない。それゆえ、神の中に憩いを見いださないかぎり、不安から脱却することはできない。なぜなら神から離反した (abs te) 心は、神に対向して (ad te) 造られているため、神のうちに (in te) 憩うまでは、不安であるからである。このような心の内面的な動態こそ、「不安な心」の構造を如実に示している。そしてそして彼はこの心の動態という最内奥の根源現象がどのように生涯の個々の出来事に具現し、救済に至ったかを伝記的に叙述している[*19]。

このような「不安な心」こそアウグスティヌスの自己認識と罪責感情の深みを生み出している根源であって、道徳主義的なペラギウスとの根本的な対立を導き出したものである。

「神の前に立つ自己」としての「良心」

次にわたしたちは「心」の概念と並んで「良心」(conscientia) の概念にも注目すべきである。アウグ

---

18) このような解釈は、救済という地点から現存在を解釈しようとするゆえに、実存史的記述となる。ここでいう実存史とは現存在が自己の実存に、神の前に立つ実存にいたるまでの歴史を意味する。そしてこの実存は「心」概念によって表出されている。

19) Maxsein, A., Philosophia cordis, Das Wesen der Personalität bei Augustinus, 1966, S. 46-64に『告白』における cor 概念の詳細な分析があるが、彼は頽落態の契機を充分把握していないように思われる。

スティヌスは『告白』第10巻に入ると,過去から現在の自己にたいする省察へと転じ,神の前に立つ自己の鋭い道徳的反省を行なっている。ここでは,「心」概念に代わって,またそれを補う意味で「良心」なる概念が用いられた。良心は心と同じく自己を表現しているが,他者の存在を意識しており,「他者の面前における自己意識」である。たとえば第8巻での「わたしがわたしに対して裸になり,わたしの良心がわたしを叱責する日がやってきた」(同VIII, 7, 18) という状況は,ポンティキアヌスが模範的修道士の姿をアウグスティヌスの面前に述べている間に生じている。良心に言及されているときには,他者,しかも模範的他者,そして究極には永遠の他者なる神の前での自己認識が認められる。アウグスティヌスは神の前に立つ自己を良心概念によって次のように語っている。

「そして主よ〈神の御目の前には〉人間の良心(意識)の深淵も〈赤裸々に現われる〉」(同X, 2, 2)。「これ(恩恵)によって自己の弱さを自覚する (fit conscius) ときには弱い者もすべて強くなる」(同X, 3, 3)。「わたしの良心は,自己の無垢によるよりも,あなたの慈悲にもとづく希望によって日ごとあなたに向かって告白する」(同X, 3, 4)。

このような良心によって告げられる人間は,他者なる神の前に立つ自己であり,それによって自己への反省の度合が無限に高まる[20]。こうしてキリストの福音により救済された自己へのさらに透徹せる省察が導き出される。そこではヨブにならって人間の生活全体は不断に襲いくる試練と見なされ,キリスト者として善き者とされていても,そこから邪悪なものに転落する誘惑にさらされ,「あなたの御目の前に,わたしはわたし自身にとって問いとなった。そしてこれこそわたしの疾患である」(同X, 33, 50) との自覚に達する。ここに語られている自己自身に向けられた問い (quaestio) は,彼が『告白』第4巻で友人の死に会い,「わたしがわたし自身にとって大きな問い (magna qeaestio) となった」(同IV, 4, 9) といったときと同じことばではあるが,第10巻での問いの深さは,第4巻のような死を悲しみ悩む人間的な問いではなく,神の前に立つキリスト者としての自己において発せられている点にある。これこそ「神の前に」(coram Deo)

---

20) この点を明確に認識したのはキルケゴールであった。『死にいたる病』第二編A第1章「自己意識の諸段階〔神の前に,という規定〕」参照。

という宗教的規定のもとでの自己省察であり,「わたしはあなたをわたしに隠しても,わたしをあなたに隠すことはない」(同X, 2, 2) といわれているような省察の深まりを示す。彼はこのような省察を求めるばかりか,罪の深淵からの救いをも神に祈り求める。この祈りこそ彼の有名な「わたしをわたし自身に示し給え」,「あなたの命じるものを与え給え,そしてあなたの欲するものを命じ給え」という祈りなのである[21]。

このような罪に転落し神の恩恵によって辛うじて生きているような,恩恵に負けた弱い本性の人間は,倫理的な自律に立っているペラギウスには耐え難かったに相違ない。事実,ある司教が先に述べたアウグスティヌスの祈りの言葉をペラギウスの面前でのべたとき,彼は忍耐できず,激憤せんばかりであった(『堅忍の賜物』20, 53)。こうしてこの祈りの言葉こそペラギウス論争を惹起させた一つの契機になったともいえよう。しかし,この祈りの言葉は神と人間との関係を授受の関係とみるパウロ主義(たとえば第Iコリント13・31,4・7参照)のアウグスティヌス的表現であった。

3 回心の記述に現われた自由意志と恩恵

このような深刻な罪責感情を担った心と良心の体験が自伝的な回心の記事にどのように具体的に反映しているであろうか。この点を自由意志と恩恵の関係から考察してみよう。

意志の内部分裂としての霊・肉の葛藤 習慣の必然性によって拘束された意志はパウロのいう「罪の法則」の下にある。「罪の法則というのは,習慣の強制であり,それによって,心は欲しなくとも,引きずられて,つかまえられる」(『告白』VIII, 5, 12)。したがって心は神に向かおうとする意志をもっていても,現実には習慣によって阻まれると,内心の分裂を起こす[22]。

「しかし,わたしのうちに起こりはじめていた新しい意志は,神よ,

---

21) 『告白』X, 29, 40; 30, 41; 31, 45; 37, 60参照。詳しくは本書106-108頁参照。
22) この状態はキルケゴールのいう「憂愁」,つまり「重い気分」(Schwermut) と同じである。

唯一のたしかな喜びよ、あなたをただあなたゆえに喜び、楽しもうとする意志は、古い年をへて強くなった意志にまだ打ちかつことができなかった。このようにわたしの二つの意志が、一つは古く一つは新しく、一つは肉により一つは霊による意志が、たがいに争いあってその闘争によってわたしの魂を引きさいた」(同5, 10)。

　このアウグスティヌスの言葉に明瞭に述べられているように、神に向かう意志と神から背反する意志の闘争は霊と肉の葛藤であって、一つの心の中における分裂である。意志の分裂はあることを意志しても、それと正反対な力が働いて実現できないときに生じる。神による新しい意志は罪の反復による習慣の力でもって阻止される。この事態は「それゆえ、魂は真理に従って前者を選びながら、習慣にとらわれて後者を捨てないでいるうちに、ひどい苦しみのために引き裂かれる」(同10, 24)と言われる。このように内心において分裂した意志は「手負いの意志」であり、「魂の病気」である。

　こうした霊的人間と肉的人間との葛藤は、『シンプリキアヌスに答えた諸問題』第1巻第2問の予定説の解釈では、精神と身体とに還元することなく、神に向かう人間と神から背反する人間とに分けられ、肉的人間が「罪のかたまり」であって、そこから選ばれたものが霊的人間に向けて救いだされると説かれていた。この思想が『告白』に継承されており、霊・肉の葛藤が意志の分裂として叙述される。ここでは人間が神学的人間学の区分にしたがって霊と肉によって叙述される[23]。こうして自由意志は古い習慣によって拘束されているのであって、新しくなる可能性が抹殺されているのではなく、むしろ霊と肉との内部分裂となり、霊・肉の葛藤となる。この葛藤は回心の直前にはどちらとも決められない宙ぶらりんの状態に置かれていた。

自由意志の選択についての文学的構成　こうした状態が破られたのは外から聞こえてきた言葉であった。アウグスティヌスは当時ミラノで「庭のある家」に住んでいた。彼は内心の闘争が高まったとき、庭に出ており、

---

　23)　この神学的人間学の区分について金子晴勇『ルターの人間学』創文社、36頁と41頁を参照されたい。

激しい驟雨の涙を流していた。そのとき隣家から「取りて読め」(tolle lege) の声が聞こえてきた。その声に促されて，読みかけの使徒パウロの書を開き，その言葉に導かれて回心を経験する。この回心の記事が文学的に構成されたものであるか否かが問題となっている[24]。しかし，回心が事実生じるために不可欠な要素がそこには含まれているように思われる[25]。

そのさい文学的構成が非常に明瞭なものをとりあげてみよう。それは自由意志が行なった選択についての物語である。これは明らかに文学的な創作であるが，それでも彼を縛っていた古い習慣がどのように断ち切られたかを知る上で重要である。回心直前の状態は宙ぶらりんな状態で「鎖はもう弛みかかっていたがそれでもわたしを縛りつけていた」と言われる。したがって「わたしはもう決心しかけていたが，しかしじつは決心しなかった。……そしてもうすこしでとどくところであったが，なおすこしたりなかった」(同11, 25) とあるような，未決定な宙に浮いた決断直前の状態を彼は経験していた。

このような状況のなかで選択の物語が登場してくる。この宙に浮いた状態が破られると，決断と選択の前に人は立たされることになる。しかもこの決断と選択をなすものこそ自由意志にほかならない。ここに自由意志による選択の物語が挿入される。まず古い習慣が「古い情人たち」として彼をひきとめ，ささやいた。しかし，他方から「清らかな威厳にみちた貞潔」が現われて，ためらわず来るように手招きした。これは彼の心の状態を描いた修辞学的創作であって，ヘラクレスが徳を選ぶか快楽を選ぶかという二者択一のテーマを意図的に反映させた構成となっている[26]。古い習慣になおとどまるか，それとも新しい徳の生活に決断するかを彼は劇的に描きだす。選択の物語は彼があれかこれかの決断の前に立っているように描いている。しかし，実際は古い習慣の鉄鎖はゆるみかかっており，新しい徳の生活が前面に立ち現われてきて手をさしのべている。このように手をさしのべているのは神の恩恵の働きである。決断はこの手をつかむだけなのである。

---

24) J. O' Meara, The young Augustine. The growth of St. Augustine's mind up to his Conversion 1954, p.182-85
25) 先に考察したようにこのことを『シンプリキアヌスへの諸問題』が恩恵の問題として論じていたとみることができる。それは「召命」(vocatio) であり，ここでの声である。
26) J. J. O' Meara, op. cit., p.178

そこで「貞潔」は多数の少年や少女のみならず，多くの若者，真面目な寡婦や年とった処女を伴って，生ける模範を面前に示して語りかけている[27]。この「貞潔」の声は信仰の動態をよく語っている。貞潔という徳は神から与えられるものであって，人は自分の力で獲得できない。それゆえ，信仰は人間が自律できないことを自覚し，神にみずからを委ねて，神の力によって立つことを意味し，神に自己を引き渡すこと以外の何ものでもない。それは神の側からの呼びかけに応答するだけである。この呼びかけをアウグスティヌスは「取りて読め」という外からの声として聞いたのである。

この言葉にしたがって彼は聖書を開いて読むと「たちまち平安の光ともいうべきものがわたしの心に注がれて (quasi luce securitatis infusa cordi meo)，疑惑の闇はすっかり消え失せた」(VIII, 12, 29) と述べられている。これが彼が祈り求めていた「心の平安」であった。この上から注がれる光の表象は人格的には対話の関係で把握される。この関係は『告白』序論の終わりのところでは「主よ，ごらんの通りわたしの心の耳はあなたの御前にある。その耳を開いて〈わたしはお前の救いであるとわたしの魂に語ってください〉。わたしはこの御声を追いかけ，あなたをとらえる」(『告白』I, 5, 6) と語られている。神からの声を聞いてこれにしたがう，これが信仰であり，神の呼びかけこそ信仰の根源である。それは神の恩恵のわざで生じる。

『シンプリキアヌスへの諸問題』で彼は信仰の開始が神の側からのイニシアティブによって，つまり神の呼びかけである「召命」(vocatio) によって起こることを説いていた。さらに tolle lege の記事に関しても文学的構成が認められるけれども[28]，それでも回心の直接的なきっかけが外から来た声を召命の呼び声として聞いたことである点に疑いの余地はない。そして，この神の召命に聴いて従うのは自由意志の働きなのである。

---

27)「あなたはここにいる男女のすることができないのか。これらの男女はそれを自分の力でなし得るのでしょうか。むしろ主である彼らの神においてはじめてなし得るのではないのか。主である彼らの神がわたしを彼らに与えて下さったのである。なぜあなたは自分にたのみながらも自ら立てないのか。その身をあの方になげかけなさい。恐れてはならない。あの方は身を引いて，あなたを倒れさせることはないであろう。安心してあの方に身を投げ出しなさい。あなたを引き受けて，あなたを癒して下さるであろう」(ibid., 11, 27)。

28) J. J. O' Meara, op.cit., p.182ff.

3 回心の記述に現われた自由意志と恩恵

自由意志の働き　さて回心の出来事のなかで意志はどのように働いていたであろうか。回心直前には古い習慣の力による奴隷的な拘束状態も弛みかけており、自由意志はふたたび神の方に向かって決断しうるように導かれていた。このような導きは人間を超越した神から心のうちに恩恵が注がれることによって開始している。意志自体が内的に動かされることなくして神への回心は生じないとアウグスティヌスは『シンプリキアヌスへの諸問題』で力説し、外から心の内へと来る促しとして神の愛の注ぎを説いていた[*29]。『告白』第8巻の冒頭にこの愛の注ぎが神のわざとして「わたしの骨にあなたの愛を注いで、……あなたはわたしの鎖を解かれた」（VIII, 1, 1）と述べられている。この神の恩恵によって愛の注ぎを受けると、神に対する愛が心の内奥に生じ、これによって罪に染まっていた心の深淵が清められ、自由意志は神へ向かって決断することが可能となる。このような神の愛の働きの下にあった自由意志について彼は次のように語っている。

「しかし主よ、あなたは善良で慈悲深くあられて、わたしの死の深淵をみて、あなたの右手をもって心の奥底から壊敗の淵を空にされた。こうしてわたしは、自分の欲することをまったく欲せずに、あなたの欲することを欲するようになった。しかし、このように長い年月の間、わたしの自由意志はどこにあったのであろうか。それは何んと深く沈んだひそかな隠れ家から一瞬のうちに呼び出され、わたしは自分の首をあなたの〈負いやすいくびき〉につなぎ、わたしの肩を〈わたしの救い主であり、わたしのあがない主であられる〉キリスト・イエスよ、あなたの〈負いやすいくびき〉に委ねるようになったのであろうか。愚かな甘美を欠くことがにわかにわたしにとって、どんなに甘美となったことだろう。わたしがかつて失うことを恐れていたものも、いまではそれを捨てることがかえって喜びとなったのである。じっさい、それらのものをわたしから投げ捨てたのは真実の最高の甘美であられたあなたなのである。あなたはそれらのものを投げ捨てて、それらの代わりにあなた自身がはいられた。……そしてわたしは、わたしの光とわたしの富とわたしの救いであるあなたに、わたしの主と神である

29）　本書45頁参照。

あなたに向かって片言で話しかけていた」。(同IX, 1, 1)
　アウグスティヌスは自由意志が死の深淵と壊敗の淵という隠れ家から一瞬のうちに呼び出されたと言う。自由意志は存在していたのであるが，古い習慣の力によって拘束され暗い淵に沈んでいたとも言う。それは「わたしの心の奥底から」(a fundo cordis mei) 壊敗の淵がとりのぞかれてはじめて，罪から自由になり，神の恩恵に向けて決断できる状態となる。神のこの「呼び出す」(evocare) 働きは，『シンプリキアヌスへの諸問題』によれば「召命」(vocatio) であって，これこそ「善き意志の起動因である」(『諸問題』I, q. 2, 13) と言われていたものであり，これに意志が同意し，甘美と喜びにひたされて動く様が描かれている。これは「意志自体は心を喜ばせ魅了する何かが生じないなら，決して動かされ得ない」(同2, 22) と語られていた事態に一致する[30]。罪によって拘束されていた自由意志は神の愛と呼びかけによってはじめて活動を再開する。それゆえ，わたしたちは神の愛の担い手であるキリストに信頼することによって神と対話する関係のなかに入れられる。『告白』の全篇は神のこのような呼びかけに対する信仰の応答を述べたものであるといえよう[31]。

4　中期思想からペラギウス論争文書へ

『告白』執筆当時，アウグスティヌスは自己の回心の出来事を中心に思索を展開しており，パウロのローマ書第7章も，当然，恩恵以前の律法の下に立つ人間について語るものと考えていた。しかし，これとても彼の確定的見解ではなく，別様にも解していた[32]。これが『告白』第10巻になる

---

　30)　これは神の愛の注ぎを予想する発言である。したがって神の愛の注ぎによって心が信仰へと備えられ，かつ壊敗の淵を空にされて，つまり拘束から解放されてはじめて，神の語りかけに応答できるようになる。このようにして，先の引用文の終わりに語られているように，信仰は神に向かって子供っぽい片言で話しかけ始めるのである。
　31)　シンプリキアヌスに答えた著作はミラノ教会で歓迎されたように思われる。そこでは前司祭のアンブロシウスの教義上の遺産と一致するものと見なされたであろう。ミラノの助祭パウリヌスがカエレスティウスを攻撃したのも，ミラノ教会がアウグスティヌスに賛同していたことを示している。しかし，アウグスティヌスがアンブロシウスを引用して自説を擁護したのは『キリストの恩恵と原罪』(415) 以後のことである。
　32)　その例として『主の山上の説教』II, 7, 23; 11, 38;『節制論』17, 18, 22, 23。

と，回心以後の現在の自己省察に向かい，恩恵の下にあっても人が試練に絶えず襲われており，克服し難い「習慣の重荷」(consuetudinis sarcina) のもとに悲惨な状態にいることの自覚に達している (『告白』X, 40, 65)。

ローマ書第7章の解釈の変化　このように中期の作品にも，すでに後期の思想が含まれており，ローマ書第7章の解釈の変化がすでに準備されていた。すなわち，アウグスティヌスはペラギウス論争の途上419年にローマ書第7章について従来とってきた解釈を突然捨て，パウロはここで律法の下に立つ人間のみではなく，恩恵の下に立つ人間についても語っていると解釈し，罪の赦しを得ている信仰者にも罪との戦いがあるという解釈に転向した[33]。この転向はカトリック教会の護教家として，とくに恩恵を授ける施設としての教会の役割を拡大するため，人間の善性，もしくは自由意志を制限し，人間全体を罪の中にあるとしたのであろうか[34]。また，たんに教義上の論争の結果生じたのであろうか[35]。アウグスティヌスの思想を，その発展の相の下に考察してきたわたしたちにとっては，この転向はすでに中期の著作の中に萌芽としてあったものであり，論争を契機として前景に出てきたものである[36]，とするのが正しいと思われる。もちろん，後期の思想では人間の主体性の要素は次第に消極的になっている。つまり信仰は自由意志の決断によって得られるというよりも，神の恩恵によって授与されるという点に強調点がおかれ，情欲 (concupiscentia)

---

33)　『ペラギウス派の二書簡駁論』I, 10, 22; すでに415年頃からローマ書第7章における人間の問題について考察が始められ，詩篇講解や説教において言及され，さらに使徒は自分自身のことを語っていると見るようになった (『結婚と情欲』I, 30-36)。そして決定的には『ユリアヌス駁論』VI, 23, 70-73に転向の説明が与えられている。なおローマ書第7章の解釈については次の研究がある。Jonas, H., Augstin und das paulinische Freiheitsproblem, 1930; Dinkler, E., Die Anthropologie Augustins, 1934; Platz, P., Der Römerbrief in der Gnadenlehre Augustins, 1938.

34)　Bauer, Die christliche Kirche vom Anfang des vierten bis zum Ende des sechsten Jahrhunderts, 1859, S.144ff. これに関して，またこれに対する反論として Reuter, I-I., Augustinische Studien, 1967, S. 16ff. がある。

35)　ペラギウスは恩寵を罪の赦しとしての洗礼に限定し，永遠の生命は人間の功績によると見ている。したがって罪の赦しは過去の罪に関係し，将来の罪や現在の罪の戦いには役立たないと見ている。

36)　ディンクラーはこの解釈の転向の原因を宗教的深化 (religiöse Vertiefung) に見，それは情欲の克服し難いこと (Unüberwindbarkeit der Concupiscenz) に帰因すると解している (Dinkler, op. cit., S. 271)。

にしても，中期の作品『節制論』では，節制が情欲に対決し，その戦いから恩恵も説かれていたが，後期では情欲の克服し難きことが，したがって一種の原罪悲観主義ともいうべきものが見られる。これはペラギウスの自律的な人間観と当為を強調する義務論的倫理からすれば道徳的には後退していると思われたであろう。だが，そこには人間の現実に向けられたいっそう深い洞察が認められる。すなわち，欲情や罪が安易な解決を許さない根深かさについての徹底した自覚がある。このことは先に述べた『告白』第10巻の宗教的な自己省察とも内容上一致している。それゆえ，アウグスティヌスの罪悪思想がいっそう深化していって，聖書解釈上の変化を起こしたといえよう。

宗教的深化と聖書解釈　一般の解釈学では体験・表現・理解の三つのプロセスから解釈が導かれている。こうした解釈学は聖書の解釈からはじまったとしても，それにとどまらない。アウグスティヌスの解釈学的な思惟傾向も同じであって，彼はアンブロシウスの比喩的聖書解釈によってマニ教の迷妄から解放されたのであった（『告白』VI, 4, 6）。こうした比喩的聖書解釈の原理は『キリスト教の教義』において詳細に論じられているが，彼の解釈学的思惟はキリスト教思想にも向けられることになった。たとえば三位一体の教義にも向けられた。『三位一体』は，その構成上から見ても明瞭なように，この解釈学的構成を採用している。すなわち前半は聖書の証言とカトリック教会の伝統的教義にもとづく信仰による三位一体を叙述する。この部分は教義学的部分である。しかし後半は「さらに内面的方法で」人間の理性的な認識作用の考察にもとづいて三位一体なる神の認識を問題にしている。つまり，教義の解釈学が展開する。同様のことは時間論や創造論についてもいえるのであるが，他ならないペラギウス論争における恩恵の教義を扱った諸著作でも解釈学思惟が展開する。

　そこでは，論争の的となっている教義が彼の内面性の深みから解釈される。聖書解釈の一つの例をペラギウス派駁論書の中でも最晩年に属する神学的思想を総括的に述べた『恩恵と自由意志』(De gratia et libero arbitrio, 426-27) からあげてみよう。

　エゼキエル書第18章31-32節「〈イスラエルの家よ，どうしてお前たちは死んでよいだろうか。わたしはだれの死をも喜ばない。お前たちは立ち

返って生きよ〉と主なる神は言われる」について，ペラギウスはこの聖句が戒めとして自由意志に与えられたのであると考える。つまりこの言葉は戒めを述べていると解釈する。これに対しアウグスティヌスはこの神の律法の背後には神の恩恵の意志を認めることが何より大切であるという。なぜなら「神よ我らを立ち返らしめたまえ」(詩80・3) と呼びかけられている神が，ここでは「お前たちは立ち返って生きよ」と語っているから。すなわち「わたしはお前たちに新しい心を与え，お前たちの中に新しい霊を置く」(エゼキエル36・26) と語る神自身が「お前たちに新しい心と新しい霊を造ろう」と語っているからである (『恩恵と自由意志』15, 31)[37]。アウグスティヌスにとって新しい霊を人間に与える神は「恩恵の御霊」(spiritus gratiae) として人間の心の奥深く働きかけ，頑な石の心をとりのぞき，信仰をもつようにする (同14, 30)。「恩恵の御霊はわたしたちに信仰をもたせ，信仰による祈りをもって，命じられていることができるようにしたもう。律法が命じるものは，わたしたちがそれを行ないうるために信仰を通して祈り求め，実行できる力を獲得するのでなければ，わたしたちはそれを実行できないから」(同14, 28) と彼はいう。

　このように恩恵と自由意志についての論争は聖書解釈の問題となって表面化しているが，ペラギウスとアウグスティヌスの宗教的体験の相違にまで遡って解釈学的に理解しなければならない。アウグスティヌスのもとでは人間の意志の脆弱さ (infirmitas) が神の全能と相関的に捉えられている。脆弱さと全能は全く相反する。しかし，これが神の恩恵によって結び付くがゆえに，この相関は逆対応の関係となっている[38]。また人間の生が試練 (tentatio) と戦い (certamen) のさ中にあって神の恩恵が働く場 (gratiae Dei locus) となる (同4, 6ff.)。こうした宗教的に深まった認識がアウグスティヌスの全思想に貫かれており，さらに天地の創造者はこのような心に働きかけ (同21, 42)，清い心 (cor mundum) を創造することによって新生 (regeneratio) に導く (同4, 6ff.)。

---

37) このエゼキエル書の解釈をめぐって後年ルターとエラスムスが激しく論争したのであるが，ルターが『奴隷意志論』(De servo arbitrio) の中で論じた思想は，すでにアウグスティヌスによって十分解明されているものである (WA XVIII, 682f.)。ルターもアウグスティヌスと同じくこの聖句のもとで神の律法ではなく，神の恩恵の意志を捉えている。

38) 「逆対応」は西田幾多郎が説いた霊性的な論理である。これに関しては金子晴勇『人間学から見た霊性』教文館，81-83；115-16頁参照。

恩恵論の完成した図式　このように心に働きかけ新しい生命を創造する神の恩恵こそ，後期アウグスティヌス神学の中心的テーマである。彼はペラギウス派との初期の論争文書『霊と文字』(De spiritu et littera, 412) で，神の愛が聖霊をとおして心に注がれ，信仰によって律法が愛され，完成されるにいたることを強調した（『霊と文字』14, 26; 17, 29; 21, 36）。神は心と意志の奥底とを調べる者である（同8, 14）。この神の前に人は心の戦慄をもって恩恵に寄り縋がらなければならない。ここで再び「心」概念が神の前なる自己を表わし，キリスト教の教義を彼がこの内面的な心の立場から解釈していることが判明する。神の愛が聖霊により心に注がれて，愛の倫理の完成，すなわち律法の成就にいたるのであるが，このことは恩恵論の発展的図式として確立される。『手紙145』(412-13) ではこう言われる。

「律法は，恩恵なくしては実現できないことがらを，教え命ずることによって人間に自己の弱さを明示する。それは，このように証明された弱さが救い主を求めるためであり，この救い主によって救われた意志が，弱さのゆえに不可能であったことがらを可能にする。それゆえ律法は〔証示された弱さにより〕信仰にまで導き，信仰は無償の御霊を求め，御霊は愛を心に注ぎ，愛が律法を実現する」（『手紙』145, 3）。

このように愛の心への注入の前提には律法による人間の意志の脆弱さの認識があって，人間の絶望的状況こそ原罪の教義，および恩恵の絶対的必然性を説く前提となっている。この人間の絶望的状況はアダムの堕罪神話を借りて語られるが，この状況はキリスト教的な生活体験からの解釈にとっては先に『告白』で考察した「神の前における自己」にほかならない。アウグスティヌスの時代にはいまだ教義として確定していない原罪の教義は，実は教義以前の，また教義外の，基礎的体験の事実に根ざしているのではなかろうか[39]。アダムにおける堕罪という神話的表象は，この事実を過去へと移して解釈したものであり，予定の教義はこれを未来へと移し解釈したものである。これらの教義はアウグスティヌスの深淵的な自己認識から解釈されているかぎり，有意義なものである。したがって原罪と密接に関連する幼児洗礼の教説も，彼が『告白』第1巻において自己の姿を新生児にまで遡って考察し，原罪の教義と自己存在とを結びつけて解明し

---

39)　金子晴勇『ルターの人間学』創文社，544頁以下参照。

ているがゆえに，たんなる教義上の合理的に組織された二次的問題であった[*40]などとは決していえない。それゆえ一般的にいって教義の確立は自己を解釈し，共通の言語へと客体化しようとする人間の根本的行為であるということができる[*41]。

完成されたアウグスティヌスの恩恵論の図式は「律法 ─→ 意志の弱さの認識と愛の注ぎ ─→ 救済と新生 ─→ 愛による律法の実現」であるが，これはペラギウスの恩恵論の図式「律法の恩恵 ─→ 意志による律法の実現」を内に含んでおり，相違は内面性の理解に求めることができる。つまりキリスト者といえども絶えざる罪の試練のもとにあるがゆえに，信仰による神への絶対的依存 (adhaerere Deo) こそ人間の最高善であり，信仰こそ神の前に立つ自己の真の姿である。それゆえに，ただ心の戦慄 (tremor cordis) をもって神の恩恵に寄りすがらなければならないと説かれる。

そこでアウグスティヌスの図式からペラギウスの図式を引いてみよう。

　「律法 ─→ 意志の弱さの認識と愛の注ぎ ─→ 救済と新生 ─→ 愛による律法の実現」

　−「律法〔の恩恵〕 ─→ 意志による律法の実現」

　＝「意志の弱さの認識と愛の注ぎ ─→ 救済と新生」。

このように引かれた残余がアウグスティヌスの図式のなかにある「中間規定」なのである。したがって，両者はともに自由意志によって律法が実現すると説くが，中間規定が不可欠なのは中間にある意志をどのように把握するかにかかっている。自由意志は選択機能をもっているが，現実には律法を実現する力を本当に備えているであろうか。ここでは単なる「機能」(Funktion) の存在が問われているのではない。その機能が十全な力を発揮できるのか否かが問題である。つまり「自由意志は自由であるのか」が問題なのである。中期の作品で問題とされた「習慣の鉄鎖」「悪の必然性」「罪を犯さざるを得ない」[*42]というのは，自由意志の働きを含んだ必然性

---

40) Jonas, H., Über die hermeneutische Struktur des Dogmas, in : Augustin und das paulinische Freiheitsproblem. S. 80ff.

41) Jonas, H., op. cit., S. 81. 原罪説と予定説を中心にする恩恵論もこのような現存在の解釈学的構造からして初めて正しく把握できるであろう。また，恩恵による霊的新生，愛による律法の成就といったアウグスティヌスの後期倫理説もこのような教義とともに発展してきたものである。

42) これは自由の三段階図式の中間に示される状態である。三段階は，①無垢の状態

であって,「強制」ではない。そうすると「自由意志は自由とされなければならない」ことになり,一見すると同語反復のような「自由とされた自由意志」(liberum arbitrium liberatum) が不可欠となる(『ペラギウス派の二書簡駁論』III, 8, 24)。こうして自然本性的な自由は恩恵によってさらに自由とされ,自由が拡大されることになる。ペラギウス派との論争をとおしてこのようなキリスト教的な自由の理解が開かれてくる。

「罪を犯さないことができる」(posse non peccare), ②罪の奴隷状態「罪を犯さざるを得ない」(non posse non peccare), ③キリストによる新生「罪を犯すことができない」(non posse peccare) によって示される。詳しくは金子晴勇『アウグスティヌスの人間学』第2部第2章5節「人間学的三段階」332-45頁参照。

第Ⅲ章

ペラギウスとペラギウス主義者たち

はしがき

わたしたちはアウグスティヌスとペラギウス派との論争がどのように展開したかを歴史的に解明するに先だって，論争以前のペラギウスおよびその協力者たちの活動と思想とを考察すべきである[*1]。ペラギウスの協力者にはカエレスティウスとユリアヌスという代表的思想家がいるが，当時南イタリアのシシリアにも同調者がいたことが知られる[*2]。しかし，ペラギウスとカエレスティヌスは思想的には同じ傾向であったとしても，ペラギウスはカエレスティウスほどにはラディカルに自説に固執しなかったことも考慮されなければならない。これまではアウグスティヌスの『ペラギウス派の訴訟議事』を根拠にしてペラギウス派がひとまとめにして論じられていたが，今日では両者の差異が重要視されるようになった[*3]。この点をも

---

1) Alexander Souter, Pelagius's Expositions of thirteen Epistles of S. Paul, Texta and Studies Vol. IX, 1922-31 の出版以来アウグスティヌスとの論争以前のペラギウスの思想が研究されるようになった。この作品はエラスムスによってヒエロニュムスの作に組み入れられていた。現代のペラギウス研究はこの著作を土台として進められている。山田望『キリストの模範』教文館，の研究も論争以前の思想を中心に論じている。

2) C.P.Caspari, Briefe,Abhandlung und Predigten aus den zwei letzten Jahrhunderten des Kirchlichen Altertums und dem Anfang des Mittelalters, 1890. このノルウェーの学者はこれらの著作を出版し，現代のペラギウス研究を開始させた。この著作が合理主義や人文主義からかけ離れている点が問題とされた。多くの討論の後にこれが匿名のシケリア人であるとの結論に達した。

考慮してペラギウスとその協力者たちの思想をいっそう客観的に把握しなければならない[*4]。

1 ペラギウスの活動・著作・思想

ペラギウスは4世紀の中頃，ほぼ354年頃にブリテン（イギリス）に恐らくローマの役人でこの地に移住したキリスト信徒の両親のもとに生まれた。彼の生まれ故郷がアイルランドかそれともスコットランドであるかはいまだ決着がついていない。体格が大きいだけでかっこうが良くなかったので，彼は嘲笑の的となった。性格的にはきわめて論争的でかなり高い教養を身につけていた。辛辣で簡潔な文章を書いていたようであった。彼はブリテンで学校教育を受けてから380年ごろローマにきて法律学を勉強した。当時の慣習にしたがって彼は幼児洗礼を受けていなかったが，ローマで受洗の決心をし，同時にキリスト教の生活にふさわしい義務を真面目に実践した。彼は極端な禁欲主義者ではなかったが，道徳的にきわめて謹厳であった。ある資料では彼が修道士であったように暗示しているが[*5]，修道士というよりも個人の平信徒で修道士風の生活を送っていたのであった。つまり彼は世俗の人であった。一般的に言うとローマの信者たちには良心のよき指導者であって，きびしいが立派な人物と思われていた。アウグスティヌスもペラギウスについて人々から聞いているところを伝え，「彼は聖なる人の一人で，宗教的に少なからず精進したキリスト者の一人である」（『罪の報いと赦し』III, 1, 1）と言い，「善良で称賛されている人」

---

3) G. Bonner, Augustine and Modern Reseach on Pelagianism, in: God's Decree and Man's Destiny, 1987, p.11 はペラギウス派の共通点を禁欲思想と道徳主義との結合に求めている。

4) ペラギウスの伝記としてはプリンヴァルのものが有名であるが，ブラウンは「基礎となるものだが，決定的なものではない」という（P. Brown, Pelagius and his supporters, in: Religion and Society in the Age of Saint Augustine, p. 185, n. 1）。個別の論文を除いたその他の著作では T. Bohlin, Theologie des Pelagius und ihre Genesis, 1957, R. F. Evans, Pelagius. Inquiries and Reappraisals, 1968 が注目すべき研究であるが，エヴァンスが言うように，ペラギウスに対する過去の明らかな誤りから早急な復権を説くことは警戒すべきであって，未だ仮の評価と見なすべきである（R. F. Evans, op.cit., p.1-2 ; 66-67）

5) マリウス・メルカトルはペラギウスが修道士であったと報告している（Mercator, Commonitorium super nomine Coelestii =ACOメルカトル「カエレスティウスの訴訟に関する備忘録」）。

（同 III, 3, 5) とみなしている。

　ペラギウスとアウグスティヌスとは共通点が多い。二人とも地方出身で，同じころ，イタリアに来た。アウグスティヌスのイタリア滞在は4年間であったが，ペラギウスはローマに滞在し続けた。前者は4年間信徒の生活をしたが，後者は30年間以上平信徒のままであった。しかし，相違点もいちじるしい。アウグスティヌスが地方の町で牧会と知的活動とからなる孤独な生活を送ったのに対し，ペラギウスはローマにあって平信徒を指導し，弟子を養成し，はなばなしく活動した。そして両者の思想における対立は決定的なものであった。この対立はローマの貴婦人デメトリアスに対する態度によく表われている。

　デメトリアスは14歳のとき，修道女となるために政略結婚の有力候補を捨てて禁欲生活を送った。これを支援すべくペラギウスが彼女に宛てた手紙には彼の教えの核心が述べられている。彼の使信は単純で明解である。「道徳的完成は人間にとって可能であるがゆえに，義務とすべきである」[6]。彼によると人間の自然本性はそのような完成にいたることができるように神から創造されている。神は人間にできないことを求めていない。したがってペラギウスは彼女に「道徳的行動の原則」を提示し，節制と禁欲の徳を奨励して聖なる生活に導いた。そのさい彼は人間の自然本性の力と性質とが何をなしうるかを指摘して，聴く人の心に徳を呼び起こそうと試みていた[7]。つまり彼は当時の教養ある貴族階級に向かって道徳的に厳格な禁欲主義者として臨み，人間には道徳的完成が義務であり，そのため神への無条件な服従が求められている，と説いた[8]。要するに彼はすべてのキリスト教徒に修道士のようになることを求めた[9]。したがってローマ世界の悲惨な出来事を経験した人たちにはペラギウス主義はキリスト教会を全面的に方向転換させる改革を意図しているように見えた。

　実は，アウグスティヌスもタガステの地に退いたときには同じ理想に燃えていたはずであった。しかし，ペラギウスの急進主義はカルタゴの司教

---

6) 『デメトリアスへの手紙』第2章，この書に関しては後に詳しく論じられる。
7) ペラギウス『デメトリアスへの手紙』第2章
8) ペラギウスはローマの名門貴族アニキ家の寵愛を受けたと伝えられている。
9) アウグスティヌスは『ペラギウスの訴訟議事』35, 61 で，ペラギウス派を指して「修道院生活に魅せられた人たち」と述べている。もちろん彼らは修道院を建てたわけではないが，教会を大きな修道院にしようと願っていたといえよう。

アウレリウスやアウグスティヌス，さらに彼の友人アリピウスによって修正させられた。それはローマの攻略を前にして北アフリカに移住してきたメラニアとピニアヌスという大富豪に対する態度を見るとよく分かる。ペラギウスはこの世と完全に断絶するように彼らを導いたのに対して，アフリカの司教たちは彼らのアフリカの財産を教会に寄進するように説いた。彼らはこれにしたがって自分の永代所有地をカトリックの修道院に寄付した。ここにペラギウスの急進的な改革志向に反対するアフリカの司教たちの姿勢が明らかである。これはローマ帝国内の平均的で善良なカトリック平信徒の姿勢であった。ペラギウス派はそのような微温的な傾向に批判的ではあったが，その内部では反体制の急進派から体制内改革の穏健派に転向する傾向もあって，ペラギウス論争の社会的な背景を示している[10]。

ペラギウスは言論と書物により自分の思想を宣伝したのであるが，彼は当時の頽廃した道徳に対決し，真剣にキリスト教徒たることを，しかもすべてのキリスト教徒の守るべき神の戒めにしたがう生活を力説した。彼は両親の心配をかえりみず，現世的栄達の道を捨て，禁欲生活と自己吟味の生活に入った点でも，その道徳的謹厳さは明らかである。こうして彼は教養ある異教徒のみならず，教会にも多大の影響を与え，多くの信奉者と支持者とをもつにいたった。

ペラギウスの410年以後の活動　410年の夏に起こったローマの攻略を契機として彼はアフリカに，厳密にいうとカルタゴに亡命を求めた[11]。しかし，ペラギウスはカルタゴに長くとどまらないで，パレスチナに向かい，エルサレムの司教ヨハンネスの友情を獲得し，その援助によってアウグスティヌスによって東方へ派遣されたオロシウスによる異端追及から身を守った。パレスチナではペラギウスの指導下にあったオリゲネス主義とヒエロニュムスの指揮下にあった反オリゲネス主義とのローマにおける討論がエルサレムにおいて再燃した。

415年の終わりにガリアの2人の亡命司教，以前のアルルの司教ヘロスとエクスの前司教ラザルスによってペラギウスに対する異端訴訟がディオスポリスで開催され，ペラギウスの『証言の書』(Liber Testimoniorum) か

---

10)　ブラウン前掲訳書，73-74頁参照。
11)　アウグスティヌス『ペラギウスの訴訟議事』22, 46

ら引用された六命題を根拠にして異端尋問が行なわれた。この命題は自由意志による無罪性の主張であって、神の創造によって与えられた「可能性」によって神の戒めを実行することができるという説であった。彼は理論的な可能性という用語を用いて語り、すでに断罪されていたカエレスティウスとの距離を置いて、追及の手を免れようとした。ペラギウスの命題を弁護して彼の友人が彼の信仰を激賞した結果、彼は無罪判決を獲得した[*12]。

　アフリカの5人の司教はこれに抗議してイノケンティウス1世に向かってディオスポリスの教会会議の犯した誤りを訴えた（アウグスティヌス『手紙』175, 176, 177）。それに対し教皇は三つの手紙で答え、ペラギウスとカエレスティウスを断罪したが、彼らの信仰を回復するようにとの希望を伝えた。ペラギウスはそれに応答し、教皇に「イノケンティウス1世への手紙」つまり彼の「信仰告白」を送り、自分が中傷の犠牲になったと訴えた（アウグスティヌス『キリストの恩恵』4, 5; 30, 32）。417年3月教皇が死去すると、東方教会のゾシムスが新教皇となる。彼はエルサレムの司教ヨハンネスの後継者プレリウスの報告にしたがってペラギウスとカエレスティウスを同年の夏の終わりに聖クレメンスのバシリカ教会に招いて尋問した。彼らの『信仰についての小冊子』(Libellus fidei) が朗読され、カトリックの信仰と一致している点が確認され、411年のカエレスティウスへの断罪が解かれた。またディオスポリスの告発も不当であると見なされた。

　アフリカ教会はこれに反発したが、ゾシムスは手紙をアフリカ教会に送り、ペラギウスとカエレスティウスの無罪判決の修正には同意しなかった[*13]。そこで416年、69人の司教が集まってアウレリウスを議長とする教会会議が開かれ、411年のカルタゴ会議の決定を確認した。また、アウグスティヌスが所属するヌミディア大管区でも59人の司教が集まり、ペラギウス説を邪説とした。そして両会議とも教皇ゾシムスに手紙を送ってその裁可

12）　その後、ペラギウスは『弁護の書き付け』(Chartula defensionis) を個人的な宣伝として書いた。これをヒッポの助祭カルスがアウグスティヌスのもとに送った。またペラギウスの『自由意志』をももたらした。アウグスティヌス『キリストの恩恵』1, 1, 手紙177, 179参照。

13）　アフリカの司教たちはこれに反論した決定を行い、それをカルタゴの助祭マルケリウスを通してローマに伝えた。この決定はディアスポリスからの攻撃を含んだ『小冊子』とペラギウスの『自然について』(De natura) を基礎にして作成された（アウグスティヌス『手紙』186）。またパウリヌスは『小冊子』をゾシムスに送ってペラギウス問題について訴えた。

を求めた。こうして遂にペラギウスとカエレスティウスに対する異端の判決が最終的に宣告されるに至った。

ペラギウスの著作 ペラギウスはローマで平信徒を指導している間に数冊の書物を書いた。『三位一体の信仰』(De fide Trinitatis) 三巻、『聖書選釈一巻』(Eclogarum ex divinis Scripturisunum liber unus)、『聖パウロの手紙注解』(Commentarii in epistulas S. Pauli) のうち前二者は散逸しており、最後のものはヒエロニュムスの著作に入れられながらも、今日残っている。この著作が彼の作品のなかで最もすぐれたもので、これによって彼の名声はにわかに高まった。彼の著作は真正な作品とそれに類似している作品、また他のペラギウス主義者の著作とに分けられる。ここでは一般に真正な著作とみなされているものだけを列挙してみる[14]。それは『パウロの手紙注解』『キリスト者の生活』『デメトリアスへの手紙』『神の掟について』『純潔について ── クラウディアへの手紙』『ケランティアへの手紙』『イノケンティウス１世への信仰告白』の七冊である。しかし、この他にもアウグスティヌスが批判した多くの著作の断片があって、彼とペラギウスとの論争からアウグスティヌスの恩恵論を考察するかぎり、これらの著作を考慮に入れなければならない[15]。

これらの著作は内容的には①注解書、②神学的作品、③禁欲的道徳に関する作品に分けられる。彼の注解書の特質はその説明が簡潔であり、当時の聖書の訳に関する問題やブルガタの普及の程度が知られる。注解は二つの規則に従っている。(1) 聖書は同じ御霊にしたがって書かれているが

---

14) 今日ではプランヴァルの研究によって『神の律法』『処女についての手紙』『マルケラへの手紙』『ケランティアへの手紙』の四つの手紙が彼のものとされている。エヴァンスはその他の作品はシシリアのペラギウス派のものと考える (R. F. Evans, Pelagius Inquiries and Reappraisals, 1968, XI, p. 1-5)。B. R. Ress, Pelagius. Life and Letter, 1998 はエヴァンスの分類にしたがってペラギウスの手紙を翻訳している。

15) その他には『ファラオの心の頑なさ』『ヨブ記の行間注記』『マルケラへの手紙』『証言の書』『自由意志論』（アウグスティヌス『キリストの恩恵』からの抜粋）『自然について』（アウグスティヌス『自然と恩恵』からの抜粋）『愛について』『リワニアへの手紙』（アウグスティヌス『ペラギウスの訴訟議事』からの抜粋）『イノケンティウスへの手紙』（アウグスティヌス『キリストの恩恵』からの抜粋）「友への手紙」（アウグスティヌス前掲書からの抜粋）「弟子たちへの手紙」（アウグスティヌス『原罪』からの抜粋）「ウインドボネンシア断片」が数えられる。

ゆえに，相互に矛盾を含んでいない。(2) 不明な箇所は明瞭な箇所から説明される。この二つの原則は神の必然的な正義の光に照らして説明できる。神の正義は人の外観にしたがって優先させることはないし，不可能なことを求めない。次の神学的作品がわたしたちにとって重要である。その中心的な思想は414年の『自然について』に求めることができる。この著作は人間の本性に内在する基礎的な可能性を支持している。つまり人は神の創造によって生まれ，神の戒めにしたがって生き，罪なしに生きうる可能性を説いている。ディオスポリスの会議後は『自由意志論』でこの思想はさらに発展する。自由意志は創造という善悪無記の中立的な状態で人間に植え付けられた根本 (radix) である。これによって人は自由に選択できる。神の恩恵は最初の決断を助けるために人間に介入したが，それはペラギウスにとってキリストの模範に従うためである。この思想は当時一般的に挑戦的な言葉であると理解された。これに基づいて処女性（童貞）が基礎づけられる可能性が追求されたり，救いの手段として自由が論じられて，運命論のすべてが排斥された。また彼は三位一体やキリスト論という当時の中心的な神学にも関心を寄せた。なお，禁欲的な道徳に関する著作は『デメトリアスへの手紙』によって代表される。

　ペラギウスの教え　彼の教えは411年以前の思想と411年から418年における思想とに分けられる。さらに418年以後のセミ・ペラギウス主義との論争時代を加えることもできる。
　（1）411年以前の著作
この時期の著作は大部分が散逸してしまったが，『聖パウロの手紙注解』だけは近年の研究で復元されている。プランヴァルによると彼の作品の全体を通じて次の五点が繰り返し強調された[16]。①人間の自由と責任，②愛と徳の生活の勧め，③信仰と同じく行為の必要性，④キリストの模範と完成の教え，⑤キリスト教的な召命の困難さと報い。注解ではキリストの贖罪を強調しているが，それは人が偶然おかれた状況を変えるためではなく，歪曲された本性を真っ直ぐにするためである。本性上だれも奴隷ではない。ファガスンはここにペラギウスのストア思想が表われているとい

16）　G. D. Plinval, Pélage, ses ecrits, sa vie et sa reforme, 1943, p. 94-6. cf. J. Ferguson, Pelagius. A historical and theological Study, 1956, p. 121.

う*17。つまり人間は本性上自由である。キリストはこの自由を血による贖罪によって買い戻された。それゆえ、わたしたちはこの贖罪の模範に従って悪い習慣から脱却しなければならない。

「キリストは、私たちが罪によって売り渡されていた死から、私たちをご自分の血で贖いました。預言者イザヤの言うとおりです。〈あなたがたは、あなたがたの罪のゆえに売り渡された〉（イザ50・1）のですが、その死を、罪を犯すことのなかったキリストが打ち破ったのです。すなわち私たちは皆死に属する者でしたが、その死にキリストは、私たちを御自身の血で贖うために、不当にも自らを委ねたのです。……またあなた方は、キリストの血によって贖われました。同時に注意されるべきことは、キリストは私たちを買ったのではなく買い戻したということ、私たちは自らの罪によってキリストから遠ざけられていたのですが、以前、人は誰でも本性上キリストに属するものだったということです。もし私たちが罪を犯すことを控えるならば、やがて私たちの贖いは実りあるものとなるでしょう。……キリストは、最終的に罪を犯すものを罰すると判断なされた神のご計画をなだめるために、苦難を受けたのです」*18。

キリストの死は贖罪の死であるかぎり、「不敬虔な者を信仰のみによって義とするのであって、善い行いによってではない」*19が、それは「あらゆる傲慢を滅ぼして、わたしたちに勝利の模範を与えるためであった」*20。それゆえ「キリストは無償で罪を赦し、義の模範を与えた」とあるようにキリストによる義認が説かれると同時に模範が説かれる。このようにペラギウスは『パウロの手紙注解』では聖書の言葉にしたがって信仰義認を説くが、そこにも実践的道徳が究極の狙いとなっている。彼は人間の罪はキリストの血によって贖われており、この贖いは実りあるものとならなければならないと主張する*21。キリストが与える義は神の賜物である。「神は値しないこのわたしに罪の赦しを与えた」*22。それゆえ神は信仰によって

---

17) J. Ferguson, op. cit., p. 122
18) 文章の末尾，山田望『キリストの模範』137頁。
19) 山田望前掲訳書，147頁。
20) 山田望前掲訳書，139頁。
21) 山田望前掲訳書，137頁。
22) 山田望前掲訳書，156頁。

義とするのであって，善い行ないによるのではない。ところが間髪を入れずに「キリストは無償で罪を赦し，しかも義の模範を与えた」と付言される。したがって出発点において信仰は有益であるが，それに続いて信仰の実践的結実が説かれる[*23]。それゆえ「義認」(Rechtfertigung) は「成義」(Gerechtmachung) であって，それは当然キリストの模倣を通して「聖化」(sanctificatio) に向かうことになる。聖化というのはキリストの手本にしたがう生活である。その内容は正義・謙虚・奉仕・喜んで死ぬことなどである。ここに彼の実践的キリスト教の特質が現われている。

　実際，注解の中心的な意図は道徳的な勧めである。そのさい，彼は良心に示された自己認識の力を強調した。良心の証言によって人はその善が承認されるし，キリストの贖罪もそれに照らして是認される。こうして良心，自己認識，心への神の語りかけがペラギウス説の特色となっている[*24]。ところが神との人格的関係では神がそのイニシアティーブを採っていることが依然として不明のままである。ただキリストの模範から神の慈しみが指摘されるだけである。そのため救済はキリストの十字架ではなく，むしろその教えに求められる。つまり十字架の勝利はいかに死に対して勝利するかの模範となっている。ここにアベラールの道徳感化説の先駆が認められる[*25]。したがってペラギウスの神学が批判されるのは贖罪を語っても，

---

23) 山田望前掲訳書，160頁。
24) J. Ferguson, op. cit., p. 123f.
25) J. Ferguson, op. cit., p. 130. 山田望『キリストの模範 ―― ペラギウス神学における神の義とパイデイア』106-7頁参照。この書はプラトン哲学からストア学派を経てギリシャ教父へと受け継がれた神的パイデイアのモティーフをペラギウスが受容していた点をパウロ書簡註解によって詳細に追究している。その要点を示すとこうなる。神の像である人間は本来自由な存在であり，その像の自覚によって神との類似を求め自由を維持できる。アダムの模範に倣った習慣が罪として外部から人間に働くのに同意する時，人間は神の像を忘れてしまったが，それは破壊されず，悪い習慣から解放される可能性は残されている。人は，神からの恵みとしてのキリストの模範によって助け起こされ，力づけられて，解放される。人はキリストの模範によって先導されながら，神との類似へと教育されていく。この教育は，教育される側の自由を前提とするがゆえに，神の像である人間は，自らの意志により神からの働き掛けに自発的に応答し，神の意志を体現する。「ペラギウスが用いていた模範の概念には，古代教育思想全体に共通する力動的な模倣観が前提となっていた。もちろんペラギウスは，キリストにおいて示された神からの恵みと，人間の自由意志との不可分の相互関係を表すために，この教育論と模倣論とを受容したのである。キリストの模範は，単に静止した道徳的目標ではなく，人間に神の似姿として造られていることを自覚させ，それを目に見えるものとして表出できるように力をもって働きかける。また人間には，それに応答する能力が，神からの恵みとして備わっており，自らの意志を働かせてキリストの模範へと向かう時，その

それが明瞭でなく，少なくとも十字架が中心となって説かれていない点である。次には聖霊の働きに言及されることが稀であって，その有効性が明瞭でない点である。結局，彼の力点は神の行為よりも人間的な働きに置かれている。この点を考慮すれば彼に対する批判は自ずから修正されなければならない。アウグスティヌスが説いたように，神のイニシアティーブがどんなに不可欠であろうとも，それは強制ではない。ペラギウスが主張するのは人間的な自由な応答である。ペラギウスは道徳家であって，神学者ではない。彼の目標は実践的であって，理論的ではない。それなのに，彼が理論的な考察に導かれたのは，アウグスティヌスの神学が人間の応答を全く否定するところまで強調するのは正しくない，と感じたからである[*26]。

次にこの時期の著作として残っている作品で重要なのは『ファラオの心の頑なについて』(De induratione cordis Pharaonis) である。これは恐らく『アンブロジアステル』とアウグスティヌスの『八三の諸問題』(389-96)および他の類似の著作に見られる原罪説に反対して書かれた。この作品はイタリアにおけるキリスト教の知的なサークル内部の論争を反映しており，パウロの予定説の解釈をめぐって多くの対立があったことを示す。たとえば万人救済説に立ったオリゲネス主義の影響，修道院的な禁欲主義に反対するヨウィニウス主義，また異教の運命論の擁護者として理解されたマニ教のグループなどが対立しており，その中でキリスト教を正しく理解しようと探求された。そこにはキリスト教の陣営にあって神が二種類の人間を創造したとみなし，一方は悪であるがゆえに断罪に予定され，他は善であるがゆえに永遠の生命に予定されると説かれた。これを問題にして出エジプト記20・5, 7・3, ローマ2・11, 9・21が検討された。ペラギウスはこの問題を宿命への予定に基礎を置かないで，神の命令を自らの自由な意志でもって守ることによって，自分の定めに適切に関わっていくという観点から論じた。人間の自由は人間性に生得的に「本性の中に挿入され

能力に目覚め神に似る者へと成長していこうとする。ペラギウスが，キリストの模範は人間の内部の存在論的深みにまで及ぶ力を行使すると理解していたことを忘れてはならない」（107頁）。

26) J. Ferguson, op. cit., p. 175.

ている」(insertum est in natura.)[*27]。彼は結論する「予定された者，選ばれた者，義とされた者はあらかじめ知られており，神が予知された者である。彼は確固不動の精神でもって神の名前のために受けなければならないすべてにとどまるであろう」[*28] (同) と。

(2) 411-18年のペラギウス主義

この時期にペラギウス論争は公に始まり，ペラギウスとカエレスティウスに対する異端判決という結論に到達した。その経過を要約するとカエレスティウスに反対して411年にカルタゴ教会会議 (collatio Carthaginensis) が，ペラギウスに対して415年にディオスポリスの教会会議が，それに反対して417年にアフリカ教会会議 (concilium africanum) が，418年にカルタゴ教会会議が，それぞれ開かれた後，教皇ゾシムスの回勅に至る。この時期のペラギウスの主要著作は『デメトリアスへの手紙』『証言の書』『自然について』『自由意志について』である[*29]。

先に述べた『ファラオの心の頑なについて』の問題はマニ教の運命論に理論的に反対するだけでなく，幼児洗礼の施行という礼典の実践面で起こってきた。幼児洗礼はアウグスティヌスの『罪の報いと赦し，並びに幼児洗礼について』(411-12) の第3巻で扱われた問題である。幼児洗礼は魂の起源に関する伝播説 (Traduzianismus) の文脈で罪の赦しのために執行された。伝播説というのは「葡萄の蔓」(tradux) から名付けられた説で，人類は葡萄の蔓のように一つの根から連続しているという考えである。この根が人祖アダムであって，その犯した罪の汚染が万人に及んでいると説かれた。それは罪の継承説もしくは遺伝説である。古代の人間学では魂の起源

---

27) Pelagius, De induratione cordis Pharaonis, 46, J. Quasten,Patrology. Vol. IV, p. 477 からの引用。

28) J.Quasten, op. cit., ibid.

29) これに類似した他の禁欲道徳的な著作がある。ペラギウスはキリスト教の規則にもとづいて不幸を支えるように勧める作品を残している。たとえばマルケラへの手紙とオケアヌムへの手紙，De bono constantiae (Fragments in: A.Brückner Julian von Eclanum, 1897, p.74-75)。「富について」PLS I, 1380-1418 では必要以上のものの所有から貧富の差が生じる。生活に不必要な所有を拒否することが説かれる。富は不正な所有や盗みから来る。また財産や金のような所有の蓄積から来る。それに反し霊的な善はサクラメントのように人に隔てなく神によって与えられる。物質的な善は低い秩序に属する。貧しい人がいるのは富める人がいるからである。そこで貧しいキリストの模範が新約聖書の中でキリスト者に提示される。この作品では必要以上のものをもたないというような観点から貧困が見られている。合法的な富の所有たとえば遺産の受領は否定されていないけれども，それが罪の機会となると考えられている。

が絶えず問題として提起され、アウグスティヌスの『魂の起源について』で詳論されているように当時三つの説が代表的な学説として提起されていた[30]。アウグスティヌス自身はそのいずれが正しいかについて判断を控えているが、彼の原罪説がこの問題に密接に関係していたがゆえに、魂の起源という問題は避けることができなかった。彼以前ではオリゲネスが魂は物質的な種子の若枝から生じたのか、それとも外から来たかどうかを問題にし、三つの立場がありうると論じている。すなわち、伝播説・創造説 (Kreatianismus)・先在説 (Präexistentianismus) である[31]。また、ヒエロニュムスはそれに流出説と創造説の変種を加えて五つの学説を数えている[32]。やがて創造説が有力になり、発生説とくに先在的な理解を退けて統一的な見解に到達した。ペラギウスがこの説に立つのに対してアウグスティヌスは伝播説をも重視するようになった[33]。こうして彼は原罪遺伝説に近づいていくことになる。

アフリカ教会では一般にその子孫に対するアダムの罪の影響が認められ、とくに身体と魂の死のゆえにキリストの贖罪が不可欠であると説かれた。つまり罪によって意志の力が弱体化したため贖罪者の恩恵によってい

---

30) アウグスティヌス『魂とその起源』I, 13, 16.ここでは伝播説について次のように言われる。魂はすべて「人類の先祖において犯したあの唯一の魂に由来する」と。

31) オリゲネス『諸原理について』小高毅訳、創文社、49-50頁。「魂については、種子を通して子供に伝えられ、その本質 (ratio) は身体的種子そのものに挿入されているか、あるいは別の始原 (initium) を有しているのか、もしそうであれば、その始原は出生によるものか出生によらぬものか、あるいはまた外部から身体に導き入れられたのか、この点に関しては、〔教会の〕教えによって充分明瞭に伝えられていない」。なお、先在説というのは生まれながらの魂の相違や不平等が生じたのは前世で犯した罪の罰であって、そのゆえに現在の身体に閉じ込められたとするもので、プラトンの影響のもとオリゲネスによって説かれた。創造説ではこの不平等が説明できない。

32) Hieronymus, Ep. 126, 1, 2. (CSEL 56, S. 143)

33) テルトリアヌスによると魂は創造以来身体的な種子と結びついて繁殖したので、すべて人間の魂は唯一のものから出た若枝である。『魂について』第27章では次のように論じられている。身体と魂における妊娠と成長は死における分離と同じく同時的である。聖書の創造の記事が示すように、身体と魂の実体は最初から「一人の人を構成していた」がゆえに、心身不可分の生殖が定められた。しかも人間性の完全な統一を確かめるために、「葡萄の蔓」(tradux) という言葉は用いられていないが、ここからトラドゥキアニズムが生まれた。それはグノーシス派との対決から生まれてきた。グノーシス派がいう身体だけが消滅し、心身の統一が完全に自然な方法とは異なる仕方で生じるとみなす二元論を彼は拒否する。彼の主張の根拠は両親の特性がプラトンが証言しているように受け継がれるし、両親と子供の間には単に身体的な類似性があるばかりか、心の類似性も存在するという点にある (Tertullianus, De anima, 25.)。

やされる必要がある,とみなされた。それゆえすべての人にキリストによる解放が必要であり,幼児も洗礼を受ける必要があると説かれた。

ところでペラギウスとその追随者たちは410年にローマから逃れたが,シシリアやその他の地で『ファラオの心の頑なについて』に述べられたローマでの討論を継続していた。そのさい彼らは人間自身の運命を決める唯一決定的なものとして人間の自由意志を提案した。そしてアダムの罪が遺伝するという考えを退けた。彼らは身体の死は人間にとって自然であると説き,霊的な死の可能性を,神の律法に従わないことでアダムが犯した罪を模倣する意志の領域に置いた。原罪とはアダムの罪の模倣である。すべての人はアダムが造られた状態において生まれる。したがって教会が幼児に洗礼を施すのは再生のためであって罪の赦しのためではない。

こうしたペラギウス派の立場に対してミラノの助祭パウリヌスは,六箇条のテーゼでもって反論した[*34]。彼は当時ミラノの教会問題を促進するためにカルタゴに滞在していた。この告発に答えてカエレスティウスは六箇条をローマの司祭ルフィヌスから学んだと返答した[*35]。六箇条はアフリカの司教たちによって承認しがたい命題であると見なされた。

この告発内容は二つの独立した資料に由来している。一つはアウグスティヌスの『ペラギウスの訴訟議事』で,これはマリウス・メルカトルによってラテン語に訳されたディオスポリスの議事録から引用されている。もう一つはメルカトル自身の「カエレスティウスの訴訟に関する備忘録」(Commonitorium super nomine Coelestii) である[*36]。411年の断罪はペラギウス論争において最初に判決された基本的な決定であった。これは一方の陣営からそれを確認するために絶えず参照され,他の党派からもそれから逃れるためにも言及された。

411年から418年までのすべての異端尋問はこの六箇条の告発から起こ

---

34) このパウリヌスはアンブロシウスの伝記 Vita Sancti Ambrosii を書いたことで有名となった。この伝記は序文の冒頭に記されているように,アウグスティヌスの勧めによって書かれたもので,アウグスティヌスに献呈されている (The Western Fathers. Being The lives of SS. Martin of Tours, Ambrose, Augustine of Hippo, Honoratus of Arles and Germanus of Auxerre, trns. by F. R. Hoare, 1954, p. 149ff.)。

35) Mercator, op. cit., I, 5, 1, p. 5. それゆえ,パウリヌスの文書資料はルフィヌスの『信仰についての書』であったように推測される。

36) Mercator, op. cit., I, 5, 1, p. 66.

ってきた。そこには原罪が個人にどのように受け継がれているか，律法と福音というパウロの基本概念と新旧聖書の関係，罪なしに生きうる可能性もしくは無罪性 (impeccantia) の問題が論じられた。414年にアウグスティヌスはペラギウスの『自然について』を入手し，批判する[*37]。ペラギウスは人間性の善であることを主張し，善をなし悪を退ける可能性が本性に備わっていると説く。この作品では恩恵というのは律法の授与であって，神は律法によって人が為すべきことを啓示するがゆえに，律法の実現は本性の可能性のうちにあると説かれた。

パレスチナではヒエロニュムスの反オリゲネス主義とペラギウスのオリゲネス主義とが衝突する。そして対立はいっそう激化し，415年のディオスポリスの教会会議を迎えた。そこでは411年のカルタゴ会議の命題がペラギウスにも向けられた。主要命題は「人は欲すれば罪なしに生きることができる」という「無罪性」(impeccantia) であって，これをめぐって論争は白熱的に展開した。この会議後の416年にペラギウスは『自由意志について』全4巻に「信仰告白」を付してイノケンティウス教皇に提出し，後継教皇ゾシムスによって無罪となる。これに関しては後に詳しく論じるが，これを撤回すべく418年にアフリカ教会会議 (concilium africanum) が開催され，ペラギウスに対し異端の裁決がくだされた。これを受けて教皇ゾシムスが回勅を出すことによって論争は一応の終結に達する。

ペラギウスの人間学　　そこでペラギウスの思想を概括するのに最良の作品と言われる『デメトリアスへの手紙』を取り上げて，彼の基本思想をテキストにしたがって忠実に考察してみたい。これはローマ攻略後に書かれたものでペラギウスの人間学を学ぶ上で重要な作品である[*38]。まず，彼の基本思想を最も明瞭に示すテキストを引用する。

「生活を整えるための教育について，聖なる生活における指針について語る際には，いつも，わたしはまず人間本性の力と価値を示し，そ

---

37)　両書の内容はアウグスティヌスの『自然と恩恵』と『人間の義の完成』における引用から知られる。

38)　ペラギウスの『デメトリアスへの手紙』鎌田伊知郎訳『中世思想原典集成4』平凡社，以下の引用では訳文は一部変更されている。なお，ペラギウスの人間学に関する最近の研究として S. Their, Kirche bei Pelagius, 1999, S. 51-72 がすぐれている。

れから〔本性が〕何をなしうるかを明らかにする。そして実現不可能だともう思い込んでしまったものへと奮い立たされても何にもならない，という事態に至らぬように，聞き手の精神をさまざまな種類の徳へと駆り立てる」[39]。

ここにある「人間本性の力と価値」は創造者である神から与えられた「人間本性の善性」である。それは神が人間を「神の像」として造ったことに由来する。神の像によってペラギウスが考えている内実は「理性と思慮で，他の生き物にはない知力と精神力を用いて人間だけが万物の創造者を知る」ことであるとされる[40]。ここに「人間本性の尊厳」があって，それにより他の動物に無限に優っている。この尊厳には生と死，善と悪とを識別する力も属しており，そこに「分別ある魂の真価」が認められる。

次に，善を実現する力である意志に関してはこう言われる。

「実に，神は善い意志という賜物と自由意志（自由裁量）の力とを理性的な被造物に賦与することを欲され，〔善悪〕双方の可能性を人間に植えつけることで，欲することを行うことを〔人間〕の固有性とされたのである。その結果，〔人間は〕自然本性的に善悪双方を行うことができ，いずれか一方に意志を傾ける」[41]。

自由意志によって善悪双方が可能であるのは，意志が必然性に屈服することなく，裁量において自由だからである[42]。それゆえ，悪の可能性も認められ，善への決断によって意志自体を「より善いものとする」ことができる。したがって「理性的な被造物が他の〔被造物〕に優っているのは，他のすべての〔被造物〕がひとえに状況ならびに必然性によって善を行うのに対して，これ〔理性的な被造物〕のみが意志によって〔善を〕行うこと以外にはない」[43]。この点は神を崇めない異教徒，とくに多くの哲学者でも同じであって，「人は皆本性は同一なのである」。神を認めない人でも人間本性の善を知っているとしたら，「その本性と生とをキリストを通してより善いものへと教化され，神の恩恵の助けに支えられているキリスト

---

39) ペラギウス前掲訳書，930-31頁。
40) ペラギウス前掲訳書，931頁。
41) ペラギウス前掲訳書，932頁。
42) このような善悪無記の善を認めるのは明らかにストア主義の特質である。それに属するものとして意志・愛・自然状態などがあげられる。キケロ『義務について』参照。
43) ペラギウス前掲訳書，933頁。

者は，何を行うことができるのかとくと考えるがよい」*44と主張する。

　彼はさらに「魂の深部」に目を向け，本性の善を良心や精神が苦悩をとおして内的に教えると言う。つまり「心の善はいかなるものであれ，心自体から学ぶのである」。したがって「精神の内には自然本性的な聖性といったようなものが存在し，精神の頂点にあるかのように定着して，善悪の判断を司る」*45。それは「良心」であって邪悪な行ないを裁き，内的な法によって善悪を判別する。「この法は心の書字板に記されたかのように，人皆生得のものである」。この法がアダムからモーセに至る律法以前の聖なる生涯を導いたし，律法に代わって本性が正義を教えている。

　したがって，神によって心に記された法つまり自然法が，聖なる生活を導いてきた。このような法が与えられたのは「ひどい悪行に埋もれ，無知の錆で汚れた本性に，法という鑢をかけ，法の頻繁な勧めによって磨き上げられ，本来の輝きを取り戻しうるためである」。こうした悪行の根源は「長いあいだの悪行をなす習慣以外にはない」*46。この習慣がわたしたちを汚し，長い年月をかけて徐々に堕落させ，わたしたちをそれに隷属させている。「旧習が新しい意志に襲いかかるのです。無精と怠惰の中にあり無知なままで，善行をなす習慣がなく，悪だけをずっと学び続けていたわたしたちに，いわば外から聖性が与えられるようなことが，どうして起こるのだろうかとわたしたちは訝る」*47。

　しかし，ペラギウスはここからアウグスティヌスのような「内心の分裂と争闘」のドラマを展開させないで，人間本性の善を想起するように勧告する。彼は律法以前の義人の生活を指摘して言う。

　「律法〔が与えられる〕以前に，また救い主である我らの主の到来のはるか以前に，義にして聖なる生活を送った人々がいたことが指摘されるとすれば，それにもまして〔救い主〕のいとも輝かしい到来の後では，それが可能であると我々は信ずるべきではなかろうか。我々はキリストの恩恵を通して教化され，より善い人間へと再生されたのである。我々は〔キリスト〕の血によって贖われ浄められたのであり，その模範によって完全な

44）ペラギウス前掲訳書，同頁。
45）ペラギウス前掲訳書，934頁。
46）ペラギウス前掲訳書，940頁。
47）ペラギウス前掲訳書，941頁。

義へと駆り立てられており，律法〔が与えられる〕以前に存在した人々よりもはるかに善いものであるはずなのである」[*48]。

　これが後に説かれた「無罪性」の主張である。ペラギウスは人間が「脆い肉」であると考えて，人が精神の尊大さによって神の戒めを大きな恩恵と考えない有様を「盲目の狂気と神をも畏れぬ無思慮」と非難する。このように考える人は「あたかも神は自ら創造した人間の脆弱さを忘れて，人間に耐えられない命令を課したかのようだ」と発言し，「わたしたちはまず，神が不可能なことを命じたと不平を述べ，次いで，避けることのできないことのために人間は神により断罪されることになる，と考える」と言う[*49]。しかし神はわたしたちの力の限界をよく知っており，使徒も「義であり威厳ある神が不可能な命令をしないことを知っている」と反論する。というのは「行いうる能力自体を与えた方以上に，わたしたちの能力をよく知る者はいない。公正な方は，不可能なことを命ずることを望まなかったし，憐れみ深い方は，避けられないことのために人間を断罪するつもりもなかった」[*50]と説く。したがって聖書の中にある神の法は実現できることを命じている。だから祈りで魂を神に結びつけ，「あなたは完徳により聖性に満ちた生活の中にキリストと結ばれるようになる」と言う。こうしてキリストは救済者というよりも，道徳的な功績によって到達する聖性の模範となっている[*51]。

　ここから「献身の生活」に関する「一般的原則」が次のように勧められる。「完全な生活を作り上げるのは，実際，容易なことではなく，そのためには非常な努力を払わなければならないし，分別を働かせる最高の知恵を必要とする。一時間で振舞いは変わるが，断食・節制・詩編朗唱・徹夜を行うには，意志が必要である。何にせよ，それを望むと同時に始めるならば完全である。言い換えると，若い身体の力をこの世から献身の生活に移して用いる人は，こうした生活をもっと容易に実行できる」（第24章）。

自由意志と恩恵の教え　　教皇イノケンティウスに提出した「信仰告白」

---

48)　ペラギウス前掲訳書，同頁。
49)　ペラギウス前掲訳書，953頁。
50)　ペラギウス前掲訳書，953-54頁。
51)　ペラギウス前掲訳書，964頁。

は三位一体に関する自説を詳しく表明しているだけであって，当時の異端論争での嫌疑がかけられないように意図されている。しかし，その第13節の「自由意志」について彼は次のように言う。

「常に神の助けを我々は必要としていると表明すると同様に，自由意志をも我々は信仰告白する。ヨウィニアヌスと共に，人間は罪を犯し得ないと主張する者らと同様に，マニ教徒と共に，人間は罪を避けることはできないと主張する者らも間違っていると〔我々は表明する〕。双方が裁量の自由を剥奪するからである。しかし，人間は常に罪を犯すし，また罪を犯し得ないと我々は表明する。この結果，我々には常に自由意志が備わっていると我々は信仰告白することができるのである」*52。

ここでは自由裁量もしくは選択の自由がこのように主張されている。しかし，自由意志に対する原罪の影響は完全に無視されている。この点は彼の『自由意志について』でも確認できる。そこには彼の基本的な主張が詳しく展開しているので引用してみたい。

「わたしたちは次の三つのことを区別し，一定の順序にしたがって分類するように分けている。わたしたちは第一に能力を，第二に意志を，第三に存在を立てる。わたしたちは能力を自然本性のうちに，意志を決断力のうちに，存在を実行のうちに位置づける。第一のもの，つまり能力は，元来，神に属している。これを神はその被造物に授けたもうた。だが残りの二つ，つまり意志と存在とは，決断力という源泉から生じているがゆえに，人間に関係づけられている。したがって人間の称賛は善い意志とわざの内にある。人間の称賛といったが，むしろ神と人との称賛である。実際，神が人間の意志とわざとの可能性を与え，可能性そのものを恩恵の援助をもってつねに助けたもうのである。とはいえ人間が善を意志し実行することができるのはただ神にのみ由来する」*53。

---

52) 小高毅編『原典古代キリスト教思想史3』教文館，294頁。
53) ペラギウス『自由意志論』の断片（アウグスティヌス『キリストの恩恵と原罪』I, 4, 5からの引用）。このテキストはペラギウスの主張を明瞭に述べているが，さいごの一文はすべてを曖昧にさせる。この曖昧さが彼の特質でもある。先の引用に続けて次のように語られる。「この意味内容をいくつかの事例がいっそう明らかにするであろう。わたしたちが眼で見ることができるということはわたしたちに属していない。だが，わたしたちが良く見たり

1 ペラギウスの活動・著作・思想　　83

このような主張は先に考察した「デメトリアスへの手紙」にも詳しく論じられていた。すなわち神は善い意志という賜物と自由意志の力とを人間に授け，善悪の可能性を人間の固有性として与えたがゆえに，人間は「自然本性的に善悪双方を行なうことができ，いずれか一方に意志を傾ける」（第3章）と。

　もしそうなら人間には無罪の可能性が与えられているのか。この点が「ディオスポリス教会会議で提訴された命題」の中で次のように論じられている。文中の引用はペラギウスの『証言の書』からのものである。
　「人は欲するならば罪を犯さないでいることができる」。また彼〔ペラギウス〕は，ある未亡人に対しへつらうようにして，次のように述べた。「他にはみられないほどの敬虔さがあなたに見出されますように。どこにもありえないほどの義が，あなたにありますように。まだ誰も知らないほどの真理が，あなたの同居人であり，友人でありますように。ほとんどあらゆる人々によって軽蔑されている神の掟が，あなたによってこそ敬われますように」。また他のところで彼は，この同じ未亡人に対して次のように書いた。「私たちが，これほどの大きさでは天にしかありえないと思うほどの義が，地上であなたにおいて見出されうるならば，あなたは幸福であり称賛されます」。同じ未亡人に宛てた他の文書の中で，彼は，私たちの主，贖い主に対する祈りについて，聖なる者たちがどのように祈るべきかを教えてこう語った。「良心をもって祈りをなし，次のように言うことができる人は，神に手を差し伸べるに値する。『主よ，あなたはご存じです。あなたに差し伸べる私の手が，いかに清く，罪がなく，あらゆる重荷や不義や略奪から免れていると。また，あなたが私を憐れんでくださるように祈りを捧げる私の唇が，いかに義しく，清く，またいかなる罪からも免れているかを』」。これに対してペラギウスは次のように弁明した。「私たちは言いました。『人は，欲するならば，罪なしにあることができ，また，神の掟を守ることができる』。つまり，この能力を神はそ

――――――――――

悪く見たりすることは，わたしたちに属している。全体を一般化して要約してみると，次のようになる。わたしたちがすべての善を行ない，語り，考えることができるのは，この能力を授け，この能力を助けるお方に属しているが，わたしたちが良く行為し，語り，考えるということは，このすべてを悪に向けて変えることもできるがゆえに，わたしたちに属している」。

の人にお与えになったのです。しかし私たちは，若い頃から老人になるまでの間に，一度も罪を犯したことのない人が実際にいると言ったのではありません。私たちが語ったのは，人は，罪を避けようとするならば，自らの力と神の恵みとによって，罪なしにありうるが，しかしそれによって，後戻りすることがないわけではない，ということです。彼らが持ち出した他のことは皆，私の書物の中になければ，又そのことを私たちは，かつて語ったこともありません」[*54]。

この無罪性の問題は，後に詳しく論じるように，原罪との関連で激しい論争を呼び起こした。

2　カエレスティウスの行動と思想

ペラギウスの信奉者のなかにローマで弁護士をしていたカエレスティウスがいた[*55]。彼はカムパニアの生まれで，イタリアの貴族の出身であった。彼はローマ法を東方のベイルート辺りで学び，400年頃の青年時代にペラギウスと出会い，その影響によって世俗の仕事を捨て，修道院の生活に憧れ，禁欲生活に入った[*56]。彼はペラギウスの実践を裏づけるためにするどい理論をもって協力した。したがって彼はペラギウス主義の代弁者となり，ペラギウス主義は二人の合作という傾向をもっていた。ペラギウスは罪に対する個人的な責任を主張し，個人が犯したのでないような罪に対する罰という考えには同意しなかった。彼は幼児洗礼の問題では論争に陥ることを避けていたが，罪の遺伝説に対する反対説を引用したことは彼が原罪に反対していると解釈された。それに反し彼の弟子カエレスティウスは幼児が何ら罪なくして生まれてくるとはっきりと主張した。それゆえ幼児には洗礼が施されるべきではないと考えられた[*57]。ここから幼児はアダ

---

54)　アウグスティヌス『ペラギウスの訴訟議事』6, 16『ディオスポリス教会会議で提訴された命題』6-9，山田望訳，前掲書，277-78頁。

55)　メルカトルは彼のことを法律を学んでいる学徒に関連す名称 auditorialis scholasticus を用いて語っている。この言葉は『ユリアヌス駁論』II, 10, 37；VI, 11, 34にもあって「学校に属する学徒」を意味する。彼の簡潔で素っ気ない文体に法律家としての特質が表れている。

56)　W. Dunphy, Caerestius: A preliminary investigation,「アカデメイア」南山大学，1994, 39；41頁。

ムと同じく罪のない状況で生まれることになり、罪とは関係なく死ぬことになる。それゆえ彼が罪の遺伝説に反対した最初の人であると言えよう[58]。そこには彼自ら語っているアクイレリアのルフィヌスとの関連もある[59]。彼は410年にローマを去り、シシリアのペラギウス派を訪れてから、北アフリカのカルタゴに向かった[60]。

北アフリカにおける行動とカルタゴ会議　ローマの攻略後、ペラギウスとカエレスティウスはカルタゴに亡命する。この亡命とともにペラギウス主義はローマ領内に広く行きわたるようになった。カエレスティウスはカルタゴで地方の司祭になることを希望した。しかし、当地に来合わせていたミラノの助祭パウリヌスはカルタゴの司教アウレリウスに手紙を送って、カエレスティウスの著作『罪の遺伝説批判』(Contra traducem peccati) には七箇条の間違った命題があり、それが邪説であると訴えた[61]。マリウス・メルカトルがしるしている提訴箇条をあげてみよう。

(1) アダムは死すべきものとして創造されたので、罪を犯さなくても死んだであろう。

(2) アダムの罪はただ彼だけにわざわいとなったのであって、人類には及ばない。

(3) 生まれたばかりの赤子は堕罪以前のアダムと同じ状態にある。

(4) 幼児は洗礼を受けなくても、永生をもつ。

(5) 人類はアダムの罪と死によって死なないし、キリストの復活によっ

---

57)　ペラギウス派の一人として無名のままカエレスティウスの『要約書』(libellus brevissimus) からの引用がされている。「とはいえ罪が始まったのは根源からではなく、彼ら自身の実生活から、彼らが生まれた後からである」(『罪の報いと赦し』I, 34, 63)。

58)　W. Dunphy, op. cit., p. 36.

59)　マリウス・メルカトルはシリア人のルフィヌスがその異端思想をアナスタシウス教皇の時代にペラギウスを代弁者として選んで勝手に広めさせたと記している。ルフィヌスは399年にイタリアに現われ、ペラギウス主義の最初の種を蒔いたと考えられる。彼の根本思想は原罪が伝播することの否定にあって、カエレスティウスが断罪された七箇条も彼の影響による。この点に関して G. Bonner, op. cit., p.19-21; 36-38 および E. Teselle, Rufinus the Syrian, Caelestius, Pelagius: Explorations in the prehistory of the Pelagian Controversy, Augustinian Studies Vol. 3, 1972, p. 61ff. を参照。

60)　この間の事情に関しては本書の第 IV 章を参照。

61)　この審議に関してアウグスティヌス自身は会議に出席してなかったが、『手紙』175, 3, 22 で言及している。

て甦らない。
(6) モーセ律法は福音と同じく天国へ導く力がある。
(7) キリスト降誕以前にも罪のない人がいた[*62]。

411年，カルタゴの教会会議に召喚されたカエレスティウスは，異端と「係争中の要件」とを区別して自分の立場を弁護した[*63]。その審議内容はアウグスティヌスによって記録されて残っている[*64]。そこには上記の提訴箇条が教会会議で吟味される問答が交わされた[*65]。しかし，彼は自説の撤回を拒否したため，その教説は邪説であると宣告され，司祭への希望もくじかれた。「彼は矯正されて和解に達するよりも有罪と判断されて教会から見放され，立ち去っていった」(magis convictus et ab ecclesia detestatus quam correctus et pacatus abscessit ―『手紙』157, 3, 22)。

そこで彼は北アフリカを去り，416年エペソスに行って司祭の仲間に加えられ，彼の思想は次第に広まって行き，ペラギウス主義はカルタゴから離れてシシリアやガリアさらに小アジアに広まった。

「カエレスティウスの定義集」　当時カエレスティウスの作といわれる小冊子 (chartula) が回覧されていた。これには「カエレスティウスの定義集」(definitiones Caelestii) という表題が付けられていた。これをアウグスティヌスはエウトロピウスとパウルスという二人の司教から受けとった。この定義集は，人間は自分の力であらゆる罪から自由になることができるというペラギウス主義の根本命題を弁護したものである。ここには4世紀以来キリスト教の広範な伝播とともに生じて来た倫理的水準の低下を引きあげようとする試みがあって，これこそペラギウス主義の理想を示す命題集であった。しかし，このような考え方は倫理思想としては是認されても，キリスト教思想としては余りにも楽観主義的であって，人間の現実を無視し，罪の結果をかえりみないため，キリストの救済の理解やキリスト教的な義の完成を誤った方向に導くものであると考えられた。415年にはすで

---

62) Mercator, op. cit., II, 5 なお，アウグスティヌス『ペラギウスの訴訟議事』11, 23,『キリストの恩恵と原罪』II, 11, 12参照。
63) 『キリストの恩恵と原罪』II, 23, 26参照。この議事録の出典は示されていない。
64) アウグスティヌス『ペラギウスの訴訟議事』II, 3, 3–4, 3にはパウリストとカエレスティウスとの教会会議における討論の状況が紹介されている。
65) 本書第IV章2節参照。

にアウグスティヌスはカエレスティウスのこの小冊子を論駁する『人間の義の完成』をあらわして、異端邪説の再興の動きを絶滅させようと努力した。

　カエレスティウスの基本的主張は人間は現世において自由意志にもとづいて罪を避けることができるというペラギウス主義の教説であり、アウグスティヌスは彼の教説を「カエレスティウスの定義集」から引用しながら逐一批判している*66。

　全体は三部にわかれ、第一部は罪のない生活の可能性について論敵カエレスティウスが鋭く論じている思想に向けられ、第二部はペラギウス主義が人間の無罪性を論証するために引用した聖書の証言の理解に向けられ、さらに第三部は、人間の普遍的罪性を示すものとしてペラギウス主義に提示された聖書の証言を、彼らが反駁する試みを再批判している。

　(1)　最初の四つの議論は罪のない生活の可能性に関するものであるが、それらはみな内的に関連している。その中で三つの命題をあげてみよう。

　第一命題「人間が罪なしに存在しうることを否定する者は、なによりまず、あらゆる罪の本質は何か、それは避けることができるものか、それとも避けることができないものかと問われなければならない。もし罪が避けられないなら、それは罪ではない。もし避けることができるならば、人は罪なしに存在することができる。なぜなら、それは避けうるのだから。実際、理性もしくは正義は、どうしても避けることのできないものが罪と呼ばれることを少なくとも許したりしない」(『人間の義の完成』2, 1)。

　第二命題「ふたたび、罪は意志にかかわるものであるか、それとも必然性にかかわるものであるかが探求されなければならない。もし必然性から生じるなら、それは罪ではない。だがもし意志から生じるなら、それは避けうる」(同2, 2)。

　第三命題「さらにまた、罪の本質はなんであるか、それは本性的なものか、それとも偶有的なものであるのか。もし本性的なものであるなら、それは罪ではない。だが、もし偶有的なものであるなら、それは離れること

---

　66)　カエレスティウスの基本的主張はペラギウス自身の主張と区別できない。しかし、ペラギウスの曖昧な見解よりも、論理的な首尾一貫性において徹底していたため、ディオスポリスの会議ではペラギウスは彼から自説を区別せざるを得なかった。

ができる。かつ，離れることができるゆえに，それは避けることができる。また，避けることができるゆえに，人間は，避けることができるものなしに，存在することができる」(同2,3)。

　第一の命題では罪の本質が，避けることができるか避けることができないかで，問われる。第二命題では避けることができない罪は必然性から生じると表明される。それと対立するのが「意志」によって生じる罪である。必然性と意志の区別はアリストテレスによって立てられたものである*67。カエレスティウスによれば罪は実践的なものであるがゆえに，必然性のもとでは考えられない。第三命題は罪の本質が「本性的なもの」か，それとも「偶有的なもの」かと問われる。この区別もアリストテレスの本質的（本性的）属性と付帯的（偶有的）属性の区分に由来する*68。こうした区分にもとづいてカエレスティウスは罪の概念から，人間はそれを避ける能力をもっていなければならないと推論する。なぜなら罪の概念内容には①避けることのできるもの，②意志の決定する力に依存するもの，また，③自然本性に偶有的であって，本性的でないもの，さらに，④存在している物ではなく，行為であることが含まれているからである*69。

　67）　この区分は『ニコマコス倫理学』では次のようにのべられている。「われわれすべての認めているところに従えば，われわれが学的に認識するのは〈それ以外の仕方においてあることの不可能なもの〉である」。理論学は自然界の事象のような，人間の考えによっては変えられないもの，必然性をもつ原因を探求する。つまり原因がそれ自身のうちにある実体を対象とする。これに対し実践学は「人間の行なうことがらについての哲学」であり，原因は行為し選択する人間の主体のなかにある。それゆえ，「他でもありうる」可変的，偶然的なことがらを扱う。彼によれば理論学の対象が必然的な自然法則や形而上学によって考察されるが，実践学は「他であり得るもの」が，つまり「非必然的なるもの」を考察する。

　68）　アリストテレスは『形而上学』で「存在を存在として研究し，またこれに自体的に属するものどもをも研究する，一つの学がある。この学はいわゆる部分的〔特殊的〕諸学のうちのいずれの一つとも同じものではない。というのは，他の諸学のいずれの一つも，存在を存在として一般的に考察はしないで，ただそのある部分を抽出し，これについてこれに付帯する属性を研究しているだけだからである，たとえば数学的諸学がそうである」と言う。ここに存在論が提起され，それは存在について自体的（本質的）属性を探求するのに対し，諸学問は存在の付帯的属性を研究すると説かれている。この付帯的というのは偶有的なものである。

　69）　アウグスティヌスもこれを認めるが，カエレスティウスの議論が堕罪とその結果である知性の盲目と意志の弱さとを，したがって「自然の壊敗」(natura vitiata) の事実を看過している点を批判する。罪は事物的存在ではなく行為であるとのカエレスティウスの批判に対しも，アウグスティヌスは罪によって毀損している人間の本性を指摘し，行為を生む人間精神が罪によって悪化していることを力説した（『人間の義の完成』1, 1-2, 4）。

2 カエレスティウスの行動と思想

（2） 次にペラギウス主義は罪なしに生きるようにという律法，戒め，神の意志を人間がもっていることから，罪から遠ざかりうる能力をもっていると推論する[70]。

「ふたたび人間は罪なしに存在すべきであるかどうかが問われなければならない。疑いの余地なく人間はそうあらねばならない。もしそうあらねばならないのならば，そうありうる (Si debet, potest)。もし彼ができないならば，したがって，それをなすべきではない。そしてもし人間が罪なしに存在すべきでないならば，その結果，罪とともに存在しなければならない。またもし罪をもたなければならないように決定されているならば，もはや罪はないであろう。そうではなくて，もしこのような主張が馬鹿げているなら，人間は罪なしに存在しなければならない，ということが必然的に承認され，人間にできる以外の何ものもなすべきではない，ということが確定する」(同3,5)。

この主張はカントの「あなたは為すべきであるから，為すことができる」(Du kannst, denn du sollst.) と全く同じ主張となっている。これは道徳法則の意識がその可能性を当然前提しているという考えから説かれた[71]。

（3） 人間の自由意志は創造者と善に向かうよりも悪に向かう傾向をもつという理解は，人間の自然本性を暗くするものであるとカエレスティウスは攻撃する[72]。ここには原罪に対決する姿勢が顕著に示される。

「さらに再び罪を背負っている人間は何によって働きかけられているか，自然の必然性によるのか，それとも意志決定の自由によるのかと問わなければならない。もし自然の必然性によるならば，人間は罪過から自由である。もし意志決定の自由によるならば，意志決定の自由

---

70) これに対しアウグスティヌスは「罪の麻痺」という状態に人間が陥り，救い主の恩恵によってのみいやされる事実をもって批判する。ここに彼は人間の義の完成がどのようであり，その完成が現世では達しがたいことを知らせる（同3,5-3,8）

71) この点はさらに次のようにも説かれる。「さらにまた，罪なしに存在するようにと人間に命じられているのかどうかが問われるべきである。実際，彼がそのように存在することができないか，—— その場合彼は命じられていない ——，それとも彼は命じられているから，彼がそのように存在することができるのか，のいずれかである。なぜなら，まったく行なわれることのできないことが，どうして命じられるべきであろうか」(同3,6)。

72) これに対し人間は自分の意志決定により罪性と現在の強制状態をまねいたのであって，罪により破壊された自由はキリストによって回復し，罪をもはや犯さない幸福な必然性をもつように高められる，と回答されている（同4,9-4,10）。

そのものを，だれから受けているのかを問わなければならない。疑いなく神から受けたのである。だが，神が授与したもうたものは，たしかに善である。なぜなら，それは否定されえないからである。それゆえ，意志決定の自由が善よりも悪のほうへ向かっていっそう傾いているならば，いかなる根拠によってそれが善であると確証されるのか。というのは，もし人間がそれによって罪を負って存在することができ，罪なしには存在することができないとしたら，善よりも悪にいっそう傾いているからである」（同4, 9）。

この考えには自由意志が神の創造の恩恵によって人間に付与されているという思想が表われている。これは後にユリアヌスによって創造の神学にまで発展する。しかしカエレスティウスの議論に欠けているのは，自由意志が恩恵によって支えられないならば罪に転落するという視点である。自由意志の選択機能をアウグスティヌスも否定したことはない。問題は神の恩恵から背くことによって，善に留まりえなかったこと，また罪の習慣によって意志が無力となっていることである。

（4）　カエレスティウスはなお次のように主張する。①罪はすべて禁止されているものを実行するか，あるいは命令されているものをゆるがせにするかによって成立する。だが禁止されているものがつねに避けられ，命令されているものがつねに行なわれうるがゆえに，人間は罪なしに存在しうる（同5, 11）。②人間の意志は自己の力ですばやく変化を受けるので，罪なしに存在することも単に可能であるのみならず，いとも簡単である（同6, 12）。③人間が罪なしに存在しえないとしたら，人間には罪責はない（同6, 13）。④人間が悪から遠ざかりえないなら，その自然本性は実際に善ではない（同6, 14）。⑤人間が避けえない罪があるなら，それを人間の罪責に帰す神は不当である（同6, 15）。これらに対しアウグスティヌスは聖書の証言をもって回答してゆくのであるが，律法によって自己の罪を認識し，神の恩恵の必要を説くパウロの考え方に立っている。こうしてペラギウス派の自然主義を反駁し，「わたしたちの主イエス・キリストによる神の恩恵」（ロマ7・25）という聖句を七回もくり返し引用し，キリスト教の恩恵論を攻撃してくる彼らを撃退している。

（5）　第二部においてカエレスティウスは自己の命題を確証するのに数多くの聖書からの証言を提示する。彼はまず十の聖句を引用する。その

うち七つがパウロの手紙からの引用である。それらは罪なしに生活するように人間に命令しているという（同8, 17-9, 20）。また次のように主張される。聖書の言葉のあるものは神の律法を実行するのは可能であるばかりでなく，また容易でもあると語っていると[*73]。

（6）　第三部においてカエレスティウスは，反ペラギウス派が，人間は罪なしに存在することはできない，という主張をするさいに立てる聖書の言葉を，反駁しようと試みる[*74]。カエレスティウスはこれらの聖書の言葉に対立する他の聖書の言葉を立てることによって論駁する。しかし，それはいずれも充分な説得力をもっていない[*75]。

（7）　終わりにペラギウス主義の無罪性の教説は原罪と恩恵の必要，さらにイエス・キリストによる救済とをすべて否定するものであることが強調される。アウグスティヌスは，罪の赦しを受けたのちに罪なしに生きた人がいたし，今もいるという見解をいっそうおだやかな態度で評価している。彼はこの見解が聖書の中で証言されている普遍的人間の罪性と一致しないと個人的に考えていたが，この見解に攻撃を加えていない（同20, 43-21, 44）。

この小冊子からの引用は415年のディオスポリスの教会会議でも示され，教皇イノケンティウス1世によって断罪された。

カエレスティウスはエペソスからコンスタンティノポリスに移り，417年ごろふたたびローマに現われている。彼は次の教皇ゾシムスに働きかけ，幼児洗礼を認め，キリストの恩恵をも認めた[*76]。彼は幼児が犯した罪が洗礼によって赦される恩恵を認めても，それは幼児が自由意志で犯した罪

73）　彼はこの証言を旧約の律法（申30・9以下），福音書（マタ11・28以下）とヨハネの手紙（Iヨハ5・3）から引きだしている（同10, 21-22）。これに対するアウグスティヌスの聖書解釈が対決的に試みられ，自然と恩恵を救済史的観点から動的発展の相のもとに全体として捉えている思想が展開する。

74）　それはヨブ記14・4, 詩篇115・2, 詩篇13・1, 3, ルカ18・19, 箴言20・9, 伝道7・21, 詩篇142・2, Iヨハネ1・18, ローマ9・16である。

75）　アウグスティヌスはこれらの個々の場合に当たって外面的に対立している聖書の引用をペラギウス派の意味に理解してはならないことを力説している（同11, 23-19, 42）。

76）　「わたしたちは幼児たちが普遍的な教会の規則にしたがって，また福音書の原則にしたがって，罪の赦しのために洗礼を授けられなければならないことを告白する。というのは，主は，洗礼を受けた者にのみ天国が分かち与えられると決めておられるから（ヨハ3・5参照）。自然本性の力はそれをなしえないので，恩恵の自由によって分かち与えられる必要がある」（カエレスティウス『信仰論』断片，アウグスティヌス『キリストの恩恵と原罪』II, 5, 5）。

の赦しであって，両親から受け継いだ原罪を認めていない[77]。

こうして彼はローマで暫くのあいだ名誉を回復するも，418年のカルタゴ司教会議で再び異端として宣告された。最後の記録としてはコンスタンティノポリスでユリアヌスのグループに彼が加わっていたことが記されている。だが，その地からも再び追放された。さらに431年エペソスの会議で断罪されたことが記録に残っている。

3　ユリアヌスの著作活動

418年のカルタゴ教会会議の判決と要請を受けて，教皇ゾシムスはペラギウスとカエレスティウスを異端として破門した。その後教皇により発令された回勅 (Epistola tractatoria, 418) によってこの論争の主たる問題は解決された。しかし，論争はなお尾を引くことになった。というのは，この回勅に同意して署名するのを拒んだ司教がイタリアで18名もいて，その指導者としてエクラヌムの司教ユリアヌスがアウグスティヌスの死にいたるまで激しく論争することになったからである。彼はペラギウスの信奉者のなかでも若く精力的であり，論争好きでもあって，合理主義に徹していた。アウグスティヌスは彼のことを「ペラギウス主義の建築家」と呼んでいるように（『ユリアヌス駁論』VI, 11, 36），彼のうちに最も重大な論敵を捉えており，彼の鋭い批判を受けて，アウグスティヌスの恩恵論もいっそう思想的に進展していった[78]。

---

77) しかしその理由についてカエレスティウスは次のように言っている。「だが，わたしが，罪の赦しのために幼児たちは洗礼を受けるべきであると言ったのは，伝播による罪を強力に支持しているとみなされるためではなかった。それはカトリックの理解から遠くかけ離れている。なぜなら，罪は人間〔の誕生〕とともに生まれるのではなく，後になって人間によって実行されるからであり，また罪は自然本性の過失ではなく，意志の過失であることが明らかだからである。したがって，前者を〔つまり，罪の赦しのために幼児たちは洗礼を受けるべきであると〕告白することは，わたしたちが異なった種類の洗礼を執行していると思われないために，適切であり，後者〔罪は自然本性の過失ではなく，意志の過失であること〕を予め確立することは，神秘的な動機から，創造主の不名誉となる仕方で，悪が〔人間の意志によって〕起こる以前に，自然本性を通して人間から人間へと伝えられると主張されないために必要である」(同II, 6, 6)。

78) ハルナックは「ただユリアヌスが初めて〔ペラギウス派の〕思考方法を組織的に発展させ，それをストア的・キリスト教的な体系に高めた」と言う (Harnack, Lehrbuch der

3 ユリアヌスの著作活動

ユリアヌスは380-85年頃アプリアに，場所は確定できないが，司教メモルスの子として生まれた（『未完書』VI, 18)[79]。母のユリアナはローマの貴族の出身であった可能性が高い。ユリアヌスは異教の町であったベネウェントゥムの司教エミリウスの娘であるティティアと結婚した。そのさいノアのパウリヌスは祝婚歌として詩25を作詞している[80]。彼は父の教会の聖書朗読者となり，408年に助祭となった。このとき彼はアウグスティヌスによってヒッポへ招待されている（『手紙』101, 4参照）。416年ほぼ30歳のとき教皇イノケンティウスによってエクラヌムの司教に任命された。彼はローマで研究し，魂の起源に関する討論ではカルタゴでマニ教徒ホノラトスに従っている（『未完書』V, 26参照）。彼が歴史において有名になったのは先に触れた教皇の回勅が出てからであって，著作家，釈義家，神学者，論争家として活動した。彼はまず教皇に二通の手紙を送って，回勅に署名する前にもっとよく説明するように求めた。教皇はこれに応じないで，18名のイタリアの司教とともに彼を断罪に処した（『ユリアヌス論駁』III, 1, 4参照）。そこでユリアヌスはラヴェンナにいる長官ヴァレリウスに訴えた。この人がユリアヌスの見解にどのように答えるべきかをアウグスティヌスに問い合わせてきたのに応じて，アウグスティヌスは『結婚と情欲』第1巻を書いた。この書をきっかけとしてユリアヌスとの論争が始まった。

さらにヴァレリウスはユリアヌスの先のアウグスティヌスの著作に対する反論の抜粋を入手し，教父のもとに送って，できるだけ早く回答するように要請した。こうして『結婚と情欲』の第二巻が書き加えられた。

当時ローマ教会の司教であった教皇ボニファティウス1世は，破門された司教たちの手になる二つの手紙がローマで回覧されているのを知り，ア

DG., III, S. 188)。

79) ユリアヌスの父メモルスはアウグスティヌスの友人ノラの司教パウリヌスと親交があり，アウグスティヌスに最初期の作品『音楽』(De musica, 387-9) の写しを贈ってくれるように依頼したことがあった。このような著作の内実は，晩年のアウグスティヌスにとって青年時代に追究したキリスト教化された古典文化の産物に過ぎなかった（『手紙』104参照）。しかし，このことはイタリアにおいて，とくに貴族の出自を誇っていたユリアヌス家では，依然として古典文化への憧れが残っていたことを示す。ユリアヌスにも「尚古主義」の傾向がある。楽園におけるアダムの生活には犯しがたい価値と幸福があって，そこからは悪い習慣という壁によって隔てられているに過ぎない。ブラウン前掲訳書，107-08頁参照。

80) CSEL 30, 238-344

ウグスティヌスの青年時代からの友人で郷里タガステの司教であったアリピウスをとおしてアウグスティヌスに反論を要請してきた[81]。この手紙の全文は散逸しており，第一の手紙は『ペラギウス派の二書簡駁論』第一巻の引用から，第二の手紙はユリアヌスが419年の夏に書いたと推測されている『トルバンティウスへ』(Ad Turbantius) 第2-3巻の引用から抜粋の形でのみ知られる。なかでも第一の手紙は確実にユリアヌスの手になるものであり，第二の手紙は回勅に署名することを拒んだ彼の同調者の17人と共同して作成されたと言われている（同I, 1, 3）[82]。この手紙を批判することによってアウグスティヌスの『ペラギウス派の二書簡駁論』全4巻が420年から21年の間に書かれた。

アウグスティヌスは『手紙』207によると司教クラウディウスを通して421年にユリアヌスの『トルバンティウスへ』全4巻を受け取った[83]。そして直ちにこの書を詳細に論駁することに着手し，『ユリアヌス駁論』全6巻を書きあげて，クラウディウスに送っている。その間にユリアヌスはアウグスティヌスの『結婚と情欲』の第2巻を批判して『フロールスへの八巻』を書いた。これを反論するためにアウグスティヌスは，大作『ユリアヌス駁論』に取りかかったが，この膨大な書はその死によって未完に終わった。

ところで，ユリアヌス自身は419年に追放され，最初はキリキアのモプスエティアでテオドーレによって歓迎されたが，後にコンスタンティノポリスに移った。彼はシクストゥス3世の時代に439年ごろイタリアで司教に再任されるように試みたけれども，後に教皇となった助祭レオの助言によってそれに失敗した。その後しばらくして彼はシシリアにおいて死去した[84]。

---

81) アリピウスはラヴェンナからアフリカに帰る途中でローマにしばらく滞在し，教皇と親しくなり，420年にこの二つの手紙を受け取ったと思われる（『ペラギウス派の二書簡駁論』I, 1, 1参照）。

82) 第二の手紙はペラギウス主義を弁護する願いを込めてテサロニケの司教ルーフスに当てられている。その内容から判断すると主としてユリアヌスの手になるものであるが，カエレスティウスの手も加えられていると考えられる。

83) この書は今日アウグスティヌスの『ユリアヌス駁論』における引用を蒐集することによって復元されている。A. Bruckner, Die vier Bücher Julianas an Turbantius, 1973, S. 116.

84) ユリアヌスの詳しい伝記については Josef Lössel, Julian von Aeclanum. Studien zu seiner Leben, seinem Werk, seine Lehre und ihrer Überlieferung, 2001を参照。

3 ユリアヌスの著作活動

ユリアヌスの神学の特質について最後に述べておきたい。彼の文体・言語・文学様式 (elocutio) が今日研究されており, その文体様式が時代の問題や文学ジャンルに適用されている点で重要視されている[85]。彼は基本的にペラギウスとカエレスティヌスの思想を継承しているが, アウグスティヌスとの論争に終始し, ペラギウス主義の発展に特別な貢献をしてるわけではない。彼はアウグスティヌスによって弁護された原罪の教えがマニ教の再来に過ぎないと繰り返し批判した。ユリアヌスは青年らしくアウグスティヌスをマニ教徒であると信じ込んで批判した。彼がアウグスティヌスを批判したのは五つの争点にしぼられており,「神の創造と自然」(争点1) では「善神が全自然の創造者ではない」(マニ教) を批判し, 神の創造は全自然に及び, 人間の自然本性は損傷されていないと主張する。しかし,「原罪」(争点2) では悪の実体を説くマニ教に対決し, 原罪を否定し, 実体の毀損も認めない。それゆえ「肉の情欲」(争点3) ではそれが悪徳ではなく, 本性的善として賞賛すべきであることを強調した。また「自由意志」(争点4) に関してはそれを強く肯定し, 悪人といえども自由意志により善い戒めを充分実現できると説いた。「魂」(争点5) については魂が善であるが, 神の一部分でなく, 被造物であるが, 壊敗的生活の中にあっても罪をもたないと説いた[86]。

マニ教は人間の自然本性が部分的に悪に染まっていると説く性悪説に立つのに対し, ペラギウス派は全面的な性善説に立っている。ユリアヌスは自然本性の善性を強力に主張し, アウグスティヌスを批判した。アウグスティヌスは人間が罪により本性を損傷させたが, これは癒されて真の自由にまで救われると説いた。これに対しユリアヌスは人間の本性に関して楽観的であって, アウグスティヌスの悲観主義的な宿命論を攻撃した。

それゆえユリアヌスは原罪を認めるなら, そこから生じる結論として, 結婚が善ではなくなり, 原罪を伝える機会となっている点を集中的に論難する。その論点は次のような五点に要約される。①悪魔が新しく生まれてくる人類の創始者である。②本性が断罪されるものをもって生まれてくるなら, カトリックは結婚を断罪することにならざるを得ない。③洗礼を

---

85) J. Quasten, op. cit., p.489-90; J. Lössel, op. cit., S.90-101.
86) これは『ペラギウス派の二書簡駁論』II, 2, 2; III, 9, 25から要約したものである。

受けた両親に悪の根が残っているなら，すべての罪は洗礼によって赦されることにはならない。④両親が罪を赦されており，彼らから生まれた幼児が罪を犯していないのに，両親から他人の罪を引きずっているがゆえに，断罪されるとしたら，神は不正ではないのか。⑤生まれつきの悪徳がなくならないと言うなら，悪徳とは対立している徳が完成されうるとは信じられない（『ユリアヌス駁論』II, 1, 2)。ここにユリアヌスの思想が明らかに示されており，その基本主張は「情欲は自然的な善である」という点に求められる。ただこれが過度になるときのみ罪となると彼は主張した[87]。

ユリアヌスはこのようなアウグスティヌスの原罪の観念を不合理なものとみなし，東方教会の神学の伝統に従って自説を展開させた。彼の見解はアウグスティヌスの大作『未完書：ユリアヌス駁論』において詳細に引用されている。その中でもアウグスティヌスの自然観を批判しているところに注目してみたい[88]。彼によるとアダムの罪が人類に死をもたらしたというのは人類に普遍的な倫理的堕落をもたらしたのではない。「〈自然的罪〉は存在しない」（『未完書』IV, 91)。したがって，罪は人間の自然的な本性にも，自然一般にも何ら影響を及ぼしていない（同IV, 92-93)。現在の人間の状態を理解するためには，自然的事柄と意志的事柄を区別しなければならない。何が人間の自然条件であるか，何がこれを超えているかを把握すべきである。またいかなる条件が人間の選択に依拠しているのか。さらに何がわたしたちの自然的な意志を超えたものか，何が意志的なものなのか。

ユリアヌスは創造に遡って，死も性欲も楽園でアダムとエバを悩ますことはなく，ふたりにとって死と欲望は「初めから」自然だったと主張した。「神は身体を創造し，性を区別し，生殖器を造り，身体が結びつけられるように情動を付与し，精子に力を与え，精子の神秘的本性に働きかけた —— そして神は悪いものを何も造らなかった」（同IV, 40)。

死についてはどうか。創世記は死が罪に対する罰であると教えているの

---

87) この主張はアリストテレスの中庸道徳に依拠しており，「黄金の中庸」（Aurea mediocritas) という古典的なパイデイアの精神をよく示しているが，現実にはあり得ない，単なる机上の空論に過ぎないといえよう。

88) 以下の叙述はペイゲルスの研究『アダムとエバと蛇 ——「楽園神話」解釈の変遷』絹川久子・出村みや子訳，ヨルダン社，1993，274-81頁からの示唆にもとづいている。

か。確かにそう教えているが，それは身体的な死ではない，と彼は答える。つまりアダムの罪に対する罰として人が蒙る死は，すべての生ける種にとって自然な死の普遍性とは異なると主張する。創世記の叙述では，神がアダムに警告して，彼が罪を犯した「その日にあなたは必ず死ぬ」と言ったのに，アダムは身体的に死ななかった。この死は自然死ではなく，倫理的および霊的な死を意味する。だからアダムの子孫はアダムが直面したのと同じ選択の前に立たされる。この倫理的選択の自由は破壊されていない。だから原罪を引き起こした「単なるひとりの人の報いは，世界それ自体の構造を変えうるようなものではない」(同VI, 30)と主張する。しかし，このユリアヌスの議論でわたしたちは倫理的な選択と霊的な運命とを同一視している思想に疑問を感じざるを得ない。なぜなら霊的な運命には合理的な説明が通じない契機が認められるからである。

これに対してアウグスティヌスは，意志的行為を通じてアダムとエバは確かに世界の構造を変えたのだと主張する。つまりアダムの罪が人間本性を永続的に堕落させたという[89]。ユリアヌスにはアウグスティヌスが自然的悪と倫理的悪を互いに重ね合わせているように感じられた。これを批判してユリアヌスが「自然的なものは悪と呼び得ない」と反論すると，アウグスティヌスは，「身体を苦しめる他の多くの自然的欠陥は言うに及ばず，本性的に耳が聞こえないことは，ひとつの悪とみなすことができよう」と反論した(同V, 22)。それゆえ，自然は慢性の病の状態においてのみ知られるようになった。

ユリアヌスによるとこれこそがマニ教の考えである。アウグスティヌスは「カトリック教会の信仰の真理に逆らって……自然的悪を擁護している」(同I, 1-2)。これと対決してユリアヌスはキリスト教信仰を「五つの賞賛」

---

89) ペイゲルスは言う「この立場は，彼が人間の意志に無限の力を実質的には付与しておりながら，その力を回復不可能な過去——失われた楽園——に限定した点で矛盾している。アウグスティヌスによれば，人間の力のみがわたしたちを現在の状態に，つまりわたしたちがその力を完全に失った状態に陥らせたことになる。倫理的に堕落したわたしたちの現在の状態において，わたしたちが霊的に必要とするのは神の恩寵であり，実践的に必要とするのは，教会と国家の両方からの外的権威と導きである」(前掲訳書，276頁)と。しかし，アウグスティヌスは「人間の意志に無限の力を実質的には付与し」とは言わない。彼によると意志は「罪を犯さないことができる」(posse non peccare)の状態に置かれていて，最初から恩恵の助けなしには倫理的選択といえども不可能であった。金子晴勇『アウグスティヌスの人間学』332-38頁参照。

と彼が呼ぶものの上に基礎づけた。すなわち，創造の賞賛，結婚の賞賛，法の賞賛，聖人の賞賛，そして意志の賞賛である（『ペラギウス派二書簡駁論』IV, 1, 1）。さらに，彼はアウグスティヌスが苦難を悪や過失と同一視したことを拒絶し，そして自然が善であることを主張する。だが，彼はその「善性」が身体的苦難を含むものであることを認めている。

　ユリアヌスの思想の特色は人間の自然本性に対する理性的な考察にある。その歴史上の貢献は神学的な議論の中に哲学的な考察を導入した点に求められる。つまり彼は聖書・理性・聖人の権威という三つの源泉において神学的討論が成り立つことを認めた点にある（『ユリアヌス駁論』I, 7）。この中でも彼は理性に優先権を与えた。聖書や教会の伝統のような外的な論議よりも内的な論議である理性のほうが全問題を決定するに役立つと考えられた。したがって彼の議論の進め方では最初正義や罪の概念が純粋に哲学的に定義がなされ，アウグスティヌスの罪の概念は馬鹿げていると結論される。続く叙述では聖書の箇所が外的な証拠として吟味され，それらは原罪の存在を正当なものとしないと結論される。伝統に関しては彼は常にバシレイオスやクリュソストモスに依拠しており，そこから典拠が多く引用される（同I, 5-6）。しかし，彼の基本姿勢は，すべてのことは理性の判断に従うべきであるという点である。それゆえ理性か聖書の権威かの二者択一では「理性が証明することを権威は禁じることはできない」（『未完書』II, 16）と言われる。またパウロの手紙に関して彼は言う，「わたしたちがパウロの手紙の神聖さを認める理由は，それが理性・敬虔・信仰と一致しているからにほかならない」（同II, 114）。アウグスティヌスはこのようなユリアヌスの弁証論的な才能を認め，彼を「ペラギウス主義の教義の建築家」と呼んだ（『ユリアヌス駁論』VI, 11, 36）[*90]。

　このようなユリアヌスの思想はアウグスティヌスの恩恵論を反駁するものであった。それゆえ，ペラギウス主義との論争を通してアウグスティヌスがどのように恩恵論を展開させたかを考察した後に，その批判というか

　90）　しかし，ユリアヌスが理性の優先権と言っていることは，何かを論証するときの論理的な意識を前提とした上での優先順序なのであって，何らかの経験について判断することには当てはまらない。彼はまた聖書と伝統との関連も認識していない。また伝統といってもそれは外的な権威よりもむしろキリスト教自体の伝達を意味することも理解していない。ブラウン前掲訳書，107-23頁参照。

たちで彼の思想は解明すべきである[*91]。したがってここでは彼の思想の特質について言及したにすぎない。

4　ペラギウス主義の特質

わたしたちはアウグスティヌスと論争したペラギウス主義者たちの思想的特徴について述べてきた。終わりにペラギウス主義に共通する思想上の特質を指摘してみよう。

　「**不本意の異端者**」(A reluctant heretic)[*92]　まずわたしたちがペラギウスを正しく理解しようとするならば，あらかじめ銘記すべきことは，彼が異端であることを欲していなかったという事実である。アレイオス（アリウス）やアポリナリウスはみずから異端者であろうとした。アレイオスはキリスト教の三位一体という伝統的な教義に疑問を懐き，徹底した一神論のゆえにキリストの神性を否定したし，アポリナリオスもキリストの受肉に関してまったく片寄った考えを表明した。それに反し，ペラギウスは公会議によって定められた信条に全面的に従っていた。ペラギウスは当時の社会が道徳的に頽廃しているのを刷新しようとして，道徳の上での人間の責任の意識を喚起すべく，人間における自由意志の力を認め，もっぱら実践的領域で禁欲的生活の理想を説いた。デメトリアスに宛てた彼の手紙には彼の教えの核心が単純で明解に「道徳的完成は人間にとって可能であるゆえに，義務とすべきである」と述べられている。彼が力説したのは人間の自然本性がそのような完成にいたることができるように神によって創造されているという点である。神は人間に不可能なことは求めない。それゆえ，彼は言う，「わたしは道徳的行動の規則と聖なる生活について語らねばならないときはいつでも，まず第一に人間の自然本性の力と性質とを指摘し，それが何をなしうるかを示し，聴く人の心に徳を呼び起こすのです」と[*93]。このような道徳説は当時は一般に受け入れられていたし，自由意

---

91) 本書第Ⅴ章「ペラギウス論争の経過」を参照。
92) B. R. Rees, Pelagius Life and letters, v.vol. I, 1991参照。
93) ペラギウス『デメトリアスへの手紙』第2章。

志も古代教会で一般的に肯定的に説かれていたから，異端の宣告は受けなかった。そればかりか，当時の世界の倫理的な指導者として尊敬されていた。しかし，彼の場合には信奉者や弟子たちを多く集め，自説を広汎に宣伝させた指導性が発揮され，かつその教えが実践の領域をこえてキリスト教の教義に抵触するようになり，罪や洗礼の教えを攻撃するところまで進展していった。そのため，彼は異端もしくは邪説の嫌疑がかけられた。とりわけ協力者カエレスティウスが司祭になろうとしたがゆえに問題が歴然とするに至った。というのは彼は理論家としてその主張を明確化することによって指導的役割を演じたからである[94]。わたしたちはペラギウス主義の思想上の特質を次の六つの点に要約することができる。

(1) 神の正義の観念　ペラギウスは神の正義を強調する。しかし，この正義は聖書に由来するよりも，ストア哲学もしくは理性に由来している[95]。したがってキリスト教をも自然哲学的に解釈する傾向が明らかに認められる。つまり神の正義は人間に対して要求し審判するが，神は人間に不可能なことを求めるはずがない。このように神の正義に対し理性的な解釈が加えられる。神はすべての人を裁く正義をつらぬき，人間は神の戒めを実行しうるように造られている。これこそ自由意志の力であって，神はこれを恩恵として人間に授けた。ここからカエレスティウスは，「もしそうあらねばならないのならば，そうありうる」（『人間の義の完成』3, 5）という。これはカントの命題，「あなたはなすべきであるゆえに，なしうる」とまったく同じ事態を示している。したがって道徳の意識が行為の能力（自由意志）の存在を証明している。このような義務の意識はストア的であり，理想主義的であるといえよう。しかし，ペラギウスは自由意志を神学的に基礎づけ，神の創造の恩恵としてこれを説いた。神の恩恵とは神の律法と自由意志の授与に認められる。自由意志のないところに責任はな

---

94) ブラウンは Pelagius and his supporters,（前出）と The Patrons of Pelagius, (Religion and Society……p. 208-26) の2論文においてローマのペラギウス主義の倫理的な特質について論じ，次のように主張した。ペラギウス主義の核心は神学的な命題に求めるべきではなく，5世紀のローマ帝国の表面的にキリスト教化された社会にあって，真のキリスト教徒がいかにあるべきかを説いた点にその特質がある。この観点はきわめて正鵠を射ている。

95) 彼の思想をストア派よりもアリストテレスに由来すると解釈する傾向があるが，ストア思想の中にはアリストテレスも大きく影響しているので，両者の影響を考えるべきであろう。

く，責任のないところに道徳の確立はない*96。

(2) **自由意志は中間的な善である**　自由意志は自由に選択する機能である。それは未だ善とも悪とも定まっていない中立的なものである。これもストア派の道徳観に由来している。アウグスティヌス自身もストア哲学によってマニ教の決定論を克服したのであって，『自由意志』ではペラギウスとほぼ同じ思想傾向をもっていた*97。しかし，自由意志の自由は選択の機能に留まらない。現実に自由を実現しているか否かが問われなければならなかった。哲学は人間の自然本性の可能性を議論するが，現実性をなおざりにすることが多い。その場合には理想主義的になり，観念的になりやすい。これに対し罪の現実を正しく把握することが重要になる*98。

(3) **原罪説**　このような主張が最初にぶつかるのは原罪説である*99。ペラギウスは人祖アダムの罪が遺伝によってすべての人に及んでいるという思想を批判する。神が人間に他人の罪を帰したり，人間自身が犯した罪を神が赦すべく備えているといった主張は絶対にあってはならない。もちろんペラギウスもアダムが後代に与えた悪しき影響を認めている。しかし，それも罪が遺伝するという意味ではなく，アダムが示し，多くの人たちが倣った悪しき先例にすぎない（『自然と恩恵』9，10）。だからアダムの堕罪

96）　それに対してアウグスティヌスは罪ある人間を義しい者とする神の恩恵を「神の義」として説いた。ここにパウロ思想の再建が顕著にみられよう。しかし彼は神の恩恵の行為を罪の赦しよりも，むしろ人間の新生，つまり聖化のもとにとらえる。だから義認は罪の赦しの宣告よりも，人間を事実において義人となしてゆく創造行為としてとらえられる。したがって彼は「義認」を「成義」として把握している（本書第Ⅶ章8節参照）。

97）　彼はキケロの『ホルテンシウス』を読んで哲学への回心をした経験からみても，ストア思想の影響を若い時に受けている。

98）　罪の現実はアウグスティヌスが自己の内なる罪の深淵にたえず目を向け，人間そのものの根源的罪性をとらえる態度から生まれた。それゆえ『告白』第8巻に展開する堕落した意志の内部分裂の叙述は，キリスト教文学の最高峰であって，この内面的な戦いのドラマこそアウグスティヌスにおける思想の基礎にある経験である。

99）　アウグスティヌスの思想における特質は，ペラギウスと比較してみるならば，深刻な罪悪観に求められる。罪は神から離反して自己のみに立とうとする高ぶり，つまり傲慢であり，また道徳生活における邪欲としての「むさぼり」である。この罪はアダムによって説明される。彼は「罪を犯さないことができる」状態にあったが，それは自由意志のみの力によるのではなく，神の恩恵の助力によって可能であった。しかし，神の恩恵に寄りすがることなく，自己自身で立とうとする高ぶりにより罪が犯された。罪とは偶然犯される個別的な道徳違反ではないから，善いわざによって償われ帳消しになるものではない。高慢によって人間の意志は正しい方向を失い，罪を犯さざるをえない状態に追い込まれている。これが罪の生んだ結果であり，人間の自然の破壊となって人類に及んだ原罪の事実である。

以後も罪のない生活の可能性は原則として認められる。このようにアダムにおける原罪を否定すれば，当然のことながら罪による人間の自然的な死も，幼児洗礼の必要もなくなることになり，人間の「無罪性」(impeccantia) の主張とならざるをえない[*100]。

(4) ストア派の道徳主義　罪を避ける方法は神の律法を厳格に教えることにかかっている。アダムの罪によって失われたのはこの律法の知識であり，モーセの律法も成就できなかったことをイエス・キリストは実現し，神の真の戒めを教えた。それは富を放棄し，純潔な生活を送るようにすすめている山上の説教に明らかである。たしかにキリストは罪の赦しを人びとに授けているが，それは洗礼によって洗われる過去の罪であって，肉に従う生活を避け，賢明な仕方で生きるためである。こういうペラギウスの思想はその基盤をストア主義においているといえよう。ストアの賢者は理性の力によって自然の欲望を支配する。罪は人間が自然の欲望や情念に譲歩することから生じる。自然の欲望それ自体は善悪無記であっても，これが理性によって統制されないと人間を引きずって罪を犯させる。この激情的欲望や傾向性から心を解放することが理性の力である。だから人間は正しい行為をする力をもっていても，何が正しいかの知識が授けられ，教育されなければならない。このようなストア主義につらぬかれたペラギウスの主張は自然主義的であって，人間の自然の破壊とその救済から神の恩恵を説くアウグスティヌスとは正面から対決する運命にあった[*101]。

(5) 二つの恩恵論　ペラギウス主義は恩恵の内容として律法と自由意志の授与を考えているので，自由意志と恩恵との関係は，内容的にも両者は「同一的」である。さらに自由意志により律法を実現し，永遠の生命に値するという功績思想を展開させているがゆえに，「連続的」でもある。それに対し，アウグスティヌスはこの連続的見方を批判し，アダムの堕罪

---

100)　原罪は邪欲という性的領域で優勢であり，人間をその奴隷となしていることを彼は認める。これは克服しがたい罪である。そしてこれは「罪の娘」から「罪の母」にまでなっていて，原罪を遺伝させている（『結婚と情欲』I, 24, 27）。だからキリスト信徒の両親から生まれた子供といえども，罪から洗い清める洗礼が必要である。もちろん子供を産むこと自体は罪ではないが，情欲と結びついた生殖が問題なのである。こういう考えは古代末期の禁欲思想と彼自身の経験とから生じている。

101)　神秘的な救済論がペラギウス主義には欠如しているため，それを補おうと調停の試みがなされたが，失敗に帰したとハルナックは結論する（Harnack, op. cit., III, S.201）。

4 ペラギウス主義の特質

以後は自由意志は罪の奴隷的拘束のうちにあるために，神の恩恵によってこの奴隷の縄目から自由にされなければならないと説く[*102]。ペラギウスは神の恩恵のもとで，神の創造における恩恵として律法と自由意志の授与を考えていたが，アウグスティヌスでは罪からの救済としてのキリストの恩恵が説かれた。したがって既述のごとく恩恵の理解の仕方で前者が自然主義であるのに対し，後者は救済的になっている。

(6) **聖霊の働き**　さらにペラギウス主義には聖霊についての考察が欠如している。これに対しアウグスティヌスは聖霊が心に注がれることを強調する[*103]。この聖霊の授与によって神のイニシアティブが力説されても，自由意志は無効にならない。自由意志は人間の自然的能力であって，人間の行為にはこの意志の決定力が働いている。ところが罪に染まると人間は悪をなさざるをえないほど，悪に向かって意志決定を方向づけ，悪に対して自由であっても，善にとっては不自由になる。これが罪の奴隷状態である。この状態は「もし真理の道が隠されているなら，自由意志は罪を犯すことだけにしか役立たない」（『霊と文字』3, 5）と言われる。このような拘束状態からの解放こそ恩恵のわざであり，後に詳しく述べるように，解放された状態は「自由となった自由意志」として確立された。

---

102)　このようにしてペラギウスの連続的考え方は否定されるが，連続性の真理契機は保存され生かされる。つまり，ペラギウスと同様に，律法は自由意志によって実現されるとみなしながらも，そこに自由意志が罪の奴隷状態から解放されるという中間規定が入って来て，義への愛が自由意志により生じ，愛が律法を成就することになり，ここに非連続が連続へと質的に飛躍することになる。罪の教説は神の恩恵を強調する基盤になっている。

103)　『霊と文字』はこの点を主題とした作品であり，律法は，そこに生かす御霊がないときには，殺す文字となっているというパウロの思想が詳しく解明される。聖霊は神の愛として人間の心のなかにそそがれ，心を造り変えて，喜んで律法を実現するように導く。アウグスティヌスはここに神の恩恵が自由意志に先行して働き，自由意志を活動させて協働することを説いた。

第Ⅳ章

ペラギウス派論争の経過

―――――――

　アウグスティヌスとペラギウス派との論争は三段階の進展を経過した。最初はペラギウスとカエレスティウスに対する論争であるが，これは411年のカルタゴ教会会議に始まり，417年の同会議で終結に達する。次いでユリアヌスとの激烈な論争がアウグスティヌスの死にいたるまで続いた。その間にカトリック内部からもアウグスティヌスに対する批判が起こり，これに応えるかたちで最晩年の著作が書かれた[*1]。まず，ペラギウス派との最初の論争から彼の恩恵論がどのように展開したかを考察したい。

1　ペラギウス派論争の開始と展開

　アラリックスに率いられた西ゴート族が永遠の都ローマに侵入して起こした略奪事件は，当初その原因をキリスト教徒とその宗教の責任に帰する批判を呼び起こした。これに対しアウグスティヌスは大作『神の国』をもってキリスト教を擁護すべく活躍したが，ローマの攻略はまたペラギウス派論争を併発させることになった。

　ゴート族がローマに対する大きな脅威となった409年には，すでにペラ

　1）　このアウグスティヌスに対する批判と応答については本書第Ⅴ章「ペラギウス派論争の発展」で扱われる。

ギウスはイタリアを去り，同調者であったカエレスティウスとともにシシリアに渡った。そしてその翌年春には北アフリカに移った。ペラギウスはアウグスティヌスが司教であったヒッポを訪ねた。その当時北アフリカの教会はドナティストとの論争に巻き込まれており，ヒッポの町もドナティストとの協議会の準備におわれ，ペラギウスの到着に注意しなかった[*2]。アウグスティヌス自身もヒッポを離れてカルタゴに行っていた。その後，彼がペラギウスに会ったのはカルタゴにおいてであった。

論争開始以前の対決の兆し　ペラギウスはアウグスティヌスから手紙をもらったことがあり，その初期の著作『自由意志』にも共感していた。しかし，彼がローマにいたとき，彼の面前で或るアウグスティヌスの同僚司教（恐らくはノラの司教パウリヌスであると思われる）がアウグスティヌスの有名な祈り，「あなたの命じるものを与えたまえ，そしてあなたの欲するものを命じたまえ」(Da quod iubes, et iube quod vis) を述べたとき，両者が将来において宿命的な対決をすることになるのを予感させる出来事が生じた。では，アウグスティヌスのこの祈りにはどのような対立点が含まれていたのか。『告白』の中で彼は次のように祈っている。

　「それゆえ，すべての希望はただひたすら，真に偉大なあなたのあわれみにかかっています。御身の命ずるものを与えたまえ。御身の欲することを命じたまえ。御身はつつしみを命じたもう。〈もし神がその賜物をくださらないならば，何人もつつしみを保ちえないことを私は知っている。それゆえ，この賜物がだれに由来するかを知ること自体，知恵に属するのだ〉と，ある人はいっています。まこと，私たちが，そこから多へ分散していたもとの一なるものへ，集められひきもどされるのはつつしみによります。あなたのゆえに愛するのでない何か他

---

　2)　ペラギウスがドナティスト運動の渦中にヒッポを訪れたのは大きな論争を生み出す象徴となった。というのは一見すると何の関係もないように思われるが，後述するように両者は「シミも皺もない」純粋な聖徒の集いとして教会を考えている点で一致していた。教会は完全な人々の団体であって，罪人の集いではなかった。アウグスティヌスは『神の国』で教会を「毒麦がともに育つ畑」として説いていたが，彼らは「聖徒の集団」と見なした。彼はパウロのように「律法の義に関しては非の打ち所がなかった」が，それは単なる「外的な義」で「塵芥」に過ぎないと考えた。また彼らは洗礼問題でアウグスティヌスと対決したこととでもよく似ていた。

のものをあなたとともに愛する人は、あなたへの愛がそれだけ少なくなります。おお、いつも燃えてけっして消えることのない愛よ。愛よ、わが神よ、われを燃えたたしめたまえ。御身はつつしみを命じたもう。御身の命ずるものを与えたまえ」(『告白』X, 29, 40)。

この言葉を聞いたときのペラギウスの反応についてアウグスティヌスは次のように想起している。

「ローマにいたペラギウスは、わたしの同僚の司教であったある兄弟によって、これらの言葉が彼の同席した場で語られた時、彼はこれに我慢できず、かなり激昂してこれに反論し、これを語った人とほとんど喧嘩になるところであった。しかし神がまず命じ、最も肝要なこととして命じたもうのは、神をわたしたちが信じること以外の何であろうか。それゆえ〈命じるものを与えたまえ〉と神に正しく祈られるなら、この信仰をも神ご自身が与えたもうのである」(『堅忍の賜物』20, 53)。

これを見ると先の祈りによって意味されている内容が神の賜物としての信仰自体であることが知られる[*3]。この信仰の賜物は神の予定という思想へと展開した。というのは彼は続けて次のように述べているから。「神は自分の賜物を誰に与えるかを予知したもうたことは疑いの余地がない。これが聖徒たちの明白で、確実な予定の教えである。……予定の教えが言及されている聖書の箇所を、より豊かに、より明瞭に、擁護するようわたしたちに強いたのは、ペラギウス派の人々が、神の恩恵は、わたしたちの功績に従って与えられる、と主張しているからに他ならない。そしてこのことは、恩恵のまったき否定以外の何であろうか」(同)。これによってペラギウスとの対立点は、信仰自身が神の賜物であり、神の予定に属するということにあって、ここからやがてペラギウス派論争が起こったことが分かる[*4]。

───────

3) 続けてアウグスティヌスは言う、「わたしはこの『告白』において、わたしの回心について物語り、憐れで、正気ならざる戯言をもって荒廃させていた信仰へと、神が私を回心させたもうたことを語ったのであるが、その意図は、わたしの母の信実な日々の嘆きの祈りによって、わたしが滅亡を免れたことを示すためであったのを、あなたがたは記憶していないだろうか。そこでとりわけわたしが語ったのは、正しき信仰より逸脱したばかりでなく、正しい信仰に反抗した人間の意志を、神は自らの恩恵によって、信仰へと回心せしめたもうことである」。

4) この点はすでに『シンプリキアヌスに答えた諸問題』で到達していた観点である。第Ⅱ章参照。

確かに両者の対立は明瞭である。一方は神の恩恵に全面的に依存する「恩恵の教師」であり，他方は精神的な責任を追求していって人間の責任性を問いつづける「道徳の指導者」である。しかし，よく考えてみると，両者はともに道徳的な責任を回避するような人々とつねに接触しており，この点では知的なサークルの指導者であったペラギウスよりも，教区の仕事に追われていたアウグスティヌスの方が現実の深刻な問題に直面していたといえよう。神学者アウグスティヌスも道徳思想家ペラギウスも古代末期の道徳的な頽廃に悩まされていた。しかし，両者は論争の経過とともに現実問題よりも理論問題に関心が集中し，人間としての責任が問われている現実をともすると忘れがちであった。

　もちろん，ペラギウスは『パウロの手紙注解』に示されているように聖書の知識に通暁し，古典作家やキリスト教教父の思想にも親しんでいた。だが，彼が宗教団体に所属した形跡はない。当時一般に支持され，アウグスティヌスも弁論術の学習課程で学んだキケロとストア派の道徳思想をペラギウスは重視し，当時のローマ社会にかなりの勢力を維持していたマニ教の決定論と対決していた。ペラギウスはマニ教の二元論では物質を罪悪視する点と二つの魂を説く思想を批判し，自由意志の力を強調した。したがって意志の自律が彼の思想の核心であった。この点で彼はストア主義に接近しており，神に対して何かを乞い求めて祈ったりしない。もし祈るとしたら，それは神に感謝するためであり，しかも助力を求めるのではなく，自由意志の力によって実現された行為に対する感謝のためである。したがって，彼から見るとアウグスティヌスの先の祈りは道徳的な無力さを示しており，精神的な堕落としか映らなかった。

カルタゴにおける両者の出会い　　アウグスティヌスはカルタゴ教会会議でペラギウスと最初に同席することがあったが，望見しただけで互いに語り合う機会はなかった。しかし，ペラギウスが一般に彼に帰せられている見解を表明しなかったのを知って安心したようである（『ペラギウスの訴訟議事』22, 46）。だが，アウグスティヌスは彼が会話の中で幼児洗礼は罪の赦しのためではなく聖化のためだと発言しているのをきいて驚いたが，それを反駁する機会に恵まれなかった（『罪の報いと恩恵』第Ⅲ巻, 6, 22,『説教』167参照）。

アウグスティヌスはこのころペラギウスについての印象を人々から伝え聞いているところから,「彼は聖なる人の一人で, 宗教的に少なからず精進したキリスト者の一人である」(『罪の報いと赦し』III, 1, 1) と言い,「善良で称賛されている人」(同III, 3, 5) とみなしている。

ペラギウスはカルタゴに長くとどまらないで, パレスチナに向かった。

2 カルタゴ教会会議 (411年)

ペラギウスの行動とは相違してカエレスティウスはカルタゴで司祭になりたい希望をもっていた[*5]。当時アンブロシウスの伝記の資料調査に北アフリカを訪ねていたミラノの助祭パウリヌスはこれを知って, カルタゴ司教アウレリウスに手紙を送り, カエレスティウスの著作『罪の遺伝説批判』(Contra traducem peccati) には七箇条の間違った命題があり, それが邪説であると訴えた。この告発はカルタゴ司教アウレリウスの前で行われ, カエレスティウスは法律家であった経験によって決然と答弁した。マリウス・メルカトルがしるしている提訴箇条は次の七箇条からなっていた[*6]。(1)アダムは死すべきものとして創造されたので, 罪を犯さなくても死んだであろう。(2)アダムの罪はただ彼だけにわざわいとなったのであって, 人類には及ばない。(3)生まれたばかりの赤子は堕罪以前のアダムと同じ状態にある。(4)幼児は洗礼を受けなくても, 永生をもつ。(5)人類はアダムの罪と死によって死なないし, キリストの復活によって甦らない。(6)モーセの律法は福音と同じく天国へ導く力がある。(7)キリスト降誕以前にも罪のない人がいた[*7]。

---

5) カエレスティウスがカルタゴにとどまって司祭になろうとしたことがきわめて重大な結果を引き起こした。というのは原罪の伝播を否定するルフィヌスの説を彼も受け入れており, 幼児洗礼にも消極的であった。だが, その時期はドナティスト運動で洗礼問題が最大の話題となっていた。そのため, 彼の発言が波乱を引き起こすことになった。なぜなら, 彼は当時のドナティストから信奉者と支持者をえることが可能であった。ドナティストとペラギウス主義とは教会観で類似していたからである。両者とも純粋な教会を求めた。前者は外的な分離によって, 後者は道徳的な刷新によって求めた。それゆえ, 彼はドナティストから恩恵の否定や自由意志の主張よりも, 反伝播説のゆえに関心を寄せられ, 断罪になる前にはその教えがアフリカに影響を与えた。このことに関しては G. Bonner, op. cit., p. 36を参照。

6) Paulinus, Vita Ambrosii, I, MPL XIV, 27.

411年，カルタゴの教会会議が開催された。パウリヌスは自己流に訴訟を進めて，不毛な論議を長引かせた上に，決まり文句を用いて諾否を迫った。その模様は次のようにな記録として残っている[*8]。

> 司教アウレリウスは「続きを読み上げなさい」と言った。すると，〈アダムの罪は彼自身にだけ害となり，人類には及ばない〉と朗読された。
> そして，それが朗読されたとき，カエレスティウスは言った，「〔わたしは言った〕罪の伝播についてはわたしは疑いをもっている，と。とはいえ，神が知識の恩恵を授けた人々にわたしは同意する。というのはカトリック教会の中で司祭として立てられた人たちの中で〔見解の〕相違があると聞いたからである」。
> 助祭パウリヌスは言った，「その人たちの名前をわたしたちに告げなさい」と。
> カエレスティウスは言った，「パムマキウスとともに滞在していた聖なる司祭，ローマのルフィヌスが，罪の伝播ということはない，と語っているのをわたしは聞いた」と。
> 助祭パウリヌスは言った，「他になおだれか〔証人は〕いるか」と。
> カエレスティウスは言った，「なお多くの人がそう言っていると聞いている」と。
> 助祭パウリヌスは言った，「その人たちの名前を告げなさい」と。
> カエレスティウスは言った，「ひとりの司祭ではあなたに充分でないのか」と。
> しばらくしてから他の箇所で司教アウレリウスは「小冊子の残りの部分を読むべきである」と言った。すると，〈生まれてくる幼児たちは罪を犯す以前のアダムと同じ状況に置かれている〉と朗読された。そして前に挙げた小冊子の終わりまで続けられた。
> 司教アウレリウスは言った，「カエレスティウス，あなたは，助祭パ

---

7) Marius Mercator, Commentarium super nomine Coelestii, 1, I. MPL xiv, 27. メルカトル「カエレスティウスの訴訟に関する備忘録」II, 5。
8) この会議の模様についてアウグスティヌス『ペラギウスの訴訟議事』11, 23, 『キリストの恩恵と原罪』II, 11, 12参照。なお同II, 3, 3–4, 3参照。本書14頁参照。

ウリヌスが語っているように,生まれてくる幼児たちは罪を犯す以前のアダムと同じ状況に置かれている,とかつて教えたことがあるのか」と。

カエレスティウスは言った,「その人はどういう意味で〈罪を犯す以前〉と語ったのか説明すべきである」と。

助祭パウリヌスは言った,「あなたは自分がそれを教えたことを否認しなさい。人は自分が教えたことを否認するか,それとも,今それを断罪するか,二つのうち一つしかない」と。

カエレスティウスは言った,「わたしは〈その人はどういう意味で『罪を犯す以前』と語ったのか説明すべきである〉と先に語って〔質問して〕いる」と。

助祭パウリヌスは言った,「あなたは自分がそれを教えたことを否認しなさい」と。

司教アウレリウスは言った,「わたしが彼の異論から結論したことを質問しよう。アダムが楽園にいたとき,それ以前には不滅に造られていたのに,それ以後は戒めに対する違反によって壊敗し易くなった,とわたしは主張する。兄弟パウリヌス,あなたもこのように主張するか」と。

助祭パウリヌスは言った,「はい,その通りである」と。

司教アウレリウスは言った,「今日洗礼を受ける幼児の状態は,アダムが罪を犯す以前にあったような状態なのか,それとも幼児は,罪の同じ起源から*9 —— そこから幼児も生まれて来ている —— 罪を犯したことの責任を引きずっているのか。このこと〔後者の見解〕にパウリヌスは同意するか」と。

助祭パウリヌスは言った,「〔はい,その通りである〕彼はこのことを教えていたのか,それとも否定するのか」と。

カエレスティウスは言った,「罪の伝播についてはわたしは既にカトリック教会の会員の中で多くの人たちはこれを否定しているが,たしかにまた他の人たちはこれを承認していると聞いている。それは尋問

---

9) ここでは「起源」(origo) が特別の意味で用いられており,「創始者や先祖」の意味でアダムを指している。

すべき事柄であって，異端ではないけれども。幼児たちは洗礼を受ける必要があるし，〔彼らには〕洗礼を授けるべきである，とわたしはいつも主張してきた」と[*10]。

ここの記録されているようにカエレスティウスは断固として自説の撤回を拒否したが，それでも終わりに語っているように幼児が洗礼を授けられることには同意した。しかし，告発者にとって問題なのは洗礼の必要性ではなく，洗礼がどのような効果があるかということであった。つまり原罪を清めるか否かであった。カエレスティウスは幼児が洗礼を授けられるのは，人類が共通の再生に与るためなのである（『原罪』19, 21『罪の報いと赦し』I, 34, 63参照）。このことは幼児にも罪の赦しには洗礼が必要であるように思われたが，彼がそれによって考えていたのは，幼児が誕生したのちに犯すであろう罪のことであった[*11]。だが会議は彼の反論を認めず，その教説は邪説であると宣告された。これによって彼は北アフリカで司祭になる希望がくじかれた。そこで彼はローマに訴えることを考えたが，思い返して北アフリカを去り，エペソスに行って司祭になった[*12]。

カエレスティウスは北アフリカを去ったとはいえ，彼によって引き起こされた混乱と不安とは解消されはしなかった。この北アフリカが陥った混乱についてアウグスティヌスは「信仰の弱い兄弟たちは，至る所で激烈にかつ激しい論争熱でもって投じられた問題と提示された主張によって混乱状態に陥った」と述べている（『ペラギウスの訴訟議事』11, 25）。カエレスティウスの信奉者たちはカルタゴ周辺で密かに立ち上がろうとしていた。北アフリカではこの教説の誤りが充分理解されていなかったので，状況は明らかに危機的であった。

3　アウグスティヌスによる批判の開始

アウグスティヌスはこのカルタゴ教会会議に出席しなかったが，カエレス

---

10) 『ペラギウスの訴訟議事』（「アウグスティヌス著作集29」教文館，『キリストの恩恵と原罪』II, 3, 3-4, 4)
11) 本書21頁参照。
12) Marius Mercator, ibid., I, 1, 2. MPL xlviii, 71-3

ティウスの見解を聞き,その批判をまず説教の中ではじめることによって,彼はペラギウス派論争に加わった[*13]。そして412年にアウグスティヌスの友人でありローマの政治家として有力な指導者であったマルケリヌスは北アフリカの教会が直面している新しい問題についてに彼に問い合わせてきた。マルケリヌスは皇帝ホノリウスによって北アフリカに派遣された地方行政区の長官にして書記であり,「日毎にひつこくかつ喧嘩好きの人たちと」付き合わざるを得なかったので,ドナティストとの協議会で親しくなったアウグスティヌスに手紙を送って「今問題になっている事柄のいくつか,しかも第一に幼い子供たちの洗礼について扱ってほしい」と依頼した(同)。アウグスティヌスはドナティストとの協議会の余波を受けて当時心配事が多かったが,カルタゴの状況を知るに及んで,マルケリヌスに応えて,『罪の報いと赦し,および幼児洗礼』全3巻を書き上げた。これがペラギウス派駁論集の第一作である。

　　『罪の報いと赦し,および幼児洗礼』全3巻　　アウグスティヌスはこの書物を最初は二巻をもって終わらせたが,補足として第3巻を書き加えた。第1巻と第3巻との冒頭に記されているように,この書はマルケリヌスへの手紙の形式をとって書き始められている。なお,第3巻はアウグスティヌスがペラギウスのパウロ書簡の注解書を入手し,原罪についての新しい議論を見いだし,それを論駁する必要を感じたがゆえに付け加えられた(『罪の報いと赦し』III, 1, 1参照)。
　　第1巻の内容　　最初,「アダムは罪の報いを受けることなく,罪過の罰からではなく,自然の必然性から死ぬように造られていた」というペラギウス派の主張が提示され,もし堕罪がなかったらアダムは死ななかったであろうと回答される(I, 1, 1-2, 2)。したがって,もしアダムが罪を犯さなかったならば,そのまま霊的存在に移行していたのに,罪によって死が入ってきた。この死は罪に対する罰であって,身体も罪によって死に定められた。それに対し霊は信仰の義によって生命を得させる。こうして身体の死に罪の報いが示され,霊の生命に義の報いが割り当てられている(I, 3, 3-8, 8)。次に「アダムの罪は魂の死であり,模倣によって子孫に伝えら

---

13)　アウグスティヌスのカルタゴ教会における説教,413年6月27日『説教』294参照。

れた」というペラギウス派の主張が論駁される。罪の模倣と罪の起源や腐敗の波及とは問題が相違している (I, 9, 9-10, 11)。律法は罪を認識させるだけで、罪の支配を止めさせることはできない。救い主の恩恵による以外には罪の支配は終わらない。さらにアダムとキリストとの対比（ロマ5, 16-17）も原罪の事実を証明する。もし罪が模倣であるなら、アダムは悪魔を模倣したことになる。するとアダムには悪魔が先行していたことになる。しかしこの聖書の箇所は悪魔のことではなく、アダムのことを語っている。キリストの義認は罪人を義人とすることであって、模倣するために提出されたのではない (I, 12, 15-15, 20)。なお、ペラギウス派は原罪を認めないがゆえに、幼児洗礼を否定している。幼児洗礼は罪の赦しのためではなく、天国を得るためであるとの彼らの主張も批判される。幼児たちが罪を犯していなくとも、洗礼を必要とする理由が考察される (I, 16, 21-18, 23)。

こうしてすべての人がキリストによって救われるということの聖書的証言が提示され、中でもパウロの主張、つまり一人の人によって滅びがすべてに及び、一人の人によって義認はすべての人に及んだという説が力説される (I, 28, 55-56)。さらに「水と霊による再生」（ヨハネ3・5）の解釈が問題となる。霊の誕生はキリストのからだである教会の成員となることによって実現する。ここからキリストとの合一の神秘が説かれ、キリストの神性と人性、およびペルソナの統一についてキリスト論が展開する。なお、洗礼が罪の赦しのために定められたことの聖書的根拠も論じられる (I, 30, 58-36, 63)。

第2巻の内容　ここでは「無罪性」の問題が集中的に論じられる。その第一の主題はペラギウス派の命題「もし欲しないならば罪を犯すことはない。神は人間の意志に不可能なことを命じはしない」に対する反駁である。アウグスティヌスによるとこの主張は余りに楽天的な判断である。情欲は罪の法則となって死すべき体のなかに残っている。人間の本性は善であっても意志による罪のゆえに悪徳となり、意志の実行力が喪失している。それゆえ神が命じていることが神から与えられなければならない。それゆえ「あなたの命じるものを与えてください」と祈らざるをえない。もちろんわたしたちの意志の自発性は人間である以上認められなければならない (II, 3, 3-5, 6)。次に第二の命題「この世に罪のない人があり得る」が取り

上げられる。人は神の恩恵と自由意志によって罪のない者となりうるが, その場合には自由意志も神の恩恵であって, 恩恵によって新生されていなければならない。「わたしたちのもっているものでもらわなかったものがあるか」(Ⅰコリ 4・7) が強調される。しかし, そのような人間が現実に存在するのかと問われると, それは存在しないと答えられている。新生は霊の次元で起こっていても, 身体にまでは及んでおらず, 復活のときにいたってはじめて完成する (II, 6, 7-9, 11)。旧約と新約の義人の「不完全な」義について旧約の義人としてノア, ダニエル, ヨブを例として考察する。さらに第三の命題「神の助けによって罪なく生きられるのに, なぜ実際はそうでないのか」が論じられる。それは人がそのように意志しないからであるが, その原因は正しいことについての無知と意志の無力に求められる。この悪徳を癒すために神の子が人間となられた。それゆえ, わたしたちは自由意志を排除するほどに恩恵を弁護すべきではなく, 神の恩恵を忘れるほど自由意志を主張すべきではない (II, 17, 26-19, 33) [14]。

　第 3 巻の内容　その冒頭で「わたしはペラギウスのある書物を読んだ」と語られているように, この書で初めてペラギウスの名前が出てくる。しかもその書物はペラギウスのパウロ書簡の注解であって, 問題のローマ書 5・12 の解釈をアウグスティヌスは新たに知るに及んでそれへの批判として第 3 巻が執筆された。そこには原罪を否定する者の新しい見解があげられる。それは「アダムが罪を犯していない人たちをも損なうとしたら, キリストの義も信じていない人々に役に立っている」という主張である。これに対する批判が先ずなされる (III, 2, 2-2, 5)。次いでアダムによって万人が罪責を負っているという教説についての伝統の証言があげられ, キプリアヌスとヒエロニュムスの証言が引かれる。さらにペラギウス派が主張する「神は他人の罪の責任を問われるのか」という問題, また洗礼を受けた両親から原罪を負った幼子が生まれる理由が考察される [15]。

---

　14)　なお, 第四番目の問いは「罪を何ももっていない人が存在できるか, また存在できたか」であるが, それは罪の状態から完全な義に到達できるか否かという問題ではなく, 一度も罪に縛られたことのない人がいるかという問題である。このような人は主なるイエス・キリストの他には存在しないと応えられる (II, 20, 34-35)。
　15)　また「魂の伝播」について論じられ, 現実には多くの苦難と悲惨が山積しているから, 伝播の事実は認められなければならない。それゆえ人間の魂の起源とアダムの罪の問題が再考されなければならないと述べたのちに, パウロのローマ書 5・12 の解釈が再度提起

自然本性の無知と無力　先に指摘したように，この書の第2巻ではペラギウスの教説である人間の本性的な「無罪性」(impeccantia) が詳論された。人間が罪からまったく自由な恩恵の状態に至るためには神の力を無視したり否定したりすべきではない。聖書の証言と聖徒の告白によるとだれ一人として罪のない状態に事実到達していないと一般に語られている。そこでアウグスティヌスはなぜそのようでなければならないのかを問うている。彼は次のように論じている。

「神の恩恵が人間の意志を助けたもうならば，人間は現世において罪なしに生きることが可能であるのに，どうして人間は現にそうでないのかという質問に対し，わたしはきわめて容易にかつ真実に次のように回答しえよう。その理由は人びとが欲しないからである，と。だが，どうして彼らは欲しないのか，とわたしが問い返されるとしたら，わたしたちは詳しく説明する必要がある。しかし，わたしは詳細に探求しはじめないで次のように短く答えたい。人びとが正しいことを行なうのを欲しないのは，それが正しいかどうか知られていないからか，それともそれを喜ばないかのいずれかである。それがいかに善であるかをわたしたちが確実に知れば知るほど，ますます激しく欲し，ますます熱心にそれを喜ぶのであるから。したがって，無知と無力とは，善いわざを行ない，悪しきわざから遠ざかるべく，意志が動かされることがないようにさまたげる悪徳である。しかし，隠れていたのが知られることは，また喜びを与えなかったものが甘美になるということは，神の恩恵〔のわざ〕である。神の恩恵は人間の意志を助けたもう。彼らがこのような援助をもたない原因は，同様に彼ら自身のうちにあるのであって，神のうちにあるのではない」(『罪の報いと赦し』II, 17, 26）。

この短い回答はアウグスティヌスの思想の本質をよく示している。文中の「無知と困難＝無力」(ignoranntia et difficultas=infirmitas) は『自由意志』第3巻で説きはじめられた「罪によって破壊された致命的な欠陥」であって，内容としては「原罪」を意味する。だが，無罪性についての思想を読んでマルケリヌスは「もっと詳しい」説明を求めて彼に質問を寄せて来た。

される（III, 10, 18-13, 23)。

その内容は、キリストのほかには現実に不可能であったとしても、恩恵によって人は罪なしに生きることができたという主張についてであった。しかも「罪のない状態」に到達しうる可能性があっても、その現実性を人間に否定することは不合理のように考えられた。彼の質問に答えてこのことを「詳しく」説いているのが『霊と文字』である[16]。

『霊と文字』の基本思想　アウグスティヌスは「文字は殺し、霊は生かす」というパウロの命題を論述の中心に据えて、パウロのローマ人への手紙の中心思想を解説しながら、恩恵の教説を解明してゆく。「文字」と「霊」の対立は聖書の文字的解釈と比喩的（霊的）解釈の対立を意味するのではない[17]。この点では彼はペラギウスと意見を等しくする。しかし、両者の対立は、ペラギウスが律法を恩恵のなかに数え入れたのに反し、アウグスティヌスは内的に生かす聖霊のそそぎを心のなかに受けていないときには律法が人間を殺す「文字」となると説くところにある。したがってアウグスティヌスは律法の限界とそれが恩恵に対立することを明確にした上で、律法と恩恵とは、約束と成就のように、相互に関係づけられる点を力説した。彼はパウロの説く「不敬虔な者を義とする神の恩恵」を弁護し、善い生活を自己自身の行為のうちに基礎づけるペラギウス派の考えと対決し、善い生活が「神のわざ」であることを詳述した[18]。それゆえ律法と自由意志とに基づいてペラギウスが善きわざとして人間の倫理的行為を説くのに対決し、アウグスティヌスは「あなたがたのもっているもので受け

---

16)　したがって、この書物は『罪の報いと赦し』が書かれた二、三か月のちに執筆されたことは確実であり、マルケリヌスが死んだ413年9月13日には書きあげられていたと思われる。また、『信仰と行為』のなかにこの書が引用されているので、この作品の前にすでに完了していたといえる。そういうわけで、『霊と文字』は412年の後半の数か月に、おそくとも413年の春に書かれたといえよう。

17)　この書名『霊と文字』は一般的には聖書解釈の方法として彼がアンブロシウスから学んだ霊的な象徴的な解釈を想起させるが、そうではなくパウロの言葉「文字は殺し、霊は生かす」(IIコリント3・6) に基づく「律法と福音」の関係を言う。したがって「文字」というのはモーセの律法のように為すべきことを命令してもそれを実現する力を与えない「殺す文字」を意味し、「霊」というのは「生命を授ける霊」のことで意志を高め、心に刻まれた神の律法を意味する。この著作は『告白』に次いで神と人との関係の「豊かで、深淵的な、愛情に満ちた精神」を表明している (Bright, Anti-Peragian Treatises, p. 21)。

18)　「わたしはこの書物において、神がわたしを助けてくださるかぎり、不敬虔な者たちを義とする神の恩恵に敵対する人々を厳しく論駁した」(『再考録』II, 37)。

なかったものがあるか」（第Ⅰコリント4・7）というパウロ主義の根本命題にかたく立って恩恵論を展開する。

そこで議論の要点を次にあげてみたい。アウグスティヌスはまず問題となっている基本思想を提示して言う。現世における人間の義の完成は、キリストにおいてしか、その実例が見られないとしても、その可能性は認められなければならない。というのは神は現に実行していない多くのことをなすことができたから。そして人間の義自体もこの神のわざなのである（1, 1-2, 3）。それゆえ、それは自由意志だけでは達成されず、恩恵が不可欠である。この恩恵というのは創造における自由意志と律法の付与だけを意味するのではなく、人の心に聖霊の賜物を授け、心から喜び実行するように新しく造り変える神の愛を意味する（2, 4-3, 5）。だから、律法の教えはそれ自身では「殺す文字」にすぎない。「文字」とは道徳的戒めを指し、これに対し「霊」は「生かす」力を意味し、これにより意志は助けられて善に向かうことができる（4, 6-5, 7）。この解釈はローマ人への手紙5章から7章によって論証される。そこでの主題は律法と福音の対比である。人間が義とされるのはイエス・キリストに対する信仰によって神から無償の恩恵を授与されてはじめて実現する。それに対し律法はただ罪の認識を得させるにすぎない（5, 8-8, 14）。だが、この律法は救済に導く「養育掛」であって、義となるのは恩恵による。こうして「神の義」というのは神がキリストへの信仰により人間に授ける義である（9, 15-10, 16）。

次に「生まれながら律法の命じることを行っている異邦人」（ロマ2・14）は恩恵の教義に対立しているのかという問題がとりあげられる。だが、この考えは「律法を行う者が義とされる」（ロマ2・13）の解釈で「義とされる」とは「義人に造られること」を意味し、そこから「義認」とは「義とみなされる」という「宣義」と解釈される[19]。こうしてすべて真の義が恩恵に由来するというパウロの教えと矛盾しないと反論される（26, 43-29, 51）[20]。

19）本書第Ⅶ章8節を参照。
20）「神の義」の理解についてのこの解釈は歴史上きわめて重要な意義をもっている。それは宗教改革者たち（カールシュタット、ルター、カルヴァン）にきわめて大きな影響を与え、『霊と文字』は新しい神学の教科書として16世紀においてドイツの大学で採用された。とくにルターは宗教改革的認識の出発点となった「神の義」の発見をアウグスティヌスの『霊と文字』において確認し、ここから聖書とならんでアウグスティヌスをキリスト教信仰

終わりに恩恵と自由意志の問題が考察される。恩恵は人間から意志決定の自由を奪うのではなく，かえって魂を癒す恩恵はこの自由を確立する。では信仰そのものは「わたしたちの能力のうちに」あるのであろうか。能力は意志に行為する力が加わったものである。確かに信仰は神の言葉に同意することであるがゆえに，同意する意志はわたしたちに属し，信仰はわたしたちの能力のうちにあって，この能力のなかの意志は人間の責任に帰せられる。したがって信仰は神が人間へと働きかけることによって生じるにしても，これに同意し恩恵を受容する働きとして意志に属している (30, 52 - 34, 60)。最後に要約と結論が述べられる。もし人間の義が神のわざであると信じられるならば，現世において完全な義は不可能ではない。しかし現実には人間の知識も愛も不完全であって「小さな義」にしか達していない。それでもなお神において義の完成はありうる (35, 61 - 36, 66)。

　アウグスティヌスのペラギウス派論争における一連の著作のなかで，『霊と文字』は後代においてもっともよく読まれ，影響も甚大であった。それはキリスト教の中心的教えを冷静にかつ確信をもって叙述し，すこしも論争的調子はみられないし，ペラギウスに対しても暖かく教え導こうとしている。もちろん彼の名前もあげて論駁を試みることなく，信仰の事態そのものをともに探求しようと心がけている[*21]。

　自由意志の概念規定　しかし，アウグスティヌスが「自由意志」の概念の意味内容をどのように理解していたかが重要である。「自由意志」(liberum arbitrium) はもっと厳密に訳すならば，「自由な意志決定」であり，かつそれは人間の自然の能力（機能）である。人間は理性によって行なうべきことを判断し，意志にそなわっている「自由決定」の能力によって決断することができる。ところが彼はこの「自由決定」を恩恵によって与えられるものと主張し，罪から解放された「自由な意志」とも考え，用語の上で混乱を生じさせている。たとえば次のように言う。

にとってもっとも重要な権威として受け入れていくようになる。また「奴隷的意志」の主張の裏付けとしてもこの書のテキスト「自由意志は罪を犯すことだけにしか役立たない」(3, 5) がルターにより採用されている（ルター『奴隷意志論』WA. 18, 665 参照）。金子晴勇『近代自由思想の源流』203-23頁参照。

21)　他のいかなる人も解明できる術を知らないような巨匠のごとく主題を展開している（ゼーンゲン）。また，彼以前の注解者よりもはるかに深くパウロを理解し，キリスト教信仰の高みをきわめかつ信仰を弁護している（バーナビ）。

「実際，律法は自由な意志決定によるのでないなら，実現されないのである。しかし，律法によって罪の認識が，信仰によって罪に対決する恩恵の獲得が，恩恵によって罪の悪徳からの魂の治癒が，魂の健康によって意志決定の自由が，自由な意志決定によって義に対する愛が，義に対する愛によって律法の活動が成就される。……同様に自由意志も恩恵によって無効にされるのではなく，かえって確立されるのである」(同30・52)。

ここでは「意志決定の自由」(liberitas arbitrii) と「自由な意志決定」(liberum arbitrium) とがあたかも同義的に使用されている。それゆえにペラギウス主義との思想的な対立も明確になっていない。しかし，両者を区別するならば，前者は恩恵によって獲得された意志の自由な状態を意味し，後者は人間に自然に植えつけられている能力（機能）を指すと考えられる。だが，両者を同一視するなら，彼により自然的意志と獲得された意志の状態との区別がなされていないことになる。これらの明確な区別は後述するように「意志決定の自由」の前に「自由とされた」(liberatum) を加えなければならない[*22]。一般的に言って古代末期においては哲学と神学との区別は，近代以降ほどには厳密ではなかった。アウグスティヌスの場合も両者は截然と区別されていない。アウグスティヌスがこのように考えているのは，生まれながらの能力としての自由意志（自由な意志決定）は罪により弱められていて，邪欲と罪との奴隷となっていたが，いまや恩恵の力によってそこから自由にされると自由意志の本来の決断力を発揮できるということである[*23]。

ペラギウス派の活動とペラギウスの著作『自然について』　このようなアウグスティヌスのペラギウス批判にもかかわらず，ペラギウス主義はアフリカに広まり，カエレスティウスの弟子たちが攻撃的になってきた[*24]。当時行なわれたアウグスティヌスの説教の終わりで彼はキプリア

---

22) これに関して『ペラギウス派の二書簡駁論』III, 8, 14を参照。
23) ところがルターの場合はアウグスティヌスの神学的側面が決定的に影響し，加えてオッカム主義に導かれ，自由意志の不自由なことが，神の絶対的自由と人間の不自由との対立から，神との矛盾関係にあるものとして説かれ，そこから奴隷的意志の主張へと移ってゆかざるをえなくなった。
24) アウグスティヌスのカルタゴ教会における説教413年6月27日『説教』294参照。

3 アウグスティヌスによる批判の開始

ヌスの手紙から引用しながら、幼児ができるだけ早く洗礼を受けるように強調し、「彼らの誕生から引き寄せられた古い死の汚染から」救い出され、「彼ら自身の罪ではなく他者から受け継いだ罪」の赦しをも得るように説いた[*25]。このときアウグスティヌスはキプリアヌスの権威に頼った。この高名な司教の権威はカルタゴ教会会議に集まった人たちだけでなく、東方教会においても大いに認められていた。この時期にペラギウス派は東方教会に訴え始めていた。というのは東方教会はギリシア哲学の遺産を相続するさいに、西方よりもいっそうそれを積極的に受容する楽観的な態度に傾いていた。こうした傾向がペラギウス主義者によって利用され、アフリカ教会に対する反対論を生み出す脅威があった。そこでアウグスティヌスはギリシア人に尊敬と賞賛を得ているキプリアヌスによってこの脅威を払拭しようと試みたといえよう。こうすることによってアフリカ教会は東方教会の干渉を恐れずに、偉大な殉教者キプリアヌスによって宣言された正統信仰に立脚していることを内外に表明できると考えられた。

アウグスティヌスは批判を開始した当初はペラギウス主義との厳しい対決姿勢にもかかわらず、ペラギウス自身とはよい間柄を維持したいと考え、書物の中でもその名前を挙げなかったばかりか、神学問題に触れずに、好意を込めた手紙を書き送った(『手紙』146参照)。この親切な行為は、後にペラギウスがこの手紙を利用して、アウグスティヌスが自己の見解に共感していると暗示したときにひどいしっぺ返しを受けた[*26]。

このようなときアウグスティヌスはペラギウスの弟子たち、ティマシゥスとヤコブスの二人からペラギウスの著作『自然について』(De natura) を入手した[*27]。これまで彼はペラギウス説を『パウロ書簡注解』と伝聞によって知っていたのにすぎなかったが、いまや論敵の真正な書物を論駁できるようになり、これを批判する書『自然と恩恵』を書いた。ここにペラギウス派論争が実質的に始まることになった。

ティマシゥスとヤコブスは、ともに名門の出身であって、高い教養を身につけていた(『手紙』179, 2)。彼らはペラギウスの教えに従って現世の

---

25) アウグスティヌス『説教』294。
26) 本章第4節参照。
27) いつごろこの書物を彼が入手したかは不明であるが、『再考録』(II, 42) では「その当時」としかしるされていない。

栄誉を捨て，禁欲生活に入り，神の奉仕に献身していた（同）。ペラギウスは彼らのために『自然について』を書いて与えた。そこで彼らはペラギウスの教えを宣べ伝えはじめたが，アウグスティヌスと会ってペラギウス説の誤りに気づくようになった。こうして彼らはアウグスティヌスも知らなかったペラギウスの『自然について』を彼のところに送り，それを文書をもって批判してくれるように求めた（『手紙』177, 6; 179, 2）[28]。彼はこの書物を精読してその内容を厳密に検討し，文章を引用しながらその誤りを逐一反駁していく形式で『自然と恩恵』を書いた[29]。

　この著作の主たる内容は人間の自然本性におけるペラギウスの主張「無罪性」（impeccantia）を論じている。人間の自然本性はアダムの罪によっても弱められず，自然の賜物も神によって授けられた恩恵である。こうした自然主義的態度が表明されている。彼の教説は聖書の証言と教会の教父からの引用によって論証されており，アウグスティヌス自身の若い時代の作品，『自由意志』もその一つにかぞえられる（『自然と恩恵』67, 80-81）。このようにして彼は人間が本性的に罪がないこと，また自由意志の力によって善行をなすことができることを論証しようとした。

　ペラギウスが自由意志の道徳的力を説き，これを禁欲によって鍛錬するとき，徳の最高の理想に達すると考えたのは，デメトリアスへの手紙と同じである。この立場から彼は原罪を否定し，情欲や死が自然の状態であるとみなし，アダムの罪も単なる悪例にすぎず，罪は自己の意志によって犯されるのであり，人間の自然は人祖アダムの始原の状態のままであるがゆえに，人間は自己の意志によってその運命を決定する自由な主体であると主張する。この自然的立場に対決するのがアウグスティヌスの『自然と恩恵』であった。

---

28) この作品がペラギウスのものであることは前述のとおりであるが，エクラヌムのユリアヌスもそれを認めていることによっても確実である（アウグスティヌス『未完のユリアヌス批判』IV, 112）。

29) ペラギウスの『自然について』(De natura) は今日散逸しているため，全体は知られていないが，アウグスティヌスの『自然と恩恵』のなかで多数の文章が引用されているため，その大体の主張は知ることができる。しかし，アウグスティヌスが行なっているこの書物からの引用は批判の対象となるテキストだけを残しているので，ペラギウス思想の全体的構成は残念ながらわからない。

アウグスティヌスの『自然と恩恵』　ペラギウスの著作から引用した文章に対する批判という形で展開するため、この著作には思想の組織的な展開が見られない。その主たる問題点をあげるならば次のごとくである。

まず「自然と恩恵」の主題のもとで論じられる問題点があげられてから、ペラギウスの思想が要約して提示される。アウグスティヌスは、罪の責任を人間の自然本性の弱さに帰する人たちに向けられたペラギウスの批判が、道徳的熱意をもっている点を認めるが、人間の自然本性と意志を弁護するあまり、律法のわざによって自己の義を立てる間違った知恵に陥っていることを指摘する。そこには二つの誤りがある。①罪を犯したことのない人間が存在する。こういう人はキリストの救いがいらない。②アダムの堕罪以後も人間の自然本性はみずからの力によって律法を実行し、完全な義に達することができる[*30]。

ペラギウスの主張とその批判　第一の問題点は、人間が罪なしに存在しうるというペラギウスによる主張である。この無罪性 (impeccantia) の主張は、人間は罪がないというのではなくて、人間は罪なしに存在しうるという可能性を述べたものである[*31]。つまり、人間は責任ある主体であって、罪のない生活へ向けて努力することを怠ってはならないことを力説する。したがって、もし人間が必然性の下にあって「他であることができないとしたら、罪責から自由なはずである」とペラギウスは主張する。彼はまた恩恵によって罪なしに生きることができるとも主張する。

---

30) この主張に対するアウグスティヌスの批判は、もしそうならキリストの死と十字架はむだになってしまうが（ガラ2・21）、事実は反対でイエス・キリストの死と復活に対する信仰によってすべての人は救われるという点にある。このことは本書において反復される基本思想である。この主張の背景にはアダムの子孫の「全集団」が有罪宣告の罰を受けているという彼の原罪説が認められる（1, 1-7, 7）。

31) この書では神の母マリアの無罪性に関して言及されている。ペラギウスは罪なしに生きた正しい人の実例を列挙したが、その中に処女マリアを加え「彼女〔マリア〕が罪を犯さなかったと告白することは信仰にとり不可欠な事柄である」と言う。これに関してアウグスティヌスは次のように言う。「そこで聖処女マリアは論外としよう。罪が論じられているとき、わたしは主の栄誉のゆえに彼女について総じてどんな問いをも立てたくない。じっさいわたしたちはいったいどこから、いかに多くの恩恵が罪をあらゆる側面から克服するために、彼女に授けられたかを知るのであろうか。彼女は、罪をもたなかったことが知られているお方を受胎し、産むに値したのであるから」（『自然と恩恵』36, 42）。彼は普遍的な無罪性の主張の中でマリアに特別な地位を与えることを警戒した。この時代のキリスト教徒はこの問題に熱い関心を寄せていたが、彼は「主の栄誉のゆえに」(propter honorem Domini) マリアの無罪性について論じることをきっぱりと拒絶している。

そこでアウグスティヌスはペラギウスがあげている聖書の証言とその解釈を批判してゆきながら、ペラギウスの恩恵説が、不敬虔な人を義とし救う神の恩恵ではなく、創造において与えられた自然の能力を恩恵の下で考えている点を明らかにする。それに対して彼は人間がたえず自己の負債の赦しを祈り求めてゆかねばならない現実、つまり人間の自然本性が罪によって陥っている現実を強調した（『自然と恩恵』7, 8–18, 20）。

次に、第二の問題点は自然の完全性についての誤りである。ペラギウス説は、人間の自然本性が罪、とくにアダムの罪によって弱められても変化してもいないという主張である。アウグスティヌスはこの説を抜粋しながら論駁を加える。ペラギウスによると罪は実体のうちにあるのではなく、間違って行なわれた行為のうちに生じているがゆえに、人間本性の弱さをもたらすことはありえない。人祖アダムの始原の時以来、自然と意志の力は変わっていない。

これに対しアウグスティヌスはそのような主張は聖書と矛盾し、キリストの十字架を無効にするという。人間の魂は罪によって傷つき病んでいるがゆえに、医者の助けが必要である。ここからペラギウスを批判する彼の恩恵と救済論のために三つの付論が展開している。

①　原罪の結果としての身体的重荷と死の問題。これらは罪への強制となっているのではなく、忍耐の訓練と義の成長とにいたる刺激になっている。またペラギウスが無視した神から見捨てられる「魂の死」を彼は強調する（同23, 25ff.）。

②　恩恵の及ぶ範囲の問題。ペラギウスは人間が犯した過去の罪をとり除く神の恩恵を認めているが、アウグスティヌスは正しい生活のために神の恩恵が不可欠であることを説き、恩恵概念をもっと広汎に及ぼすべきであると論じる（同26, 29）。

③　人間の意志と神の恩恵との協働の問題。ペラギウスは人間の意志の能力を誇張して、これのみで義の完成に十分であると説く。これに対しアウグスティヌスは恩恵が意志に先行するがゆえに神の働きと意志とが協働することを説いた（同31, 35ff.）[*32]。

32）これに続いてペラギウスが自分に寄せられた批判に対して反論した無罪性の議論が再度とりあげられ、彼が神を創造主としてとらえて論じていても、医者にして救い主としての働きを認めていないことが示される。アウグスティヌスは人間の自然が壊敗されている

3 アウグスティヌスによる批判の開始

　アウグスティヌスは，自然本性の完全性の教えが恩恵を弱め，自由意志と律法だけで足りるとみなすことになり，そのためキリストの十字架が無効にされる，と繰り返し反論する。それは人間の自然本性の現実がアダムの堕罪以後は完全性を喪失しているという認識に由来する。罪を犯した人間の状況と楽園の人間とが対置され，人間の現実は良いサマリヤ人の物語に登場する盗賊に襲われた半死半生の旅人に等しい。このような人が癒されて救済にいたる自然の回復の歩みこそアウグスティヌス説の主眼点である（同 33, 37-44, 51）。

　このようにしてペラギウスの恩恵論が批判される。それは人間の自然本性が創造主から罪を犯さない能力を失うことなく受けとっており，まさしくこの点に神の恩恵は働いているという主張に対する批判である。彼は罪を犯さないことができる能力は自然に属しており，罪を現に犯さないことは人間の意志に属すると主張する。これに対し感覚を働かせたり働かせなかったりすることが人間の意志のままにならない例があげられ，彼の説が事態に一致していないと反論される。また罪を犯さないことができる能力が人間の本性に帰せられるなら，自然の壊敗が見逃されることになる。この説は聖書の証言とくにパウロの言葉によって論破される。ここでも彼の恩恵が自然の創造者のそれであって，救済者であるキリストの恩恵を無効となしていると批判される（44, 52-57, 67）。

　『自然と恩恵』の根本思想　まず，わたしたちは彼の中心思想を「自然本性は創造において健全であったが，罪により毀損された」という主張，および「無償の恩恵によるキリストが授ける義」に見いだすことができる。

> 「人間の自然本性はたしかに最初は罪も汚れもなく造られたのである。しかしこの人間の自然本性は，各人がアダムからこの本性をひき継いで生まれるため，いまや医者を必要としている。というのはそれが健全ではないからである。造られたとき生命・感覚・精神を付与されたすべての善なるものは，もちろん自己の創造者にして製作者なる至高

ことを述べているが，それは創造主を貶めるためではなく，自然の壊敗も人間の罪に対する神の正しい罰に帰せられ，神に帰せられない。ペラギウスは多くの聖人をあげて個人的に無罪性を主張したとき，彼はとくに神の母マリアの無罪性を強調したここにはアンブロシウスの影響を見ることができる。

の神からそれらを受けている。しかし，この自然の善き能力を暗くし弱めている罪悪は ── そのため照明と治癒とが必要なのであるが，── 罪のない製作者に由来しているのではなく，自由な意志決定によって犯した原罪から生じる。それゆえ，罰せられるべき自然本性はまったく正当な刑罰へといたる。なぜなら，わたしたちはキリストにあってすでに新しく造られた者であっても，〔以前には〕〈ほかの人々と同じく，生まれながら怒りの子であった。しかし，……キリストの恩恵によってわたしたちは救われている〉（エペ 2・3-5）のである。したがってキリストのこの恩恵は，── これなしには幼児も成人も救われえない ── 功績にもとづいて支払われるのではなく，〈値なしに〉与えられる。このゆえに〈恩恵〉と呼ばれる。使徒は，〈彼らはその血により値なしに義とされる〉（ロマ 3・24）と言う」（『自然と恩恵』3, 3-4, 4）[*33]。

ここには自然と恩恵に関する基本思想が明瞭に語られている。アウグスティヌスが『再考録』（II, 42）のなかで，「恩恵を，しかも自然本性に敵対するのではなく，自然本性を解放しかつ正しく導く恩恵を弁護した」と言っているように，この著作の意図は自然と恩恵との正しい関係を論じたところに求められる。提出された問題の中心は『霊と文字』とも関連の深い，「自然本性の無罪性」についてである。ペラギウスが人間の自然本性がアダムの時以来変化していないという立場に原則的に立っているのに対し，アウグスティヌスは自然の三段階を認めている。すなわち，①アダムにおける「損なわれていない健全な自然」(natura integra et sana)，②罪によってもたらされた「損傷された自然」(natura visiata) および，③キリストの恩恵により「更新された自然」(natura reparata) が認められ，自然概念が歴史的に展開し，救済へと発展する広がりをもっている。ここにペラギウス

---

33) これに続けて次のように言われる。「それゆえ，恩恵によって救われていない人たちが罰せられるのはたしかに当然である。彼らがいまだ御言を聞くことができなかったからにせよ，彼らがそれを聞こうと欲しなかったからにせよ，あるいはまた若年によりそれを聞きえなかった場合でも，彼らが再生の洗い（テト 3・5）を受けることができ，かつそれより救われる可能性があるにもかかわらず受けなかったからにせよ，彼らが罰せられるのは正しい。なぜなら彼らは罪なしではないから。というわけは彼らは罪をはじめから引きずっているか，もしくは悪行により罪を増大させたかのいずれかであるから。つまりアダムにおいてであれ，自己自身においてであれ，〈すべての人は罪を犯した。そして神の栄光を欠いている〉（ロマ 3・23）」（『自然と恩恵』4, 4）。

の自然主義的「自然」の理解と対立しながらも，それをも含めて動的に発展する救済論的な自然本性の理解が認められ，ここからキリスト教の教義が解釈される。ペラギウスは前記の立場に立って，人間の自然を神よりの恩恵とみているため，自然の能力を神の恩恵と同一視していることになり，そこには「創造主の恩恵」(gratia Creatoris) のみが認められることになる。しかし，この自然状態が現実にはどうなっているか問題視するアウグスティヌスには「救済者の恩恵」(gratia sanandis) が絶対不可欠になっている。このように「自然と恩恵」との関連が曖昧に同一視されるのではなく，明確に区別された点にこの著作の優れた意義は求められる。

　アウグスティヌスはこの著作の写本をティマシウスとヤコブスのみならず，エルサレムの司教ヨハンネスに，さらに教皇イノケンティウス1世やノラのパウリヌスにも送った。ヨハンネスからの応答はなかったが，教皇はアウグスティヌスの手紙とともに送られた本書を読み，ペラギウス主義の異端を知り，417年1月27日の北アフリカの五人の司教への返書でペラギウスの『自然について』が断罪に値することを認めた[*34]。

　アウグスティヌスは本書においても，『霊と文字』と同様ペラギウス派の誤りを論駁していても，彼らの名前をあげていない。それは，友人のノラの司教パウリヌスへの手紙で彼が語っているように，彼らが誤りを認めて，正しい信仰にただちに帰りやすくするためであり，また友人としての親しい関係を保って真理に彼らが帰るのを願ったからである[*35]。

4　パレスチナのペラギウス訴訟

ちょうど同じ時期にタラゴラ生まれのスペイン人司祭オロシウスは，30歳の若さであったが，自国の異端問題について相談するためアウグスティヌスをヒッポに訪ねた。アウグスティヌスはこの有能な青年をさらにパレスチナに派遣し，ヒエロニュムスの指図を受けて，ペラギウスの行動を監視

---

34)　なお時代が下って16世紀のトリエントの公会議における義認についての決定事項には本書の次の立場が採用されている。「神は不可能なことを命じているのではなく，その命令によって，あなたができることを行なうように，と同時にあなたができないことを〔神に〕祈り求めるように促しているのである」(43, 50)。

35)　『手紙』186, 1, 1『ペラギウスの訴訟議事』23, 47。

させた。415年にオロシウスはパレスチナに着いた。

　ペラギウスはパレスチナのエルサレムの司教ヨハンネスと親交を得、その庇護のもとにあったが、この地で彼はアウグスティヌスと同じくらい手強い敵対者と出会うことになった。それはヒエロニュムスである。彼は386年以来ベツレヘムに住み、少数の友人たちと一緒に修道院と女子修道院を建て、その管理に当たる傍ら、禁欲生活と学問および論争の生活を送っていた[36]。ペラギウスがパレスチナに来たとき、彼はベツレヘムの修道院で働いていたが、ペラギウスとはデメトリアスへの態度に表れているように敵対関係にあったし、ペラギウスを保護したエルサレムの司教ヨハンネスとも仲が悪かった[37]。

　オロシウスはベツレヘムの修道院に到着してから、ペラギウスに対する訴訟を起こし、7月28日にエルサレムで司教会議が開催された。彼は会議へ向かう途次にペラギウスに会っている[38]。この会議でヨハンネスはオロシウスにペラギウスとカエレスティウスに対し何をなそうとしているのかと尋ねた。アフリカでの出来事はパレスチナに伝わっていたが、両者を異端として問責し、判決を出すには調査が必要であった。オロシウスはこの問題について語り、カルタゴ教会会議でのカエレスティウスの断罪を知らせ、アウグスティヌスがペラギウス派のパンフレットを反駁して書いた

36）　ヒエロニュムスは、オロシウスによってペラギウスがルフィヌスに由来する罪の伝播説に反対していることを知らなかった。もちろん彼はローマ時代からペラギウスと敵対関係にあった。彼は厳しい性格の人であったが、ラテン語に精通し、古典文学に親しみ、聖書の注解に優れた業績を残した。彼は三年もの間肉に死すべく荒れ野で禁欲の修行をしたにもかかわらず、結婚を賛美し、それを公然と表明した。彼はまた禁欲思想を自ら実践することによって当時のローマ世界を道徳的に刷新するように願った。彼はアウグスティヌスとも忠実な友人としての交誼を結び、友人が理論面で自分に優ることを認めた。教会に対しても忠実に献身し、聖書のラテン訳（ウルガタ）のみならず、聖書研究でも大きな貢献をもたらした。彼の生活についてルチャーノ・クレシェンツォ『物語・中世哲学史』谷口伊兵衛他訳、而立書房、39-43頁参照。

37）　ヒエロニュムスはデメトリアスに修道女となるように手紙を送ったが、同時にペラギウスも彼女に手紙を書き送っている。ヒエロニュムスはオリゲネスの追従者に警戒するように語ったが、それはペラギウスへの批判と解釈された。

38）　オロシウス『ペラギウス駁論を弁護する書』（415）Pauli Orosii, Presbyteri Liber apologeticus contra Pelagium, 1615, 622-23; Defense against the Pelagians, in: Iberian Fathers vol. 3 Pacian of Barcelona Orosius of Braga, 1999, p. 119.「〈人は罪なしにありうる、また欲すれば神の戒めを容易に守ることができる、とペラギウスは教えているとわたしに語った〉と、わたしはあなたがたの承認をえて言った」。この発言は彼が会議以前にペラギウスと会って話をしたことを暗示している。

ヒラリウス宛の手紙を読み上げた。そしてアウグスティヌスがペラギウスの見解を反駁する論文を現在書いていることを告げた。司教ヨハンネスはペラギウスに異端について確かめるために彼を会議に招くように決めた。そういうわけでペラギウスは司教会議に出席することになり，アウグスティヌスによって攻撃されている教えを説いているか否かと問われた。これに対し彼はそれがカエレスティウスの見解であって，自分のではないと答えた。また彼は尊大な態度で「アウグスティヌスはわたしにとって何なんだ」と問い返した[*39]。この答弁は出席者の多くに動揺をもたらした。というのはアウグスティヌスの名声がドナティスト運動で分裂したアフリカ教会を統合するに至ったことで東方にも知られていたからである。

しかし，エルサレムの司教はたとえどんなに彼が優れていても，他国の司教の権威に訴えることによって異端問題を決着させる意志をもたなかった。ギリシアの司教たちにはラテン人のところで神学を学ぶ習慣がなかったし，自分たちの教区の内部で一司教の権威についてさらに熟考しなければならなかった。そこでヨハンネスは自分こそアウグスティヌスに代わる存在であることに気づき，「ここでアウグスティヌスであるのはわたしである」と主張した。これに対しオロシウスはやや優雅さを欠如した形で「あなたがアウグスティヌスの役割を演じようとするなら，彼の意見に従いなさい」と言い返した[*40]。これを聞いてヨハンネスが怒ってしまったので，ペラギウスは正式に会議に招かれてその意見が聞かれることになった。

したがって，ペラギウスは平信徒であったが，司教会議に加わることになり，オロシウスは告訴状を述べるように求められた。そこで彼は「人は欲すれば罪なしに生き，神の戒めを容易に守ることができる」とペラギウスが主張していると告訴した。ペラギウスはそれが自分の意見であることを認めた。オロシウスはそれがカルタゴの会議で断罪され，アウグスティヌスによってもまたヒエロニュムスによっても断罪されたと公然と非難した。ヨハンネスはアフリカの会議の決定は東方の聖職者会議では何らの重要性もなく，単に反ペラギウス派に関することではないか，と反論した。しかし，オロシウスはなお「人は欲すれば罪なしにありうる」というのは異端であると主張し続けた。ペラギウスはそれに答えて，「わたしの言

---

39) Orosius, op. cit., 622: Defense against the Pelagians, p.119.
40) Orosius, op. cit., ibid.: Defense against the Pelagians, ibid.

っているのは，人間の本性には生まれつき罪のない状態が授けられているというのではない。だが，罪を避け，救いのために神の戒めに歩むように努めるべく備えられているならば，人は神からそのような可能性を与えられている」と語った。この表明に対して「それでは不十分である。そこには神の恩恵の働く余地がない」との抗議のざわめきが会場で起こった。これに対しペラギウスは聖書を引用して恩恵の必要性を証明した。このようにしても，なお抗議が抑えられなかったとき，彼は恩恵の助けなしに人が徳において進歩できると主張する者を自分も破門すると告白した。ヨハンネスはこれを是とし，この告白で充分ではないかとオロシウスとその賛同者に尋ねた。また「それともあなたは神の助けの必要を否定するのか」と問い質した。こうした復讐によって仕返しを受けたオロシウスは，ペラギウスのいう破門に賛成せざるをえなかった。しかしながら，彼は全力を尽くして会議がカルタゴ会議の断罪決定を無効にするよう巻き添えをくわされないように努め，ラテン教会から出た問題はすべてラテン人によって最もよく理解されるがゆえに，ローマ司教イノケンティウスに問い合わせなければならないと説いた[41]。この提案は受け入れられ，議事録を書き残さないようにして閉会した[42]。

　さて，会議後オロシウスは9月12日にエルサレムの復活教会に出席した。そのときヨハンネスはオロシウスを「神の助けをえても人は罪なしに生きることはできない」と主張する者として公然と激しく非難した。オロシウスはそれに憤慨して，その非難が不当であることを明らかにするために，エルサレムの聖職者宛に『ペラギウス駁論を弁護する書』(Liber apologeticus, 415) を書いて抗議した。ペラギウスの反対者たちは，こうしたヨハンネスの行動に当惑させられたが，紛糾した事態を解決する気持にならなかった。

　ところが二人のフランスの司教，アルルのヘロスとエクスのラザルスとは教区を追われてパレスチナに亡命し，この地でペラギウスの著作とカエレスティウスの作とされたパンフレットを読んで吃驚した。そこで彼らはこれらの作品から小冊子を作成し，パレスチナの大主教カエザリアのエウロギウスに送った。エウロギウスは13名の司教を招集し，ディオスポリスで教会会議を開催した。12月にこの会議は計画通りに開かれたが，肝心な

---

41) Orosius, op. cit., 624-25: Defense against the Pelagians, 121f.
42) アウグスティヌス『ペラギウスの訴訟議事』16, 39。

告発者たちは皆欠席した。一人は病気であったし，他方は一人での出席を断った。ペラギウスはこの機会を利用し，名高い司教たちから送られた手紙を読み上げた。その中には2年前にアウグスティヌスから受け取った手紙も入っていた。会議はことの重要さを正しく理解し，小冊子がギリシア語に訳されて読まれ，ペラギウスに対して次の七つの告発条項が示され，彼を有罪として告発した。

① 律法の知識なしには，だれも罪なしに生きることはできない。
② すべての人はその意志によって治められる。
③ 最後審判の日に悪人と罪人にはあわれみが示されず，永遠の火によって燃やされなければならない。
④ 悪は人の思いの中に侵入しない。
⑤ 天国は新約聖書におけると同様に旧約聖書にも約束されている。
⑥ 人は欲すれば罪なしにあることができる[43]。
⑦ 地上の教会はシミも皺もない[44]。

これに対するペラギウスの回答には曖昧な言葉遣いがなされており，説明としては不親切のように思われるが，寛大な批評家であれば，ペラギウスが自己の立場を維持しながら正統信仰を示そうと試みていることは明らかである[45]。

第一告発にペラギウスは次のように答えた。「たしかにわたしはそのように言ったが，わたしの告発者が考えているようにではない。わたしは律法の知識をもっている人が罪を犯すことができないと言っているのではなく，〈神は助けるために律法を授けた〉（イザヤ8・20, 70人訳）と記されているように，律法の知識によって罪を避けるように助けられる」（『ペラギウスの訴訟議事』1, 2）と。この表明に従って会議は彼の意見が教会から離れていないと言明した。しかし，会議に集まったギリシア司教たちはラテン神学が土台としている人間学的な深みを測ろうと努めなかった[46]。ペラギウスはカトリックの信仰に帰依していると主張したので，全面的に歓迎された。彼らは討論を鎮めようとし，長引かせたくなかった。

---

43) これには三つの引用が手紙から引かれて支持された。
44) これはペラギウスがドナティストに傾いていることを告発している。
45) G. Bonner, St. Augustine of Hippo．Life and Controversies, 1986, p.335.
46) G. Bonner, op. cit., p.336.

第二告発には単に自由意志を主張したに過ぎないと言う。なぜなら「神は人が善を選ぶように助けるが、罪を犯す人は自由意志のゆえにその人自身がとがめらるべきである」(同3,5) から。これにも会議はその正統性を認めた。しかし、ここでは恩恵が当然受ける報いと考えられていた[47]。

第三告発は注目に値する。そこにはペラギウスの恩恵論が述べられており[48]、オリゲネスの悪魔を含めたの万人救済論に対する当時のカトリック教会の態度が表れているからである[49]。

第四告発はペラギウスが実際に言ったことの誤った解釈であろう[50]。

第六告発に対しては、罪のない状態というのは人間の努力と神の恩恵との結合によってのみ可能であった、とペラギウスは回答した。それに付言して幼児から老年に至るまで罪から全く自由であった人がいると一度も言ったことがないと彼は述べた (同6,6-11,26)[51]。

第七告発。「シミも皺もない教会」というのは洗礼によって全く清められ、主がそのように守り留められた教会のことである。ドナティストも同じように主張していた[52]。

これらの回答はみな会議によって正論であると迎え入れられた。

次にカエレスティウスに対する発議に関連する質問が出された。ペラギウスはこれに対し次のように答えている。

---

47) 『ディオスポリス教会会議で提訴された命題』21-24 (山田望訳『キリストの模範』261-62頁) には次のような命題があげられている。命題21「神の恵みと助けは、個々の行いに対して授けられるのではなく、自由な意志、掟、また教えの内にある」(261頁)。

48) 前掲訳書、命題22「神の恵みは、我々の功績に従って授けられる。なぜなら、神がそれを罪人に与えるのであれば、神は不義を行なっていると思われるからである。それゆえ、恵みそのものは、私がそれに値しようとしまいと、私の意志の内に置かれている。つまり、もし私たちがすべてを恵みによって行なうのであれば、我々は〔罪に〕打ち負かされることはない。もし我々が罪によって打ち負かされるのであれば、我々を、いかなる方法をもって助けようと望んでいる神の恵みにも、そうすることはできないのである」(262頁)。

49) ペラギウスにとって罪人というのは最後審判のとき有罪となる人たちを意味する。これを否定する者はオリゲネス主義の誤りを犯すことになる。

50) 前掲訳書、命題23「もし我々が、神の恵みによって罪に打ち勝つのであれば、我々が罪によって打ち負かされる時、神自身がそれに責任を負う。なぜなら、神は我々をそれから守ることができないか、あるいは守ろうとなさらないからである」(同)。

51) 前掲訳書、命題24「いかなる人も、あらゆる徳と賜物を所有することができる。それゆえ、使徒によって教えられた賜物の多様性は破棄される」(同)。

52) 「ペラギウス主義とドナティストとは教会観において接近していた。そればかりか、洗礼問題でも同調的であった。この点に関して Bonner, op. cit., p.14; 36 参照

「わたしは以前人に罪がないことの可能性について語った。キリストの降誕以前に罪のない人がいたということについての告発に関して言うなら，わたしがそういったのは聖書によるとキリストの到来以前にある人たちが正しく聖なる生活をしたからである。他の点は告発者自身も認めているようにわたしの意見ではない。わたしはそれについて回答を求められていない。しかし，この聖なる会議を納得させるために，そのような見解をもち，かついつでももっていた人たちをわたしは破門する」(同 11, 24)。

またカエレスティウスの作とみなされた書物からの引用に基づく他の告発に対してもペラギウスはその引用部分の信憑性を否定した。彼自身に関連した発言に関しては「未婚の人たちについて，わたしは主の指示を受けていません」(Ⅰコリ 7・25) をもって答えた。この回答は会議を納得させた。

他の一連の命題でアウグスティヌスが「疑いの余地なく断罪されるべきであり，もしペラギウスがそれを破門しなかったなら，彼は確実に断罪されたであろう主要告発」(同 14, 30) というものがある。そこにはカエレスティウスの次の意見がある。「神の恩恵と助けは個々の行為のために与えられたのではなく，自由意志の中に，もしくは律法と教えの中に見いだされうる」。そのほかに「神の恩恵はわたしたちの功績にしたがって与えられる。というのは神が罪人にそれを与えたとき，彼は不正であると思われるであろうから」。このようなカエレスティウスの議論はさらに展開していって，恩恵がすべてを行なうなら，わたしたちが罪に負けるとき，負けはわたしたちではなくて，神の恩恵にある，といったものにまで向かった。その結論は「わたしたちが罪を克服するとき，恩恵が神から出ているなら，罪に征服されたとき，神がとがめられる。なぜなら神はわたしたちを助けないか，それともそれを欲しないかであるから」(同 14, 30)。これに対してペラギウスは，カエレスティウスがそのような見解をもっていたか否かは自分の問題ではない，わたしとしてはそのような見解をもっている人を破門すると回答した。会議はこれに満足し，ペラギウスは正統信仰を受け入れているように思われた。

最後にカエレスティウスの書物の中から次のような七つの命題が読まれた。①「神の子」の名称にはわたしたちが罪なく造られたことが含意されている。②健忘症や無知は罪とみなされない。③神の助けを必要とする

なら意志は自由ではあり得ない。なぜなら各人は自分の力で行ない，もしくは行ないを控えるから。④わたしたちの勝利は意志から来たる。⑤わたしたち自身の自由意志を武器として用いているのだから，勝利はわたしたちのものである。⑥聖ペテロは「わたしたちは神の本性に与る者である」（IIペテロ1・5）と言っているように，魂が罪から自由でありえないなら，神もまた自由であり得ない*53。⑦赦しは悔い改める者に神の恩恵とあわれみによって与えられるのではなくて，悔い改める者の功績とわざにしたがって与えられる（同18, 42; 35, 65）。

　会議はこれらの命題を聖なるカトリック教会に名によって厳かに断罪した。ペラギウスは前と同様な仕方で，それらは自分の意見ではないがゆえに，答える必要はない，と述べた。彼自身の思想は正統的であり，先の命題に同意する者を破門する，と語った。「わたしは聖なるカトリック教会の教えにしたがって一つの実体である三位一体とすべてを信じている。これと異なることを理解した人は誰であれ破門されるべきである」（同18, 43）。会議は納得し，ペラギウスをカトリックの交わりにある者と宣言し，閉会した。

　ディオスポリスの教会会議はペラギウスの幸運の頂点を示しており，彼は裁判官の質問に対し不自然なところなく答えていた。会議の判決を喜んでいる彼の手紙をアウグスティヌスは入手し，「得意になってふくれあがった肉的な手紙」とその印象を述べている（同30, 55）。またこの手紙にはディオスポリスでペラギウスが「人が欲すれば罪なしに生きる」と考えている点が非難されたことが記されている。これに対し彼は，「神の助けと恩恵をもってそのように生きることができる」と答えている。この点には変更があって，この手紙では彼は「人は罪なしに生きることができたし，容易に神の戒めを守ることができた」（同30, 54）と語った。

　ヒッポ生まれのパレスチナの助祭カルスがアウグスティヌスのところにディオスポリスの教会会議の報告をもたらした。ヒッポの聖職者たちはこれを読んで，ペラギウスが寡婦に宛て書いた作品の中に，彼がディオスポリスで自分の見解としては認めなかった思想が含まれていると主張した。アウグスティヌスはその作品を読んでみて，ペラギウスが会議で虚言した

53）　この発言の最後の部分は実際の発言の歪曲であろう。

のか，それとも寡婦への作品は誤って彼の書いたものとされたのか，疑念を懐いた[*54]。こうしてペラギウスが無罪なのか否か，彼の報告と公式の記録との間には不一致が後になってから見いだされた。

5　教皇の異端尋問とカルタゴ教会会議（417年）

たしかにペラギウスの立場はディオスポリスの教会会議ではヨハンネスの後援をえて無罪を宣告され，彼は確信を込めて自説を展開し，一時期は強力であるように思われた。しかし，突然，彼にとって不運な出来事が起こった。

　まず，ヒエロニュムスのベツレヘムにおける宗教活動に対して不満分子のグループが修道院を襲って放火し，壊滅させた。これは老学者がペラギウス説に反対したことへの復讐のように感じられた。ペラギウス自身にはこの事件の責任はないと宣告されたが，彼の追随者と思われた人たちの行動について責任があると考えられた。

　次に教皇イノケンティウス1世はディアスポリスの教会会議の報告を受けてペラギウスの思想に疑問を懐いていることがわかった[*55]。

　やがて416年の初めに，ディオスポリス教会会議の結果に対して激しく怒ったオロシウスはアフリカに二つの手紙を持ち帰った。一つはヒエロニュムスからアウグスティヌスへのものであり，もう一つはヘロスとラザルスからのものであった。

　この知らせを受けてアフリカでは，69名の司教が416年の中頃カルタゴに集まってカルタゴの司教アウレリウスを議長とする教会会議を開いた。先の二つの手紙はこの会議で朗読された。会議ではまず411年のカルタゴ

54）アウグスティヌス『ペラギウスの訴訟議事』6, 19。
55）『キリストの恩恵と原罪』II, 9, 10–11, 12参照。そこには教皇イノケンティウスの次の言葉が引用されている。「彼はあるときには避けることによって隠し通し，あるときには彼に向けられた多くの言葉をねじまげて全く不明瞭にし，あるものを真の論拠によるよりもむしろ間違った論拠によって混乱させている。こうしてそのときどきの事情に応じて，あるものは否定することによって，あるものは間違った解釈でもって変更することによって，自分の無罪を主張した。だが，いっそう願わしいことであるが，どうか彼がいまや自分の誤りから真のカトリック的な信仰の道へ回心し，日々神の恩寵を瞑想し神の援助を認めて，〔異端から〕清められるのを熱望し志してほしい」。

会議の決定を確認し、最近エペソスで聖職に任命されたカエレスティウスとペラギウスが、彼らに帰せられた誤謬を正さないかぎり、破門に処すると宣告した。カルタゴの司教たちが署名した書簡は教皇イノケンティウス一世のもとに送られ、使徒の司教座がアフリカの定めた破門決定に加わるように要請した[*56]。またアウグスティヌスが属するヌミディア州の司教たちもその後直ちにミレウウムに集まり、ペラギウス説を邪説となし、59名の署名のある書簡が教皇のもとに送られた[*57]。今やアフリカ司教区の全体は、恐るべき規模に発展した一つの邪説に対し行動を開始した[*58]。

教皇はアフリカの教会会議の決議に答えて、ペラギウスとカエレスティウスとが原罪と恩恵のカトリックの教義を否認しているなら、教会の交わりから除くと言明した。イノケンティウスはアフリカの司教たちの手紙を読んで直ちにペラギウスの誤りを認め、またアフリカから送られてきたペラギウスの作品を読んでその主張に驚き、417年1月27日にペラギウスとカエレスティウスが正しい信仰が受け入れられるように納得させるまで破門に処した[*59]。彼は手許にディオスポリス教会会議の議事録が送られ来ていたが、その信憑性を信じないで、判断を控えていた。それはギリシア教会との紛争に巻き込まれることを回避したかったからである。

さらにヒエロニュムスの修道院放火事件の知らせが届いて、教皇はいっそう激しく怒った。ラテン世界でのヒエロニュムスの名声は高く、彼への攻撃は重大事であったし、ヒエロニュムスが関わっていた女子修道院の人たちと教皇は親しかった。そこには身分の高い人たちが入っていた[*60]。

---

56) アウグスティヌス『手紙』175, 1。
57) これに加えてアウレリウス、アウグスティヌス、アルビウス、エヴォディウス、ポシディウスが教皇にそれぞれ手紙を出した。彼らは恩恵という言葉がペラギウス派によって誤って使われている点を述べ、アウグスティヌスの駁論書『自然と恩恵』の写しも送られた(『手紙』117)。手紙はペラギウスを狙い撃ちしたものではなく、見解の変更を促進し、ローマへの召還を進める希望を述べた敬虔な内容のものであった。もちろん終わりには彼の責任に帰せられた誤謬が破門に処せられるべきことが要請されていた。
58) この間はアウグスティヌスにとって極めて苦痛に満ちたときであった。これをブラウンは「教会の責任者たちには圧倒的な敗退」といい、ボナーは「アウグスティヌスのカトリック思想への恐るべき打撃」と述べている(ブラウン『アウグスティヌス伝』下巻、79-81頁、Bonner, op. cit., p.49)。
59) アウグスティヌス『手紙』181, 2。
60) こうして皇帝の宮廷と教皇庁とはこうした学問もあり高貴な人たちを攻撃したことにあきれかえってしまった。アウグスティヌスは『ペラギウスの訴訟議事』のあとがきに

イノケンティウスはヒエロニュムスにこの事件に自分も立腹したことを伝え，この事件が起こる前にペラギウスを公式に告発しなかったことを悔い，エルサレムの司教ヨハンネスの怠慢と不適格を手紙で責めたてた。

　教皇のこのような厳しい処置はペラギウスにとって恐ろしい打撃であった。だが，教皇はその後しばらくして死去した（417年3月）。ペラギウスはヨハンネスが晩年を迎えていたため，パトロンとしてはもはや期待できなかった。そこで彼は教皇イノケンティウスに提出するため「信仰告白」を作成し，教皇に送った[*61]。ところが，教皇の死によってこの文書は教皇の後継者となったゾシムスの手に渡った。新教皇はギリシア生まれであったため，東方教会で援助を受けていたペラギウスとカエレスティウスにとって有利であった。そこでカエレスティウスは直ちに新教皇を訪問して信仰告白を提出し，正しい信仰について誤りがあるなら教皇の判断によって導いてほしいと訴えた（『原罪』6, 6; 23, 26）。新教皇はローマで司教会議を招集し，カエレスティウスは訊問をうけ，無罪とされた。

　その間にペラギウスは416年に現在は散逸してしまった『自由意志』(De libero arbitrio) 四巻を書きあげ，自説に修正を加え，先の「信仰告白」とともに前教皇宛にローマに送った。これを受けとった新教皇はペラギウスもカトリックの教義から逸脱していないと判断し，それをアフリカの司教たちに伝えた。

　この知らせを受けたアフリカの司教たちは緊急司教区会議を開いて，ペラギウスとカエレスティウスに対する処置の撤回を求めた。ゾシムスもこれにゆずり，教皇の命令による教会会議をカルタゴで開くことに同意した。有名なこの会議は418年5月1日に200名の司教の参加によって開かれ，罪と恩恵に関するカトリックの教義を確認し，それにもとづいてペラギウス主義を邪説であると判決した。この会議で決定された八つの条項は重要であるから，その要点をあげてみよう。

(1) アダムの死は自然本性によるのではなく，その犯した罪による。
(2) 新しく生まれた赤子も原罪のゆえに罪の赦しの洗礼を受けなければならない。

受けたショックを書き加えている。
　61)『キリストの恩恵』30, 32。この「信仰告白」については82頁の『自由意志と恩恵の教え』参照。

(3)　義とする恩恵はすでに犯した罪を赦すために役立つのみならず，罪を犯さないようにする助けとしても役立つ。
　(4)　キリストの恩恵は神の戒めの知識を与えるだけでなく，戒めを意志し実行する能力をも与える。
　(5)　神の恩恵を欠くと，善いわざを行なうのが困難であるばかりか，絶対に不可能である。
　(6)　謙虚になるためだけではなく，実際に罪人であることをわたしたちは告白すべきである。
　(7)　聖徒たちは「わたしたちの負債を赦してください」という主の祈りを，他人についてだけでなく，自己自身についても行なう。
　(8)　聖徒たちは同じ祈願を謙虚のためではなく，本当に罪を犯したから行なう[*62]。

　この条項はアウグスティヌスがペラギウス主義に対決してくり返し論じてきたものである。それを見てもいかに彼がカルタゴ教会会議において積極的に意見を述べ，この問題に深くかかわり，ペラギウス主義の批判に情熱を傾けていたかが知られる。

　教義史家ハルナックはこの決定の重要性に関して次のように言う。「教義史的に考察するとこの論争は次の教えを拒絶することによって明らかに終息した。１．（キリストにある）神の恩恵は（洗礼以前の，また洗礼以後の）すべての人を至福に至らせるために必要不可欠なものではない。２．新しく生まれた幼児の洗礼は完全な意味では罪の赦しをえさせる洗礼ではない。これらに対する反対の教えが新しい教義である」[*63]と。

　ゾシムスはカルタゴ教会会議の決定を受けて，ペラギウスとカエレスティウスを異端として破門し[*64]，全世界の司教に回勅を送り，ペラギウス

---

　　62)　デンツィンガー編『カトリック教会文書資料集』浜寛五郎訳，49-51頁参照。最初の２条項は411年の教会会議でカエレスティウスがフィヌスの教えから受け継いだものを含んでいる。残りの６事項はディオスポリスの教会会議で議せられたこととペラギウスの書物から彼に帰せられたものである。
　　63)　A von Harnack, Lehrbuch der Dogmengeschichite, III, S.187.
　　64)　教皇ゾシムスは状況の圧力に屈したかそれとも自ら決断したかは不明であるが，破門を決定した。そのさい彼はカルタゴ教会会議の用語を用いないで，前教皇イノケンティウスのように，洗礼によって幼児はアダムの罪によってもたらされた死から救われると宣言し，アフリカで問題となった罪責の遺伝には触れていない。

主義を異端として罰することに同意を求めた[*65]。しかし，イタリアでは18人の司教が署名を拒絶した。そのなかにはエクラヌムの司教ユリアヌスがいた。アウグスティヌスはこの人といっそう激しく論争してゆくことになる。彼は418年に『キリストの恩恵と原罪』を書いてペラギウス主義に対する彼の思想をまとめて発表した[*66]。

6　アウグスティヌスによるペラギウス批判

アウグスティヌスの著作『キリストの恩恵と原罪』は二巻の独立した作品を合本したもので，「キリストの恩恵」がその第1巻であり，「原罪」がその第2巻となっている。第1巻の冒頭には著述の動機が述べられている。そこにはアウグスティヌスへの手紙がアルビナとピニアヌスおよびメラニアから来たことが記されている。彼らはペラギウスの知り合いであって，その指導を受けていたと思われる[*67]。第1巻冒頭の記述によると彼らが再度ペラギウスに会ったとき，彼は自説を弁護し，恩恵を告白し，幼児洗礼をも認めていると告げたことが述べられ，その後のペラギウスの発言をアウグスティヌスに伝えた[*68]。

---

65)　教皇ゾシムスによるペラギウスの断罪は418年の3月21日の手紙に書かれており，それは4月29日にアフリカに到着し，5月1日の教会会議で読まれた。

66)　この作品の成立年代は『再考録』によっても確かめられる。「アフリカの教会会議の手紙の加勢を得て，ローマ教会の司教たち，イノケンティウスとゾシムスによってペラギウス派の謬説がその首謀者とともに罪であることが証明され，断罪されたとき，わたしはこの人たちに対決して二つの書物を書いた。一つはキリストの恩恵についてであり，もう一つは原罪についてである」（『訂正録』II, 76）。

67)　アルビナというのは元老院議員プブリコラの未亡人であり，メラニアは彼女の一人娘であって，ピニアヌスはその夫である。彼は396年の17歳のとき，4歳下のメラニアと結婚し，二人の子供をもうけたが夭逝したため，メラニアは財産を売り払って，献身生活に入った。この三人は，ローマで宗教的で禁欲的な活動をしていたペラギウスに会っていたと思われるが，ゴート族の侵入によって混乱したイタリアを去って北アフリカに避難し，アルビウスに伴われてヒッポを訪ねている。その後彼らはタガステに住んでアウグスティヌスとも交際していた。

68)　「わたしの忠実にして神に愛された兄弟姉妹であるアルビナとピニアヌスおよびメラニアよ，……わたしとしてはあなたがたのお尋ねの件について直ちにお話しましょう。わたしは他のどこよりもカルタゴにいるときに仕事にひどく急き立てられており，今もその過中におりますが，使いのかたが急いでおられるので，神が賜物をわたしに授けてくださるかぎり，最善を尽くして次のように口述筆記させました」（『キリストの恩恵』I, 1, 1）。

「手紙によるとあなたがたはペラギウスと交渉して，彼に反対して語られたすべてのことに文書をもって反論するように促したところ，彼はあなたがたの聞いているところで，次のように語ったそうである。〈わたしは《キリストは罪人を救うためにこの世に来られた》（Ⅰテモテ1・15）という神の恩恵が，何時いかなる時にも，瞬間にも，また個々の行為においても必要ない，と信じかつ語る者を破門する。またこの恩恵を取り除こうと企てる者は永遠の罰を受けるべきである〉と」（I, 2, 2）。

またこの著作の第2巻の冒頭ではペラギウスがその『信仰論』(Libellus fidei) を彼らに朗読したときのことが次のように告げられている。「あなたがたは，ペラギウス自身が，ローマにも送ったと言っている，彼の小冊子を朗読するのを聞いたと書いて来られました。それによると彼ら〔ペラギウス派〕は，大人と同じサクラメントの言葉でもって幼児たちも洗礼を受けるべきだと主張している，と」(II, 1, 1)。これを聞いた三人は大変喜んで，ことの次第をアウグスティヌスに報告した。これを受けてアウグスティヌスはペラギウスの見解に対する彼の立場を彼らに表明し，異端者の仮面を暴くべく本書を口述筆記させて，手紙の形で送った。

第1巻『キリストの恩恵』 アウグスティヌスによるとペラギウスは司教たちの訴訟審理では神の恩恵は自由意志と律法の教えにあると主張する人たちを断罪しながらも，彼自身の『自由意志』では断罪した主張をなお信じている。そこでアウグスティヌスはペラギウスの基本的主張を次のように捉えて反駁している。律法を実現するためには三つの要素，可能性・意志・行為が必要であるが，可能性は自然の創造者から与えられたもので，意志と行為とは人間に属している。それゆえ神の恩恵は無力である可能性を助けても，人間に属する意志と行為とは，悪を避けるのに十分であるがゆえに，助けないと彼は主張する。このことを明瞭にするためにペラギウスの書物から詳しい引用がなされる。彼の見解に対決してアウグスティヌスは，使徒パウロの言葉（フィリピ2・13）に基づいて，神の恩恵は「意志も行為も助ける」という。それなのにペラギウスは，恩恵が自然の能力として与えられた可能性だけを与えるといって，神の創造的な恩恵も協働的な恩恵も否認する。要するに彼は神の恩恵を律法と教えのなかに置いて

いる (I, 3, 3-7, 8)。

したがって、ペラギウスが告白している恩恵というのは、為すべきことを神が教えている律法であって、為し得るように援助する恩恵ではないことになる。しかしながら、律法の知識は戒めに対する違反を生み出すことしかできない。それゆえ律法と恩恵とは区別されなければならない。パウロによれば律法は恩恵に導いていく養育係りに過ぎない (I, 8, 9-9, 10)。パウロの場合に明白のように、神の力は弱さにおいて強力に発揮される。それゆえ、自己の弱さを告白しないところでは最高の完成に到達できない (I, 10, 11-12, 13)。

次にペラギウスの自由意志による功績思想が批判検討される。彼自身パレスチナの法廷で功績主義者を批判し、躊躇することなく断罪していたのに、今や功績思想を抱くようになっている。この点が指摘されると、彼はカエレスティウスにその説を転嫁しようとした[*69]。こうして彼はキリストに全面的に寄りすがる信仰をも自由意志によってのみ生じると説くに至った。つまり神の意志に自分の意志を依存させ、一つになるとき、わたしたちは神の恩恵に値するものとなる、というのである。ここには功績が明らかに説かれている。しかし、無償で与えられないとしたら、恩恵はもはや恩恵ではない (I, 22, 23-24, 25)。神はわたしたちに単に可能性を授けることによってではなく、わたしたちの内に働いて善を意志するように起こしたもう。ここに恩恵がある (I, 25, 26-26, 27)。

さらにペラギウス説「恩恵なしに実現できることを容易に実現するために恩恵が与えられる」に対する反論が展開する。この「容易に」という追加は恩恵なしに自由意志で実現するのは困難であるが、それも可能であることが暗示されており、紛らわしい。むしろ「恩恵によって実現できる」と述べて、追加を削除すべきである (I, 27, 28-29, 30)。

次いで教皇イノケンティウス1世に宛てた弁明書と「信仰告白」におけ

---

69) アウグスティヌスの『ペラギウスの訴訟議事』はディオスポリスの教会会議の有様を忠実に伝えている。山田望『キリストの模範』はアウグスティヌスがペラギウスを正しく理解しないで彼がカエレスティウスに功績思想を転嫁し言い逃れをしたという点を問題にし、アウグスティヌス側の判断を批判している (258-64頁)。山田論文はペラギウスの論争以前のパウロ書簡註解からペラギウスを弁護するが、論争を契機にしてペラギウスの思想の問題性が明白になったと言えよう。功績思想をめぐるペラギウスの見解は矛盾していないというアウグスティヌスの判断は正しかったと思われる。なお、本書148頁注76をも参照。

るペラギウスの間違った恩恵の理解が指摘される。自由意志は人間に備わっているが，それはキリスト教徒には恩恵によって支えられている。ペラギウスの説く恩恵は律法の教えを指している。しかも恩恵は功績に応じて与えられると説かれる。この説はパウロの言う「無償の恩恵」に矛盾しており，負債として支払われるものとみなされる。それゆえに，彼の説く恩恵はもはや恩恵ではない（I, 30, 31-33, 36）。さらにペラギウスの初期の手紙や『自由意志』とくに「デメトゥリアスへの手紙」から多くの文章が引用され，それを批判的に検討しながら叙述がいかに曖昧であるかを指摘する。こうしてキリストの愛が注がれる点が無視され，単にキリストの模範が教えとして提示されていることに注意を促している（I, 34, 37-41, 45）。

　さらに，ペラギウス自身も称賛する司教アンブロシウスをキリスト教の本来の恩恵説の証人として引き合いに出し，恩恵をいかに理解すべきかが論じられる（I, 42, 46-46, 51）。終わりにアウグスティヌスは自由意志と恩恵との協働を理解することが困難である点を指摘してから，アンブロシウスが人間の無罪性を説いている箇所が「神の前で」の神学的な義ではなく，市民的な義であると解釈すべきであると主張する（I, 47, 52-50, 55）。

第2巻『原罪』　ここでは，まずペラギウス主義者たちの欺瞞が指摘される。彼らは幼児洗礼を否定していると思われたくないので，幼児洗礼の必要を説いているが，実際は原罪を否定し，人は何の欠陥もなく生まれてくると説いている。これでは矛盾しており，不正もはなはだしいとアウグスティヌスは批判する（II, 1, 1）。なかでもカエレスティウスは411年のカルタゴの教会会議で原罪を否定する態度を表明した[*70]。尋問の終わりに彼は洗礼を認めたが，それも幼児が犯した罪を取り除くためであって，彼は幼児たちは堕罪以前の状態で生まれてくるという人たちを断罪しなかった（II, 2, 2-4, 4）。次いでペラギウスがディオスポリスにおける司教会議を欺いた事実を教皇イノケンティウスの親書を引用して明らかにし，さらに議事録からも引用して論証する。カエレスティウスとペラギウスは同じことを考えているが，前者は率直なのに，後者は狡賢いといえる（II, 8,

---

70）　このことを明らかにするために教会訴訟の議事録から長文の引用がなされる。その最後でカエレスティウスは幼児洗礼を認めているが，それを積極的に告白しようとはしなかった。

9-12, 13)。ペラギウスは新しい著作『自由意志』では先のディオスポリスの会議での発言に反して原罪を否定した（II, 13, 14-14, 15）。また彼はアダムの罪が模倣されることによって子孫を損なったという。しかし，この口実は会議を欺いたという非難から彼を免れさせない（II, 15, 16-17, 18）。さらに教皇庁への文書でも彼は人々を惑わし，巧みに議論をすり替えて洗礼を受けないで死んだ幼児の運命について論じていく（II, 18, 19-21, 23）。

またカエレスティウスは原罪の否定は異端ではなく，あまり重要でない問題の誤りにすぎないといって，異端嫌疑を免れようと試みる。しかし原罪の教義は贖いと義認の教義と密接に関わっており，罪の認識とキリストの救いに対する信仰とは結びついて救済史的に理解すべきである。そのさい何よりも律法の理解の仕方が問題である。律法によって罪を認識した者は信仰によって恩恵を求める。この事態はキリストの到来以前でも同じである。これに反してペラギウスの説く「自然・律法・恩恵」の時代区分は不適切である。というのは，彼が昔の義人たちが自然状態に満足していたと考え，彼らを仲保者の恩恵から排除したからである。実にキリストの神性は時間を超えて妥当しており，人性をとる受肉は信仰の対象となっていた（II, 24, 28-28, 33）。それゆえ，アダムにおける自然本性の毀損という原罪の教えはキリスト教信仰にとって些細な問題として無視することはできない。実際，人類は壊敗の固まりとなっている（II, 29, 34-32, 37）。

さらに原罪とその伝播の教説が結婚の善に対して少しも暗い影を投げかけていないと主張される。結婚は子どもを産む定め・貞淑の保証・婚姻のサクラメントという三つの善をもっている[*71]。自然状態といっても楽園にいたときの恥ずかしくない結婚と悪徳によって変化している状態とは区別されなければならない。問題は恥ずかしい罪の侵入であるが，恥ずかしい行為は結婚の責任ではなく，人間が犯した罪の責任に帰すべきである。とはいえ結婚の善は快楽の罪によって壊滅されたわけではない。罪の元凶である情欲でさえも結婚は善用して子どもという善をもたらしている（II, 33, 38-38, 42）。

したがって原罪は根源の悪徳として本性を破壊しているがゆえに，両親の新生は子孫が自ら新生していないかぎり役立たない。さらに再生の洗い

---

71) 結婚と性生活について最もまとまった論述を行なっているのは『結婚の善』であり，その続篇として『聖なる処女性』もあげられる。

が罪責を取り去って，罪がもはや支配しなくなったとしても，それでも情欲は身体の復活に至るまでは残存している。また教会で行なわれている幼児洗礼のサクラメントと悪魔払いの伝統は原罪の存在を前提としている。人々はどうして神は悪魔の手中に落ちるような人間を創造したのかと不思議に感じているが，悪いのは人間の意志であって，神ではない。神はすべてのものに等しく慈しみをもって臨まれる。この原罪の教義はペラギウスも尊敬しているアンブロシウスも証人として語っている（II, 39, 44–41, 48）。

7 恩恵論の根本的な相違点

この『キリストの恩恵と原罪』という作品はペラギウス派との論争の経過から見ても一つの歴史的な区切となっている。これによってアウグスティヌスはペラギウスとその弟子カエレスティウスとの論争を終結させており，この時点での彼の恩恵学説の特質が明瞭に説かれている。そこで彼とペラギウスとの恩恵論を比較してみよう。

ペラギウスの恩恵概念　アウグスティヌスはこの作品の第1巻でペラギウスの教えが健全であるか否かをその著作や手紙から多くの文章を引用しながら吟味した。ペラギウスは「恩恵」(gratia) を「神の助け」(auxilium Dei, adiutorium Dei) や「神の贈物」(donum Dei) の意味でもっぱら用い[72]，恩恵の多様性とそれが表現できないことを強調した（『キリストの恩恵と原罪』I, 6, 8）。また彼は使徒に従いながら恩恵によってキリストが罪人を救うために到来したこと，将来の栄光と報酬を約束することによって，恩恵によって善を意志するように働いていることを説くのみならず（同10, 11），キリストによる人間の新生，キリストの血による贖罪，その模範に従うことによる義の完成をも説いている（同38, 42）。この限りではペラギウスが異端であるか否か判明していない。

しかし，ペラギウスの不明確な表現の背後に大きな問題点が潜んでいることをアウグスティヌスは次のように指摘する。

---

72) たとえばI, 4, 5; 6, 8; 37, 40; 38, 41その他を参照。

① ペラギウスは自然本性の能力・意志・存在を区分し，恩恵を能力だけに限定する。彼は言う，「わたしたちは次の三つのことを区別し，一定の順序にしたがって分類するように分けている。わたしたちは第一に能力を，第二に意志を，第三に存在を立てる。わたしたちは能力を自然本性のうちに，意志を決断力のうちに，存在を実行のうちに位置づける。第一のもの，つまり能力は，元来，神に属している。これを神はその被造物に授けたもうた。だが残りの二つ，つまり意志と存在とは，決断力という源泉から生じているがゆえに，人間に関係づけられている」（同4, 5）と。ここでは posse, velle, esse の間の区別，つまり自然本性の可能性・意志・存在を区別することによって最初の本性の可能性が恩恵として与えられており，そこから人間の善い意志活動によって存在に達するよう神によって支えられると主張する。こうして善い意志活動が人間の自由な主体的な決断とわざに属すると説いた（同4, 5）。

② ペラギウスは律法を恩恵であると考える。彼は神が人間を律法によって助けると主張する。「彼〔ペラギウス〕はこの自然的な可能性が神の恩恵によって助けられると，告白しているが，いかなる種類の恩恵のことを言っているのか，あるいはどの程度恩恵が自然本性を助けると考えているのか，ここでは明らかでない。彼がもっと明瞭に述べている他の箇所から理解できるように，彼は自然的な能力を助ける律法と教え以外の何物をも認めようと欲していない」（同6, 8）。つまり律法の啓示によって人間が内的に照明されると考えられている*73。

③ ペラギウスは洗礼による赦しを人が過去に犯した罪に限定する。彼は言う，「キリストは先ず信じる人たちからそのすべての罪を洗礼によって追放し，次に自己の模範によって完全なる聖化へ促して，徳の模範によって悪徳の習慣に打ち勝ちたもう」（39, 43）と。したがってペラギウスの

---

73) ノアの司教パウリヌスに宛てた手紙でペラギウス自身の恩恵についての考えが見られる。しかしそれが人間に与えられた自然本性の能力なのか，少なくとも理性が神の照明を受けていること，もしくは洗礼による罪の清めを意味している。これをもって彼は自分の説の正統性が明らかであると訴えている。アウグスティヌスはこの手紙を読んで，たんに恩恵の言葉があるだけで，それは神によって授けられた人間の自然本性の能力を意味しているに過ぎず，罪の贖いによる救いに関係する神学的な意味をもっていない点を見いだした。それは恩恵の概念が欠けているのを気づかれないために挿入されたのであって，罪の赦しやキリストの教えと模範，上なる愛によって本性が助けられることを意味しているか否か明らかでない。

キリスト論はキリストを洗礼によって過去の罪を赦すことに制限し，その後は徳の模範として立てた。

　こうしてペラギウスは恩恵を神が人間に授けた本性の善に，とくに自由な決断の可能性に求めており，さらに律法と模範という外面的な援助に制限していることが明らかである。

　④　ペラギウスの協働論的な恩恵論は問題である。彼によると恩恵が与えられるのは自由意志が命じられたことを「より容易に」実現するためである。ペラギウスは言う，「こうして人間が自由意志によって行なうように命じられていることを，恩恵によってより容易に実現できる」と。これを批判してアウグスティヌスは言う，「〈より容易に〉(facilius) という言葉を取り去りなさい，そうすればその意味は充分であるばかりか，次のように言われれば，健全でもある。すなわち〈こうして人間が自由意志によって行なうように命じられていることを，恩恵によって実現できる〉と。しかし，〈より容易に〉がそれに加えられると，善いわざの実現が神の恩恵なしに可能である，との暗黙の意味がほのめかされる。こういう意見を〈わたしなしには，あなたがたは何もできない〉（ヨハ15・5）と語りたもうかたは〔すでに〕反駁している」（I, 29, 30; 7, 8; 22, 23参照）。

　このような説は結局のところ功績思想に帰結していくのであって（22, 23; 22, 24; 31, 34参照），恩恵は最初創造の恩恵に限定され，次いで外的な援助とみなされ，結局，救いには何ら役立たず，功績的になっている。そこには「それによってわたしたちが義とされる恩恵」つまり内的に人間の意志に働きかけて人間を義人となす恩恵は見当たらない。

アウグスティヌス自身の恩恵学説　この書物に表明されてたアウグスティヌス自身の恩恵学説の特質を次に挙げておこう。

　（1）　この著作の表題からも明白に贖罪者である「キリストの恩恵」が提示されており，ペラギウスの多義的で自然主義的な恩恵概念に対置された。したがって堕罪の状態にある人間をあがないによって救済するというキリスト教の本来の恩恵学説が「罪とその救い」を通して展開している。

　（2）　律法の役割が両者では全く相違している。「ペラギウスが告白している恩恵というのは，わたしたちが為すべきことを神が指し示し啓示し

ている事態であって、わたしたちが為し得るように授けかつ助ける恩恵ではない。律法の知識というものは、恩恵の援助が欠けている場合には、むしろ戒めに対する違反が生じるように役立っている」(8, 9) と主張された。したがってアウグスティヌスは律法の「知識」よりも、罪によって無力となった「意志」を恩恵によって強化することに関心を寄せている。

（3） それは同時に人間の心の深みに恩恵が働きかけて、心を改造することの重要さを説くようにさせた。すなわち彼は言う、「ペラギウス派の人たちは、律法や教えを外的に響かせることによるのではなく、内的で、隠された、不思議な、言い表わしえない力によって神がわたしたちの心の内に働きかけ真の啓示のみならず、良い意志をも与えたもうということを〔聖書の内に〕読み、理解し、洞察し、告白するようになってほしい」(24, 25) と。彼によると神は能力を授けるだけでなく、心に恩恵を注いで、これなしには何もできなくさせている*74。

（4） 協働的恩恵について第1巻の終りに「この援助によって神は自分を愛する人たちに万事が善となるように協働したまい（ロマ8・28参照）、まず初めに神を愛する人たちに援助を与えることによって、彼らから愛されるようになる（Ⅰヨハ4・19）」(50, 55) と示唆されているが、これが本格的に論じられるのはセミ・ペラギウス論争においてである。

（5） しかし、ここには「無償で」(gratis) 与えられる恩恵が常に説かれている。「恩恵が無償で与えられないとしたら、それはどのようにして恩恵であろうか。当然支払われる義務から恩恵が支払われるとしたら、それはどのようにして恩恵であろうか」(23, 24; 26, 27; 31, 34参照)。ここにアウグスティヌスのパウロ主義が顕著に示されている。

両者の究極的な対立点としての原罪　最後にこの作品の表題にある「原罪」の意義について述べておきたい。ペラギウスの道徳思想が最初に衝突するものは原罪説にほかならない。ペラギウスは人祖アダムの罪が遺

---

74) たとえば、次のように言われる。「なぜなら神はわたしたちの能力を授け、また助けたもうばかりでなく、また〈わたしたちの内に働いて意志を起こし実現にいたらせたもう〉（ピリピ2・13）からである。というのはわたしたちが意志しないというのでも実行しないというのでもなく、神の恩恵を欠いてはわたしたちは何らかの善を意志することも実行することもないからである」(25, 26)。

伝によってすべての人に及んでいるという思想を批判する。神が人間に他人の罪を帰したり，人間自身が犯したのではない罪を神が赦すべく備えているようなことは絶対に不可能である。もちろんペラギウスもアダムが後代に与えた悪しき影響を認める。しかし，これも罪の遺伝によるのではなく，アダムが示し多くの人たちが倣った悪しき模倣にすぎない。だからアダムの堕罪以後も罪のない生活の可能性は原則として認められる[*75]。このようにアダムにおける原罪を否定すれば，当然のことながら罪による人間の自然的な死も，幼児洗礼の必要も否定されることになり，人間の「無罪性」(impeccantia) の主張とならざるをえない。

　こうした原罪説をペラギウスは司教会議で承認するように尋問されたのであるから，彼としては何とか言い逃れなければならなくなり，不明瞭な発言と矛盾した返答をせざるを得なくなった。アウグスティヌスはこの点を『ペラギウスの訴訟議事』からの引用によって論敵の矛盾を突いている[*76]。

---

75) ペラギウスはアダムの罪がその子孫に有害な影響を与えたという考えを否定した。最初の先祖の無垢の状態はその子孫において更新されており，罪過の結果が子孫に転移したなどあり得ない。また身体の死も堕罪に対する罰でも結果でもなくて，人間生活の自然の成り行きである。アダムの死は個人的な罪の罰であり，神の戒めに対する違反の報いである。これはエクラヌムのユリアヌスに継承され，もし死がなかったら，結婚の必要もなく，戒めを多くしたりする必要もないと批判された。アウグスティヌスは『ユリアヌス駁論』第2巻で詳説したように，アンブロシウスによって原罪の教えに対する支持を見いだした。ペラギウスの原罪観はテルトリアヌスに似たところがあるように思われた。というのはテルトリアヌスが vitium originis という言葉を用いて，人間本性が堕罪以来受けた汚点を述べていたからである（Tertullianus, De anima, 41参照）。ペラギウスは堕罪後の人間観では東方教会，とくに Theodore of Mopsuestia の支持を受けた。

76) 『キリストの恩恵と原罪』II, 9, 10-11, 12参照。そこには教皇イノケンティウスの次の言葉が引用されている。「この審議そのものにおいて幾つかの論点が提出され，それがペラギウスと対立している場合，彼はあるときには避けることによって隠し通し，あるときには彼に向けられた多くの言葉をねじまげて全く不明瞭にし，あるものを真の論拠によるよりもむしろ間違った論拠によって混乱させている。こうしてそのときどきの事情に応じて，あるものは否定することによって，あるものは間違った解釈でもって変更することによって，自分の無罪を主張した。だが，いっそう願わしいことであるが，どうか彼がいまや自分の誤りから真のカトリック的な信仰の道へ回心し，日々神の恩恵を瞑想し神の援助を認めて，〔異端から〕清められるのを熱望し志してほしい。こうして彼は真実な者とみなされ，議事録の判断によってではなく，心からカトリックの信仰に回心することによって明白な論拠に基づいて改善されている，とすべての人に是認されるであろう。したがって，わたしたちは審議が真実であるかどうか，あるいは，もし真実でも，全面的に真理であることによって無罪であったというよりも，むしろ遁辞によって逃げたのか分からないのであるから，あの裁判官たちの判決を是認することも非難することもできない」。

ペラギウスは元来道徳哲学者であって，司祭でも，司教でもなかった。カエレスティウスでも同じである。それゆえ，ペラギウス主義が道徳的な指導を発揮しても問題はなかったのに，カエレスティウスが司祭になるという要求を出さなければ教会で問題にされることはなかったはずである。ところが彼らは当時の世界に対し有力な指導者であったため，教会にも積極的に関与することになった。哲学と神学との区別についての明瞭な自覚も当時はなかったので，こういう問題も起こらざるを得なかった。これは不幸な事態であった。しかし，ひとたび喚起された問題意識は教会内部にも波及していき，ユリアヌスのような司教はこれに参加するようになり，さらにはカトリック教会の内部からも批判という形での反論が立ち上がってきた。これらの論敵に対してアウグスティヌスは続けて論争を挑んでいくことになった。

第 V 章
ペラギウス派論争の発展

418年のカルタゴ教会会議の判決と要請を受けて，教皇ゾシムスはペラギウスとカエレスティウスを異端として破門した。その後教皇により発令された回勅 (Epistola tractatoria, 418) によってこの論争の主たる問題は解決された。しかし，論争はなお尾を引くことになった。というのは，この回勅に同意して署名するのを拒んだ司教がイタリアで18名にものぼり，その指導者としてエクラヌムの司教ユリアヌスがアウグスティヌスの死にいたるまで激しく論争することになったからである。彼はペラギウスの信奉者のなかでも若く，論争好きであり，合理主義に徹していた。アウグスティヌスは彼のことを「ペラギウス主義の建築家」と呼んでいるように (『ユリアヌス駁論』VI, 11, 36)，彼のうちに最も重大な論敵を見ぬいており，彼の鋭い批判を受けて，アウグスティヌスの恩恵論もいっそう思想的に進展していった。

1　ユリアヌスとの論争の開始

ユリアヌスはアウグスティヌスの友人である司教の子どもであり，優れた才能のゆえに若いときから管轄区内では際立っていた。彼がペラギウスの思想を取り入れて弁護した情熱は絶大なものであって，もし別の方向に進

んだならば，優れた理論家として頭角を現したかも知れなかった。しかし，アウグスティヌスを激しく攻撃することによって教会における名誉ある地位を獲ることに失敗した。彼の論争的な著作はかなりの大作にまで発展したが，キリスト教の教義を確立し，真理の発展に寄与することも，真理を啓発することにも貢献しなかった。もちろん彼が結婚を含めてすべての被造物が善であるという主張を確立したことは彼の誇りとするとこであったが，この思想がアウグスティヌスの原罪遺伝説によって攻撃されていると考えた。というのは彼自身結婚していたからであり，結婚の経験を通してそれが原罪によって汚染されているという説は間違っており，それがマニ教の誤謬に陥っていると批判した。実際，人間が本性上壊敗していると説くのはマニ教の決定論と同じであった。そこで，この壊敗の程度は身体生活のすべてに及ぶのか。もしアダムの罪が代々遺伝するなら，結婚は悪魔のわざとして断罪されるのか。こういった疑義がアウグスティヌスに向けられた。これに答えてアウグスティヌスは419年に『結婚と情欲』第1巻を書き，キリスト教的結婚の善と情欲の邪悪とを区別すべきことを力説した。

そのさい結婚した聖職者は，結婚の善と情欲の邪悪との関連に敏感にならざるをえなかった。とくに社会の一般的な感情は禁欲主義に好意的であって，この時代には修道士はアウグスティヌスの『告白』にも語られているように，宗教的精神の偉大なる英雄でもあった[1]。また，ユリアヌスの性格には横柄さが潜んでいて，魅力に欠けているように感じられた。彼よりも30歳も年上で，家族的にも親しかったアウグスティヌスに何らの尊敬も示さず，せせら笑うように「カルタゴ人のアリストテレス」と決めつけた。虚栄心が強く，カトリックの単純な信徒に対する軽蔑を隠そうともしなかった。アウグスティヌスは彼のことを自信過剰な若者と呼んでやり返した[2]。こうした討論からは残念なことに初めから何ら精神を高めるもの

---

1) 『告白』VIII, 6, 15参照。
2) ハルナックはユリアヌスの性格について次のように述べている。「彼は用心深く控えめなペラギウスよりも活気に溢れ攻撃的であり，扇動的なカエレスティウスよりも聡明であり，両者よりも教養があり，生意気な弁証論的才能を有し，討論では決してくじけない意欲を備え，概念を定義し三段論法を立てていく子どものような熱心さをもっており，真面目というよりも独善的であって，禁欲主義的ではなくてむしろ自然を愛好する現世主義者であった。彼は18世紀までは決して出会うことのない，自己満足的なキリスト教の最初の厚かま

は生まれてこなかった。

　ローマの政治家でアウグスティヌスの親しい友であったウァレリウスは、解任された司教ユリアヌスがアウグスティヌスの『結婚と情欲』を批判した反論の抜粋を入手し、教父のもとに送って、できるだけ早く回答するように要請した。こうして『結婚と情欲』第2巻が書き加えられた。さらにこの当時ペラギウス主義に傾いた折衷的思想家ウィンケンティウス・ウィクトールの書を批判し、なかでも原罪とそれが洗礼によって清められることについて論じて、『魂とその起源』全4巻をあらわしている。

　さらに当時、教皇ボニファティウス1世は、破門された司教たちの手になる二つの手紙がローマで回覧されているのを知り、アウグスティヌスの友人で司教であったアリピウスをとおしてアウグスティヌスに反論を要請してきた。この手紙の一つは確実にユリアヌスのものであり、もう一つも彼の手になるものであると考えられている。これらの手紙を批判して『ペラギウス派の二書簡駁論』全4巻（422-23年）が発表された。ここではカトリックの信仰が、被造物・結婚・律法・自由意志・聖徒の五つの争点にわたってマニ教とペラギウス主義という二つの極論と対決されながら、その真理が力説された。

　ところでユリアヌスのほうはアウグスティヌスの『結婚と情欲』第1巻を批判して『トルバンティウスへの4巻』を著わした。アウグスティヌスはこの著作によりユリアヌスの主張を正確に知るにいたり、423年ごろ大作『ユリアヌス駁論』全6巻を書きあげた。その中で彼が論争点を最も簡潔に要約している文章を次にあげてみよう。

　「あなたは言う、〈もし神が人間を創造しているなら、彼らはなんらかの悪をたずさえて生まれることはできない。もし結婚が善であるなら、そこから悪はなにも生じない。もしすべての罪が洗礼によって赦されるならば、再生によって生まれた者は原罪を引き寄せることはできない。もし神が義しいなら、子供に対しその両親の罪を裁くことはできない。なぜなら神は両親に彼らの罪を赦しているから。もし人間の本性が完全な義に適しているなら、本性上の欠陥をもつことはできない〉と。これに対しわたしたちは次のように答える。神は人間の、つまり

しい代表者であった」(A. von Harnack, Lehrbuch der Dogmengeschichite, III, S. 169)。

魂と身体との双方の，創造者である。また，結婚は善である。また，キリストの洗礼によってすべての罪は赦される。また，神は義である。そして人間の本性は完全な義に適している。しかしながら，これらすべてのことが真理であっても，人々は最初の人が引きずっている毀損された根源に服して生まれており，したがってキリストにより再生することなしには，断罪に向かうのである。そしてわたしたちはこのことをカトリックの聖人たちの権威によって証明した。彼らもまた，わたしたちが原罪について語り，これら五つの命題がすべて真理であると告白していることを，〔同様に〕主張している」（『ユリアヌス駁論』II, 9, 31）。

このようにアウグスティヌスは相手の議論をあげ，逐語的にその主張を吟味し，批判している。同様に『未完書・ユリアヌス駁論』（429-30年）という超大作も同じ系列に属している。これはユリアヌスがアウグスティヌスの『結婚と情欲』第2巻を批判して書いた『フロールスへの八巻』を同じ手法で反論し，6巻まで書き進めたとき，死によって未完成となった。相手の言うところに耳を傾け，誠実にかつ広大な心をもって応答しながらも，誤りを正していく教父の姿には史上に類例がはたしてあろうか。

2　自由意志と原罪の正しい理解

『ペラギウス派の二書簡論駁』においてはアウグスティヌスの思想がマニ教と同じであるとのユリアヌスの批判に反論することが意図されており，自由意志と恩恵との関連について集中的に論じられている。それに対し『ユリアヌス駁論』では原罪と情欲との関連について集中的に論じられている。

『ペラギウス派の二書簡駁論』　教皇ボニファティウス1世は，この書について『再考録』に簡潔に述べられているように，破門された司教たちの手になる二つの手紙がローマで回覧されているのを知り，アウグスティヌスの青年時代からの友人で郷里タガステの司教であったアリピウスをとおしてアウグスティヌスに反論を要請してきた。アリピウスはラヴェンナからアフリカに帰る途次ローマにしばらく滞在し，教皇と親しくなりこの

手紙を420年に受け取ったと思われる(『ペラギウス派の二書簡論駁』I, 1, 1)。この手紙の全文は散逸しており,第一の手紙は『ペラギウス派の二書簡駁論』第1巻の引用から,第2の手紙は第2-4巻の引用から抜粋の形でのみ知られるに過ぎないが[*3],第1の手紙は確実にユリアヌスのものであり,第二の手紙は回勅に署名することを拒んだ彼の同調者の17人と共同して作成されていると言われている(同上1, 3)。第2の手紙はペラギウス主義を弁護する願いを込めてテサロニケの司教ルーフスに当てられていた。その内容から判断すると主としてユリアヌスの手になるものであるが,カエレスティウスの手も加えられていると考えられる。この手紙を批判することによって『ペラギウス派の二書簡駁論』全4巻が書かれたが,その時期としては420年以前は不可能であり,421年の2回目のアリピウスのイタリア旅行にさいしこの書が持って行かれたとすると,420年から21年の間に書きあげられたことになる。

　上記の手紙にあるユリアヌスのアウグスティヌスに対する批判は自由意志と結婚観に向けられ,思想内容がマニ教的であると断定している。これに対する反論からこの著作は始められ,終りにペラギウス派が賛美する被造物・結婚・律法・自由意志・聖徒の五つの項目もしくは争点にわたって論じられている。こうしてカトリックの信仰の真理が,マニ教とペラギウス主義という二つの極論と対決させられながら,力説されている。

　この書の内容を検討すると,いくつかの点においてアウグスティヌスの思想が深化し,発展していることが知られる。それは特に彼の思想の根底に潜んでいる自己理解によく表われている。その代表的な例としてローマ書第7章後半の解釈を取り上げてみよう。

　(1)　ローマ書第7章後半の人間についての解釈の転向

　初期の著作に属する『シンプリキアヌスに答えた諸問題』(396)においてローマ書第7章後半の人間は律法の下に立っており,恩恵にいたる以前の生死に関わる苦闘の中にある古い人を意味すると説かれていた。この解釈は『結婚と情欲』(419)で変更されるようになり,その理由が同じくユリアヌスを論駁した『ペラギウス派の二書簡駁論』で明らかにされてい

---

3)　第二の手紙はユリアヌスが419年の夏に書いたと推測されている『トルバンティウスへ』(Ad Turbantius)第2-4巻の引用から抜粋の形でのみ知られるに過ぎない。

る。

　この解釈の転向が何故に生じたかについてこれまでさまざまに論じられてきた。たとえばアウグスティヌスはカトリック教会の護教家という立場から，とくに恩恵を授与する施設として教会の役割を拡大するため，あるいはそのような役割を確立するため，人間の善性や自由意志を制限して，キリスト教徒を含めた人間の全体が罪の中に埋没しているとみなした，と説かれた[4]。また，単に教義上の論争の結果こうした結論に導かれたとも考えられている。しかし，後期の思想がすでに中期の作品のなかにも芽生えていて，これがペラギウス論争，とくにユリアヌスとの論争を契機として前景に現われて来たものと見るべきであろう[5]。

　『シンプリキアヌスに答えた諸問題』ではローマ書第7章後半について「この箇所で使徒は律法の下におかれている人間を，自分自身へと移し変えて表明しているように思われる。その言葉は彼の人格にもとづいて語られたものである」(I, qu. 1, 1) と述べて，恩恵の下に立つキリスト者の状態を描いたものではないと明らかに主張された。しかし，アウグスティヌスは419年にいたって従来とって来た解釈を突然放棄して，ローマ書第7章後半は恩恵の下に立つ人間を描いていると説くようになった。そして『ペラギウス派の二書簡駁論』ではこれまで採ってきた解釈はペラギウス的であるとして，以前の解釈の誤りを次のように公然と告白するようになった。

　　「だが以前わたしにも，かの使徒の言葉で律法の下に立つ人間が描かれていると，思われたのであった。しかし，その後，〈いまやこのことを行なっているのはわたしではない〉(ロマ7・17) と彼が語っている言葉がその考えを放棄するように強いた。……その理由は，律法の下にある人間が〈内的人間にしたがって神の律法をわたしは喜ぶ〉とどうして語り得るのか，このことが分からないからである。というの

---

4) C. Baur, Die christliche Kirche vom Anfang des vierten bis zum Ende des sechsten Jahrhunderts, 1859, S. 144. これに対する反論として Hermann Reuter, Augustinische Studien, 1967, S. 16ff. がある。

5) ローマ書第7章の解釈について H. Jonas, Augustin und das paulinische Freiheitsproblem, 1930; E, Dinkler, Die Antropologie Augustins, 1934; P. Platz, Der Römerbrief in der Gnadenlehre Augustins, 1938を参照。

は，善に対する歓喜によって，つまり罰に対する恐怖ではなく義に対する愛（これが実に喜ぶということである）によって彼が悪に同意しないのであるが，そのような善に対する歓喜そのものは恩恵に属しているとみなすべきであるから」（『二書簡駁論』I, 10, 22）

アウグスティヌスによると生まれながらの人間ではなく，恩恵のそそぎを受けた人間の下でのみ，義を喜び愛することが生じており，これが肉に対する戦いを起こしている。というのは神の律法を喜ぶということは，神の霊に生きるキリスト者においてのみ生じており，聖霊により高められた人間の下でのみ肉との苦闘は見いだせるからである。この解釈の変更は『再考録』でもう一度確認されている。しかし，この解釈の転換が起こったのは，彼自身の思想の深化や発展として理解することができる[*6]。

(2) マニ教とペラギウス主義とに対するカトリックの立場

ユリアヌスは自由意志についてのアウグスティヌスの教えがマニ教と同じであると批判した。これに対しアウグスティヌスはペラギウス派が自由意志を弁護しようとし神の恩恵よりも自己自身に頼んで義を獲得しようとする誤りに陥っていると反論し，マニ教とペラギウス派という二つの異端に対しカトリック教会の立場を明らかにした。その主要なる論点をめぐる三者の主張を要約してみると次のごとくになる。

争点一　神の創造と自然について
A （マニ教）善神が全自然の創造者ではない。
B （ペラギウス派）神は清める者でも救い主でも解放者でもない。
C （カトリック）Aに対し，神の創造は全自然に及ぶ，Bに対し，人間の自然本性は損傷されている。

争点二　原罪について
A　悪は永遠で不変である。
B　原罪は認められない。
C　Aに対し，悪は実体ではなく，実体の毀損である。Bに対し，原罪による毀損は癒されるべきである。

───────

6) Dinkler, Die Antropologie Augustins, S. 271参照。ディンクラーはその原因として「情欲が克服しがたいこと」(Unüberwindbarkeit der Concupiscenz) があるとみなしている。

争点三　肉の情欲について
A　それは偶然生じた悪徳ではなく，永遠から悪しき本性である。
B　それは悪徳ではなく，本性的善として称賛すべきである。
C　Aに対し，それは自然本性ではなく，その欠陥たる悪徳である。だから癒しがたいのではない。Bに対し，それは神からではなく，現世から来たる悪しき病である。だから称賛すべきではない。

争点四　自由意志について
A　善人についても悪の開始は自由意志によることを否定する。
B　悪人といえども自由意志により充分善い戒めを実現できる。
C　Aに対し，神は人間を正しい者として造った。Bに対し，神の御子が自由にするなら，悪人も自由である。

争点五　魂について
A　それは神の一部分であり，悪しき本性との混合により罪を犯す。
B　魂は善であり，神の一部分でなく，被造物であるが，壊敗的生活の中にあっても罪をもたない。
C　Aに対し，罪は本性ではなく，悪徳であるから，自己の本性を実現できない。それゆえ，主は善い木と悪い木を認められた。Bに対し，悪がないと言うのは自己を欺くもので，真理は彼らのうちにはない。
（同 2, 2; III, 9, 25）

　マニ教は人間の自然本性が部分的に悪に染まっていると説く性悪説に立つのに対し，ペラギウス派は全面的な性善説に立っている。これに対しカトリックは人間は罪により本性を損傷させたが，これは癒されて真の自由に達するまで救われると説き，悲観主義的な宿命論でも道徳主義的な楽観論でもない救済論的見方をとっている。このようにして相対立する二つの異端という両極端の誇張を止揚して真理を説く弁証法が展開している。

　（3）　自由意志と自由
　アウグスティヌスによるとペラギウス派は「自由意志を清めることによって，その弁護者となるのではなく，それを誇張することによってその破壊者となっている」（同I, 4, 8）。このことの一例として彼はユリアヌスの次の主張をあげている。「わたしたちは人間が神の作品であることを主張する。神の権能によってだれも悪や善へと不本意に強制されるのではなく，自己

の意志により善や悪を行なうのである。実際，善い行為をなすさいに神の恩恵によりたえず助けられ，悪をなすに当たって悪魔のいざないにより刺激されている」（同I, 18, 36）。この主張に対しアウグスティヌスは神の恩恵なしに人間が自己の意志により善い行為に進むように考えられている点を批判する。もし「善い意志の功績のゆえに」神が援助するとみなすならば，恩恵は「当然の報い」となり，元来「無償で」与えられる恩恵を無にすることになる（同I, 19, 37）。彼によるとユリアヌスは自由意志に依存しすぎており，それにより「恩恵を受けるに値する」功績主義に陥っている。恩恵は「あわれみたもう神により無償で授与されるのである」（同I, 24, 42）。

　しかし彼は自由意志を否定しているのではなく，自由意志と自由を区別し，原罪により失われたのは自由であって，自由意志ではないと説いている。「自由こそ罪により消滅している」（同I, 2, 5）。罪人の中にも自由意志は「罪を喜び愛する働き」に認められるが，それは罪の奴隷になっている。「彼らは意志の自由決定によるのでないなら，義から自由ではない。彼らは救い主の恩恵によるのでないなら，罪から自由ではない」（同）。ここにある「義からの自由」とは義に拘束されないで罪に向かって決断できる状態をいい，「罪の奴隷」となっていることを意味している。反対に「罪からの自由」は罪の拘束から解かれて「義の奴隷（下僕）」となっていることをいう。一般的に言って拘束や強制のない状態は消極的自由の主張であるが，「義からの自由」が「罪へ向かう奴隷」であるように，反対方向に向かう積極的自由が対立的に措定されている。例えば罪から自由になった人は「善くかつ正しく生きるべく自由である」と説かれる（同）。他方，義から自由になった人は自由意志をもっても「悪をなすことができる」にすぎない（同II, 5, 9）。こういう意志自体が恩恵により悪のなわめから解放されてはじめて，善に向かう積極的自由にいたりうる（同III, 8, 24）。

　このようにして，事実，神の恩恵によって自由意志はいっそう自由となっている。自然本性的な自由はここでは超越的な神との関係の中で恩恵によって自由を拡大させている。アウグスティヌスは言う，「自由意志は健全になるにつれて，いっそう自由になるであろう。しかし，自由意志は神の憐れみと恩恵に服することに応じていっそう自由となるであろう」[7]と。

7）　アウグスティヌス『手紙』157, 2, 8.

この自由の状態を彼は「自由とされた自由意志」(liberum arbitrium liberatum) という。自由意志は本性的な機能としては「生まれながらの属性」(naturaliter attributum) であるが，堕罪後は神の助けがなければ罪を犯さざるをえないような「拘束された (captivatum) 自由意志」である。この「拘束された自由意志は単に罪を犯すことができるだけである。神によって自由とされ，助けられていなければ義をなしえない」(同Ⅲ, 8, 24)[*8]。したがって自由意志は神の創造によって人間に与えられた機能であるが，それは自然本性の働きに過ぎない。この機能としての自由意志は恩恵論の前提とするところである。しかし，恩恵が与える自由は自由意志の自由とは異なって「自由とされた自由意志」に示されているように，機能としての自由がいっそう自由となった状態である。それゆえ，自由意志の自由である選択の行為と恩恵によって与えられた自由の状態とは異なっている。前者は哲学的な自由であるのに対し，後者は神学的な自由である。この書物においてこの区別がアウグスティヌスに自覚されるようになった。

　アウグスティヌスはこの恩恵論に基づいてユリアヌスに対して次のように回答している。「神の権能により悪や善へとだれも不本意に強制されているのではない。そうではなく，もし神が見棄てるならば，当然の報いとして悪に向かい，神に支えられるならば，功績なしに善へと向けられる。実際，人間が意志しないならば善ではないが，神の恩恵によって意志するように助けられるのである」(同I, 18, 36)。したがって神は「意志するように」と意志の開始に対しても人間に内的に働きかけている。それは不思議な仕方で起こっており，「人間は意志していない者から意志する者へと造〔り変え〕られている」(I, 19, 37)。

　（4）　「義人にして同時に罪人」—— 人間の自己理解の解釈変化

　このようにアウグスティヌスは自由意志の存在を認めているが，それが義か罪かのいずれかの方向に傾斜している現実をたえず問題にする。この現実は罪の拘束力が強い程度に応じて，人間性の無力と神の恩恵の絶対性とが信仰により同時に主張されるようになる。これこそ「義人にして同時に罪人」の命題の語るところであって，義人における罪との戦いを自覚さ

---

8)　ジルソンによると自由は自由意志より大きいので，恩恵と自由意志の関係よりも，恩恵と自由が問題となっている (E. Gilson, The Christian Philosophy of St. Augustine, 1961, p.157)。

せ，ローマ書第7章の解釈を転換させたものであるといえよう[*9]。

彼は「義人にして同時に罪人」の定式をこの書物においては「義とされた罪人」により表現している。「神は光を創造することによって〔闇から〕分けたもうたように，義とされた罪人に対しても，〈あなたがたは以前は闇であったが，今は主にあって光となっている〉（エペソ5・8）と語っている」（同II, 7, 15）。義とされた人も「自己自身の内にある人間の弱さ」によりたえず神の恩恵を求めている。この弱さは「肉の情欲」であり，「死のからだ」から救いだされた者においてもなお認められる罪の残りである。恩恵によって意志は罪へ同意しなくなったとしても，なお身体が完全に贖われるまでは，弱さゆえに，情欲の刺激を根絶することはできない。彼は告白する，「悪しき欲望への同意から解放された者たちも，それを多大の謙虚と敬愛をもって抑制したとしても，肉の情欲について呻き苦しんだのである，とわたしたちは主張する」（同I, 23, 24）。したがってキリスト者にも弱さが残り，戦いが続けられている。「善い戦いの苦しみによって格闘するとき，新生した者が抗戦する弱さはとり去られていない。それゆえ彼は祈りの言葉を発して呻いている」（同III, 3, 4）。聖書も信仰者のこの戦いについて人間の弱さゆえに認めている。したがって弱さとの戦いは現世に生きるかぎり続くのであり，義人のこの世における完全な姿は「自己の不完全性についての真実なる認識と謙虚な告白」に求められた（同III, 7, 19）。この弱さの真摯な認識こそローマ書第7章後半の解釈の転換を惹き起こした真の原因であって，神の前に立つ自己省察から生じている。

3 『ユリアヌス駁論』

アウグスティヌスは『手紙』207によると司教クラウディウスを通して421年にユリアヌスの『トルバンティウスへ』(Ad Turbantius) 全4巻を受け取った。そして直ちにこの書を詳細に論駁することに着手し，『ユリアヌス駁論』全6巻を書いてクラウディウスに送った。というのは『再考録』に記されているように『ペラギウス派の二書簡駁論』が論駁の対象とした

---

9) 「義人にして同時に罪人」(simul iustus et peccator) の意味に関しては詳しくは金子晴勇『ルターの人間学』創文社，第1部3章133-64頁を参照。とくに3節139-43を参照。

ものがラヴェンナの宮廷の有力者であったウァレリウスに送られた単なるユリアヌスの主張の抜粋に過ぎなかったからである。アウグスティヌスはしたがってこの大作からユリアヌスの思想の全貌を初めて知るに至った。ところでユリアヌス自身は419年に追放され，最初はキリキイアのモプスエティアのテオドーレによって歓迎されたが，後にコンスタンティノポリスに移った。彼は439年に至るまでイタリアで司教に再任されるように試みたけれども，それに失敗した。その後しばらくして彼はシシリアにおいて死去した[*10]。

　アウグスティヌスは『再考録』で「わたしの書物の最初の2巻は使徒たちの後にカトリックの信仰を弁護した聖人たちの証言によってユリアヌスの無恥を論駁した」と述べている（『再考録』II, 62）。彼はユリアヌスの『トルバンティウスへ』全4巻を読んで，新しい異端に対して東西の古代教父からの証言に基づいて答える必要を感じた。というのはユリアヌスによって東方の司教たちが，とくにコンスタンティノポリス司教ヨハンネス・クリュソストモスが原罪を否定しているとの主張がなされていたからである。そこで最初の2巻は教父の著作からの夥しい引用によって原罪の学説が擁護されている。それに続く4巻はユリアヌスの『トルバンティウスへ』の4巻に対決してその説を引用しながら詳細に論述されている。

　最初の2巻は『ペラギウス派の二書簡駁論』の終わりで言及したカトリックの原罪に関する伝統的な教義を引き継いで書いたものであり，古代教会の権威から非常に多くのテキストを引用して原罪の説を論述している[*11]。したがって短時間の間にアウグスティヌスが多くの文献に当たって原罪説を学術的に論証するように努めたことがわかる[*12]。

　ところで第2巻にはユリアヌスの五つの基本的な主張とそれに対するアウグスティヌスの反論が要約して述べられている。論争点となったユリア

---

10) 本書第Ⅲ章3節参照。
11) 第1巻の初めに挙げられている教父の名前を挙げてみよう。エイレナイオスとキプリアヌスの証言（I, 3, 5-6）レティキウス，オリンピウス，ヒラリウスの証言（I, 3, 7-9）アンブロシウスの証言（I, 10）イノケンティウス教皇（I, 4, 13-14）ナジアンゾスのグレゴリウス，バシレイオス（I, 5, 15-18）クリュソストモスの証言（I, 6, 21-29）こうした教父からの引用は第1巻と第2巻に満ちている。
12) この書が421年に書かれたとするとすでに彼は67歳という老齢に達しており，このように歴史的な証言を集めた学術的な成果は刮目に値するといえよう。

ヌスの五つの主張とは，創造の讃美・結婚の讃美・神の律法の讃美・自由意志の讃美・聖人の功績への讃美である。

ユリアヌスの主張　「あなたは言う，『①もし神が人間を創造しているなら，彼らはなんらかの悪をたずさえて生まれることはできない。②もし結婚が善であるなら，そこから悪はなにも生じない。③もしすべての罪が洗礼によって赦されるならば，再生によって生まれた者は原罪を引き寄せることはできない。④もし神が義しいなら，子供に対しその両親の罪を裁くことはできない。なぜなら神は両親に彼らの罪を赦しているから。⑤もし人間の本性が完全な義に適しているなら，本性上の欠陥をもつことはできない』と」。

アウグスティヌスの反論　「これに対しわたしたちは次のように答える。①神は人間の，つまり魂と身体との双方の，創造者である。また，②結婚は善である。また，③キリストの洗礼によってすべての罪は赦される。また，⑤神は義である。そして④人間の本性は完全な義に適している。しかしながら，これらすべてのことが真理であっても，人々は最初の人が引きずっている毀損された根源に服して生まれており，したがってキリストにより再生することなしには，断罪に向かうのである。そしてわたしたちはこのことをカトリックの聖人たちの権威によって証明した。彼らもまた，わたしたちが原罪について語り，これら五つの命題がすべて真理であると告白していることを，〔同様に〕主張している」（『ユリアヌス駁論』II, 9, 31)。

このようにアウグスティヌスの思想はユリアヌスの思想を逐一反論するかたちで展開するが，第3巻から第6巻に至る部分はユリアヌスの大作『トルバンティウスへ』全4巻を順を追って詳細に論駁したものであるため，きわめて大部な著作となった。しかも，アウグスティヌスはユリアヌスの言葉を引用しながら逐一それを論駁しているため，論旨を捉えることが困難である。加えて，ユリアヌスの言葉自身がアウグスティヌスの『結婚と情欲』を引用しながら反駁したものであるから，この書の内容は，反駁を再度反駁するという，二重の論駁を展開させている複雑なプロセスをとっている。それとは別にこの書の文章はきわめて難解となっている。それはユリアヌス自身が優れたラテン文をもって自説を主張する修辞家であったため，修辞学者アウグスティヌスもそれに負けない見事な文体をもって対決したからである。なお，二人とも弁証論的な議論を好んで展開する

ので，その議論における推論を追うだけでもかなりの緊張を強いられる。しかし，その内容は優れたものであって，これまでのペラギウス駁論の根本に迫る内容をもっているといえよう。

　この部分における最大の論争は原罪と情欲との関係をめぐって展開する。それはとくに第3巻21章42-50節に示されているので，その概要を述べてみよう。

　アウグスティヌスはユリアヌスの言葉「自然的な欲情を抑制し保っている人は善をよく用いている」を引用してこれを批判しながら論争の核心に迫っていく。ユリアヌスの主張に対しアウグスティヌスは「肉の欲情を抑制している人は悪を良く用いている」と主張する。ここから問題の核心が欲情を善とみなすか，それとも悪とみなすかという決定的な対立にあることが判明する。肉の欲情には結婚という救済措置が必要である点では両者の見解は一致する。ところがユリアヌスは聖なる童貞は治療を侮っていると言い，救助を必要としない人を称賛し，その人は「光栄ある戦い」に入っていくという。それに対しアウグスティヌスは治療を必要とするものは病にかかっているがゆえに，肉の欲情は悪であると批判する（42節）。この童貞の「栄光ある戦い」は悪に負けないところまで達するが，結婚した貞淑な人たちでは童貞の戦いほど輝かしくはなくとも，欲情を婚姻内にとどめるばかりか，子どもを産む範囲内で自制している（43節）。ユリアヌスもこの戦いを実行していると思われる。しかし欲情に対して戦う以上，欲情を称賛してアウグスティヌスと論争していながらも，それが悪であることを現に認めていることになる（44節）。したがって，ユリアヌスが肉の欲情をどんなに称賛しても，それと戦っているかぎりは「肉の欲は御父から出ていない」（Iヨハ2・16）ことを認めなければならない。もしそれが何らかの善であると主張するなら，彼はそれが神から出ていることを否定できない。これでは自己矛盾となる（45節）。この欲情の結果，神の被造物である人間はそれをたずさえて生まれてくるため，誕生から引き継いだ悪のゆえに自由ではなく，再生を必要とする。それゆえ，アウグスティヌスは「生まれてくる本性的な善のゆえに姦淫や放蕩が弁護できないように，結婚の善はそこから引き継がれている根源的な〔アダムに由来する〕悪のゆえに非難できない」という『結婚と情欲』の言葉は正しいと主張する（46節）。

さらにアウグスティヌスはユリアヌスの攻撃に対する反論を続ける。アウグスティヌスの「結婚は大きな善であり，大きな悪である」という言葉がユリアヌスによって中傷されたが，その意味は一人のひとの中に善い本性と悪い本性とがあるということであり，結婚は善であっても，損傷した根源に由来する悪とは戦わねばならない，と言う（47節）。またアウグスティヌスはエピキュリアンであるとの非難に対し，肉の快楽に反対するわたしはそのようなものではなく，ユリアヌスこそ快楽の讃美者であるように語っているがゆえに，エピキュリアンであろうと反撃する。しかし，彼は善を徳においているので，エピキュリアンではないが，真実な敬虔から来る徳を知っていないにすぎない（48節）。さらにアウグスティヌスが欲望の手綱をすべて断ち切っているという非難に対する反論が人間の欲望が善か悪かという質問から展開する。ユリアヌスはそれが何らかの善であると言うのに反しアウグスティヌスはそれが何らかの悪であると主張する（49節）。ユリアヌスは情欲は善であるが，それに対し自制によって光栄ある戦いをなすべきであると求める。アウグスティヌスは情欲を称賛しながら同時にそれと戦うことはできないと反論する（50節）。

　ここから明瞭になることは，これまでのペラギウス論争では「恩恵と自由意志」の関連が中心問題であったが，『ユリアヌス駁論』でもこれらの点が扱われてはいるにしても，主題となっている争点は，アウグスティヌスの『結婚と情欲』をユリアヌスが徹底的に批判したことから，「原罪と情欲」の関係に移行しているということである。そのさい結婚と性欲との関連に論争が向けられ，性欲を賛美するユリアヌスとそれを罪の担い手とみなすアウグスティヌスとの間に大論争が展開した。

　アウグスティヌスは青年時代の著作『自由意志』以来，原罪を自然本性の破壊である「無知と無力」に求めてきた[*13]。前者は知性の不明であり，何をなすべきかを知らないことであり，後者はなすべきをなしえない意志の脆弱である。つまり人間の高貴な能力である知性と意志が欠陥をもっているという自覚である。だが，この作品ではそれが罪深い「情欲」や「性欲」の問題として考察されている。もちろんアウグスティヌスは自然的な本性として結婚を善なるものと考えている。この意味では性欲も欲性も善

---

13) 本書30頁を参照。

である。したがって創造の秩序においてはこれらはすべて善であって，楽園においては理想的な結婚生活が営まれていた。しかし，アダムの罪の後にはこの創造の秩序は混乱し，結婚生活も乱れるようになったが，キリストによる再生によって正しい結婚生活に復帰できる，と彼は主張した。彼はこれらの全体を創造・堕罪・救済・完成という救済史的な観点から解明している。それゆえ，彼にとって人間の自然本性は善であると同時に悪でもある。だが，この悪はマニ教が説いているように悪の原理から派生したのではなく，善なるものの欠陥であって，悪は自然本性の破壊に他ならない。

　ところがユリアヌスはペラギウス主義に基づいて人間の自然本性を善とみなす立場をとっている。それゆえ性欲も善であって，その過剰と逸脱は退けられなければならないとしても，結婚生活で性交は制限されるべきではないと考える。この立場からすると結婚の善を夫婦間の信義・子供の誕生・離婚を禁じる結婚のサクラメントという三つに限定しているアウグスティヌスの説は[*14]，余りにも消極的であるばかりか，性交を悪と見たうえで，子供を得るためにこの悪を善用することを力説した点は反駁されなければならないと考えられた。この論争は結局のところ性欲を罪悪視するアウグスティヌスの原罪説に集中することにならざるを得なかった。しかも結婚における性交を子供を産むという点に制限したことは，性交を通して原罪が子孫に感染するという考えに基づいている。それはたとえ信仰ある両親が洗礼の恩恵によって清められてはいても，身体が完全には聖化されていないがゆえに，つまり完成に到達していないがゆえに，身体的な本性の傷は残存しているという思想に基づいて主張された。

　この自然的な本性に付けられた「傷」こそ原罪を指しているのであって，それは「蛇から受けた古い傷」(同I, 3, 5)「死に至らしめる致命的な傷」(同I, 3, 10)「本性の中の傷」(同V, 16, 65)「本性が受けた傷」(同III, 26, 59)「敵が本性に加えた傷」(同III, 26, 63)「原罪の傷」(同IV, 8, 39)「悪魔によって人類に加えられた傷」(同VI, 19, 58) などと言われ，これが子孫に伝えられるのは「心的な影響と感染による」とか「肉的な情欲から引き継がれる」と語られている[*15]。そのさいこの感染や影響が身体的な交合を経

---

14) 結婚の三つの善については本書第VII章6節の「結婚と性生活について」を参照。
15) この「傷」という表現はきわめて優れている。それは本性の毀損を示すが，精神

て生じると考えられている点が最大の問題となる。今日から言うと性欲を性愛の表現とみなす観点が完全に脱落している。これはアウグスティヌスが青年時代に苦しんだ体験に淵源していると言えよう[*16]。『告白』が雄弁に物語っているように金銭・名誉・女性という若いアウグスティヌスの心を暗くさせ，苦しめた問題の中でも性が克服するのに最も困難な課題であった。彼の場合，回心は全身全霊をあげての一大方向転換であって，救われた者は結婚するにせよ童貞を守るにせよ，厳しい禁欲が求められると感じられた。こうして自然的な性欲は邪欲として感じ取られ，広い意味での情欲も性的な領域において強烈に感じられるようになった。邪欲としての性欲は貪欲な罪を端的に示しており，克服しがたい罪であって，「罪の娘」から「罪の母」となって原罪を子孫に感染させていると説かれた（『結婚と情欲』I, 2 4, 27参照）。この種の情念の暗さをユリアヌスは抑制のきいた結婚生活を通して経験していない。それゆえ，彼は性に関して全く対立する世界観を立てることができたといえよう。したがって，この論争は「二つの相異なる世界観の間の衝突」とみなすことができる[*17]。

アウグスティヌスの思想の背後には自己の暗い性の経験があるだけでなく，古代のプラトン主義の世界観と古代末期の禁欲思想の影響も無視でき

も身体も深手を負うと狂乱状態に落ち込むことがあるからである。ここに人間の悲惨さがある。パスカルは人間が偉大であるがゆえに自己の悲惨さを理解すると言う。つまり，「廃王」の悲惨さである。「人間の偉大さ ── 人間の偉大さは，その惨めさからでも引き出すことができるほど，はっきりと見てとれる。ところで，わたしたちは，動物においては自然であることも，人間においては惨めさと呼ぶのである。そう呼ぶことによって，人間は今日では，その本性が動物とかわらないものになっているが，かつては独自に所有していたもっとすぐれた本性から堕落したものだということを，認めているわけである。いったい，位を退けられた王ででもなければ，自分が王でないのを不幸なことと思う人がいるだろうか」（パスカル，田辺保訳，L221, B409）。なお，ジャン・ムールーもその著作『人間 ── そのキリスト教的意義』の中で原罪が与えた「傷」について神との関係の破綻に由来すると語っている。「魂はこれによって神との恵みの網を断ち切り，まさにその結果肉体との恵みの絆をも切断してしまった。自らを全的に神に与えることの不可能性によって深く傷つけられた魂と，全的に魂に自らを与えることの不可能によって同様に傷ついた肉体とに。それは荒れ狂う邪欲である。肉体がそれ自身に任され，あるいは腐蝕し，あるいは魂に反抗する。かくのごときものが肉体の悲惨さを明らかにする痛手なのである」（三雲夏生訳，中央出版社，92-93頁）。

16) 詳しくは本書第Ⅶ章6節参照。アウグスティヌスは『告白』で心にまで深まらない愛の問題性を指摘した点は優れているが，そこからの帰結について悲観的な見方を強めていったといえよう。

17) ペイゲルス『アダムとエバと蛇』出村みや子他訳，ヨルダン社，1993年，297頁。

ない。しかし,彼が性愛と性欲との本来の関連を理解していたはずなのに,情欲の恐るべき勢威のゆえに見誤ったことが後代に残した影響は絶大なものがあった[18]。彼の思想はその後千年以上にわたって結婚生活に暗い影を落とすことになった点をわたしたちは見過ごすことができない[19]。

　アウグスティヌスとユリアヌスという二人の異質な思想家の論争を今日再考するに当たって,わたしたちは哲学と神学との原理的な区別を自覚すべきである。二人の論争の焦点となった原罪と性の問題を扱うためには,自然本性を問題にする哲学的な人間学と,神との関係を問題にする神学的な人間学との区別が不可欠になってくる。ユリアヌスは主として自然哲学的な人間学に基づいており,アウグスティヌスは神学的な人間の考察を行なっているが,二人とも哲学と神学の方法論的な区別と正しい関連を把握していなかったといえよう。両者の関係を正しく樹立するためには中世と宗教改革の思想家たちを参照すべきであろう[20]。

　なお,原罪に関するアウグスティヌスの論述にはローマ書第5章12節の解釈が今日の解釈とは相違しており,「アダムにおいてすべての人は罪を犯した」と解釈することはできない[21]。しかし,アウグスティヌスはアダムにおいて人類の一体性を形而上学的に把握しており,創世記のアダム神話をもって原罪説を確立しようとする。これでは原罪の神話を創作していることになってしまう[22]。

---

　18)　性愛と性欲とは不可分であるが,分けて考察する必要がある。なぜなら心理的な性愛に衝動的な性欲が従うなら,そこには秩序が生まれ,不幸な混乱と破滅は生じないから。金子晴勇『愛の思想史』85-88頁参照。なお,愛と衝動に関しては同書219-23頁参照。

　19)　この点に関してはウタ・ランケ・ハイネマン『カトリック教会と性の歴史』高木昌史他訳,三交社,1996年を参照されたい。

　20)　金子晴勇『ルターの人間学』第1部第2章「哲学的人間学と神学的人間学 ── 人間学的区分の問題を中心にして」13-55頁参照。

　21)　この解釈は「アンブロジアステル」に由来する。

　22)　この点に関して J. Gross, Das Wesen der Erbsünde nach Augustin, Magister Augustinus, II, p.786を参照。

第VI章

セミ・ペラギウス主義との論争

ペラギウスの教えから直接的にも間接的にも派生してきたのではないけれども，したがって原罪とキリストの恩恵による救済との説を受け入れており，決して異端ではないにしても，アウグスティヌスの恩恵論を批判してペラギウス主義に近づく傾向のあった人たちが現われて来た。つまりカトリックの内部にあっても彼の説はかならずしも正しく理解されていたわけではなかった。とくに功績を排除した恩恵が，義認にさいし意志に先行し，かつすべての行為に伴わなければならない，といった徹底した恩恵論は，人間の自由意志を攻撃して排斥する結果となり，人間の側の主体的な誠実な意欲やすべての司牧的努力をも無効とするように見えたのである。それゆえ信仰の出発点を自由意志に求めるペラギウス的な主張がアウグスティヌスに対する批判という形で生まれ，救いにいたる神の予知は認めていても，それでも永遠の生命を報いとして受ける功績を認めないような厳格な予定説は受け入れがたい，と考えられた。また終りの日まで善と信仰にとどまる堅忍も，恩恵よりも人間の意志にかかわる問題ではないかという反論を生じさせた。こういう疑義もしくは批判はペラギウス主義に近づく傾向のゆえにセミ（半）ペラギウス主義と呼ばれた[*1]。アウグスティヌス自

---

1) 「セミ・ペラギウス主義者」の名称は1577年にルター派教会における「一致信条」で初めて使われた言葉であって，17世紀には一般にも用いられるようになった (A. von Harnack, Lehrbuch der Dogmengeschichite III, 185, Anm.1)。しかし，この表現は正しくなく，この主義

身はこれを「新しいペラギウス主義的異端者」(『手紙』214, 3; 215, 1) と呼んでいる[*2]。彼はこれらの批判者たちに対し，その主張を異端視することなく，自説を正しく理解してくれるように終始努めた。

そこでこのような批判がどのようにして生じたかを史実にしたがって述べてみたい。

1　カトリック内部からの反論（1）　北アフリカのハドルメトゥム

教皇シクストゥス3世（在位432-40年）はその司教時代にペラギウス主義に同情的であるとのうわさが広まった。そこで彼はアウグスティヌスのもとに詳しい手紙を送り，自分の思想がペラギウス主義に傾いているかどうかの判断を乞うた。アウグスティヌスはこの手紙を見て，司教が異端の友であるどころか，反対に真のカトリックの教えに忠実であると判断し，418年に手紙を送り，司教を励まし，ペラギウスの謬論を反駁するための手本を提示した（『手紙』194）。この長文の手紙のなかで，恩恵が自由意志を廃棄する，というペラギウス主義の主張に加担する人は，意志を正しく確立することなく，強固な支えを失っている，と彼は反論し，さらに功績を認めないと神は人を偏って見ることになると主張する人は，神の正義も恩恵も正しく理解していない，と説きはじめ，意志の自由を「曲解する人」に対決し，神の恩恵の絶対性を力説した。こうして神の恩恵に先行する功績は否定され，恩恵が功績を生んで永遠の生命にあずからしめるがゆえに，神がわたしたちの功績に報いるのは，神自身の功績に報いるのにほ

はペラギウスの説と関係がなく，それを緩和したものでもなかった。より正確には「セミ・アウグスティヌス主義」と呼ばれる内容であった（Lohse, Epochen der Dogmengeschichte, 126 参照）。このセミ・ペラギウス主義とその批判についての注目すべき二つの研究が最近発表された。R. H. Weaver, Divine Grace and Human Agency. A Study of the Semi-Pelagian Controversy, 1966; D. Ogliari, Gratia et Certamen. The Relationship between Grace and Free Will in the Discussion of Augustine with the So-called Semipelagians, 2003. 後者はベルギー人の手になる研究で，ルーバン大学出版局から発行されている。

2)　このようなセミ・ペラギウス主義者は当時は「マルセイユの人々」とも呼ばれていた。これは当時広まったアウグスティヌスの恩恵論に対する反応であって，初期のアウグスティヌス思想と一致しているもので当時の神学的な「常識」を表すものであった (O. H. Pesch, A. Peters, Einführung in die Lehre von Gnade und Rechtfertigung, 1989, S. 35)。

かならないと次のように説かれた。「それゆえ，人間よ，お前が永遠の生命を受けるであろうとき，それはたしかに義に対する報いではあっても，義そのものが恩恵なのであるお前にとっては，恩恵なのである」(同194, 5, 21) と。また予定についても，神の選びは人を偏り見ることなく，恩恵により人を救いに予定し，義の審判により人を滅びに予定すると説いた。

　さて，8, 9年経ったころアウグスティヌスのかつての教え子であり，ウザラの司教をしていたエウォディウスは，このシクストゥス宛ての手紙を入手し，自分の管轄下にあった修道院の兄弟たちに自由に読んで，信仰の導きとして用いるように与えた。同じ北アフリカのビザンケナ州のウザラの司教区には海浜の町ハドルメトゥムがあり，そこにも平信徒の修道院があって，そこから修道士フロールスという人がやってきてウザラの修道院を訪ねた。彼は図書室にあったアウグスティヌスのシクストゥス宛ての手紙を見いだし，その内容に感激し，同行者のフェリックスに筆記させ，ハドルメトゥムの修道院にとどけさせた。彼はこの手紙をとどけることによって同信の兄弟たちに奉仕し喜んでもらえると確信していた。ところが，この手紙は院長ヴァレンティヌスの知らない間に回覧され，フロールスの期待に全く反して，修道院内で賛否両論により激しい論争を起こしてしまった。

　在院者の少数の者たちは，功績を全く認めない恩恵の説が意志の自由を廃棄するのみならず，審判の日に各人がそのわざによって報いられるという信仰箇条に違反する，と主張した。フロールスは旅から帰ってこの意外な結果に驚くとともに，論争の張本人ともいわれて，失望し，事の次第を院長に説明した。院長の調停も失敗したので，司教エウォディウスに事情の報告がなされざるをえなかった。しかし，せっかちな在院者たちはこれにあきたらないで，アウグスティヌス自身から問題の手紙について真意を説明してもらおうと迫った。修道院長ヴァレンティヌスの努力のかいなく，紛争は鎮められなかった。そこで修道士のある者たちが熱心のあまりアウグスティヌスに直接答えてもらおうと訴えた。院長もこれ以上の混乱を招くのを恐れて，仕方なくこれに許可を与えた。

　この論争の中心問題は神の恩恵と自由意志との関係についてであり，アウグスティヌスのように神の恩恵を弁護すると自由意志が否定されてしまうので，これを反論して，神の恩恵はわたしたちの功績にしたがって与え

られる，と説く者たちが反撃に転じてきたのである。

　ハドルメトゥムの二人の修道士クレスコニウスとフェリックスが直ちにアウグスティヌスの許に出発し，もう一人のフェリックスも後からヒッポに向かった。彼らは何の紹介も推薦もないままにヒッポの司教を訪ねた。それにもかかわらず，司教は彼らを迎え入れ，問題となった手紙について説明し，できるだけ早く争点を解決すべく努めた。というのは復活節が近づいていたので，三人の修道士はこの祭りまでにハドルメトゥムに帰りたかったからである。司教はこの人たちによく分かるように教えてから，短いが内容のある手紙（『手紙』214）を修道院長ウァレンティヌスと修道院の兄弟たちに書き，これをもたせてハドルメトゥムに帰らせようと考えた。しかし，彼はその計画を直ちに変えて復活節すぎまで彼らをヒッポにとどめ，ペラギウス主義の誤謬を徹底して教えながら恩恵と自由意志との関係について論じた『恩恵と自由意志』（426／7年）を書きあげ，もう一つの手紙（『手紙』215）をも添えて，彼らを帰した。

　こうして二つの手紙とこの著作とを受け取ったハドルメトゥムの修道院長ウァレンティヌスはアウグスティヌスに返書をしたため，フロールスにこれをもたせて行かせた。というのは，アウグスティヌスが彼の著作をハドルメトゥムの修道院長ウァレンティヌスに送るに当たって同院内の論争を起こすきっかけを与えてしまったフロールスを自分のもとに遣わしてほしいと要請したからである。それはフロールスと語って彼が兄弟たちに誤解されたのか，それとも彼自身がアウグスティヌスを誤解したのか知りたかったためである。そこでフロールスはウァレンティヌスの手紙（『手紙』238）をたずさえてヒッポのアウグスティヌスのもとに出かけて行った。この手紙はアウグスティヌスに「神聖なる主人」「至福なる教皇」と呼びかけており，「すばらしい救いをもたらした」教えに対する感謝を述べ，フロールスが信仰において信頼に値することを伝えている。この手紙とアウグスティヌスがハドルメトゥムの修道士に対してとった態度がよい結果をもたらした。このことは「あなたがたのだれ一人もさらに悪化して滅びることが起こらず，むしろ幾人かがいっそうよく学び知ることができるようになりました」（『譴責と恩恵』1, 1）と記されている。またフロールスの信仰についても「真の預言者的・使徒的・カトリック的信仰」が彼のうちに見いだされ，「譴責を受けるべきなのはむしろ，彼を理解していなか

った人々である」ことが判明した（同1, 2）。

　アウグスティヌスはこのフロールスから今回の出来事の全貌を明瞭に知ることができた。そこにはまた新しい問題が存在していることが次の『再考録』の文章によって知られる。「あそこではある者が、神の戒めを実行していない場合でも、だれもその人を譴責すべきではなく、ただそれを実行するように彼のために祈るべきである、と主張しているとわたしに報告されたので、この書は譴責と恩恵という表題にした」(Retra., II, 67)。ここで報告されている新しい非難は、『恩恵と自由意志』に対する批判であった。つまり意志は弱いため何らの功績なしにも回心を起こす恩恵を必要とし、恩恵を受けてからも協働する恩恵によって善いわざをなしうるのであるから、弱い意志のなしうることは、戒めを実行するために恩恵を祈り求めることである、と。つまりアウグスティヌスによると自由意志の教えは維持されなければならないが、神の戒めを守っていない場合、その人を譴責するのではなく、その人が戒めを守るように祈るべきであると教えられていると考えられた。この思想から批判者は譴責が不要となると推論を下したのであるが、これは極めて鋭い論敵であったにちがいない。こうしてアウグスティヌスの説く通りなら、祈りのほかに譴責するような司牧のわざはなくなってしまうことになろう。そこでアウグスティヌスは譴責と人間の責任性の必要を説くために、『恩恵と自由意志』を補う第2巻として『譴責と恩恵』を続いて書いた。彼はこの書において罪に陥ったキリスト者に対しては譴責は正しく、その人が選ばれているなら、譴責には効果があるとした。しかし、ペラギウス派の思想に共感を覚えていなかった人たちに対してはこのような議論はアウグスティヌスの考えに対して懐いた疑念をはらし、論争を沈静させることができなかった[*3]。

恩恵と自由意志の主題の展開　　この主題はアウグスティヌスが初期の著作以来一貫して追求してきた最大の問題であり、この書物によってその思想における最後的な表現が与えられることになった。

　直接問題を提起したのは彼のシクストゥス宛ての手紙であり、彼の恩恵

---

3)　したがってこのハドルメトムで感じられた疑念は南フランスへと飛び火していくことになる。これについては本章の2節を参照。

論が自由意志を廃棄していると考えられた。これに対する彼の直接の回答は『手紙』214の2節と7節で示されており，彼は聖書の証言によって恩恵の教義をまず第一に確立した。その上で，自由意志を神の恩恵から分離して弁護すべきではなく，むしろ正しく思考し行動するためには自由意志が恩恵によって支えられなければならないことが強調された。また，このように恩恵により支えられながら実行された善いわざに対し主は審判の日に報いられる，と説かれた。したがって彼の主たる関心は意志の自由を弁護するよりも，自由意志を誇張することに対決して恩恵を弁護することにあった。この点，次の言葉が彼の思想を実に明確に表現している。「そしてあなたがたが理解にいたっていないと感じるなら，さしあたっては次の神の言葉を信じなさい。つまり人間の意志決定は自由であり，また神の恩恵の援助なしには自由な意志決定は神に向かうことも，神に向かって前進することもできない，ということを信じなさい」（『手紙』214，7）。

ここに自由意志の存在が肯定されながらも，神の恩恵が必要である点が力説されているのが知られる。アウグスティヌスが批判した点はペラギウス主義が自由意志によって恩恵に値する功績を立てうるという自由意志に対する誇張であった。しかし，同時に彼は何もしないで恩恵のうちに安逸を貪る怠惰をも攻撃せざるをえなかった。このことは第二の手紙（『手紙』215）に示され，彼が自由意志と恩恵とのいずれかを誇張する二つの極端に対決していたことが明らかである。彼は箴言4章27節「あなたは右にも左にも迷い出てはならない」を引用して次のように言う。

「それゆえに，最愛の友よ，善いわざをなすのにはわたしの意志だけで充分である，と主張する人はだれにせよ，右に迷い出ている。しかし反対に，恩恵自身が人々の意志を悪から善となし，恩恵がそのような者となした人を保護したもうと信じかつ理解するように神の恩恵が説かれるのを聞く場合，善い生活を棄て去らなければならないと考え，そのゆえに〈善が生じるために悪をしよう〉（ロマ3・8）と言う人々は左に迷い出ている。それだからわたしはあなたがたに〈あなたは右にも左にも迷い出てはならない〉と言ったのです。つまり，神の恩恵なしに善いわざを自由意志に帰するほど，あなたはそれを弁護しないように，また，恩恵についていわば安心しきって，悪しきわざを愛好するほど，それを弁護しないようにと言ったのです」（『手紙』215，8）。

このような問題状況に立っていたため，意志に先行する恩恵の必然性にもかかわらず，善い生活にも悪い生活にも人間は責任を負っていると説き，両極端の悪徳を退けるにいたった。したがって『恩恵と自由意志』でも二つの極端はしりぞけられ，恩恵か自由意志かの二者択一は排斥され，恩恵の絶対性に立って自由意志が罪の奴隷状態から解放され，真の自由を獲得し，恩恵の協働により善いわざに励むべきことが論じられた。

この著作の内容を概観してみよう。全体は三つの部分に分けられ，中間の部分が中心となる構成をとっている。まず短い序言によって著述の動機が述べられてから，自由意志を強調する余り恩恵を否定する態度，および恩恵を擁護する余り自由意志を否定する態度の二つはともに誤りであることが指摘される。第一部 (2, 2-3, 5) では自由意志をわたしたちがもっていることを聖書が明白に説いていることが，とくに自己の悪い行為に対する人間の側での責任という視点から説明される。次の第二部 (4, 6-19, 40) では中心問題である恩恵の本質と自由意志との関係がペラギウス主義に対する批判によって論じられ，恩恵の下においても自由意志が存立する意味とその範囲が明らかにされる。

この箇所の主な議論を要約すると次のようになる。まず，善いわざに対する恩恵の必要性が聖書にもとづいて明らかにされてから，ペラギウス主義者の主張，すなわち神が恩恵をもってわたしたちにのぞむ前に，神に向かわなければならない，という教説が吟味され，恩恵は功績に対する報いではないことが説かれはじめる。そのさいとくにパウロの教えと範例があげられ，功績によっては与えられない唯一の恩恵は罪の赦しであるという主張に対して，さらに永遠の生命はどうして恩恵と報酬との双方でありえようかという問いに答える。次に恩恵の本質に関して論じられ，それは罪の認識を与えるにすぎない律法ではないし，キリストの死を無益となすような本性でもなく，主の祈りが示しているように，単に罪の赦しにすぎないのでもない。また恩恵は善い意志の功績に対して与えられるのでもない。聖書はこれに反対しているし，わたしたちが他者のために祈るのも，神が最初に働きたもうことへの期待を示す。回心には恩恵と自由意志がともに関与しており，愛が人間におけるすべての善の源泉であることが示され，神が最初にわたしたちを愛したからこそ，わたしたちは愛をもつのである。この愛は知識に優っているのに，ペラギウス主義者は知識だけが神からく

ると認めている。

　終わりの第三部（20, 41-24, 46）では神の意志と人間の意志との一般的関係が扱われ、神がいかに人間の自由意志を侵害することなく人間を意のままに導きうるかを、聖書により明らかにする。まず神の卓越した支配がどのように人間の意志に及んでいるかが聖書によって証明され、恩恵の全き無償性が明らかにされる。しかし、だれが救いに選ばれ、だれが滅びに予定されているかは人知を超えているが、全知の主が裁きたもうことは正しいとしなければならない。わたしたちの知りうるのは、エジプトの王ファラオのように神が人々の心を頑なにしたのは正義にかない、救いたもうのは恩恵によるということである。したがって、神は頑なとするに値しない者を頑なにすることなく、神が救いたもう人はだれも救われるに値していないことになる。

　わたしたちはこのような内容から恩恵と自由意志との総合がここに目論まれていることを知ることができる。ところでこうした総合は一般には神人協力説 (Synergismus) といわれている。そうするとアウグスティヌスは協働説をここに主張しているのか、という疑問が当然に起こってこざるを得ない。たしかに彼は恩恵が自由意志に協働し、善いわざを実行すると説いている。しかし、わたしたちは彼の協働についての理解が、一般の協働説とは全く相違していることを学ぶことができる[*4]。神の恩恵はまず「わたしたちなしに」(sine nobis) わたしたちの意志に働きかける。これが「活動的恩恵」(gratia operans) である。これによりわたしたちが意志しはじめると、「わたしたちと共に」(nobis cum) 協働して完成に導く。これが「協働的恩恵」(gratia cooperans) にほかならない。こうして人間は「恩恵なしには」(sine gratia) 何事もなすことができない、と説かれる (17, 33)。教父がここで用いる「恩恵なしには」という表現は恩恵以外の可能性を排除する。それはいっそう力強く「わたしたちなしに」と、神のみの働きが強調される[*5]。

　4）　一般的な協働説の三類型とそれに対するアウグスティヌスの批判については金子晴勇『アウグスティヌスの人間学』418-27頁を参照。

　5）　プロテスタントの伝統では、たとえばルターによるスコラ神学との対決を示す討論 Quaestio de viribus et voluntate hominis sine gratia, 1516 やカルヴァンの『キリスト教綱要』第III篇11章19節においては、この「なしに」は「のみ」の意味で用いられている。したがってわたしたちはここにアウグスティヌスの協働説の直中に「恩恵のみ」の主張を見ることができる。

では,「恩恵のみ」であるなら自由意志が排斥されることにはならないかと問われるであろう。実際『恩恵と自由意志』は恩恵を力説する余りに自由意志を取り除く立場を批判して書かれており,自由意志はその存在が終始肯定されている。しかし,自由意志が罪に拘束されている場合,自力で自由となり得ないため,恩恵によって罪の絆から解放され,自由意志の自由が取り戻されなければならないし,また現実には意志が弱くなっているので,その後も恩恵が協働することにならざるを得ない。アウグスティヌス自身この自由意志が罪から救済される点を生涯にわたって説いてきたため,救済における出来事として自由を捉えていた。そのため自由意志の選択機能として本性的自由との関連[*6],さらに実践的倫理との関係が問題となって反論を呼び起こしたのであった。

「譴責」の必要性と恩恵の関係　次に『恩恵と自由意志』の続編として書かれた『譴責と恩恵』のもっている意義に関して述べておきたい。

アウグスティヌスは先に述べたフロールスからハドルメトゥムの修道士の反対者について知らされたが,その中には『再考録』(II, 67) にあるように次のことが伝えられている。「あそこではある者が,神の戒めを実行していない場合でも,だれも譴責されるべきではなく,ただそれを実行するように彼のために祈るべきである,と主張しているとわたしに報告された」。この主張の意味はこうである。すべての善は結局のところ神の恩恵からくるのであれば,人は自分にできないことをしないからといって譴責されるべきではなく,神のみがなしたもうことがその人に対しなされるように神に祈るべきである,というのである。譴責は主体的責任のないところには向けられてはならない。とすると自由意志が認められない人に譴責の必要はなく,恩恵への祈りだけでよいことになる。こういう鋭い反論に対してアウグスティヌスは回答を迫られた。

この書はやがて南フランスの司教や修道士たちの批判を呼び起こしたように,当時においても,後代においてもさまざまな判断や解釈がこれに向けられるようになった。とくに予定説が批判の対象となったのであるが,その批判内容およびアウグスティヌス自身のそれに対する回答については

---

6) 本書158-60頁参照。

後に問題にする。ただこの『譴責と恩恵』という書物が「不可抗的恩恵」(gratia irresistibilis) の説の根拠となったり，そのような主張に対し批判も多くなされてきたことを見ても知られるように，アウグスティヌスの恩恵論の解釈にとっても重要な文献であるといえる。そこで解釈上で重要と思われる問題点について考察してみたい。

（1）アウグスティヌスは「不可抗的恩恵」を実際この書において主張したか[7]。たしかにこの書物において恩恵の絶対性は力説され，「恩恵の援助を欲することは恩恵の初めである」(1, 2) とあるように，彼は自由意志に先行する恩恵を説いた。しかも，アダムの堕罪以後において自由は喪失したため，自由意志は罪の奴隷になっていて，自分の力では善をなし得ず，恩恵によらなければ，その援助を欲することもできない。これに対し自由意志は「自由」を失っても，「善をも悪をもなすための自由意志をもっていることは承認されなければならない」(同上)。問題はこの自由を喪失し，罪の奴隷となっている弱い意志を恩恵が助けるさいの方法である。アウグスティヌスは次のように言う。

「したがって，人間の意志の弱さに助けが差し述べられて，神の恩恵によって意志は不屈で打ち負かされることなく導かれて，意志は弱くとも挫折することなく，逆境にあっても負けなくなる」(12, 38)。

このテキストで「不屈で打ち負かされることなく」(indeclinabiliter et insuperabliter) という表現が「不可避的」，「不可抗的」な恩恵を示すものと考えられている。しかし，これは恩恵によって弱い意志が強められて不撓不屈となるのであって，「不可抗的」に意志を強制的にひきずって行くことを述べたものではない。むしろ自由意志の働きは前提されており，恩恵が自由意志に有効に働きかけて失われた自由を回復し，自由意志を強化して力強く活動させるのである。この場合，恩恵はポルタリエが説いているように，それが受け入れられるのを神が知った上で与える，「有効な恩恵」として考えられている[8]。

---

7) 選ばれた者がその全生涯を通じて審判に至るまで愛にとどまるためには最高にして究極的な恩恵が必要であって，「不可抗的恩恵」が問題となる。しかしこの概念はローフスやハルナックが指摘するようにアウグスティヌスには存在しない。Loofs, Dogmengeshichite, S. 380; Hanack, Lehrbuch der Dogmengeschichte, S.208, Anm. 3

8) E. Portalie, A Guide to the Thought of Saint Augustine, p.227. この説を批判した J. P. Burns, The Development of Augustine's Doctrine of Operative Grace, 1980, p. 9-10 は418年以来人

(2)　神の救済意志がすべてに及ぶのではなく，予定した数に限定されていることは教父が聖書によって確信しているところである。神の選びはその計画に従って招く呼びかけから成立するが，「招かれた者は多いが，選ばれた者は少ない」(マタ20・16) ため，救いの実現が制限を受けることになる。「選ばれた者はみな疑いなく招かれた者なのですが，逆に招かれた者がみなその結果として選ばれたということにはならない」(7・14)。このようにキリストの救いの恩恵はすべての人に招きとして与えられても，現実には救いにいたる人は少ない。そこで普遍的救済論がアウグスティヌスによって新しく解釈されるようになり，「神はすべての人間が救われることを望んでおられる」(1テモ2・4) の「すべて」は「すべて予定された人々」を意味することになる (14・44)。このようになるのはそれによって直ちに自由意志が否定されることを意味しないのであって，意志するしないは人間の自由であるにしても，この人間の意志は神の意志を妨げることも，神の力を凌ぐこともできない (14・43)。そこに彼は神の救済意志の自由と全能を告白しているのであって，人間の自由意志を否定してはいない。

　また彼がアダムにおいてすべての人に与えられた恩恵の援助について語るとき，この援助を受けて自由意志によって堅忍し続けたならば救いにいたるはずであったと考えており，そこにキリストの救いという恩恵の外にも万人に及ぶ救いの可能性を捉えていたといえよう (11・32)。

間の意志に対する神の支配が変化し，内的な恩恵によって意志自体に直接影響を及ぼすようになったと主張する。しかもこの変化にアウグスティヌス自身が気づいていないが，ドナティスト論争によってこの変化がすでに起こっていた。もしもこの変化がないとペラギウスの説に屈服したことであろと断定する。恩恵の絶対性が主体的意志を支配するまでにならないならば，アウグスティヌスの恩恵論が維持されなかったという。自由意志を否定する箇所は『エンキリディオン』(9, 30) にあるとしても，これは例外的であって，罪の中にあっても自由意志の機能を認めないと言うことはありえない。E. Teselle, Augustine the Theologian, 1970, p. 319-38はアウグスティヌスの『キリストの恩恵』(418) では信仰の働きと愛の授与の区別がなく，救いにおいては内的な恩恵によって意志に新しい方向が授けられたと主張する。彼は思想上の変化を認めるが，自由意志の否定は考えていない。この見解のほうが妥当性がある。

2　カトリック内部からの反論（2）　南フランスから

このようなカトリック内部における教父の恩恵論に対する批判は，北アフリカから南フランスに移って行った。『譴責と恩恵』が南フランスのマルセイユの修道士や聖職者によって批判されていることを，アウグスティヌスは当時南フランスにいた平信徒のプロスペルとヒラリウスとから別々に送られた手紙によって知った。プロスペルの手紙はアウグスティヌスの『手紙』225として，またヒラリウスの手紙もアウグスティヌスの『手紙』226として収録されている。これらの2つの手紙はアウグスティヌスのペラギウスを批判した恩恵論が南フランスでは一般に認められることなく，とうにマルセイユの修道士たちによって批判されていることを告げている[*9]。

プロスペルの手紙　このような事態は，まずプロスペルの手紙の内容から次のように明らかである[*10]。

（1）　プロスペルの手紙によると，マルセイユの人たちはアウグスティヌスの説く神の計画によって選ばれるという召命説は教父たちや教会の伝統に合致していないと考えた。ところで『譴責と恩恵』を読んでアウグスティヌスの恩恵論をよく理解した人たちも出てきたが，反対に道徳的にも尊敬されている人たちがいっそう反撃に転じ，人々もこれに従うようになった。このような状況説明の後にアウグスティヌスを批判する彼らの主張が詳しく紹介されている。とくに批判されたのはアウグスティヌスの予定説であり，神は創造の初めから選ばれた人を「尊い器」に，見棄てられた人を「卑しい器」に予定したもうたという思想である。これに反論する彼らの主張は次のようである。

「すべての人はアダムの罪によって罪を犯した。そしてだれも自分のわざによってではなく，神の恩恵によって新生し救われる。キリストの血によるサクラメントの中に存在する贖罪は，例外なく，すべての人に提供されている。したがって信仰と洗礼とに至ろうとするすべて

---

9)　その中心人物はカッシアヌスである。彼については詳しくは本書第Ⅷ章1節を参照。
10)　プロスペルについて詳しくは本書第Ⅷ章2節を参照。

の人は救われることができる。神は世界を創造するに先立って，たれが信じるようになるか，また信仰に ── 続けて恩恵により援助されて ── とどまるであろうかを予知したもうた。また神は恩恵により召命し，選びにふさわしい者となし，現世から善い目的によって退去するであろうと予知したもうた人たちをその御国に予定したもうた。そういうわけで，すべての人は神の計画により信仰と善いわざをなすように勧められており，意志的献身に対する報酬は準備されているのであるから，だれも永遠の生命を獲得することに絶望してはならない」(『手紙』225, 2)。

このように彼らは主張してからアウグスティヌスの思想を批判し，罪人から悔い改める意志をとりのぞき，善人をなまぬるくするような思想は，予定の概念を宿命論に導くものであると非難した。

（2）　プロスペルの伝えるところによるとマルセイユには，人間の自由を強調して，恩恵の意義を低く見るペラギウス主義に近い人たちもいたようである。もちろん彼らとても人間の功績に先立つ恩恵を認めざるを得なかった。もしそうでないなら，恩恵ではなくなってしまうから。だが，彼らは次のように主張した。

「各人には次のような状況が与えられている，と彼らは主張する。人は〔その時〕いまだ存在していなかったのだから，何ら功績もない前に，神の恩恵は人を自由意志を具えた理性的存在に創造したもうた。こうして善悪を識別することにより彼は神の認識と神の戒めの遵守へ向けて自分の意志を導くことができる。また自然の能力により，わたしたちがキリストにおいて新生する恩恵へ達することができる」(同4)。

この人たちは神の召命計画をすべての人が再生のサクラメントへ向けて呼びだされている普遍的救済に見ており，意志する者に神の救いは開かれていて，だれも初めから永遠の生命から締め出されてはいないと主張した。

（3）　またすべての人に福音が伝えられず，洗礼のサクラメントが与えられていない理由について，さらに洗礼を受けずに死んだ子供の運命についての異論が紹介されているが，プロスペルの報告によると論敵の主張はもっぱら神の救いの普遍性にある。次の引用文の前半は論敵の主張であり，後半はその主張についてのプロスペルの判断である。

「わたしたちの主イエス・キリストは全人類のために死にたもうた。

それゆえ，全生涯を彼の精神から全く離れてすごした人であっても，だれひとり彼の血による贖いから排除されていない。なぜなら神のあわれみによるサクラメントはすべての人にかかわっているからである。したがって多くの人たちが新生にいたらないのは，彼らが新生しようと意志しないことを神があらかじめ知りたもうたからである。それゆえ，神に関するかぎり，永遠の生命はすべての人に備えられている。だが，意志決定の自由に関するかぎり，自発的に神を信じ，恩恵の援助を信仰の功績のゆえに受ける人たちによって永遠の生命は獲得される。……こうして人間の救いに役立つものが二つあることになる。つまり神の恩恵と人間の服従とである。自由な意志に時間の上での先行を認める人たちは恩恵よりも前に服従が先んじることを主張する。そのため救済の出発点は救われる者から始まるのであって，救いたもう方からではないと信じなければならないことになる。また人間の意志は神の恩恵の助力を自分で獲得するのであるが，それは恩恵が人間の意志をご自身に屈服させないためである」（同6）。

この主張は恩恵の絶対性というアウグスティヌスの立場に対立している。彼らは聖徒の予定された数が変わらないというアウグスティヌスの主張を顧みず，それが不信仰と怠惰に人々を導く点を恐れる実践的司牧的配慮からこのように反論している。

そこからプロスペルはアウグスティヌスが次の点について回答してくれるように願った。①キリスト教信仰はこのような意見の不一致によって害されないかどうか。②恩恵の先行と協働は自由意志を妨げないかどうか。③神の予知と予定との関係で，神の予知はその計画に依存しているのか，それとも予知が計画を規定している場合があるのか。④予定の教説は司牧的な訓戒に対し障害となっているのか，また怠惰を導き出すであろうか。⑤これまでの教会の教えは神の予定と予知の計画とを人間の意志決定に依存させたことがあったか（同7-8）。

ヒラリウスの手紙　次にヒラリウスの手紙に向かおう。それは論敵の批判を個別的に採りあげており，予定の教説よりも，先行する恩恵を中心にして報告がなされている。

（1）　もちろん論敵の批判は神の計画による選びの教説に向けられてお

り，そこに新奇な説と説教に対し不利なものを見ている。彼らは「信じようとする意志が与えられていないなら，救いをとらえることも保つこともできない」(『手紙』226, 2) という。彼らはすべての人がアダムにおいて死に，自分の意志で死からだれも救われえないことに同意するが，救いをうる機会が知らされた場合「彼らが意志し信じる功績によって自分の病から癒されることができ，彼らの信仰の増大と完全なる救いが結果として生じる」(同上) と主張した。したがって「信じるなら，あなたは救われる」(ロマ 10・9) においては信仰の同意が人間の意志に求められ，ついで人間の服従に対する報酬が神から約束されていると彼らはいう。彼らの主張はアウグスティヌスが信仰に先んじて恩恵が与えられていると説いている「先行的な恩恵」(gratia praeveniens) に対する批判であった。また彼らは神の選びも自分らの意志の功績に帰している。「各人に自己自身の意志の功績が加えられることの中に，選ばれる者と見棄られる者との理由が求められると彼らは考えている」(同上)。

（2）次に彼らは神が福音をすべての地に伝えずに，特定の場所や時間に許したのは，福音を信じる者がどこでいつ存在するかを神が予知したからだという説をもってアウグスティヌスの恩恵と予定の説に対決し，さらに自分らを支持する説として初期のアウグスティヌスの文章をその『ロマ書註解』から引用して対決した。その文書の中でアウグスティヌスは言う「神はその信仰を予知したものを選びたもう。それはその人に聖霊を与えて，善きわざをなさしめ，永遠の生命を得させるためである。……わたしたちが信じることはわたしたちに属しているが，わたしたちがわざをなすことは神に属している」(同 3)。

（3）さらにマルセイユの論敵はアウグスティヌスの堅忍の理解を批判する。アウグスティヌスは「堅忍の力を受けないではだれも堅忍できない」と言っているのを彼らは勝手に解釈して，この恩恵は意志に与えられ，「意志は医者を受け入れようとするもしないも可能なほどに自由である，と彼らは主張している」(同 4)。したがって「彼らは，堅忍は嘆願しても与えられないし，かたくなになっていても失われ得ないというように説教されるのを欲していない」(同上)。彼らは神の意志にすべてを委ねることを好まず，「恩恵を獲得したり，受け入れたりする意志の出発点」を確実なものと強調した。

またアウグスティヌスによるアダムにおける堅忍の恩恵と選ばれた者における堅忍の恩恵との区別も彼らによって批判された。アウグスティヌスによるとアダムは「それを欠いては自由意志により堅忍し得ない」恩恵を受けたが，聖徒の方は，これに反して「堅忍そのもの」を受けた[11]。この見解に対決し，もしそうなら人々は絶望に陥るし，自由意志に堅忍を訴える説教も無益である，と彼らは主張する。彼らが認めるのは次の区別だけである。

「それを欠いては最初の人が堅忍し得なかった恩恵は，損なわれていない意志の力でもって意志する者を助けたが，他のすべての人たちが損い失った力でもっても信じるように，倒れた者たちを立ち上らせたもうのみならず，彼らが歩くとき支えたもうというこの一点に彼らは最初の人と他のすべての人の本性との区別を立てようとする」(同6)。

こうして彼らは予定された者たちも堅忍の恩恵を自分たちの自由意志の力により保ったり失ったりしうる，と主張し，神の与える譴責は，これに促されて人間が意志により神の恩恵にいたるのでないなら，全く無益となってしまう，と説いた。

（4）さらにヒラリウスによると彼らは神の普遍的救済意志にもとづいて，選ばれた者と見棄てられた者との数が不変的に定められているというアウグスティヌスの見解に批判を加えている。

「神はすべての人がことごとく救われるのを欲しておられる。単に聖徒の数に属する人たちのみならず，一人の例外もないように，すべてのひとがことごとく救われるのを欲している。〔そうすると〕ある人は神の意志に反して滅びる，といわれることをも恐れないで，同様の仕方で，神はだれかによって罪が犯され，義が棄てられるのを欲したまわない，と彼らは主張する。だがそれでもなお，相変らず神の意志に反して義は棄てられ，罪は犯されている。このように神はすべての人が救われるのを欲したもうているが，それでもなおすべての人が救われるのではない」(同7)[12]。

---

11) アウグスティヌスはこのことに関して『譴責と恩恵』(12, 34) で「この賜物を欠いては堅忍し得ないのみならず，この賜物によってのみ堅忍しうるのである」と述べていた。

12) なお，神の予定が未成年の子供にどのように関わっているかの問題が，アウグスティヌス自身の『自由意志論』第3巻の議論を援用して論じられている。

2　カトリック内部からの反論（2）

　南フランスのアウグスティヌスの信奉者たちから寄せられたこの二つの手紙は以上のような諸問題が生じていると報告している。もちろん，この報告にはマルセイユの修道士たちの見解そのものよりも，彼らの主張の行き着かざるを得ない帰結が二人によって解釈されて報告されているとも考えられる。しかし，人々により尊敬されている修道士や司教たちによってアウグスティヌスの恩恵論が批判的に受け取られていたことは確実である。また，この二つの手紙は相補的に全体をなしており，アウグスティヌスは『聖徒の予定』と『堅忍の賜物』において寄せられた問題について答えた。

　ここで反対者らの主要なる批判点を整理してみよう。それはアウグスティヌスの予定説についての批判であり，彼らはキリストの贖罪によってすべての人は救われるという普遍的救済論に立っている。救済はすべての人に及んでいるのであるから，問題は自由意志によってこの恩恵を受容するだけである。それなのにアウグスティヌスのように神の計画により救いと滅びが予定されていると説くことは，罪人から悔い改めようとする意志をとりのぞき，善人を怠惰に導くにすぎない。つまり彼らは救いが神の恩恵によってはじまることを認めながらも，人間自身がそれに信仰をもって主体的に応答すべきであると主張した。したがってアウグスティヌスの言う恩恵の有効性に異議を唱えたことになる。こうして彼の予定説に対し自由意志を彼らは強調し，救いにいたる前に自由意志によって信仰が開始すると主張し，彼の「先行的恩恵」を批判し，永遠の生命を報酬として与えられるための堅忍も自由意志の力に訴えない説は無益である，と反論を加えた。これに答えて『聖徒の予定』と『堅忍の賜物』が「プロスペルとヒラリウスに宛てた第一巻」と「同じ第二巻」として書かれ，前者は主として信仰の出発点について論じ，後者は堅忍を中心に予定の教説の個別問題を扱い，合わせて一つの全体を構成し，「恩恵と予定」という最晩年の思想を展開している。

　予定説についてのアウグスティヌスの主要論点　聖徒の予定についてプロスペルとヒラリウスの要請によってアウグスティヌスは功績主義に立つ人々と対決して再び論じるようになった，と著述の動機を先ず語る。この人々はキリストによる罪の赦しと神の恩恵が人間の意志に先行していることに同意しているので，ペラギウス派の誤謬からは離れている。しかし

予定の理解に問題がある（1, 1-2）。そこで主要な論点をあげてみよう。

（1）『聖徒の予定』の論述は信仰の出発点，つまり信仰の開始は神の恩恵によることに集中している。マルセイユの修道士たちは神の賜物である信仰について「わたしたちは信仰自身を自分自身から所有するが，信仰の成長は神から所有する」と主張している。そうすると信仰の開始は人間の自由意志に帰せられることになり，ペラギウス自身もその非を認めた命題「神の恩恵はわたしたちの功績にしたがって与えられる」と同じ主張になる。これを反証する聖書の箇所が多数引用されて反論が加えられ，信仰に対して恩恵が先行し，恩恵の可信性に同意させる信仰は神に由来していると説かれる。それに対し，人間の功績に応じ恩恵が報いとして支払われるという契約関係が立てられると，恩恵は無償ではなくなり，もはや恩恵ではなくなる（『聖徒の予定』2, 3-6）。

（2）次に彼はキプリアヌスにしたがってコリント人への第一の手紙4章7節をパウロ主義の原理とみなし，初期と司教就任時代の恩恵の理解について批判的な自己吟味に移った。司教就任以前には信仰が神の言葉に同意する働きであるから，信仰に恩恵が先行するとは考えていなかった。だが，司教になったときシンプリキアヌスの質問に答えた著作で恩恵と予定についての理解が転換したことを述べ，『再考録』を引用して「この問題を解決するにあたって，たしかにわたしは人間の意志の自由決定を弁護しようと努めたのであるが，神の恩恵が勝利するにいたった」と告白している（同3, 7-4, 8）[*13]。

（3）次にパウロ主義の命題「あなたのもっているもので，もらわなかったものがあるか」（1コリ4・7）の意味を考察し，信仰もこれに当てはまる。信仰を所有する可能性はすべての人に共通の自然本性に属してはいても，信仰を現に所有するのは，自然の賜物ではなく，他の人から区別している恩恵であり，信仰は不信仰から区別され，信じる意志は主によって選ばれた者に備えられる，と説かれた。また神の選びは神の恩恵から生じ，選びで得たものは無償の賜物であるから，功績思想は退けられねばならない（同5, 9-6, 11）。

（4）では信仰はなぜすべての人に与えられないのか。アウグスティヌ

13）この点に関し詳しくは本書第Ⅱ章1節参照。

スは信仰によって義とされ，善いわざを実行して救われるという彼の義認論を述べてから（同7, 12），この問題に入ってゆく。信仰とは神が心の耳に語りかけ，聖霊によりかたくなな石の心をとりのぞき，内心で御言葉を聞くことによって生じる。この神の教育による以外には信仰は生じないが，神はすべての人を信仰に招いている。信じない人は外的に御言葉を聞いていても，内的に学んでいない。この信仰も神から与えられているのであるから，すべての人が信じるようになるのではない。「父から聞いて学ぶということは，父から賜物を受け取り，それによってキリストを信じることにほかならない」。こうして信仰と不信仰とが区別される（同8, 13-16）。

（5）予知と予定との関係について次に論じられる[*14]。キリストの到来が遅くなったことに対するポルフィリオスの批判に対決した論文『キリスト教の時代について』から長文の引用をし，これを書いた当時には予知と予定の区別をする必要を感じなかったとアウグスティヌスは言う。ついで恩恵と予定について「予定とは恩恵への準備であり，それに反し恩恵とは真に神の賜物にほかならず」，「この予定を実現させる力である」と述べてから，予定と予知について次のように言う。「予定は予知なしには成立しえない。けれども予知の方は予定がなくとも存在しうる。なぜなら神は予定にもとづいてご自身が将来なそうとしていたことを，あらかじめ知っていたのであるから」と（同9, 17-10, 20）。

（6）次に人間の意志に信頼を寄せたがっている論敵たちの主張を具体的に反駁しはじめ，まず「あなたがたは信じるなら，救われる」（ロマ10・9）の解釈を問題にし，彼らはこの聖句の前半では人間の力が求められ，後半では神の力が提供されていると主張した。しかし，アウグスティヌスによると両方とも神の力のうちにある。ただ要求されているだけでは，それがなし得ると推論できない。なし得るためには神からその力を受けなければならない。もしそうでないならペラギウス主義の誤謬に陥ってしまう（同11, 21-22）。

（7）次の個別的問題は幼児とキリストにおける恩恵と予定についての

14）アウグスティヌスの敵対者は神の予知を肯定するが，功績に先立つ選びには反対していた。というのは神がわたしたちの関与なしに働き，人が何らなしえないのに働くとき，人間の道徳的・禁欲的努力が無視されると考えられたからである（O. H. Pesch, A.Peters, op. cit., S. 35）。

解釈であって、幼児とキリストの場合には恩恵に先行する人間の功績は否定される。幼児には功績はまだ積まれていないし、キリストは功績によって罪の解放者となったのではないからである。ペラギウス主義者は夭折した幼児には原罪はなく、各自の犯した罪により審判されるというが、彼らとて将来なすかも知れなかった功績により判定されるとは主張できなかった。それなのにこの人たちはペラギウス主義者でさえ誤りを認めていたことも理解できないでいる（同12, 23-13, 25）。

（8）さらに個別的問題は『知恵書』4・11の権威と正当性（14, 26-29）、イエス・キリストにおける予定と恩恵（15, 30-31）へと進み、神の計画による予定の真理へ移ってゆく。この最後の問題は彼らのいう普遍的救済説と関係が深いので紹介しておきたい。アウグスティヌスもすべての者が救われるというこの説を否定しているのではなく、「招かれる者は多いが、選ばれる者は少ない」（マタ22・4）という聖句によって召命を二種類に分けなければならないと説く。つまりキリストに躓く人は招かれてはいても召されてはいない。こうして一切は召したもうお方によっており、人が信じる者とされる召命によってはじめて信仰者となる。こうして「神の賜物と召命とは取り消しがたい」（ロマ11・29）という召命と予定の真理がロマ書と使徒行伝によって解明されている（16, 32-33）。また彼は「彼らが信じたから選ばれたのではなく、彼らが信じるために選ばれたのである」と強調し、神の選びは、信じた者を選ぶのではなく、反対に信じる者となるために選ぶべく予定しており、信仰は予定の条件にも功績にもならないと説いた（同17, 34）。さらに信仰の開始だけは人間の意志に帰するセミ・ペラギウス主義の思想を再びとりあげ、「神は、それによって信じ始めるわたしたちの信仰だけを予知しておられた」という信仰の開始を人間に求める立場を批判し「いっさいをなすお方は、わたしたちが信じ始めるために働きたもう」と反論している（同19, 38-39）。

これまで主要論点を紹介したが、次に彼の予定論の特質をあげてみたい。それはまずキリストを中心として構成されており、キリストとの関係において信徒の予定が説かれている点である。つまりキリストにおいて現象した恩恵はキリスト信徒にも生じ、しかもキリストにおける恩恵から泉のように信徒に注がれて生じる。これが聖霊の賜物であって信徒においては霊性の聖化をもたらしている。彼は『聖徒の予定』で次のように論じてい

る。
「さらに最も光輝あふれる予定と恩恵の光は，救い主自身，すなわち神と人との仲保者イエス・キリスト（Ⅰテモ2・5）自身〔の姿〕から発している。キリストのうちにある人間の自然本性は，そのわざの功績であれ，信仰の功績であれ，いったい救い主となるために，いかなる先行する功績によって備えたのか。……たしかに彼〔イエス〕において人間の本性は，つまりわたしたちの本性は，これらすべてのきわめて驚嘆に値する賜物を，また彼に固有のものとして真実正当にも言いうるその他のすべてのものを，先行する功績なしに特別の仕方で受けとったのである。……それゆえ，わたしたちの頭(かしら)〔なるキリスト〕において恩恵の泉そのものがわたしたちに明らかになるようにしよう。この泉から恩恵はそのからだの全体にわたって各人の〔信仰の〕量りに応じて自分を注ぎだしている。あのお方〔キリスト〕が，それにより自己の存在のはじめからキリストとして造られていた，この恩恵によって，すべての人はその信仰のはじめからキリスト者となる。前者〔キリスト〕がそれによって生まれた御霊によって後者〔すべての人〕は新生する。前者が，その霊によってまったく無罪に造られたのと同じ御霊によって，わたしのもとで罪の赦しが生じる。神はこれらのことを自分が実行するであろうことを確かに予知しておられた。それゆえ，これこそ聖徒らの予定であって，それは聖徒らのうちの聖徒でいますお方において特別に輝きわたっていた。真理が語っていることを正しく理解している人たちのなかで，だれがこの予定〔の事実〕を否定することができようか。というのはわたしたちは，栄光の主ご自身が，人間であって〔同時に〕神の子とされたかぎり，〔神により〕予定されていたことをこれまで学んできたから」（『聖徒の予定』15, 30-31）。

ここにはアウグスティヌスの予定説の理解がよく示されている。「この泉から恩恵はそのからだの全体にわたって各人の〔信仰の〕量りに応じて自分を注ぎだす」と規定されているがゆえに，恩恵は神の予定の中にあって信仰の主体を全く無視しているわけではない。この信仰の主体を創造するのは御霊の働きである。そこにはパウロが「御子は肉によればダビデの子孫から生まれ，聖化する霊によれば死人の復活により，御力をもって神

の御子として予定されていた」（ロマ1・1-4）と言うように「聖化する霊」が働いている。それゆえアウグスティヌスは言う「こうしてキリストは罪の負い目のすべてから疎遠となって、御霊と聖処女とから生まれたのである。同様にわたしたちが水と御霊によって新生するのも、何らかの功績にたいし報われているのではなく、無償で授けられている」（同15, 30-31）と。

　次にアウグスティヌスの最後の著作『堅忍の賜物』に移ろう。ここでは予定説の後半の部分、つまり救いを経験した者が終りの完成にいたるまでの信仰者の歩み、いわば中間時の倫理を扱っている[*15]。彼はまずペラギウス主義に対決するカトリックの三つの基本的な教えをあげている。①神の恩恵は功績に応じて報いられず、神が与える賜物こそ義人の功績である。②義がどれほど大きくとも、朽ちる身体を保っているかぎり、罪なしに生きる人はいない。③誕生により受け継いだ罪過は新生によって解放されないかぎり、人間は原罪を引きずって生まれ、呪いのうちにある。この三点のうち第二点がここで扱われている。

　聖徒が求めているものは、現存の信仰を堅持することではなく、「いまだ存在しないものに成ること」、つまり聖化であり、天使に等しい段階に達するために乞い求められるのが堅忍にほかならない。この聖化の過程において多くの試練に見舞われ、悪しき意志のため陥った試練により自己吟味がなされ、神への全面的な帰依が求められる。神は大きなあわれみにより現世の深淵の中からわたしたちを解放したもうたのであるから、謙虚になって心身の全体を神に献身することが真の敬虔にふさわしい（『堅忍の賜物』13, 33）。

　このように神にすべてを委ねた人は絶望することなく、たえず神に希望をおいている。「この希望を保っている人は、恐れをもって主につかえ、おののきをもって神に向かい歓呼の声をあげよ」（同22, 62）と勧められる。ここには人生のさまざまな試練にたえず直面しながらも、神への希望に生きてきた老教父の生きざまが述べられているといえよう。このような生き方は一般的な人々の生活とは全く相違した神の視点が重要な役割を果して

---

15)　「中間時の倫理」というのはイエス・キリストにおける救済の出来事とその完成である終末までの期間をいかに行動すべきかを言う。たとえばアルベルト・シュワイツアーの『イエスの生涯』で論じられている。

いる。神の信仰と礼拝に関して彼は次のように一般化して語っている。

「思考することによってわたしたちは信じ，思考することによって語り，なすべきことを実行している。しかし，信仰の道と神の真の礼拝とに関しては，わたしたち自身から何かを思考するのでは充分ではなく，わたしたちにとり充分なものは神に由来している」(13, 33) と。

したがって自然的な精神力によって神の言葉とわざを信じることはできないのであって，まず神の恩恵と予定により罪と壊敗の固まりから解放されていなければならない。だから単なる知性を超越した信仰，神の賜物を謙虚に受容する信仰がなければならない。この信仰は神の予定と矛盾しないし，堅忍も信仰と同様に神の賜物であって，人知を越えた神の計画のなかにおかれている。それゆえ「堅忍による服従」も神の賜物であるから，それがあたかも自分のもののように誇ってはならない。神の予定によって将来のことは確実であるから，わたしたちのなすことがすべて失敗し失望に終ることはない。だからキリストのからだなる教会のうちに堅くとどまり，アダムのように神から離れ去ることがあってはならない。こうしてキリストのうちにわたしたちは自己自身を見いだすであろうという希望が語られている (24, 67)。

さらにこうした厳格な予定説を生み出したのは原罪説に由来していることも忘れられてはならない。南フランスの論敵はアウグスティヌスの旧著『自由意志』の思想を拠り所に攻撃しているのに対し[*16]，彼は『堅忍の賜物』で予定を実現する「堅忍」の問題をとりあげる。そのさい洗礼を受けないままに死んだ幼児の運命に関して次のように言う。

「キリストにあって洗礼を受けた幼児がもし亡くなった場合，永遠の救いに移し入れられ，洗礼を受けなかった幼児は，第二の死に移し入れられるのかどうか，わたしたちには不確かであると言って，わたし

---

16) 「それゆえ，かのわたしの古き書物を楯にとってわたしに反対し，幼児の問題に関して，わたしがなすべきであるようにはさせず，神の恩恵が，人間の功績によって与えられるのではないということを，明らかなる真理の光によってわたしが明示するのを阻もうとするのは，空しい試みである。『自由意志』をわたしは平信徒であった時に書き始め，司祭になって完成したのであり，当時まだ，洗礼を受けなかった幼児の断罪と，洗礼を受けた幼児の救いに関して，疑いを抱いていたと仮定しても，わたしは思うのだが，わたしが思想の発展をとげるのを，だれも禁じたり，また，こうした疑いのうちにとどまるべきだと判定したりするほど，不当で，妬み深い人はいないであろう」(『堅忍の賜物』12, 30)。

たちがこの幼児の問題を放っておくなどありえないことである。というのも、〈ひとりの人によって、罪がこの世にはいり、また罪によって死がいってきたように、こうして〔アダムにおいて〕すべての人が罪を犯したので、死が全人類にはいり込んだのである〉(ロマ5・12)と記されたことは、他様には解しえず、また、正当にも罪に対して支払われた永続的な死より、幼児をも、成人せる者をも救いたもうかたは、原罪、およびわたしたち自身の罪のために、自らはいかなる原罪も、自身の罪も負わないにもかかわらず、死にたもうた方にほかならないからである」(『堅忍の賜物』12, 30)。

こうした難問についても彼は原罪から生じた死とキリストによる救いから論じることしかできないことを自覚し、予定に対する根本的態度に立ち返って人知を超えた神に対する畏怖をもって次のように語っている。「しかし何故、あの者ではなく、かの者が救われるのであるか、何度でも繰り返し、倦むことなくわたしたちは答える。〈ああ人よ。あなたは神に言い逆らうとは、いったい何者なのか〉(ロマ9・20)、〈その審きは窮めがたく、その道は測りがたい〉(ロマ2・33)。さらに付け加えよう。〈あなたにとり深すぎることを尋ねず、あなたの力を超えたことを探らないほうがよい〉(ベン・シラ3・22)」(同)と。

予定説の意義　アウグスティヌスは『聖徒の予定』において自分の予定説についての主張が変化してきたことを詳しく述べ、彼自身の最後の思想をこの書で表現しようと試みた。しかし、彼の予定の思想はこの書に先行する二つの著作『恩恵と自由意志』と『譴責と恩恵』に、とくにその後者に密接に関係している。前者において彼は恩恵の絶対性を予定にもとづかせて、恩恵の無条件性にもかかわらず、人は自分の行為と振舞いに責任をもつべきであり、自分のわざによって裁かれることを説き、後者において予定の見地から譴責の必要性を説き、神の予定を実現するためにそれが一つの手段になったり、なおざりにされてはならないことを強調したのであった。マルセイユの論敵はプロスペルとヒラリウスが明らかに書き送ってきているように、これらの主張に反対し、アウグスティヌスが恩恵の絶対性にもかかわらず認めていた信仰の主体的責任をさらに拡大して信仰を恩恵に先行させようと反撃してきたのであった。これに対決して書かれた

2 カトリック内部からの反論（2）

『聖徒の予定』は「恩恵の先行性」(gratia praeveniens) を徹底的に主張するものとなった。

彼の予定説を要約すると以下の如くである。神は全きあわれみから永遠にわたって特定の数の人を永遠の救いに選びかつ予定したもうた。だが，このことは人間の功績に先立ち，かつ，功績と関係なく神の測り知られない計画から生じた。神はこの予定にもとづいてあらかじめ予定されたものに恩恵を授け，彼らが自分の救いを確実にするようになしたもうた。しかし予定されなかった者はその罪のために罰せられる。神は前者にあわれみを示し，後者には正義を示すが，選びの理由は不可解のままである。ここから「すべての善い行為は全体として神に帰すべきである。それはだれも万一にせよ誇ることのないためである」（『聖徒の予定』7, 12) と勧められた。

このような厳格な予定説は人間の自由意志を全く排除しているように思われる。しかし，これは既述のように論争の経過から生じてきているのであって，人間の責任とわざが否定されているのではない[*17]。アウグスティヌス自身はキリストの贖罪によって実現した客観的な普遍的救済を認めている。神の普遍的救済はテモテへの第1の手紙2章4節を典拠としており，『霊と文学』(33, 58) でこれを語り，『聖徒の予定』(16, 32-33) でも万人の救済は暗示されている。さらに『譴責と恩恵』(11, 32) でも，堅忍できない人々のために，かつてアダムがもっていた「不可欠の援助」(adiutorium sine quo non) という意味での恩恵の助けをすべての人は受けている，つまり救いに役立つ神の助けを受けていると述べている[*18]。

---

17) この予定説に対してカール・ラーナーはその立論の弱点を指摘し，アウグスティヌスが「活動的恩恵」(gratia operans) しか知らないので，人間の罪過によって救いにまでいたらなくとも，すべての人たちに与えられている「充分な恩恵」(gratia sufficiens) の概念が彼に欠けている，と語っている。K. Rahner, Augustin und der Semipelagianismus, in: Zeitschrift für katholische Theologie, 62, S.182ff. しかし，充分であっても，絶対的でも有効でもない恩恵の概念は，ポルタリエが説いているように，アウグスティヌスには存在している（E. Portalie, op. cit., p.229)。

18) もちろん，論争点はアウグスティヌス以後用いられた「充分な恩恵」の概念をめぐるものではなく，人間の自由意志に働きの余地を与えるか否かにかかっていて，アウグスティヌスは論争の進展とともに「充分な恩恵」ではなく「有効な恩恵」(gratia efficax) を力説し，さらに人間のではなく，神の自由を力説している。たとえば『恩恵と自由意志』では「わたしたちが行なうとき，行なっているのはたしかにわたしたちである。しかしわたしたちの意志に対しきわめて有効な力 (vires efficacissimae) を与えて，わたしたちが行ないうるようにするのは神である。……神がわたしたちの行なうという事態を起こしたもう。つまりわ

予定説と堅忍の思想に表れているように晩年のアウグスティヌスの思想は妥協を許さない厳格なものとなっている。つまり選ばれたのは信じるためであって，信じたからではないし，予定を実現させる堅忍も神の賜物であって，これによってキリスト者は終わりまで耐え忍ぶことができる。神の恩恵は神があわれみ深いがゆえに与えられるのであって，人間の功績にはよらない。神の審判は測りがたく，永遠の生命への予定と滅びへの拒絶は同じく絶対的である。信仰はわたしから始まり，神の恩恵を受けるに値するようになるというのでは，ペラギウス主義の異端に転落している。教会はもちろん絶えず選ばれた者が救われ，破滅に予定された者は滅びることを覚えなければならないというわけではないと彼は慎重に説明した（『堅忍の賜物』22, 57-61）。このように語っても反対者たちと和解することは叶わなかった[*19]。

たしたちをして行なわしめたもう」(16, 32) という。したがってマウスバッハが言うように「アウグスティヌスの全関心が神の救済意志の自由・主権・全能に集中しているところで，彼が充分な恩恵の普遍性に対する信仰を表現していることを彼に求めることはできない」(J. Mausbach, Die Ehtik des hl. Augustinus, II, S.256)。

19) 予定説に関しては本書第Ⅶ章7の叙述を参照。

第Ⅶ章

罪と恩恵の教義

はしがき

　ペラギウスは生存中も死後も正しくは理解されないまま異端者のレッテルが貼られてきたように思われる。彼は歴史上に有名となったペラギウス主義を意図的に説いたわけではなく，むしろ自説を公にしないで，論争も避けてきた。彼は神学者というよりも道徳や倫理を説いた思想家であって，この点でアリストテレス的な色彩の濃いストア主義と類似している。その人間観も単純で，宗教的な観点よりも，一般的な道徳的な観点から形成されていた。アウグスティヌス自身も青年時代にストア主義の教養を弁論学校で身につけたが，これまで繰り返し指摘したように，その後の精神的な発展で大きな変化を経験した。それゆえ初期の作品では一般的な人間理解において両者は共通する思想をもっていた。だが，罪とその救いに関しては異なった視点からそれぞれ自説を発展させた。しかも，ペラギウス主義は，カエレスティウスやユリアヌスの論理的で決疑論的な推論では，伝統的なキリスト教と真っ正面から対立し，加えて彼らは助祭や司教として活躍したがゆえに，カトリック教会も無視することができなかった。とはいえ，ペラギウス自身は聖職に就く意図はなく，平信徒として道徳的な刷新を説き，寛大であり高尚ですらあった。彼は人間に最高の信頼を置き，世界に罪があることを洞察しないような楽天的な哲学を説いたのでもない。道徳的な思想家として彼も罪の本性と贖罪の必要とを説いたのであるが，

教会の一般的見解とは相違した診断をなし,異なる処方箋を出したに過ぎない。もちろん,彼は病んだ世界を健全だと誤診したわけではない。病気には医者にかからなくとも人間自身によって回復できる面が残されている。ペラギウスはその点を強調したのである。ところが病によっては,とくに恐ろしいウイルスに感染した場合,抗生物質によらなければその汚染から救済されないように,自己のみならず,全世代にまで破滅的な力を及ぼしている罪の認識に対してはそれに対処する厳密な方法が要請された。この点こそ実に最大の問題であった。

　ペラギウス主義は後期ローマ帝国の腐敗した世界に対する改革運動であった。世界には残忍な野蛮が支配し,帝国は民衆と属国の富を収奪のかぎりを尽くしむさぼり,個人は利己的となり,迫害が終わった時点ではキリスト教徒といえども道徳的に腐敗し,抑制されない享楽と貪欲な生活が行き渡りはじめていた[1]。

　ヒエロニュムスも若き日にローマのキリスト教徒の世俗性と奢侈な生活に怒りを覚え,禁欲的な道徳を実践し,現世の放棄を力説した。こうしてローマ人を道徳的に改心させようとしたが,その熱意は恐ろしい敵意を生み出した[2]。このことは東方教会でも同様であって,たとえばクリュソストモスはその伝記作者によると「悲嘆にくれた眼に対する灯火のようにこの世的なキリスト者には耐え難いものとなるまで」キリスト教徒を攻撃した[3]。というのは迫害が終わり,キリスト教徒がローマ世界に組織的に編入されると,一般のキリスト教的な民衆にとって宗教は単なる救いへの道に過ぎず,来世は儀式によって保証され,愛の実践に向かうように指導されることもなく,迷信と楽天主義が風靡したからである。アウグスティヌスも,断罪された者が永遠の罰を受けることを信じない人たちが,多数いることを告げている(『エンキリディオン』29,112および18,67-19,70参照)。

---

　1) Ferdinand Lot, The End of the Ancient World and the Beginnings of the Middle Ages, 1961 cap. X参照。

　2) ヒエロニュムスは言う,「恥を知れ,世界は瓦解しつつあるのに,わたしたちの罪はなお栄えている。明日にも死ぬ運命にあるかのように生きているのに,わたしたちはこの世で永遠に生きるかのように家を建てている。壁は黄金できらめき,天井にも柱頭にも黄金が輝いている。それなのにキリストは貧しく,裸で,飢えた人の姿でわたしたちの家の戸口で死せんとしている」(『手紙』128, 5)。

　3) 『エペソ書の説教』15, 3-4。J. B. Bury, History of the Later Roman Empire, I, 138-42参照。

こうしたローマ世界における信仰の弛緩した状況に対しペラギウスとその信奉者たちは強く抗議したのであった。この抗議が彼らの思想と行動とを色濃く染めていた。そこでペラギウスは審判の日に罪人にはあわれみは示されず，永劫の火によって焼かれるであろうと警告した（『ペラギウスの訴訟議事』3, 9）。この警鐘はアウグスティヌスの予定説と同様に峻厳な教えであった。これは人々が罪のうちにまどろんでいる状態を覚醒させることを意味しており，神学的な議論でも推論でもなく，聴衆を信仰に立ち上がらせる奨導であった。このようにペラギウス主義には教会に奉仕しようとする宣教的な情熱が潜在的に存在していた。しかし，教会はこれを自己のうちに取り入れることができなかった。事実そこにはアウグスティヌスが若いユリアヌスに見たように，人間の本性を充分に理解していないことから来る自信過剰という意味での危険も存在したのである[*4]。

1　ペラギウスの人間論

人間の本性についてのペラギウスの理解は彼の『自由意志論』に求めることができ，それに対するアウグスティヌスの反論は『キリストの恩恵』の中に展開している。ペラギウスによると行為には，とくに道徳行為には次の三つの要素が認められる。①道徳行為は可能でなければならない。②わたしたちがそれを意志しなければならない。③行為は実現され存在に移されなければならない。こうして posse, velle, esse が取り出されるが，可能性は神によって被造物に与えられた自然の賜物であって，神からのみ来る。それに対し意志と実現行為は自由選択によるがゆえに，それらは人間に割り当てられる。

　「わたしたちは次の三つのことを区別し，一定の順序にしたがって分類するように分けている。わたしたちは第一に能力を，第二に意志を，第三に存在を立てる。わたしたちは能力を自然本性のうちに，意志を決断力のうちに，存在を実行のうちに位置づける。第一のもの，つまり能力は，元来，神に属している。これを神はその被造物に授けたも

---

4)　本書第V章1節参照。

うた。だが残りの二つ，つまり意志と存在とは，決断力という源泉から生じるがゆえに，人間に関係づけられる。したがって人間の称賛は善い意志とわざの内にある。人間の称賛といったが，むしろ神と人との称賛である。実際，神が人間の意志とわざとの可能性を与え，可能性そのものを恩恵の援助をもってつねに助けたもう。とはいえ，人間が善を意志し実行することができるのはただ神にのみ由来する。したがって，この一つは他の二つがなかったとしても，存在することができるが，この二つは先の一つなしには存在することができない。それゆえ，わたしが善い意志をもたないことも，善い行為を実行しないことも自由であるが，善に対する可能性をもたないことは全く不可能である」。(『キリストの恩恵』4, 5)

ここに語られた両者の関係はトマスの第一原因である神と，第二原因である人間との関係に似ている。ペラギウスも神のわざを力説する。つまり善を行なう力は与えられており，善い意志をもたないことも，善行を実行しないことも自由である。彼はこれを視力の例で説明する。見る能力は神のものであるが，視力を用いることは人間の支配下にある。同様に行為する力，話す力，考える力は神の賜物である。このように神は「恩恵の援助」をもって助けているが，わたしたちが実際に行ない，話し，考えるのはわたしたち自身による。神の賜物を悪用することはできるが，その可能性と能力とは神のみによる。ペラギウスは創造の秩序における人間を捉えている[*5]。それはウィリアム・ジェイムズの『宗教経験の諸相』の分析に拠れば一回生まれの信者に妥当し，罪の自覚ゆえに二度生まれなければならない信者とは相違している[*6]。現実におけるわたしたちの行動はペラギウスが考えたように単純ではなく，使徒パウロがローマの信徒への手紙第7章で詳論しているように，わたしたちは善を欲しても悪を行はざるを得ないという矛盾した事態に巻き込まれている。アウグスティヌスはこれを「奇怪なこと」とみなし，『告白』第8巻8, 19-9, 21において自己の体験から次のように述べている。

「そこにむかって進むことばかりか，到達することも，じつはそこに

---

5) それは人間の自然本性のうちに宗教を捉える自然的宗教，もしくは自然神学であって，それは啓示神学にいたる以前の段階での議論である。
6) ウィリアム・ジェイムズ『宗教経験の諸相』上，桝田啓三郎訳，岩波文庫，124頁以下参照。

行こうと〈欲する〉ことにほかなりません。ただしそれは、強く完全な意志をもって欲することであり、なかば傷ついた (Semisaucius) 意志で、とつおいつ思案をめぐらしながら動揺し、一方がさがれば他方があがるといったしかたで、争いながら欲することではなかったのです。……こんな奇怪なことは、どこからおこってくるのでしょうか。なぜ、こんなことがおこるのでしょうか。……精神が身体に命ずると、身体はただちに従うのに、精神が自分に命ずると、さからうとは。精神が手に動くように命ずると、このことはいとも容易に行なわれますから、命令と実行とは見わけがつかないほどです。しかもこの場合、精神は精神ですが、手は身体です。ところが、精神が自分にむかって意志するように命ずると、命ぜられたものは、ほかでもない精神それ自身であるのに、実行しないのです。

　こんな奇怪なこと (monstrum) は、どこからおこってくるのでしょうか。なぜ、こんなことがおこるのでしょうか。じっさい、この場合、精神は意志するようにと命じているのですが、もし精神がそれを意志しないならば、命ずるはずもありません。それなのに、精神が命ずることは、行なわれないのです。……それゆえこの場合、意志はまったきしかたで命じません。ですから命ずることは実現しないのです。もしもそれがまったき意志であったならば、意志がおこるようにと命ずることもなかったでしょう。なぜならば、この場合には、意志はもうすでにおこってしまっているはずですから。それゆえ、なかば意志しながらなかば意志しないということは、奇怪なことでもなんでもなく、じつは精神の病 (aegritudo animi) にほかなりません。すなわち精神は、真理によって上方にひきおこされながらも、習慣に抑えつけられているために、完全におきあがることができないのです。そこで二つの意志が存在することになりますが、それはこの二つの意志のうちのいずれも完全な意志ではなくて、一方が有するものを他方は欠いているという状態にあるからなのです」（『告白』VIII, 8, 19-9, 21）。
そこには矛盾する衝動がぶつかり合っていて、内心の分裂を引き起こしている。意志が問題である。その単なる可能性ではなくて、現実性が問題なのである。それは「なかば傷ついた意志」とも「精神の病」とも呼ばれる。それゆえ、意志の力をどのように理解するかという点でペラギウスと

アウグスティヌスとは決定的に対立していた。ペラギウスには「内心の分裂」や「不安な魂」といった実存的な認識が欠如している[*7]。したがって，アウグスティヌスは意志の分裂から神の恩恵へと全面的に依存しながら「汝の命じるものを与えたまえ」と「貞潔と節制を与えたまえ」と嘆願している。それに対してペラギウスは激怒した。このように両者は思想の根底にある基礎経験が全く相違していた。とりわけ人類の運命としての堕罪の影響の事実がアウグスティヌスにおいては恩恵の必要へと導き，これが人間の本性的な自由意志の力では克服できないとみなされた。というのは自由意志は悪を行なうには充分であっても，善のためには不十分で，助けを必要としたからである（『譴責と恩恵』11, 31）。事実アダムは原初に与えられた神の援助を見捨てて神のようになろうとしたがために転落した。彼は助けなしには終わりまで耐え抜くことを望みえなかった[*8]。したがって堕罪以前でも恩恵なしには人は正しくあり得なかったことになる。「人間は楽園において神が命じておいたものを欲するかぎり，自ら欲するように生きた。神を享受ながら生きた。神の力のうちに善をもって永遠に生きた」（『神の国』XVI, 26）。しかし，人が至福の状態にとどまるには，恩恵が必要であった。事実人は造られたままには留まりえず，自由意志によって罪を犯し転落した。こうしてその子孫に罪と弱さとを遺産として残した。この罪の状態を克服するために，御言が肉体となった。ここからアダムに与えられていた恩恵よりもさらに強力な恩恵が与えられた。

> 「しかし，彼ら〔ペラギウス派の人々〕は，〔自説を〕確信しているとき，自由意志を擁護する者ではなく，自由意志を高慢にして，破滅させる者である。なぜならば，神の律法に関する知識も，自然〔の本性〕も，さらに，〔犯した〕罪の単なる赦しも，かの恩恵，わたしたちの主イエス・キリストによって与えられる恩恵ではないからで，この恩恵自らが，律法が遵守されるように，自然が自由にされるように，罪が支配することがないようになしたもう」（『恩恵と自由意志』14, 27）。

こうして恩恵とは神の像に造られた存在に付与された恵みだけでなく，

---

7) この点に関しては金子晴勇『アウグスティヌスとその時代』知泉書館，第5章〈不安な心〉の軌跡と思想形成」117-39頁参照。

8) アダムの堕罪以前に与えられた恩恵に関してはペラギウスも認めていた。たとえば「可能性そのものを恩恵の援助をもってつねに助けたもう」とも説いていた（『キリストの恩恵』4, 5）。

聖霊の援助でもあって, わたしたちの意志と行為とを助けるものとして理解される。

「しかし, わたしたちは, 人間の意志が義を実現するように神から次のように援助されていると主張する。すなわち, 人間は〔第一に〕意志の自由決定の力をもつものとして造られている。さらに〔第二に〕いかに生きるべきかを命じる戒めに加えて,〔第三に〕聖霊を受けている。この聖霊により最高にして不変の善なる神に対する歓喜と愛とが人間の心のなかに生じ, 現在のところなお今に至るまで, いまだ観照によらず, 信仰によって歩んでいる (IIコリ5・7)。この愛は無償の賜物のいわば手付金として人間に与えられており, これにより創造主〔なる神〕に寄りすがろうとする熱望が燃えあがり, あの真の光に関与するために接近しようと点火されるのである。このように人間がその現にあることを負うている同じ神から,〔また〕善くあることも由来する。もし真理の道が隠されているなら, 自由意志は罪を犯すことだけにしか役立たないから。また何をなすべきか〔という課題〕と何を探求すべきか〔という目的〕がしだいに明らかになりはじめても, それが喜ばれ愛されることなしには, 実行され, 着手され, よく生きられることはない。ところで, それが愛されるために〈神の愛がわたしたちの心にそそがれる〉のであるが, それも, わたしたちから生じる〔意志の〕自由決定の力によるのではなく,〈わたしたちに賜わった聖霊による〉のである (ロマ5・5)」(『霊と文字』3, 5)。

これに対しペラギウスの恩恵論はどのようなものであったのか。

2 ペラギウスの恩恵論

ペラギウスは三位一体の正統的な信仰に立ったキリスト教徒であると自認していた。しかし彼の教えがキリスト教と対立したのは意志とその能力についての思想に関してであった。自由意志によって実現される自由と, キリスト教の救いによって獲られる自由とは全く性質を異にしている。つまり人間の自然本性に基づく哲学的な自由と神との信仰的な関係によって獲られる神学的な自由とは異質である。もちろんキリスト教までも新しい哲

学と考えられた時代には両者の混同は事実避けられなかった。だが，ペラギウスとアウグスティヌスの大論争を通して両者の相違が明確になったことは思想史上きわめて重要な出来事であったといえよう。

　ペラギウスだけでなくユリアヌスも自由意志によって「神から解放された」人間の状態を語って憚らなかった（『未完書』I, 78）。またカエレスティウスは神の恩恵を必要とするような意志はとても自由でありえない。そうではなく行なうか行なわないかは自分の力の内にあると言う。ペラギウスの『デメトリアスへの手紙』では次のように言われている。「〈わたしたちはそんな面倒でむずかしいことなどできない。わたしたちは脆い肉に包まれた人間に過ぎないのだ〉と言う。なんという盲目の狂気。なんという神をも畏れぬ無思慮。わたしたちは二重の意味で無知だといって神を非難する。神が行なったこと，あるいは神が命じたことを神が知らないと思っている。あたかも神は自ら創造した人間のもろさに気づかないで，人間に耐えられない命令を人に課したかのようだ」[9]。

　アウグスティヌスとの論争以前のペラギウスの思想では悪の非実体性，つまりそれを善の欠如態とみなし，存在する者はすべて善であると強調した[10]。悪は元来存在しないものであるがゆえに，人間に悪しき影響を与えるはずがない。それゆえ彼は創造において神はすべてに善性を付与したという観点から神の恩恵を説くようになった。ここでの恩恵は「創造の恩恵」であって，キリスト教の説く「キリストの贖罪に基づく恩恵」ではない。

　（1）　しかし，ペラギウスはこの創造における恩恵をキリスト教の特殊な恩恵概念と一致させようとする。これは首尾よく説明できるものではない。『自然について』の中で，人は選べば罪なくしてありうることを神の恩恵として説いた。したがって恩恵とは人間の自然本性の一部として享受したものであると説明した。恩恵概念の相違は次の対比で示される。

　　「しかし，わたしは他のところを読み続けてゆくうちに彼があげている比喩からまず疑いを懐きはじめました。彼は次のように言っているからである。〈いまわたしが，人は語ることができる，鳥は飛ぶこと

9）　ペラギウス『デメトリアスへの手紙』（前出）953頁。
10）　ボーリンの研究 (Bohlin, T., Die Theologie des Pelagius und ihre Genesis, S.15-46) によればペラギウスの論争以前の著作『パウロの手紙注解』にはマニ教の二つの魂の教えと物質と身体を悪とみなす思想に対する批判が重要な意味をもっている。

ができる、兎は走ることができる、と述べておいて、これらの活動が実現されうる手段、つまり舌、翼、足について同時に述べないとしたら、ことによるとわたしは機能自体を承認していても、機能の性質を否定したのではなかろうか〉と[*11]。彼がここに本性上能力をもっているものについて述べたことは確かであるように思われる。この種の自然的身体の一部分は、つまり舌、翼、足は造られたものであるから。彼は、恩恵に関して理解されるようにわたしたちが欲しているような比喩を、ここに描いたのではない。恩恵なしに人は義とされないのであって、恩恵の下で救済が問題になっているのであり、自然の構造が論じられているのではない」(『自然と恩恵』11, 12)

このような恩恵概念では新約聖書の恩恵の定義と相違するとアウグスティヌスは批判している(同)。というのは恩恵の概念のもとに単なる「可能性」しか考えられていないからである。

(2) 恩恵が開示もしくは啓発を意味する用語 revelatio で語られている[*12]。たとえば「彼は神の援助を多様な仕方で流入させるべきであると考えて、教えと開示(doctorina et revelatio)、心の目が開かれること、将来のものの表明、悪魔の陰謀の暴き、天的な恩恵の多様にして言い表わし得ない賜物による照明に言及している」(『キリストの恩恵』7, 8)と言われる。したがって意志は健全でも知性が曇り、何をなすべきかが示されなければならない。そのためには旧約の律法と新約のキリストの教えが必要であるとペラギウスは言う[*13]。カエレスティウスもカルタゴ会議で律法が福音と同じ働きをして天国に導くと説いた点で告発された。同様にペラギウスもディオスポリスの司教会議で天国は新約聖書でも旧約聖書でも約束されていると書いた文章によって告発された。彼はこれをダニエル書7・18でもって反駁したが、告発者たちは彼の精神の相違に気づかされた(『訴訟』11, 23,『原罪』11, 12,『訴訟』5, 13参照)。

(3) 恩恵の教義は洗礼による過去に犯した罪の赦しに求められる。こ

---

11) この引用文はペラギウス『自然について』からの引用である。
12) これをボーリンは Offenbarungsgnade と表現している (Bohlin, T., op. cit., S. 22.)
13) ペラギウスのことばとして恩恵が「わたしたちの心の眼を開く」のであって、「理性の光が種々なる教訓に刺激され、その招きによって育まれる」とあり、恩恵は理性をとおして自由意志をたすける。これが「照明する恩恵」(gratia illuminans) である(征矢野晃雄『聖アウグスティヌスの研究』137頁、ただし、出典箇所不明)。

れは「赦しの恩恵」(Vergebungsgnade) である。ペラギウスはこれが罪の赦しによってキリスト教的な生活へと導く啓発に続いていくと考えた。そこには聖霊の導きは考えられていない。デメトリアヌスへの手紙には次のように恩恵の概念が示されている。「キリストによる罪からの贖いは、わたしたちを義の完成へ動かすキリストの模範の霊感にしたがう」[*14]。ここでは神の恩恵によって罪は赦されるが、それはわたしたちの決心を強め、キリストは罪を避けるように励ます模範である、とだけ語られている(『キリストの恩恵』2, 2)。またペラギウスは「天上の恩恵の多様で表現できない賜物による照明」(同 7, 8) について述べているが、これが果たして正統的な内的恩恵とみるべきか問題であり[*15]、この賜物もわたしたちを啓発するのであって、助けるわけではない。

「次いで彼〔ペラギウス〕はいわば自己の見解に無罪の判決を下すかのように結論づけて言う、〈このように言う人が恩恵を否定しているとあなたに思われるのか、それとも自由意志と恩恵とを認めていると思われるのか〉と。こうした表現のすべてにおいて彼は律法と教えとを勧めることから退いていない。……ともあれ、その目的としているところは、神の戒めと約束とをわたしたちが学ぶことである。このことは神の恩恵を律法と教えの中に置くことを意味している」(『キリストの恩恵』7, 8)。

このようにアウグスティヌスは判断し、「これは神の恩恵を律法と教えに位置づけることである」とみなした。

なかでも原罪の否定は贖罪や救済の奥義や信仰の作用を根本から変えてしまった。原罪を認めない場合には、人間は罪を犯したことがあっても、人間性は堕落していないことになる。つまり人間の本性は創造のときに授けられたままで、無傷で留まっている (『人間の義』2, 4;『未完書』VI, 8)。そうすると贖罪は不要となり、洗礼で幼児はより高い誕生をえても、「新生」は問題にならない (『未完書』V, 53)。神の子の誕生も単なる道徳的な模範として人類の教育のために与えられたのであって、人間の霊的な生活や救いのために与えられたのではなかった (『キリストの恩恵』1, 8;『未完書』I, 94)。ここからキリストは教師となり、手本となった。こうして

---

14) ペラギウス『デメトリアスへの手紙』(前出) 941頁。
15) J. B. Mozley, A Treatise on the Augustinian Doctrine of Predestination, 1879, p.50.

神との関係が根本的に変えられて，ペラギウス主義はキリスト教の破壊を招来し，宗教を自然的な道徳主義に引き戻し，人を律法とその義務に従わせることになった。そのために神はただ人が律法にしたがっているか否かを監視する裁判官となり，創造者の慈しみ・贖いの豊かさと必要・謙虚と確信・神への献身などの余地がなくなった。また祈りの意味も失われ，意味のない所作となり，霊的な精神が死滅した。これに激しく対決してアウグスティヌスが立ち上がったのは当然であった。

3　恩恵と自由意志

この論争の最大のテーマは恩恵と自由意志に関してである。この主題はペラギウス派との論争だけでなく，セミ・ペラギウス主義を奉じたハドルメトゥムの在院者との論争でも継続された。彼らはアウグスティヌスの説を批判し，功績を全く人に認めない恩恵の説は自由意志を廃棄するのみならず，各人がそのわざにより報いられるという信仰箇条に違反する，と主張した。それによると信仰と救済とにいたる出発点は，また神からの信仰の賜物が与えられた場合にこれを受容するのは，自由意志の力である。これに対し信仰の賜物を受容するのは人間の意志ではあるが，受容するためにはあらかじめ自由意志が罪の状態から恩恵によって自由とされていなければならないというのが，アウグスティヌスの力説するところであった。

　（1）　アウグスティヌスはこの主題を考察した『恩恵と自由意志』で，まず聖書が自由意志を認め，律法を実行することにより報いが与えられると説いていることを認める。人間に意志の自由決定がないとしたら，それによって約束された報酬が与えられないことになり，無益になってしまうからである（『恩恵と自由意志』2, 2）。掟の形式を見ても，「これを欲するな，あれを欲するな」という勧告の形で「意志の責務」を問うて，自由意志による責任が明示されている。ここに「掟－自由意志－報酬」という基本系列が成立している。

　この基本系列は聖書の示す神の意志であり，人間の本性によって実現可能なものであっても，この単なる可能性を直ちに現実とみなすならば，みじめな人間が自己に栄誉を帰し，神の恩恵に働く余地を与えなくしてしま

う（同4, 7）。神の恩恵は自由意志を人間に授けたことにのみあるのではない。そのように説くのはペラギウス主義にほかならない。神の恩恵は「救済する恩恵」としてさまざまな試練と戦いの中にある人の心に深く「恩恵を授ける御霊」として働きかけている（同4, 8）。つまり恩恵は自由意志を創造し，律法を与えただけではなく，律法により試練に会い，罪との戦いのなかにある意志に働きかけている。そこで意志は祈りにより恩恵を求めるようになる。

こうして意志自体のうちにおいて「試練－祈り－恩恵」という内的プロセスが形成されていることが知られる。この第二の系列は先の基本系列のみにとどまるペラギウス主義に対し，意志の内的弁証法とでもいうべき過程を示している。

（2） ペラギウス主義は先の基本系列「掟－自由意志－報酬」において成立し，「神の恩恵はわたしたちの功績にしたがって与えられる」という主張によって示される[16]。ペラギウス主義が「わたしたちの功績」ということで自分でなしうるものを考えているが，「あなたのもっているもので，もらわなかったものがあるか」（1コリント4・7）とパウロは言う。こうして「神があわれみたもうのでないなら，信仰さえもつことはできない。それは神の賜物である」（『恩恵と自由意志』7, 17）し，信仰により生じる善いわざも「そのために神があなたを組み立て，すなわち形成し創造したのである」（同9, 20）。それゆえ，「永遠の生命は，恩恵に対して報いられる恩恵である」（同）と説かれた。

恩恵を自然本性と同一視するペラギウス主義は，単に創造の恩恵だけを語って，罪により壊敗した自然からの解放としての救済の恩恵を無視している[17]。これでは現実の罪との戦いに勝つことはできない。こうして恩恵は律法の知識でも，自由意志の所有でも，洗礼による過去の罪の赦しで

16） この命題をペラギウス自身はパレスチナの司教会議で尋問されたとき，一度は取り下げたのに，再び主張し，断罪されるにいたった。恩恵は功績によるのではないことは聖書も明瞭に語っていて，とくにパウロの回心の記事に明らかである。パウロが「わたしと共にあった神の恩恵」（1コリント15・10）というのは「きわめて有効な召命による回心」を生じさせる神の賜物である。「それはただ神の恩恵のみであった」（『恩恵と自由意志』5, 12; 16, 32）。

17） ハルナックははっきりと次のようにいう。「ペラギウス主義の根本概念は自由意志を含んだ自然であるのにアウグスティヌスの根本概念は恩恵であり，しかもペラギウス論争ではキリストによる神の恩恵である」(Lehrbuch der Dogmengeschichte, III, 201)。

もなく，罪の支配から人間を解放し，信仰を新たに創造する恩恵の霊として心中深く活動し，「恩恵の霊はわたしたちに信仰をもたせ，信仰による祈りによって，命じられていることを実行しうるようにする」(同14, 28)[18]。

(3) だが，アウグスティヌスはこのような恩恵の絶対性に立っていても自由意志を否定しているのではなく，かえって確立していることを協働的恩恵の主張によって説いた。彼はまず活動的恩恵から語りはじめる。神の恩恵は常に善であり，悪い意志の人を善い意志の人に改造し，さらに「小さく弱い意志」から「大きく強い意志」に成長させ，神の律法を実現させるように働く(同15, 31)。こうして自由意志は罪の下にある不自由な奴隷状態から解放され，恩恵により自由は増大してゆくのである。

「わたしたちが行なうとき，行なっているのはたしかにわたしたちである。しかしわたしたちの意志に対しきわめて有効な力を与えて，わたしたちが行ないうるようにするのは神である。……神がわたしたちの行なうという事態を起こしたもう。つまりわたしたちをして行なわしめたもう」(同16, 32)。

このようなわたしたちの行為の実質について彼は活動的恩恵と協働的恩恵との区別によって説明し，神の恩恵はまず「わたしたちなしに」(sine nobis) 意志に働きかけ，わたしたちが意志しはじめると「わたしたちと共に」(nobiscum) 協働して完成に導くが，「恩恵なしには」(sine gratia) 人間は何事もなすことができない，と説いている。「というのは，神ご自身が，開始するに当たってわたしたちが意志するように働きかけ，完成に当たってわたしたちの意志と協働したもうから」(同17, 33)。恩恵のはじめの働きは「活動的恩恵」(gratia operans) と呼ばれ，後のは「協働的恩恵」(gratia co-operans) と呼ばれる。

4 自由意志と自由の区別と関連

この論争を通して明瞭になったのは本性としての自由意志の機能と恩恵に

---

18) しかもこの霊は人間の日常の意識よりも深く作用するため「信仰はたとえ求められていない場合でも与えられる。これが恩恵の霊である」(同上) とも言われる。これをもって人間の意志に関わらない魔術的注入とか，不可抗的恩恵の説とみるべきではなく，パウ

よって与えられる自由との区別であった。

　アウグスティヌスはまず自然本性上の自由意志がもつ自由と罪の拘束状態からの解放としての自由とを次のように区別している。

　　「したがって，わたしたちは悪をも善をもなすための自由意志を持っていることを承認しなければならない。しかし悪をなすにあたってはいかなる人も義に拘束されないで罪の奴隷なのであるが，善をなすにあたってはいかなる人も，〈もし子があなたがたを自由にならしめたのであれば，あなたがたは真に自由になるでしょう〉（ヨハネ8・36）と述べられた方によって自由にされていないとしたら，自由ではない」（『譴責と恩恵』1, 2）。

　自然本性上の自由は善にも悪にも向かって決断できる自由である。この自由意志の本性的把握と対立するのが，罪の奴隷状態からの解放としての自由である。この自由は「自由とされた自由意志」の状態である[*19]。この自由とされる恩恵を受けていない自然状態に対しては，「自由ではあっても，自由とされていない」（『譴責と恩恵』13, 42）と述べられている。
このような自由の区別をもって自由の三段階の発展が語られる。

　（1）　最初の人アダムの堕罪以前における自由は「罪を犯さないことができる」というものであった。彼は善悪のいずれをも選択できる自由決定の能力をもっていた。しかし，「この自由意志は悪に対しては充分であっても，善に向かっては全能の善者により助けられないなら，きわめて小さいものであり，……この助けを彼は捨てたので，見捨てられたのである」（同11, 31）。

　（2）　したがって意志の自由な選択機能は認められ，善とも悪とも規定されない無記的なものであったが，意志の決断の行為と共に一つの方向が定められ，「最初の人アダムにより生じた壊敗の固まり」（同7, 12）が結果し，自然本性の壊敗が全人類に波及した。これが原罪である。

　（3）　これに対しキリスト教的自由は恩恵によって意志が肉の欲望を克

ロの回心にみられるような人間に依存しない神の恩恵の絶対性，したがって救いのイニシアティーブが神の側にあることが言われていると考えるべきである。

　19）　このような「自由とされた自由意志」という同語反復的な外観を呈しながら二つの自由の明白な区別が与えられたのは，ユリアヌス批判の書『ペラギウス派の二書簡駁論』（III, 8, 24）以来のことである。本書158頁の(3)を参照。

服し，喜んで善をなすような状態をいう。恩恵が霊によって意志を新しく起こすことにより自由意志は決して罪に仕えることがなく，罪からの解放としての自由が説かれる。「それゆえ，意志の最初の自由は，罪を犯さないことができるということであった。しかし最後の自由は罪を犯すことができないというもっと偉大なものになるであろう」（同12, 33）。ここにアダムにおける自由と対比して第二のアダムたるキリストにおける自由が明白に規定されるにいたった。

　彼は恩恵と自由意志，つまり神のわざと人のわざを分離して論じないで，両者の関係を総合的に把握し，アダムからキリストへと自由を救済史的観点に立って発展的に解明している。したがって神の恩恵もアダムにおいては意志を援助していたにすぎないが，堕罪後においては新しい意志を授与するものとみなし，恩恵の絶対性を力説する。しかし，それによって自由意志が排斥されるどころか，自由意志の自由は罪からの解放によって質的に高められていても，決して否定されているのではない。彼が批判するのは自由意志の誇張という誤用なのである。南フランスの修道士たちは教父が恩恵の絶対性にもかかわらず認めていた自由意志をいっそう拡大し，信仰の主体性のもと恩恵に先行させようと反撃したのであった。彼らの主張は「わたしたちは信仰自体を自分自身から所有するが，信仰を成長させることは神に由来する」という点にあり，彼らは信仰の開始を自由意志に帰した。アウグスティヌスは自分の過去を想起し，この問題で自分の思考がどのように転換したかを述べ，信仰の可能性はすべての人に与えられた能力であるが，それを現に所有するのはすべての人に共通する自然の賜物ではなく，キリスト者を他の人々から区別している恩恵によるのである。だから信じる意志は神によって選ばれた者たちに備えられていると言う（『聖徒の予定』5, 10）。

　こうして恩恵による選びは自由意志による功績に対する報いという功績主義を退け，恩恵の無償性が強調され，神の予定が前面に出てくる。人間は恩恵を受ける準備をみずから作りだすことができず，かえって予定こそ恩恵への準備となる（同7, 12）。したがって神は信じている者を選ぶのではなく，信じる者と成るために選ぶべく予定する。信仰は予定のための功績にならない。それは人間が自分の意志の力を誇らず，かえって「自分に向けられた神の意志」を誇るためである（同18, 37）。

それでは信仰の開始はいかにして与えられるのか。信仰に先行しているのは神の呼びかけであり，この神の言葉を聞くことによって信仰する者とそうでない者との区別が生じる。信仰者は外側からの神の言葉の語りかけを聞き，内に神自身から聴いて学ぶ。この内に聴いて学ぶのは神からの賜物を受けて，これによって信じる人である（同 8, 15）。しかし，どこで，いつこのことが生じるかは人知を越えている。「この恩恵は極めて深く隠されているが，それが実際恩恵であるのをだれが疑うであろうか」（同 8, 13）。

アウグスティヌスは神の自由意志と人間のそれとを後代の人のように同一平面で対立的に「あれか・これか」という仕方で措定はしていない。またベルナールのように主原因と二次的原因，スコラ神学のように第一原因と第二原因として区別して説明しているのでもない。彼は人間の意志に有効に働きかけて救いに導く神の救済意志の自由・主権・全能を論じ，同時に自由意志を内側から新しく信仰をもって神の言葉に聴き従うように働きかけ，しかもその責任を自由意志に帰しうると感じたので，人間の意志が神の意志に逆らうことができないと説いた。

5　原罪をめぐる論争

「ヨーロッパの最大の天才で最も影響力のあった教会教師〔アウグスティヌス〕は恩恵論の創始者であったばかりか，ヨーロッパの原罪神学の開祖でもあった」（グロス）[20]。この原罪の問題は解きがたい難題として今日に至るまで論争の主題となっている。それがどのようにアウグスティヌスにおいて開始したかを考察する意義は大きい。

ペラギウスの恩恵論が教会によって問題視された究極の根拠はアウグスティヌスが説いたような堕罪の説を認めなかったことに求められる。意志が何らの拘束もなく道徳的な責務を果たしうると考えられたがゆえに，アダムの罪が後代に影響を残すとは考えられなかった。とくにカエレスティウスとユリアヌスはその思想においてともに本質的に道徳的であり，知的であった。そこには神秘的な感覚が欠如し，楽園の神話にも興味がなく，

---

20) J. Gross, Das Wesen der Erbsünde nach Augustin, Augustinus Magister, II, p.773.

徹底的に合理主義的であった。

　ペラギウスによるとアダムは死すべき者で，罪を犯さなくとも死んだであろう，さもなければ「産めよ，増えよ」という言葉が無意義となる（『罪の報いと赦し』1, 2, 2）。したがってアダムの罪は彼自身を害したのであって子孫には影響なく，幼児は堕罪以前のアダムと同じ状態で生まれる（『訴訟』11, 23; 24）。それゆえ，キリスト以前でも正しい人はいた。そのリストが挙げられる（『自然と恩恵』36, 42）。有徳な異教徒の例も挙げられる[21]。罪は行為であって実体ではない。非実体的なものは名前だけであって，本性を弱めたり変えたりできない（『自然と恩恵』19, 21）。自然主義の神学に立つ論理は後には恩恵を認めたりして首尾一貫しなかった（『キリストの恩恵』10, 11）。もちろんペラギウスは精神の暗黒化を認めた[22]。それゆえペラギウス派は「習慣の必然性」(necessitas consuetudinis) において原罪に代わる心理的な代替物を見いだした（『未完書』IV, 103）[23]。暗くなった心には錆を取り除くために「律法のヤスリ」が必要である。キリストの恩恵は暗い心を照明し，何をなすべきかを告げた。だが，人間の意志にはひとたび道さえ示されれば，働くに充分であった。

　楽園の神話や堕罪物語に対するペラギウスの解釈は合理的で啓蒙的である。彼からみるとアウグスティヌスの解釈はばかげている。たとえば楽園のアダムは堕罪後の子孫よりも高い状況に置かれていたというアウグスティヌスの解釈は拒否された。アウグスティヌスは動物的な身体も罪を犯さなければ，霊的状態に変化すると説いた[24]。さらに彼はアダムが動物を名付けたのであるから，知的才能も高かったとも言う（『未完書』V, 1）。これはピュタゴラスの考えによる。また楽園での誡めがただ一つだけであったがゆえに，アダムは知的にも進んでおり，自由意志とそれを支える援助の恩恵をももっていた。「それゆえ人は楽園で意のままに生きた」[25]。

---

　21) ペラギウス『デメトリアスへの手紙』(前出) 933頁；『ユリアヌス』IV, 3, 30-32
　22) ペラギウス『デメトリアスへの手紙』(前出) 940-41頁。
　23) この「習慣の必然性」(necessitas consuetudinis) はアウグスティヌスにとっても重要な概念であった。本書48頁の「習慣の鉄鎖」参照。
　24) 詳しくは『罪の報いと赦し』I, 2, 2.；『創世記逐語解』VI, 25, 36；『神の国』XIV, 26を参照。
　25) 典拠としては（『神の国』XIV, 15　なお，『エンキリディオン』XXVII, 104；『神の国』XIII, 14; XIV, 11参照。

堕罪は無から造られたことに由来する罪の可能性によって説明された。そ
れは徹底的に弱さの事実に求められた(『未完書』V, 39,『自由意志』III, 1,
2)。堕罪の結果として死(身体的死と魂の死)は正当な罰として加えられ
た。また人間の能力のすべてが劣化し,暗黒化が生じた。病気にかかりや
すくなり,身体のコントロールを失った(『人の義』2, 3)。また「神の像」
に毀損が生じた(『霊と文字』28, 48)とも言われる。あるいは理性の光は
少し残った(『神の国』XXII, 24)とも言われた[26]。

アウグスティヌスは原罪が堕罪後には人類の全体に致命的な影響を及ぼ
した,と考え,原罪によって傷つけられた本性がアダムの子孫に波及して
いると主張した。そのさい彼は人類を一つの固まった集団(massa)とみな
した[27]。このような原罪の本質は何かと問われると,それはわたしたち
の理解を超えた奥義に属している(『カトリック教会の道徳』I, 22, 40)。そ
れでもアダムの子孫への罪の影響は伝統的には,①伝播説(traducianism)
と②創造説(creationism)があって,前者は魂も身体と同じく両親から引き
継がれると主張し,後者は個々の魂は絶えず神によって創造されると説いてい
た[28]。これら二つの仮説はアウグスティヌスによって退けられたが,それ
でも『未完書』に至るまでこれらは論じ続けられた(『未完書』II, 177-181)。

---

26) また悪は単なる「欠如態」(privatio boni)である(『真の宗教』20, 38『善の本性』6-
6『エンキリディオン』IV, 12)との基本的な理解にも原罪の影響があって,そこには本性の
受けた「傷」が認められる。

27) 「原罪の固まり」(massa peccati, luti perditionis)に関する表現は多様である。Odilo
Rottmanner, Der Augustinismus. Eine dogmengesch. Studie 1892, S. 8 に集められた有名なカタロ
グによると, Massa luti, peccati, peccatorum, inquitatis, irae, mortis, perditionis, damnationis, etc が
出点箇所と共に挙げられている。この概念はアウグスティヌスの神学で災いとなったもので,
massa は「集団」とも「固まり」とも訳される。それによって悔い改めに至らないかたくな
な人類の全体が意味された。またここからは神の選びのみが人の功績なしに救いに予定され
ると説かれた。「だから人類の全集団は罰を負うている。そこでもし当然受けるべき呪いの
罰がすべての人に下っても,疑いの余地なくそれは不当ではない。それゆえ恩恵により罰か
ら解放された者たちは自己の功績による器ではなく,〈あわれみの器〉と呼ばれている(ロ
マ9・23)。このあわれみは罪人を救うためにキリスト・イエスをこの世に遣わしたまい(I
テモテ1・15),予知した者たちを予定し,召命し,義とし,栄光を授けたもうたお方のもの
でないなら(ロマ8・29-30),いったいだれのあわれみであろうか。したがって,みずから
欲する者を救いたもうたお方のあわれみに対する言い表わしがたい感謝を表明しないほどにま
で,だれが正気をまったく失って分別を欠きうるであろうか。なぜなら彼は正しく〔事態を
とらえるなら〕すべての人をことごとく有罪となす神の正義をとがめることはけっしてでき
ないから」(『自然と恩恵』5, 5)。

28) 本書70頁の「ペラギウスの著作」参照。

さらに③堕落説がプラトン主義の先在説によって説かれていた。これに対し彼には先在した魂が身体を支配するように派遣されたと主張する「派遣説」も想定されていたと思われる[*29]。彼はこれを教説として確定する準備がなかったし，危険な論敵につけ込む機会を与えないように慎重に対処せざるをえなかった[*30]。

それゆえ，彼は最初の罪が高ぶりや神からの離反という魂の罪であることを確信していた。魂が罪に転落していることは絶えず説かれたが，アダムにおけると同様にわたしたちは罪責を負っており，魂は非物質的であって，その罪を身体に還元できないとみなされた。これらの点が伝播説か創造説かに結びつくとしたら彼によって受容されたであろう。だが，彼はどちらの説が正しいか結論をくだすことができなかった。もちろん，霊的な伝播説が可能ならば良いのであるが，伝播説では魂が身体のように遺伝すると考えられていた。アウグスティヌスは，原罪が性欲 (libido) とともに，とくに自律的な営為や生殖器の感覚を伴って，転移すると考えていた。つまり「肉の情欲」(concupiscentia carnis) によって子どもが生まれ（『結婚と情欲』I, 24, 27），それは霊に対する肉の反逆であることの象徴となっていると考えた（『ユリアヌス駁論』IV, 4, 34-8, 44）。

このことは当時の一般的な思想傾向を参照して言うならば三つの観点から考えられる[*31]。

（1）　医学的側面　病気の遺伝によって人間性が脆弱になっている。霊的な病気には神の医者が必要である。これは東方教会の理解に近い。

（2）　法律的な観点　アダムは罪によって全人類が堕落するように巻き込んだので，人類はその罪過を分有している。これは西方教会で有力な見方である[*32]。

（3）　両者の混合形態　原罪は遺産として受け継いだ病気であり，罪過である。旧約聖書にある「父祖の罪を子孫に三代四世代までも問う」（出

---

29) これはオーコネルの説である。O'Connell, The Origin of the Soul in Augustine's Later Works, 1987, p. 11.

30) 彼にとってアダムのもとにいたわたしたちの魂がどのようにわたしたちの現在の身体に到達したかということだけが問題であった。それゆえ，当時一般に支持されていた創造説は恩恵による魂の再創造のゆえに完全には拒否されなかった。したがって原罪と創造説をどのように一致させるかが困難な問題として残された。Hieronymus, Epistorae, 166参照。

31) 次にあげる三つの説は G. Bonner, St Augustine of Hippo. Life and Controversies, 1986, p. 371. の指摘による。

32) アンセルムスの Cur deus homo がこのラテン的理解を代表している。それについてR. W. Southern, The Making of the Middle Ages, London, 1953, pp. 234-37を参照。

エジプト20・5）という考えがあるがゆえに，ユダヤ人にはわかりやすい。この解釈をアウグスティヌスは採用している。

彼の思想を要約すると「原罪は病気であり，犯罪である。わたしたちはすべてアダムにおいて罪を犯した。そして罪責と堕罪の罰を分有している」ということになる。だが，どのようにわたしたちはアダムにおいて罪を犯すというのか。それは人類の一体性に基づく思想である[33]。そこから次のように言われる。「わたしたちがあの一人の人であったとき，わたしたちはすべてその一人の人においてあった」(Omnes enim fuimus in illo uno, quando omnes ille unus. 『神の国』XIII, 14)と。彼の説は人類とアダムとの種子的な一体性に基づいている。堕罪のときに先祖の腰の中に将来の世代は種子として現存し，全人類は神秘的な仕方で罪を分有しており，その当然受けるべき罰を引き寄せている[34]。

だが，アダムの身体に潜在的にあった種子はどのようにして他人の責任となったのか。これはローマの信徒への手紙5・12の解釈問題である。そこにあるラテン文 in quo omnes peccaverunt. をアウグスティヌスは「その人においてすべての人は罪を犯した」と読んだ。しかし，ギリシア語本文ではそういう意味にはならない。ギリシア語のエン・クオはラテン語のsic「このように」に相当しているが，古ラテン訳（キタラ）やウルガタでは in quo と訳されていた。これに基づいてアウグスティヌスは「その人において」と解釈し，これを典拠としてアダムの原罪が主張された。だが，それはギリシア語では理由や条件を意味し，ラテン文でも条件の意味で用いられたが，厳密には現行の邦訳にあるように「すべての人が罪を犯したので」と訳すべきであった。

ペラギウス派は正しく quia とか propter quod として理解していたが，ペラギウス自身は『ローマ書の注解』では in quo と読んでいる[35]。その意味はアダムの子孫はアダムのように罪を犯したなら，死ぬという理解である。その意味が霊的な死を言っているなら，アンブロジアステルと似ていなくはない。というのは後者が in quo をアダムにおいてすべての人が「固

---

33) 人類史的特質については金子晴勇『アウグスティヌスとその時代』189-91頁参照。
34) ローマ書5・12に関する同様の解釈について『罪の報いと赦し』I, 10, 11; III, 7, 14;『ペラギウス派の二書簡駁論』IV, 4, 7を参照。
35) Pelagius, Commentary on St Paul's Epistle to Romans, trans. by De Bruyn, 1993, p. 92

まりのように」罪を犯したといっても，それは身体的な死の意味であって，霊的な死はアダムのように罪を犯した結果であると考えていたからである[*36]。

　アウグスティヌスは自説に没頭していてテキストを批判的に理解することができなかった。この点はヒエロニュムスのウルガタでも変更されていない。こうして可能態にあった種子の存在が道徳的責任性に影響したかどうかが無視されてしまった。そこから原罪は神が罪の報いを三，四世代に及ぼすという復讐の観念に結びつけられた。

　アウグスティヌスは自説が正しいことを疑わなかった。それは「恩恵が自由意志に打ち克った」という彼の基礎経験に由来する確信であった[*37]。聖書本文が正しく解釈されていなくとも，自説を曲げなかったからには，彼の思想は聖書の一語にすべて基づいていたのではなかった。したがって人間における「根源的な罪責」(originanalis reatus)・「悪徳」(vitium)・「病」(morbus)・「傷」(vulnus) が原罪の姉妹概念として用いられた[*38]。それらが人間性の弱さをもたらし，自然的「欲性」(concupiscentia) が「情欲」と呼ばれ，それが人間性を悪化させているとみなされた。

　楽園の生活は完全な健康と情念からの自由を享受していた。理性と意志は身体を完全に支配したが，この状態をアダムは自力で保っていたのでは

36）ローマ書のこの言葉の解釈はこの論争以前のラテン神学者に親しまれていたものであって，4世紀のローマ人の手になる注解書 Ambrosiaster が重要な文献である。この書は作者不詳であったが，広く回覧され，司教アンブロシウスの手になるものと考えられていた。ロマ書5章12節の注解では「すべての者がアダムにおいて固まりにおけるように (quasi in massa) 罪を犯したことは明らかである」(MPL, 17, 92; 92-93) とあって，massa が軽蔑する意味で繰り返し使われている。アウグスティヌスはこの書をポワイエの聖ヒラリウスの作と考えていた。『ペラギウス派の二書簡駁論』IV, 4, 7参照。また，キプリアヌスの手紙64（『罪の報いと赦し』III, 5, 1, 10;『ペラギウス派の二書簡駁論』IV, 8, 20），さらにアンブロシウスの De Exc. Sat., 2, 6: De poenit., I, 3, 13 (『原罪』41, 47：『ペラギウス派の二書簡駁論』IV, 11, 29-31）をも参照。

37）『シンプリキアヌスへ』I, q. 2；『訂正録』II, 1, 1　本書第Ⅱ章第1節参照。

38）『シンプリキアヌスへ』I, q. 2, 20参照。ジャン・ムールーはその著作『人間 ── そのキリスト教的意義』（前出）の中で原罪が与えた「傷」についておおよそ次のように語っている。「人間の最初のあやまちは自らの主となる自足への意志であった。魂はこれによって神との恵みの網を断ち切り，まさにその結果肉体との恵みの絆をも断ち切ってしまった。自らを全的に神に与えることの不可能さによって深く傷つけられた魂と，全的に魂に自らを与えることの不可能によって同様に傷ついた肉体とに。それは荒れ狂う邪欲である。肉体がそれ自身に任され，あるいは腐蝕し，あるいは魂に反抗する。かくのごときものが肉体の悲惨さを明らかにする痛手なのである」92-93頁。

なく，神への服従によってこの支配を保っていた。それゆえ神への不服従が身体の統制（コントロール）を必然的に喪失させた（『神の国』XIV, 15）。この喪失は性においてとくに明らかである。「性欲」(libido) は人間の意志の支配下に直接にはない。そのために羞恥心が堕罪後に生じた。眼が開けて裸に気づいた（『罪の報いと』I, 16, 21）。この統制の喪失は不従順に対する罰であると考えられた[*39]。

6　情欲をめぐる論争

前に『ユリアヌス駁論』の内容を検討したとき，わたしたちはアウグスティヌスのもとでは情欲が原罪として説かれていることに触れた[*40]。ユリアヌス自身は性欲や欲望を自然本性として肯定していた。わたしたちはアウグスティヌスを正しく理解するためには彼の生活体験にまで遡ってこの点を解明する必要がある。

アウグスティヌスの青年時代における性体験と情欲の理解　青年時代の放縦な生活は16歳でカルタゴに遊学したときにはじまる。ある女性と同棲したのを見てもわかるように，彼は非常に早熟であったが，当時の北アフリカ社会の享楽的傾向からして，とくに非難すべきものではない。『告白』第3巻の冒頭には彼の心の状態が次のように描かれている。

「わたしはカルタゴにきた。するとまわりのいたるところに，醜い情事のサルタゴ（大鍋）がぶつぶつと音をたててにえていました。わたしはまだ恋をしていませんでしたが，恋を恋していました。……〈恋し恋される〉ということは，恋する者のからだをも享受しえた場合，いっそう甘美でした。それゆえわたしは友情の泉を汚れた肉欲で汚し，その輝きを情欲の地獄の闇でくもらせてしまいました。……ついにわ

---

39)　しかし，ここからアウグスティヌスが導き出した次の結論は誤っていた。すなわち，楽園では手足同様に性器官も統制できたのに罪の結果それができなくなった（『ユリアヌス駁論』IV, 13, 62参照）。これは生理学の知識に反しているがゆえに，科学的に支持しがたい。

40)　本書164-68頁参照。

たしは，自分からひっかかりたいと熱望していた情事におちいりました」(『告白』III, 1, 1)。

　アウグスティヌスはカルタゴで出会った多くの若い人たちと同じように，恋愛から愛欲生活に入って行ったようである。しかもそれが自然の成り行きのように述べられている。ところで『告白』の読者が知っているように，相手の女性は名も知らされていないほど身分が違っており，正式の結婚もできなかったとはいえ，品性と道徳において彼に優っていた。彼の弱点の最大のものは性の問題であり，これが知恵の探求を妨げ，回心においても最大の敵であった。ここで語られているもう一つ重要な点は，肉欲と情欲が友情の泉を汚したということである。彼は「恋し恋される」恋愛の相互受容が人間的な間柄の美と晴朗とを創出している事実を知っている。それは友情の泉から湧き出るものでなければならない。それなのに「恋する者のからだを享受する」愛欲に移りゆくと，肉体関係が暗い情欲によって曇らされてしまう。友情は心と心との交わりで成立するが，彼はこれにとどまりえないことから，暗い欲望の生活に導かれた。「わたしをよろこばせたのは，〈愛し愛される〉，ただそれだけでした。けれどもわたしは，明るい友情の範囲内に，心から心への節度を保つことができず，泥のような肉欲と泡だつ青春からたちこめた霧で，心はぼやけてうすぐらく，ついには，はれやかな愛と暗い情欲との区別がつかなくなってしまいました。この二つが混合してわきたち，弱年のわたしをひきさらって，欲望の淵につき落とし，醜行の泥沼の中に沈めていったのです」(同 II, 2, 2)。

　アウグスティヌスは明るい愛と暗い情欲との双方を経験から知っていたが，キケロの哲学にふれることにより，この双方の愛が内心において分裂し，知恵への愛に対する妨害として肉欲が働きかけることになる。彼はこの明るい愛と暗い情欲の対立による葛藤を経験した。しかし，肉欲の方がつねに知恵への愛をさまたげたため，激しい内心の分裂を引き起こすことになった。この愛の分裂による苦悩を鎮めるためマニ教に向かうことになる。こうして始まった精神的遍歴のすえキリスト教信仰により救済に達するのであるが，18年間にわたる生活のなかでの性生活の絆が彼にとり最後の，そして最も手ごわい敵であった[*41]。彼の回心はこの古い生活の粋

---

41)「わたしはもう，この世であくせくするのがいやになっていました。それは非常に

を断ち切って，まったく新しくされることにおいて実現したのである*42。

　救済の経験がその中心において性の問題であったことを知ってはじめて，わたしたちは彼の性に対する態度を理解することができる。それこそ情欲であって，「わたしをかたく縛り付けていた肉欲の絆」（同VIII, 6, 13）と言われる。しかもわたしたちが接するアウグスティヌスはヒッポの司教にして当時の教会を代表する神学者であるが，彼は自己の経験から結婚と性生活についての思想を述べているのであって，単に聖書のことばを反復しているのではない。ここには思想が深刻な生活体験から深められていることが認められるが，同時に思想の方向が間違っている点もあるといえよう。

結婚と性生活について　　『結婚の善』がこの点をきわめて明確に論じている。そこでは「結婚の三つの善」が説かれた。この結婚の三つの善という考えは『結婚と情欲』その他のペラギウス派駁論書に反復して説かれている。

　結婚の第一の善は子供である。その第二の善は「信義」(fides) である。結婚は男女の全人格的交わりという共同の実現にあり，社会的共同の自覚がむら気な快楽と狂暴な情欲を抑え，究極の愛の姿である「愛の秩序」を確立する。そこには単なる身体的結合にとどまらない人格の共同があり，自然的情念から解放された愛の徳性がみられる。それが信義である。結婚

大きな重荷であり，名誉と金銭の欲望にかられて，あのように重い屈従の生活を甘受するだけの熱情が，以前のように燃えあがらなくなっていたのです。それらのものは，あなたの甘美と，愛するあなたの家の美しさにくらべると，もう自分をよろこばせなくなりました。けれどもわたしはまだ，女性のことで頑固にしばりつけられていました」（『告白』VII, 1, 2）。

42）　アウグスティヌスの回心は名誉，金銭，女性という三つの欲望の対象から解放される出来事として述べられている。この欲望はプラトン的には感性的エロースにすぎず，これは超感性的イデアへの愛に連続的に高揚する本性をもっている。しかし，アウグスティヌスでは感性的エロースは古い生活であって，そこから新しい生活へ飛躍しなければならないほど強力な支配を彼に対し発揮していた。それゆえ「心が古い酵母から清められねばならなかった」と言われる。神の前に立ちうるためには，心が情欲の火から鎮められ，清められていなければならなかった。情欲により心が暗くかすんでいるなら，神を見ることはできないからである。神の言葉にしたがう決断により心は情欲との戦いに勝利することができた。これが彼の回心において生じたことである。神の言葉はローマ人への手紙13・13, 14として啓示された。「宴楽と泥酔，好色と淫乱，争いと嫉みとをすてよ。主イエス・キリストを着よ。肉欲をみたすことに心をむけるな」を読んだとき，平安の光が彼の心にそそがれた（同VII, 12, 29）。

の第三の善は神聖なサクラメントである点に存在する。これはキリスト者にとって結婚の最高価値となっている[*43]。

結婚の三つの善は男女の共同に由来するもので，自然（身体）的交わりから生じる子供，社会的交わりから生じる信義，霊的交わりの表現としてのサクラメントにおいて説かれている。この結婚の善も現実には情欲の支配下におかれ，情欲は道理や理性に従うことなく，人間の人格関係を破壊し，神によって定められた愛の秩序をふみにじっている。この情欲の支配は原罪の結果であって，その原因ではない。次に原罪と性欲との関連について考察してみよう[*44]。

アウグスティヌスの性に関する最大の問題点は性的行為を通してアダムの犯した罪が人類に伝わり，原罪として波及しているという学説である。この学説はペラギウス論争においてとくに表明されるようになったが，すでに中期の代表作『告白』の後半部分から自覚されるようになった。そこには人間の欲性がさまざまな欲望において反省され，とくに情欲の克服しがたい苦悩が告白されている。この情欲はパウロ思想に従って「むさぼり」として理解されるが，性の領域における「むさぼり」こそ「肉欲」として優勢であることを彼は論じるようになった。アダムの罪はもちろん神の戒めに従わず，神に反逆し自己にのみ立とうとする高ぶり，つまり傲慢によって犯されたが，その結果，意志は正しい方向を失い，罪を犯さざるをえない必然性の下に立つにいたった。これこそ罪が生んだ結果であり，人間の自然本性の破壊となって人類に波及した原罪の事実である。この事実は，パウロにより「こういうわけで，ひとりの人によって罪がこの世にはいってきた。そして罪によって死がはいってきた。このようにすべての人にそれがゆきわたり，ひとりの人によってすべての人は罪を犯したのである」（ロマ5・12）と説明されている。

---

43) したがって神の前で結婚の誓約をした者は，結婚の目的として子供が生まれなくとも，このことのゆえに結婚を解消することは許されていない。結婚は神の恵みの表現たるサクラメントとして，男女を永遠に結びつけ，節制の善を勧め，欲望を征服し，「お互いに一致して聖性のより高い段階へ昇って行くのである」（『結婚の善』13, 15）。サクラメントとしての結婚の善は霊的意味をもち，肉に生まれた子供を霊において生まれかわらせ，聖徒の交わりに加え，神の聖なる意志の実現に向かわせる。

44) 性愛における愛の秩序について詳しくは金子晴勇『愛の思想史』知泉書館, 132-36頁を参照。

原罪と情欲との関連　アダムの罪の結果である原罪は，人間の自然本性の破壊となり，「無知」と「無力」として明らかになっている。前者は知性を暗くし，何をなすべきかを知らないことを指し，後者は戒めを実現することができない意志の弱さを意味する。原罪はこのような罪の罰となっており，同時にそれは神の審判なのであり，神を求める方向から転落した罪深い愛，したがって邪欲となって現われる[*45]。邪欲というのは性的なものにかぎらず，広く道徳一般の領域にわたっている。それは転倒した無秩序の愛であり，神を使用してまでも自己を享受しようとする。しかし邪欲は性の領域で肉欲として強力に支配し，人間をその奴隷にしている。これは克服しがたい罪性である。

こうして肉欲は「罪の娘」から「罪の母」にまでなり，原罪を遺伝させているとも考えられている。「肉欲はいわば罪の娘である。しかし恥ずべき行為を犯すことにそれが同意するときにはいつでも，多くの罪の母ともなっている」（『結婚と情欲』I, 24, 27）。だからキリスト信徒の両親から生まれた子供といえども，罪から洗い清める洗礼のサクラメントが必要である。

ペラギウスは原罪の遺伝説について批判し，原罪というのはアダムが示し，多くの人たちが倣った悪しき模倣にすぎない。だからアダムの堕罪以後も罪を犯さない生活は可能であるという。したがってアダムとの関連は模倣という精神的行為であって，アウグスティヌスのいうような生物学的感染や遺伝ではないと批判する。これに対しアウグスティヌスは結婚の善をくり返し主張して答えているが，そこで力説されているのは，子供を生むこと自体は罪ではないにしても，性欲にもとづかなければ子供は生まれないから，肉欲なしに生殖行為が実現されないということである。性欲（リビドー）は「身体の恥部を刺激する欲情」を意味し，「魂の欲性を肉の求めと結びつけ混合して人間全体を動かす」（『神の国』XIV, 16）。彼はこういう欲情なしに子を生むことを理想としている。あたかも無性の超人を志向しているようにみえる[*46]。

---

45)　アダムの罪は神の戒めに対する不服従によって生じ，神との関係が喪失したことから霊に対する肉の反逆を生み出した。「神の戒めに違反した後，最初の人は自分の霊に対抗する他の法則を所有しはじめた。彼は自分の肉の反逆を正当な報いとして知覚した」（『結婚と情欲』I, 6, 7）。この反逆が独裁的な「快楽」の支配する情欲をもたらした。したがって根源の罪が罰としてもたらした結果が情欲である。

46)　したがってわたしたちはアウグスティヌスにおいては「情欲のうちに人間的不幸

6　情欲をめぐる論争

　このような原罪説は必然的に遺伝説を伴っていた。四肢の不服従と羞恥心とは罪に由来する結果である。こうして堕罪から性の中に一つの要素が侵入してきた。それが情欲もしくは快楽である。この情欲が合法的な結婚の中にも存在するというのが今日理解できない困難さである。なにゆえに快楽のなかで特殊な快楽だけが叱責されるのか。

　「このように多くのものについて欲情があるが、この語が、単独で用いられ、何についてのそれと言われない場合、身体の恥部を刺激する欲情（性欲）を意味すると思わない人はほとんどいないであろう。この欲情は身体の全体に対して外側からも内側からも力を加え、霊魂の情念を肉の求めに結び付け混合させて人間全体を動かすのである。その結果、身体の快の中でもそれ以上に強いもののない快が生じ、それが頂点に達した瞬間には、思考活動の尖端といわば番兵とは、ほとんどが隠れてしまうことになる。しかし結婚していても、使徒が勧めるように、〈注意して自分の身体を聖く尊く保ち、神を知らない異邦人のように快楽の病に陥ることなく〉（Ⅰテサ4・4-5）、もしできればこのような欲情なしに子を産もうとする者は、知恵と聖い喜びの友となるであろう。彼は子孫をもたらす義務をはたすにあたって、この目的のために造られた肢体を、他のそれぞれの目的のために配置された肢体と同様、燃えさかる欲情の刺激の下に放置せず、意志の指図の下に働かせて、自らの精神に仕えさせるのである。とはいえ、この快楽を追求する者でさえ、結婚の床においても不正な恥ずべき行為においても、意のままに自分を動かすことはできない。すなわち、求めていない時に欲情が吹き出したり、渇望している者を見捨てたりして、心は燃えても身体は冷えるということになる。このようにして欲情は奇怪にも、子を得ようとする者だけでなく、勝手気ままに欲する者をも裏切るということになる。欲情はほとんどの場合心の抑制に逆らい、時には自ら分裂し争って、心が燃えても身体は燃えないということがある」（『神の国』XIV, 16）。

の全体験が現われている」ことを認めざるを得ない (B. Groethuysen, Philosophische Anthropologie, 1969, S. 85.)。性は人間の愛において重要な位置を占めている。アウグスティヌスは性愛においても神の定めた「愛の秩序」を樹立しようと格闘したのであった（『神の国』XIX, 14）。

ユリアヌスは「欲情」(concupiscentia) のもとで健全な身体の働きによる快楽を理解している。だからそれはわたしたちの主イエス・キリストの体にも存在すると躊躇することなく説いた。それゆえ欲情は中性的な「欲性」を意味する。それに反してアウグスティヌスによると「欲情」はキリスト教的な結婚においても性の堕落と分離できない快楽の要素を含意している。それは結婚が悪いという意味ではない。結婚は神が定めたもので、子孫をもうけ天国の成員の数を充たす意義をもっている（『結婚の善』9, 9）。この意味では性交も有益にして尊く称賛に値する（『原罪』34, 39；『山上』I, 15, 42）。この有益な欲情は、たとえ生殖のためであっても、神を知らない人の「情欲」の病から区別されなければならない（『原罪』37, 42）。欲情は罪に染まると情欲に転化する。それゆえ善である自然の徳と悪である自然の悪徳との二つは同時に繁殖することになる（同33, 38）。原罪の罪責が両親から子どもに伝えられるのは情欲から情欲によってなのである。欲情自体は原罪ではない。それに反し「罪を犯す情欲は死の鎖である」（『ユリアヌス論駁』VI, 16, 48）。それは本性の受けた傷であり、悪徳（vitium＝欠陥）であって、本性を悪魔の奴隷とする（『結婚と情欲』I, 23, 26）。たとえ洗礼を受けた者でも、それは罪の機会となりうる（『二書簡』I, 13, 27）。これによって原罪が遺伝する手段となる。それは法的な債務と責務を伝える遺伝的な感染である。この感染はたとえ洗礼によって清められても、その働きは完全には除去されない。そのため洗礼を受けた両親の子ども自身も影響しており、生まれた子供は再生の洗いを要する*47。

　アウグスティヌスはユリアヌスとの論争で原罪の根源を邪な欲望である情欲に求め、人類の統一的な見地から、アダムによって犯された罪が子孫に伝わり、人類は傷を負って誕生すると説いた。しかし、この傷は生物的な意味で遺伝する性質ではない。だから、「悪い性質は、それが存在していたところを立ち去るように、実体から実体へとあたかも場所から場所へと移るようには移らない」（『ユリアヌス駁論』VI, 18, 55）と言われる。むしろ、それは心に受けた傷のように人間の主体の中にある意識の状態であって、「罪責」(reatus) として存在する。それゆえアウグスティヌスはユリアヌスに「罪責は霊や身体のように主体なのか、つまり実体なのか、それ

　47）　これに関する出典は多いが代表的な場所を示すと『原罪』39, 44；『二書簡』I, 6, 11；『結婚と情欲』I, 32, 37；『ユリアヌス』VI, 7, 18が挙げられる。

とも身体における熱とか傷のように、あるいは心に置ける貪欲や誤謬のように、主体の中にあるのか」（同VI, 19, 62）と問うて、ともにそれが実体ではなく、心における意識状態であることを認める。ユリアヌスも「罪責は罪を犯した人の良心に残る」ことを認めている（同）[*48]。

　この傷は生物としての身体とは無関係である。それは罪責が良心に感じ取られている意識状態であるのと同一の現象である。しかし、それは単なる意識状態ではなく、それによって人間の心身関係が害を受けている状態であって、心における傷として残っている[*49]。それによって本来あるべき心身関係の秩序が破壊されている状態が語られているように思われる。

　この点ではアンブロシウスも「わたしたち自身の毀損状態」を「最初の違反によって肉と魂との不一致は本性に向かった」という（同II, 5, 11）。この状態をアウグスティヌスは「罪の罰」として理解し、「心の法則と戦っている身体の内にある法則」や「心の不明」として捉えて次のように言う。「同様に、心の法則と戦っている身体のうちにある法則は、不正に行動した人に対する正しい罰となっているがゆえに、それ自体では正しい行

---

48)　「したがって、あなたには罪責がどのような主体の中にあると思われるのか。むしろ、あなたの言葉を引用しないで、あなたが答えるであろうことをどうしてわたしは尋ねなければならないのか。あなたは〈その行為が過ぎ去ったとき、赦しをえるまでは罪を犯した人の良心の中に罪責は残る〉と言う。それゆえに罪責は主体のうちに、つまり罪を犯したことを記憶し、良心の咎めにより苦しめられている人の心の中に、罪の赦しによって快活にされるまでは存在する。もし自分が罪を犯したことを忘れており、その良心も悩まされることがないなら、罪が過ぎ去っても救われるまでは残るとあなたが認めるかの罪責はどこにあるであろうか。身体に起こる出来事には属しないがゆえに、身体の中にないことは確実である。また忘却がその記憶を消し去っているがゆえに、魂の中にも存在しない。にもかかわらずそれは存在している。では人がもう良く生き、そのような罪を何も犯していないときには、それは何処に存在しているのか。人が記憶している諸々の罪に対する罪責は残っていると言うことができないが、忘却している罪に対する罪責は残っていないであろうか。確かにそれが赦されるまでは、絶対に残っている。そうすると隠された神の法の中でないなら何処に残っているのか。その法はある仕方で天使たちの心に書きとどめられている。そのため、もし仲保者の血によって贖い清められなかったならば、いかなる不法も罰せられないことはない」（『ユリアヌス駁論』VI, 19, 62）。

49)　この自然的な本性に付けられた「傷」こそ原罪を指しているのであって、それは「蛇から受けた古い傷」（同I, 3, 5）「死に至らしめる致命的な傷」（同I, 3, 10）「本性の中の傷」（同V, 16, 65）「本性が受けた傷」（同III, 26, 59）「敵が本性に加えた傷」（同III, 26, 63）「原罪の傷」（同IV, 8, 39）「悪魔によって人類に加えられた傷」（同VI, 19, 58）などと言われ、これが子孫に伝えられるのは「心的な影響と感染による」とか「肉的な情欲から引き継がれる」と語られている。

動なのではない。また，ただ神のみが取り去りたもう心の不明も罪であって，それによって神は信じられない。それはまた罪に対する罰であって，それによって高慢な心は当然受けるべき譴責により罰せられる。それはまた罪の原因であって，悪事が暗い心の誤りによって犯される」（同V, 3, 8）。このような本来的な心身状態が受けた「傷」は「心の支配に反対する不従順」にほかならない。続けて彼は言う「同様に肉の情欲は，これに反して善い霊は欲求を懐いているのであるが，自己の内に心の支配に反対する不従順が内在してるがゆえに，罪である」と。

　この「心の支配に反対する不従順」こそ「情欲」に内在する「傷」なのであって，この傷が癒されないかぎり，それは「鎖」のように「死の鎖」として死にいたる病のように人を拘束する。「こうした情欲は単にそれが内にあるだけでそんなにも大きな害悪であるがゆえに，その鎖が洗礼において生じるあらゆる罪の赦しによって破壊されないとしたら，どうしてわたしたちを死に至るまで捉え続け，最後の死にまで引きずり続けないであろうか。というのは，わたしたちを最初のアダムに結びつけ，第二のアダムによらなくては破壊されない，この鎖のために，わたしは主張したいのだが，この死の鎖のために，わたしたちは幼児たちが死んだということを見いだすから」（同VI, 16, 48）。この鎖に拘束された状態を初期の著作では「身体」とみなしていた。「人がこの世で所有するすべてのもののうちで，厳正な神の法が人に負わせたもっとも重い鎖は，肉体である。それは，語ることこそいとも容易であるが，理解するとなると困難をきわめる原罪のためである」（『カトリック教会の道徳』22, 40）。ここにあるように，原罪を身体に求めたり，身体が悪であると説くプラトン主義的な思想は修正され，不従順な意志に悪の根源が認められたように，「欲情」が悪ではなく「不従順の宿る情欲」が問われている。これは「死のからだの四肢」であって，そこから放縦や自己中心主義の悪徳ははびこるようになった。「それゆえ，この死のからだの四肢にあって（ロマ7・24参照）放縦に駆りたてられ，心の想いの全体を自分の方に向けて引き寄せるように努め，精神が欲求しても立ち上がらず，精神が欲しても心に安らいのないことこそ，罪の邪悪さなのであって，すべての人はこれを携えて生まれてくる」（『罪の報いと赦し』I, 29, 57）と言われる。

　では，この罪はどのように人類に影響しているであろうか。彼は言う

「この罪はまた不従順に対する当然の報いであるがゆえに，罪に対する罰でもある。それはまた同意する人の欠陥によってか，生まれ来る人の感染によって罪の原因でもある」(『ユリアヌス駁論』V, 3, 8) と。また「それは〔悪の性質と〕同じ種類の他の性質が，両親の病める身体からでもその子孫によく引き継がれるように，ある種の作用による感染として生じる」(同VI, 18, 55) という。彼は比喩を使って痛風のような「身体の病」(morbus carnis) によって捉えられるという (『未完書』II, 177)。それはダイモンの働きによって生じたり，性交時に見る絵画によって婦人が影響を受け，ハンサムな子を身ごもる例を挙げて，「感染」の事実を説明している (『ユリアヌス駁論』V, 14, 51)。

そのさい問題となるのは「感染」の仕方であるが，感染が性交によって身体的に生じて遺伝するというような表現をとったのは「生物学の範疇」を道徳の領域に誤って適用したと言えるとしても，両親の子どもに対する感化ということは罪の社会学的影響として充分に考えられる。したがって秩序に違反した情欲としての愛が人間社会に破壊的な影響をもたらすことは考えられる。魂の上に及ぼす精神的感化では，先に述べたように，先祖の罪に対する罰を子孫の三代四代に及ぼすという神の天罰を人類は受けたがゆえに原罪が波及したという説明のほうが優れている[*50]。したがって本来的な秩序を毀損させ破壊した罪は社会学的な影響を及ぼしており，アダムの子孫は生態的には損傷を受けていなくとも，家や社会に伝わる悪しき精神環境として子孫に伝播すると考えることができよう。心身自体は損傷を受けていなくとも，霊・魂・身体という人間学的三区分法によれば霊の作用が心身に及んでおり，霊の指導によって初めて心身は正しく導くことができる[*51]。さらに，これに加えて世代の累積から社会学的な勢力が致命的な影響を与えることも考えられる。それゆえ，ここから神の国と地の国との分裂と対抗の歴史が説かれているような事態も起こってくる。実際，人は環境によって精神的な影響を受け，心身関係の秩序にひびが入り，心が傷つけられるからである[*52]。

---

50) 本書第Ⅶ章5節参照。
51) 金子晴勇『人間学講義』知泉書館，64-67頁参照。
52) この点で，ジャン・ムールーの著作『人間 ── そのキリスト教的意義』における原罪の理解が優れた理解を提示している。とくに原罪の与えた傷から生じた心身関係の分裂

7　予定をめぐる論争

　予定の問題が引き起こされた経過についてはすでに詳論したので，ここでは恩恵の無償性と有効性に関してのみ問題としてみたい。この問題はアウグスティヌスがシクストゥスへの手紙で回心をもたらす有効な恩恵について論じ，神の賜物の無償性を約束したことに発する。論争はそこから帰結する神学的な決定論にあった。

　恩恵の無償性と有効性からの帰結　救いをもたらす恩恵の無償性と有効性の教えがハドルメトゥムの修道士たちの間に恩恵に対する人間の側の主体的な関与に疑問を懐かせた。彼らは自由意志や永遠の生命に対する報酬，それに関する牧会的な配慮，さらには禁欲主義的な道徳の実践にまで広がる問題を最晩年のアウグスティヌスに提起した。神の選びという教えには神が個々人の良い行為や悪い行為にしたがって裁いたり報いたりしないという意味が含まれていた（『手紙』194, 5, 19; 5, 21）。したがって救いを授ける有効な恩恵の説には人間の側の自由意志や報酬が排除されているように感じられた。この教えは万人救済説，つまり神が万人の救いを欲しており，キリスト者の努力によって救いが完成されると説く当時支持されていた新しい思想と対立しているように考えられた。アウグスティヌスを批判した人たちは，個々人の信仰と堅忍に関する神の予知にもとづく予定だけを認めていた。したがって彼らは，神は万人に救済の機会を与えてお

を彼は次のように語っている。「神は人間を霊をもつものとして造った。すなわち霊の父と非常に緊密に，深く結びつくことによって霊化した魂と，神化された魂にきわめて緊密に，また十分に適応することによって霊化された肉体をもつという状態において造った。……傷口の真のありかは，肉体と魂の間である。結びつきは存続するも，弛緩してしまっているのである。魂はもはや完全に肉体を支配しえない。そして肉体は一部魂からのがれてしまっている。魂はもはや自らを常に生かすことができない —— それは死である ——，肉体を常に保護することもできない —— それは苦悩である —— し，肉体を思想のために十全に用いることもできない —— それは邪悪な不透明さである —— し，その本能を制御することもできない —— それは荒れ狂う邪欲である。肉体が一部分それ自身に任され，あるいは腐蝕し，あるいは魂に反抗するということは，魂はもうその肉体を霊化することができず，肉体は自らの重みで魂を動物性に引きこむというのと同じことである。かくのごときものが肉体の悲惨さを明らかにする痛手なのである」(92-93頁)。

り，各人は自分の救済の実現に成功するか失敗するかは自己責任に委ねられていると主張した。

この万人の救済という問題は晩年において議論されており（『ペラギウスの訴訟議事』3, 9-11,『神の国』XXI, 17），もし万人が断罪されたら，神の憐れみの余地がなくなり，また万人が救われるなら，神の正義の余地がなくなると説かれた（『神の国』XXI, 12）。しかし，実際は神の憐れみは無償であって，人を顧みないし，人の功績をも顧みない。選ばれた人はただ感謝し，滅ぼされる人といえども不平を言うことはできない（『シンプリキアヌスに答えた諸問題』1, q. 2, 22）と反論された。したがって神の裁きは究めがたいがゆえに，エレミヤの比喩を使って粘土は陶工に反対して何も言えないのであって，ただ神への畏怖のみが残ると告白された。「あなたはわたしとそれについて討論してみたいのか。否，むしろあなたはわたしとともに驚き，ともに〈その富の深さよ〉と叫ぶであろう。ともに畏怖で満たされ，ともに叫ぼう〈神の知恵と知識の富は何と深いことか。神の裁きは究めがたく，神の道はほとんど見いだし得ない〉（ロマ11・33）と」（『説教』26, 12, 13）。

このように神の考えは究めがたくとも，終末における復活のときには神の計画は啓示される。

「その時には，現在明瞭な認識によって見られないで，ただ敬虔な人々が信仰によって保有しているものが，知恵の最も輝かしい光の中で見られるであろう。すなわち，如何に神の意志が確実不変で力あるものであるか，如何に神が多くのことをなす力を有しながら，しかもなおそれらのことを欲したまわず，他方，なすことのできないことは何事も欲したまわないか，また詩篇で歌われていること，すなわち〈だがわれらの神は天上高くいらせられる。神は天でも地でも，欲したもうたすべてのことをなしたもうた〉（詩113・11〔115・3〕）ということが如何に真実であるか〔が見られるであろう〕。このことは，もし神があることを欲して，しかもなしたまわなかったとすれば，確かに真実ではない。また，いっそうふさわしくないことであるが，もし，全能者が欲したもうことが起こらないように，人間の意志が妨げたので，神がそれをなしたまわなかったということであれば，確かに真実ではない。したがって，全能者が起こることを許したもうか，あ

るいは，自らなしたもうことによって，起こることを欲したもうかでなければ，どんなことも起こらない」（『エンキリディオン』XXIV, 95）。
　それにもかかわらず，選ばれた人を救う恩恵は，洗礼において伝えられると説かれた。このことは重要な争点の一つであった。これに反してカエレスティウスが幼児は洗礼を受けていなくとも永生をもつと主張したことは，カルタゴ会議で問題となった（『原罪』4, 3-4）。当時，幼児洗礼がニカイヤ公会議以来一般化してきていた。しかも「洗礼は一つである」がゆえに，幼児の受ける洗礼はアダムに由来する原罪のために不可欠とされた。ペラギウスは洗礼をその教えの中心においたが，それはあくまで幼児の犯した実行罪を償うためであった（同21, 23）。ユリアヌスは洗礼を受けなかった幼児を天国と地獄の中間においている（『未完書』I, 50）。また罪を犯さなかった幼児が未受洗の場合には罰は軽いとみなした（『ユリアヌス』V, 11, 44）[*53]。

選びと運命　また選びの問題が再び異教思想である「運命」を導入することにはならないか，という形で問われた（『二書簡』II, 5, 10）。アウグスティヌスは自由意志が原罪によって損なわれたり，消失したとは説かなかった。ただ，自由意志は堕落した人にあっては罪を犯すのに役立つだけだと説いた。それゆえ，彼は自由意志を否定する運命論に陥ったことはない。自由意志は本性的な機能としては現にあるが，現実には罪によって汚染されているので，恩恵によって解放されなければ，悪をなすには自由であっても，善をなす力がないと説いた（同5, 9）。しかし，人間に与えられた自然本性の機能としての自由意志を彼はいちども否定していない[*54]。そこから結論的に言えるのは「自由意志は罪を犯したり犯さなかったりする可能性以外の何ものでもない」（『未完書』VI, 9）ということであり，「人間が神から自由にされる意志の自由は罪を犯す可能性と罪を避ける可能性にほかならない」（同I, 78）と言うことになる。したがって自由意志をもっていることと自由であることとは同じではない（同48, 93）。とはい

---

53)　さらに洗礼なしでも救われる場合に関しては『洗礼論』IV, 22, 29を参照。
54)　彼は自由意志を抹殺しなかった。『再考録』I, 8, 6参照。意志は意欲すると同義であるかぎりで，最初から前提されているがゆえに，それが存在していることについては全く問題はなかった。『告白』VII, 3, 5『真の宗教』14, 27参照。

え，人がひとたび悪徳を選ぶと，悪にまみれた状態に転落することになり，そこからは神による以外には回復できない（『ヨハネ福音書講解』Tr. 5, 1； Tr. 8, 36）[55]。ここから宗教改革者カルヴァンの予定説とは異なることが明らかになる。

カルヴァンとの比較　予定に関しては多様な解釈が可能であって，これを一義的に解明するのはきわめて困難である[56]。予定説ではとくにアウグスティヌスとカルヴァンが有名であるが，両者の相違も目立っている。カルヴァンは神の選びと滅びの決定は堕罪によらず，それ以前にそれと関係なく定められたと考えた[57]。それに対してアウグスティヌスはアダムが自由意志を悪用して罪を犯したがゆえに人は断罪されたと説いた。したがって神は堕罪を予見したが，それを強いたのではないことになる。人祖アダムの堕罪の結果，人類はすべて断罪されたが，神の救いに導く選びは，現世で見るかぎり不可解であっても，神の決定は決して恣意に基づくのではない。それはいつかは判明する理由に基づいていると説かれた[58]。また自由意志の腐敗の程度はカルヴァンが全面的な腐敗を説いたのに対し，アウグスティヌスでは罪を犯した本性にも神の像の残滓と閃光は残存していると考えた。それゆえ両者を隔てる相違は大きいと言わなければならない。

神の予知と予定を論じるさいの困難さは，永遠者である神の救済計画という時間的な経綸を有限な人間の経験から語らなければならないところにある。人間の時間は過去・現在・未来に分向しているが，このような時間によって神は把握されない。神は時間に働きかけても，時間によっては限

55）このような自由は自然的な本性に立脚するペラギウス派が説いている自由の定義とは相違している。アウグスティヌスの場合には聖徒の究極の自由は罪への自由をなくすことである（『譴責』12, 33）。だが，恩恵は自由意志を破壊しない。意志は神の呼びかけを受けることも拒否することもできる（『霊と文字』36, 70）。人間は自分自身の意志をもった理性的な被造物である（『罪の報い』II, 5, 6）。

56）R. Simon はアウグスティヌスをカルヴァン主義的に解釈するように傾き，Mozley はアウグスティヌスとカルヴァンの両者を本質的に同一とみなした。Portalie は両者の間には似た点はないとした（G. Bonner, op. cit., p.386-87参照）。カルヴァン自身はアウグスティヌスを高く評価したが，相違点に気づいていた（『キリスト教綱要』III, 22, 8; II, 4, 3参照）。

57）カルヴァンの予定説に関しては本書第X章第3節を参照。

58）アウグスティヌス『恩恵と自由意志』23, 45 カルヴァン『キリスト教綱要』III, 21, 1-7

定されておらず，時間からは測定されない。神は本質的に「全時間性」(sempiternitas) において存在する。だから「あなたの今日は永遠である」(Hodierus tuus aeternitas) と言われる。また時間は造られた被造性を根本的に帯びている（『告白』XI, 13, 16; 15, 17；『神の国』XI, 6; XII, 14; XII, 15）。さらに神の予知が人間の自由を取り去ると不平を言う人たちに対して，アウグスティヌスは予知が神から自由意志を取り去ったとでも言うのか，と反論している（『自由意志』III, 3, 6）。

終わりにアウグスティヌスとカルヴァンが共通に主張する「滅びへの予定」について触れておきたい。それはアウグスティヌスの予定説の古典的な叙述に次のように提示されている。

「これが聖徒たちの予定であって，それ以外ではない。つまり，それは神の予知と恵みの備えである。これによって救われる者は最も確実に救われる。しかし，その他の者たちはどうなるのか。彼らは神の正しい裁きによって滅びの群れのうちに，取り残される以外ではない。そこにはツロとシドンの人々が取り残されていた。この人たちはキリストのこのような不思議なわざをみていたならば，彼らも信じることができたであろう」（『堅忍』13, 35）。

ところが「予知されるだけでなく，実際に罰へと予定されている」とある機会に彼が語ったことから混乱と紛糾が生じた*59。予定説の根底にある神の全能性と恩恵の無償性という思想からはこうした帰結も論理的に可能であるがゆえに，こういう結論も免れないかも知れないが，それを確定された思想として述べるのは行き過ぎであって，論争がもたらした不幸な事態であったといえよう。

59）　たとえば「彼は正当にも罰に予定した」(juste praedestinavit ad ponam，『エンキリディオン』26, 100）；「永遠の死に予定されている者ら」（『魂とその起源』IV, 11, 16）；「呪われるように予定されている」（『罪の報い』II, 17, 26）などの表現が散見される。もしも「断罪に予定された者たち」(damnati praedestinati) が世界の創造以前に定められていたとするとカルヴァンと相違しなくなる。しかし，アウグスティヌスは時折漠然と「人々が選ばれていなかったなら，怒りに予定されている」との推論を述べたに過ぎない。なお，滅亡への予定に関して『エンキリディオン』27, 103；『霊と文字』33, 58でも消極的に触れられてはいるが，カルヴァン主義のように明瞭ではない。彼は予定説のゆえに所謂オリゲネス的な「万人救済説」を避けようとしている。

8　義認における宣義と成義

　義認における「成義」と「宣義」との関係についてまず述べておきたい。「義認」(justificatio) とは「義として認められること」であるが、「罪人の義認」といわれるように、元来は法廷における「無罪の宣告」を意味していた。すなわち、罪人の罪はキリストの贖罪によって無罪と見なされ、無罪放免になることを意味していた。しかし、「人が義とされるのは、律法の行いによるのではなく、信仰によるのである」（ロマ3・28）といわれる場合、「義とされる」というのは現実的な「義化」を意味するとアウグスティヌスは解釈した[60]。ところがパウロが詩編を引用して「行ないがなくとも神に義と認められた人の幸福」（同4・6）について語ったとき、「罪をおおわれた人」とか「罪を主に認められない人」（同7・8）と述べているように、罪があるままで義とされると説いて、義と認定し判断する神のわざが力説されていた。これが狭義の義認を意味している。したがって広義の義認は、義とする「義化」であるが、「義化」の中には義と認定する狭義の「義認」と、現実に義人となる「成義」とが含まれ、義認に始まり成義にまで達する全過程がそこに示されている。伝統的なカトリック教会が「成義」の神学を説いているのに反し、プロテスタント教会は「宣義」の神学を説いてきたが、今日では双方の共通理解に達した[61]。

　アウグスティヌスは聖書の比喩的象徴的解釈をアンブロシウスから青年時代に学び、オリゲネスの方法にも習熟しているが、晩年にいたりペラギ

---

60)　ここで言う「義化」(iustificatio) とは「義人に変化すること」を意味するが、その中には①「義認」(Rechtfertigung) つまり「義人と認定されること」という意味での「宣義」＝「義人と宣告されること＝無罪放免」と②「成義」(Gerechtmachung) つまり「現実に義人となること」という意味での「聖化」(sanctificatio)＝「聖人となること」との二義が含まれている。

61)　今日とりわけ第二バチカン公会議以来、成義か宣義かという問題はもはや存在していない。というのはカトリック教会が宣義を義認に認めているからである。義認における神のわざの強調は、聖なるものの超越的な性格の確認とそれが現実には俗なる世界に人間の信仰を介して現象してくることを説いている点で注目に値するといえよう。この点に関してK・ラーナー『キリスト教とは何か —— 現代カトリック神学基礎論』百瀬文晃訳、エンデルレ書店、1981年、474-86頁、および『義認の教義に関する共同宣言』2004年、教文館を参照。

ウス派との論争において「文字は人を殺し，霊は人を生かす」（第Ⅱコリント3・6）というパウロの言葉を比喩的に解釈すべきでなく，むしろ字義的にとらえ，それが「律法と福音」を指していると解釈し，「文字と霊」という観点からパウロ思想の全体を新しく解釈するにいたった。これを行なったのが彼の『霊と文字』という書物にほかならない。この新しい解釈に関して彼は次のように語っている。

　「純潔にかつ正しく生活するようにという戒めをわたしたちに命じる教えは，もしそこに生かす聖霊が現臨していないならば，明らかに殺す文字である。なぜなら〈文字は殺し，霊は生かす〉と聖書に記されていることは，なにか比喩的に書かれたもののようにのみ理解されてはならないのであって，もし字義的に，語られたままに受けとらないならば，その言葉の元来の意味が無意味なものとなるから。しかしわたしたちはそれがもっている他の〔霊的〕意味に目を向け，霊的な叡知によって内的人間が養い育てられていると理解したい。というのは聖書が〈肉にしたがう想いは死であり，霊にしたがう想いは生命と平安である〉（ロマ書8・6）と語っているからである。たとえば，雅歌に書かれている多くの事柄が肉的に受けとられるとしたら，それは輝かしい愛徳の実りに仕えるのではなく，好色の欲望にかられる情念に向かうであろう。それゆえ使徒が〈文字は殺し，霊は生かす〉と述べていることは，このような〔比喩的〕方法でのみ理解されてはならない」（『霊と文字』4, 6）。

　アウグスティヌスは「文字と霊」をまず字義的にここでは理解しなければならないとして，比喩的解釈を退けている。こうした上でもう一つ別次元の「霊と肉」という観点からの解釈を認めている。もしこれがないならば雅歌の肉的表現が霊的意味を喪失するからである。こうしてこの書物では「文字と霊」は「字義的と比喩的」という対比においてではなく，全体が字義的に，言葉どおりに把捉され，文字は「律法」の言葉として，霊は「福音」の恵みとして理解され，「律法と福音」というパウロの教義学の根本概念として論じられた。次に彼のこのような解釈法とこの著作の根本思想との関連について考えてみなければならない。この『霊と文字』という著作はペラギウス批判を意図しており，ペラギウスの説く主張に対して聖霊の賜物が救いに不可欠であることを論証しているが，この聖霊の救いに

おける働きを明らかにするために「文字と霊」の主題が選ばれたのである。というのはペラギウスが神の恩恵の下に自由意志と戒めの付与とを説いている（同2, 4）のに対し，アウグスティヌスは聖霊の働きを強調し，これなしには自由意志は無力であり，戒めは「殺す文字」となるというからである。「この恩恵の御霊の援助がないならば，あの教え〔律法と戒め〕は殺す文字である。なぜなら，それは不敬虔な者を義とするよりも，律法違反の罪責を告発するからである」（同12, 20）。このように同じ律法が御霊の援助を受けている者にとっては，その人を生かすが，御霊を受けていない，自然のままの人に対しては罪を認識させ，その罪責を告発するものとなる。

この点をアウグスティヌスは彼の『詩編講解』で次のように語っている。「なぜなら，律法が恩恵を欠くなら，単なる文字にすぎない。律法は不義を実証するためにとどまっているのであって，救いを授けるためではないから」（『詩編講解』LXX, Sermo I, 19）と。これと異なるのは恩恵によって聖霊が注がれる場合である[*62]。そこには神の戒めに対する大きな歓喜が生じる。彼は次のように言う，「また神が甘美な恩恵を聖霊によりそそぎたもうやいなや，神の命令に対し魂はいっそう大きな歓びを感じる」（『霊と文字』29, 51）とか，「もし愛によって働く信仰が現存するならば，内的人間にしたがって神の律法を喜ぶことがはじまる。この歓喜は文字の賜物ではなく，霊の賜物である」（同14, 26）と。

ここから「神の義」の新しい認識が表明される。それは「神の義」を審判するものではなく授与するものと説いている箇所（『霊と文字』9, 15; 11, 18; 13, 21; 26, 45）に明らかである。なかでも『霊と文字』（9, 15）では神の義とは神自身の義ではなく，神がわたしたちに授与したもう義であると言う。そのさい「神が不敬虔な者を義とする場合に，神がそれをもって人間に着せたもう『神の義』をいう」という宣義の表現が用いられている。また『霊と文字』（11, 18）には「それが神の義と呼ばれる理由は，神が義を分け与えて義人となすからである」と説かれる[*63]。

---

62) この御霊の働きによって律法が霊的に理解されるようになり，「文字と霊」に分かれてくる。そのことは，たとえばルターが「律法は苦々しく憎むべき文字であるが，御霊のもとでは〈いっそう愛すべきもの〉（詩篇19・1）である。なぜなら御霊を授けたもうから」（WA., 3, 129, 5f.）と述べていることによって知られる。

ここに説かれているようにアウグスティヌスは義認を全体としては「義人となす」恩恵の働きとして理解していた。しかし『霊と文字』において神の義が二重に語られており，成義と宣義とのいずれを彼が力説していたかを問題にしてみたい。彼は義認を「宣義」として把握している[*64]。それは「神がそれをもって人間に着せたもう義」(qua induit hominem) という表明に明らかである（『霊と文字』9, 15）。同じ観点はさらに『結婚と情欲』で最も明確に次のように規定されている。「次のようにこれに答えられる。肉の情欲という罪は，洗礼により赦されるが，それがもはや存在しないためではなく，〔罪に〕帰せられないためである」（『結婚と情欲』I, 25, 28) と。ここでは「帰せられない」(non imputetur) というnonimputatio「非転嫁」が宣義の内容となっている[*65]。

　このように宣義は神の判断により成立しているが，他方信仰によって神から授与される義としても表明される[*66]。このような義が最も鮮明に力説されたのは詩篇70篇の釈義の中である。そのさい義人と成ることと義人と判定されることとが重なって表現されている。

　　「不義が先行していた。そしてわたしが義人となるとき，あなたからわたしに義が授けられてわたしが義人となるのだから，あなたの義が存在するであろう。その義はあなたのものである。すなわちあなたか

---

63) ルターはローマ書1・17の読解にこの文章を引用し，新しい「神の義」の認識を確証している。この読解でルターは人間的な教えによる義は「人々の前に」義人となすが，「神の前に」義人でありうるのは福音により授与される「神の義」以外にはないと説く。こうしてアウグスティヌスの引用がなされ，信仰により神から義とされるという主張はアリストテレスの行為による義とは異質であると説明している（WA 56., 171, 26ff.）。さらにルターは「信仰より信仰へ」の講解でも「宣べ伝える者の信仰から始まって，それに聴き従う者の信仰にいたる」（『霊と文字』1, 18）を引用して説明している（WA56, 173, 14f.）。

64) それはルターが「いっそう善い」(merius) とみなす視点である。

65) 同様に『結婚と情欲』32, 37では「こうして原罪は赦され，覆われ，転化されない」(Ita ut ....quod erat originale peccatum remittatur tegatur, non imputetur.) と言われる。それゆえ，アウグスティヌスには宣義思想が明瞭であって，ルターに見られる神の義の理解が存在していることは否定できないとグロースは説き，これを認めないマウスバッハを批判する (J, Gross, op. cit., S. 777)。マウスバッハによれば，「原罪は本質的に神との霊的な生命の結合が損傷したことであって，魂が神から離反したことにある」。したがってそれは「聖化する恩恵の損失」に求められる。こうした立場からはアウグスティヌスの宣義思想は理解できず，「アウグスティヌスの認識論的・形而上学的原則」を考慮すると，それはアプリオリに不可能であると考える (Mausbach, Die Ethik des heiligen Augustinus, II, 1909, S. 187-88)

66) この場合にはルターが強調するような契機「全く外的にして他なる義」(omnino externa et aliena iustitia)（WA., 56, 158, 13）がその特質として認められる。

らわたしに授けられるという仕方で，わたしのものとなるであろう。というのは不敬虔なものを義としたもうお方をわたしは信じているからであり，このわたしの信仰が義として判定されるためである (In eum enim credo qui iustificat impium, ut deputetur fides mea ad iustitiam.)。それゆえ，こういう仕方でそれはわたしの義である。だが，わたし自身の義のようにあるのではない。文字によって自己を誇り恩恵を拒否した人たちが信じたように，あたかもわたし自身からわたしに与えたようにあるのではない」(『詩編の講解』LXX, Sermo, I, 4)。

アウグスティヌスは神の義の授与により義人と成ること，つまり「成義(義化)」を認めながら，信仰が義と判定される「宣義」を説いている[67]。ところでアウグスティヌスの義認思想はこのテキストに明らかなように成義の中に宣義を含めて展開している。この点は『霊と文字』で成義的表現の方が多く（たとえば11, 18; 18, 31; 32, 56)，宣義の方が少ないことにも示される。そこで成義と宣義が二重に述べられている箇所を全体として考察してみよう[68]。彼は次のように言う。

「ところが，〈律法を行なう者たちが義とされるであろう〉（ロマ書2・13）と語られる場合，義人が義とされるであろう，ということのほか何が認められるか。なぜなら律法を行なう者はいずれの場合でもたしかに義人であるから。それゆえ，〈彼らは律法を行なう者たちへ造られるであろう。それは彼らが律法を行なう者だったからではなく，かえって律法を行なう者と成るためである〉と語られる場合もまったく同様である。……あるいは〈彼らは義とされるであろう〉という表現は，〈彼らは義人とみなされるであろう〉，〈彼らは義人と判定されるであろう〉と言われる場合と同様に，たしかに用いられている。これとまったく同様にある人について〈彼は自分を義としようと欲している〉（ルカ10・29）と，つまり義人と考えられ，みなされると語られている。それゆえ〈神はその聖徒を聖化したもう〉という場合と〈あなたのみ名が聖とされますように〉（マタイ6・9）と祈る場合とは別の意味をもっている。前者が語られるのは，神が聖徒でなかった人た

---

67) この釈義をルターは『第一回詩篇講解』で記しているので，彼の新しい認識の成立をこの釈義と関係づけることは可能かも知れない。
68) これはルターが指摘しているところである。

ちから聖徒を創造したもうからであり、後者が祈られるのは、神自身のもとに恒常不変にある聖なるものが、人間によって聖なるものと考えられるため、換言すれば、聖なる畏怖をもって崇められるためである」（同26, 45）。

アウグスティヌスは成義と宣義の相違を前者が義でない人が義人と成ることと、すでに義である者が義人とみなされるという仕方でここに論じており、不義なる者が義人と認定されるという仕方ではとらえていない。したがってアウグスティヌスは義認を成義もしくは義化として捉えており、この引用文の少し前でも「実際、〈義とされる〉（ロマ書3・24）とは義人に造られること以外のなんであろうか」と語っていた。

不義なる者を義とする神の義認は、神の義を信ずる者を義とみなすという宣義思想をアウグスティヌスに表明させているが、信仰そのものも「神の愛」（カリタス）のわざであると考えられ、この神の愛と同じように神の義も理解されていることに注目しなければならない。

「わたしたちの心のなかにそそがれると語られている神の愛とは、それにより神がわたしたちを愛する愛ではなくて、かえってそれによって神がわたしたちを神を愛する者と成したもう愛なのである。同様に神の義とは、それによってわたしたちが神の贈物のおかげで義人とされるものであり、主の救いとは、それによってわたしたちを救われた者と成すものをいう。神の義というのは、神が単に律法の戒めにより教示したもうもののみならず、御霊の賜物により授与したもうものである」（『霊と文字』36, 56）。

ここに明らかに述べられているように、カリタスの論理が神の義にも決定的影響を与えている*69。すなわち神に対する愛が心の中にそそがれると、人は神を愛する者と成っている。同様に神に対する義も授与されると義人と成るのである。神の愛は現実に人間を改造し神を愛する者として義人を造りだす。律法が文字として外から脅迫し、律法違反者を殺すのに対し、心に神の愛がそそがれると同一の律法が霊的になり、わたしたちを文字から解放し（同14, 25）、愛する者に生命を授ける霊となる（同17, 29）。この愛により心は内的に成長し、律法を実行するようになる（同16, 28; 25,

---

69) カリタスの論理については金子晴勇『愛の思想史』知泉書館、51-53頁を参照。

42; 26, 46)。したがってアウグスティヌスは救済を人間が罪から解放されて，現実に義人と成る出来事としてとらえ，律法を実行するまでに成長するものとみなした。

　これまで繰り返し指摘したように，アウグスティヌスの思想には宗教的に深い洞察が認められる。だが，その偉大さにもかかわらず，あまりに法的に物事を処置しようとしたり，また論理的な推論に走っている。彼には教会を代表する司教として保守的となり，和解の精神を欠いた神学大系への傾斜が認められ，多くの反発を引き出してしまったのではなかろうか。
　ペラギウス主義は東方で起こった三位一体論やキリスト論に劣らず信仰を危機に陥れていた。どこまでも自律した道徳に立脚するペラギウス主義とアウグスティヌスは基本姿勢において相違していた。ハルナックは言う，「アウグスティヌスは自己愛の転落という廃墟でのみ花開いた，ありのままの謙虚を説いた。しかし，彼はまさしくこの謙虚において魂の特質を認識した」と[70]。この謙虚な態度は「いったいあなたがたの持っているもので，いただかなかったものがあるか」(Ⅰコリント4・7)やキリストの言葉「わたしなしにあなたがたは何もできない」(ヨハネ15・5)の内に表現されている。こうして罪の認識も最高の段階に到達したことによって，わたしたちはパウロの恩恵論がアウグスティヌスによって復興されるに至ったと確信をもって主張できる[71]。

---

70) A. v. Harnack, Lehrbuch der Dogmengeschichte 4 Auf., III, S. 65.
71) アウグスティヌスの原罪説は思想の一大転換をもたらした点でまことに天才的であるが，今日では一般的に受け入れがたい責任性の観念に基づいていたとしても，キリスト者はこれを無視できないであろう。異教の徳がどんなに高貴であっても現実には実現できないがゆえに，それを放棄した点では，彼は完全に正しい。また予定論の弱点は論理的に行き過ぎた点にあって，独断的な形而上学的な前提から出発して神の力を強調し，キリストに顕れた愛の性質を無視するところにある。しかし，彼が行きすぎた点はその卓越したことから簡単に切り離すことができる。この卓越している点は成熟したキリスト教理解から生まれており，それがローマ書とガラテヤ書の二著作におけるパウロのすべての教えへの最善の鍵を提供しているように思われる。

第Ⅷ章

オランジュの教会会議に至る論争の経過

―――――

　アウグスティヌスの友人で，フランスのアクイタニアのプロスペルは全面的に論争に参加し，友の教えを拒絶する者たちを攻撃した。ところが反対者の中にはヨハンネス・カッシアヌスのような優れた人たちがいた。彼はマルセイユの聖ヴィクトル大修道院長であった。その他にはアルレスの司教エウラディウスもおり，この人たちが一般にセミ・ペラギウス主義者と呼ばれる習わしであるが，誤解を招きやすい。だが，彼らは反アウグスティヌス主義とも言えないがゆえに，セミ・アウグスティヌス主義とみなすべきであろう。というのは南フランスの反対勢力はペラギウスには同意せず，自由意志を否定すると考えた予定説の問題以外はアウグスティヌスの教えを退けていないからである。また「神はすべての人が救われることを望んでいる」（Iテモテ2・4）と説明していながら，それを否定するアウグスティヌスの試みに衝撃を感じていた。さらに人間の魂が神の計画の中で操り人形の状態に置かれていることに反発した。アウグスティヌスは恩恵を欠いては人は何も善いわざをなすことができず，恩恵は不可抗力的であるから，恩恵が欲する自由を認めなければならない，と説いても反対者たちの見解を変えることができなかった。

　アウグスティヌスの死後にも論争は長びき，プロスペルは弁護し続けた。論争の言葉は次第に激しくなり，腹立たしさや毒舌も増加した。彼はいつも公正な論争家ではなかったし，彼の敵対者も間違って誤り伝えられた予

定説を平気で批判したりした。こうした論争書からアウグスティヌスの神学思想を構成することには注意しなければならない。論争には背景があり、状況によって発言も検討されなければならないし、言葉尻を捉えた皮相な理解は退けねばならない。状況にも推移があって、本来は不可能な推論や、教義学的な論理が無理にも展開せざるをえなくなることも考えられる。元来予定の問題は、アウグスティヌス自身がパウロのローマの信徒への手紙 (11・33) にもとづいて『説教』(26, 12, 33) で語っているように、神の測りがたい計画に対する畏怖から生まれてきている[*1]。

『聖徒の予定』に展開するアウグスティヌスの予定説はその後も多くの論争を経て、やがてカトリック教会にも受け入れられるようになった。教皇ホルミスダの520年8月13日付けの手紙は恩恵と自由の教説にとって正当な表現がここに見いだされると述べているし、オランジュの教会会議の規定でもアウグスティヌスの文書が採用されている。こうして信仰の始まりにとって人間の意志に先行する恩恵と、終わりまで堅忍するために堅忍の賜物とが、すべての人にとって絶対に必要であることが教義として立てられるにいたった[*2]。

ここではカッシアヌスからはじまってオランジュの教会会議で終焉に到達した、アウグスティヌス批判とその弁護の歩みを概略たどってみたい。

1 カッシアヌスと修道院的伝統

カッシアヌス (Cassianus, Joannes 360頃-430頃) はアウグスティヌスに遅れること6年の360年頃、黒海北岸のスキュティア (現在のハンガリー、ドブルジヤ地方) の裕福な家庭で生まれた。その洗礼名はヨアンネスであ

---

1) それゆえ、予定説は情け容赦のない論理によっても、また恩恵を弁護するために戦った衝動の深さからも理解されうるものではない。神学から自由な一般的な歴史家コリンウッドの次の見解は傾聴に値する。「燃えさかる行動人アウグスティヌスは、控えめで夢見る放浪家ペラギウスよりも人間の意志についてよく知っていた。意志の自由を主張する人は無益で非実践的な人物であった。強い人はそうした主張が自己の内なる弱さを無意識のうちに裏切っていることを知っていた。アウグスティヌスが正しかった。彼が説いたような決定論は健全な倫理には不可欠である。」(R. G. Collingwood in Collingwood and Myres, Roman Britain and the English Settlements, 2nd ed., Oxford, 1949, p. 309.)。

2) R. Seeberg, Lehrbuch der Dogmengeschichte, Bd. II, S. 587ff.

り，通称名のカッシアヌスは恐らく出身地からとられたと考えられる。郷里で古典文学を学んだ後，380年頃パレスチナに友人とともに旅立ち，ベツレヘムの修道院で修道生活をはじめた。さらにエジプトの隠修士たちのもとを訪れ，スケティス砂漠に十数年間滞在する。同地でオリゲネス主義をめぐる論争が生じたため，コンスタンティノポリスに赴き，ヨアンネス・クリュソストモスと知り合い，彼から助祭に叙階される。404年，クリュソストモスが流刑に処された後，彼のために教皇インノケンティウスに直訴する友人たちの手紙を携え，ローマを訪れ，後に教皇となるレオと親しくなり，ローマ滞在中に彼によって司祭に叙階される。415/16年にプロヴァンス地方からの招聘を受けてマルセイユに赴き，男女二つの修道院を設立し，エジプトの修道制を西方に適用させようと尽力する。435年頃死去した[*3]。

アウグスティヌスの恩恵論が西方教会で形成されたのに対して，カッシアヌスのセミ・ペラギウス主義はエジプトにおける修道の訓練によって生まれた。すでに触れたようにカッシアヌスは修道院的な伝統によって恩恵による義認の説に立っており，ペラギウスの異端に陥ってはいないとしても，義認から完成に至る段階の聖化の過程において自由意志の働きを認めており，この点でアウグスティヌスに対し批判的であった[*4]。さらにオリゲネスの万人救済説に立っていることからアウグスティヌスの予定説にも疑義を懐いた。彼によってアウグスティヌスの恩恵論に対する反論がなされ，しかもハドルメトゥムの修道院の修道士たちが懐いた疑義よりも遙かに明確なかたちで批判を展開した[*5]。ここでは彼の大作『霊的談話集』第13巻「神の保護について」にかぎってこの問題を考察してみたい[*6]。

まず，この巻の主題である「神の保護」について次のように語られる。

---

3) 著作としては，マルセイユ時代（420-429年）に著された『共住修道士たちの手引』と二四の談話から成る『霊的談話集』，さらに教皇レオの要請によって著述された七巻から成る『主の受肉－ネストリオス駁論』（430年）がある。なお「第一霊的談話集」市瀬英昭訳が『中世思想原典集成4』平凡社，1999年に収録されている。

4) 本書189-90頁参照

5) R. H. Weaver, Divine Grace and Human Agency. A Study of the Sem-Pelagian Controversy, 1996, p.71.

6) Conlationes patrum, Migne Patrologia Latina, 49, 481-524 翻訳としては A Select Library of Nicene and Post-Nicene Fathers of the Christian Church, Second Series, vol. XI. および, The Conferences. trans. by B. Ramsey, 1997 がある。

「神の保護は我々から離れ難く常に我々のもとにあり，自分の被造物に対する創造主の慈愛は，摂理が〔被造物に〕随行するだけでなく，常に先行するほどに偉大なものである。これを体験した預言者は，次のように言って，はっきりと告白している。〈私の神は，その慈しみによって私の前を進まれる〉（詩58〔59〕・11）。何かしら善い意志の芽生えを我々の内に見つけられると，〔神は〕直ちにそれを照らし出し強めてくださり，自身が植えられたものであれ，我々の努力によって生じたのをご覧になったものであれ，それに成長をもたらすことで，救いへと駆り立ててくださる」[*7]。

ここには「善い意志の芽生え」と「我々の努力」が前提され，これが神の恩恵の力によって育成されると説かれている。それゆえ恩恵と同時に自由意志が要請されている多数の事例を聖書から引用してから（たとえばイザヤ1・19；ロマ2・26；ヤコブ4・8；箴言4・26；詩編5・6；エゼキエル18・31；エレミヤ4・14；エゼキエル11・19-8など），彼は次のように言う。

「これらのすべてにおいて，神の恩恵と我々の自由意志とが明示されているのに他ならないのではあるまいか。時々，人間は自分の働きによって諸徳を志向するよう引きたてることができるが，主によって支援されることを常に必要としているからである。実に，何人も，欲するからといって健康を享受することも，自分の意志の願いによって病苦から解放されることもない。生命そのものを享受することを授けてくださる神が，無病息災と活力とを分け与えてくださらないなら，健康の恩恵を欲したとしても何の役に立つであろうか。しかしながら，創造主のご好意によって配慮された本性の善性によって，時として，善い意志の発端が生ずるものの，主によって整えられない限り，諸徳の完成には到達しえないのもまた全く明白なことである」[*8]。

ここには恩恵と自由意志とがともに認められ，「意志の発端」が創造の本性の善性のうちに捉えられている。これではペラギウスの主張と全く同

---

7) Conlationes patrum. XIII, 8. 訳文は小高毅編『原典　古代キリスト教思想史3』ラテン教父，教文館，2001年，324頁を用いる。以下同じ。
8) Conlationes patrum. XIII, 9: 326頁。続けて彼はパウロを証人として引用する。すなわち「〔善を〕欲することは私に備わっていますが，善を遂行するすべを私は知らないのです」（ロマ7・18）と言って使徒〔パウロ〕がこのことの証人なのである。

じである。だが，これだけでは徳の完成に至らないがゆえに恩恵が要請される。そのため自由意志と恩恵とを折衷する調和的な態度を彼は採っている。「神の恩恵と自由意志は互いに相反するもののように見られるが，双方は調和しており，我々は等しく双方を受け入れなければならないように，敬神の理拠によって我々は促される」[*9]。これは人間の倫理的主体をどこまでも認めようとする態度であって，意志の現実に対する反省が欠けている。

彼は一方に傾くラディカリズムを拒絶する。たとえば原罪悲観主義を批判して言う。「悪く不正なこと以外は何も人間の本性に帰さないほどに，聖なる人々の功績を主に帰することのないよう，我々は気をつけなければならない」[*10]と。この悲観主義に対して彼には創造の善性に対する確信が認められる。「創造主のご好意によって植え付けられた諸徳の種子が自然本性的にすべての魂に内在していることは疑い得ない」[*11]。さらに，彼は神の恩恵の先行性を原則として認めながら，このような恩恵の配慮によって本性の善性が承認され，意志の自由な関与が与えられるとも主張する[*12]。これでは折衷主義になってしまう。

また恩恵の無償性に関しても，ペラギウス主義が自由意志の関与を認めて応報的となっているのに対して，報いが「相当分以上の報い」という意味で恩恵を解釈する。「神の恩恵は無償のものであり続ける。ごくごく僅かで小さな努力に対して，不死性という偉大な栄光，永遠の至福という計り知れない偉大な賜物が寛大に分け与えられるからである」[*13]。これはガ

---

9) Conlationes patrum. XIII, 11: 328-30頁。これを説明して彼は言う，「このようにこれらのもの〔恩恵と自由意志〕は，ある程度，区別し難く混合し混在しており，多くの人々の間で，どちらかに肩入れした，次のような大きな疑問が抱かれているのである。即ち，善い意志の端緒を我々が提示したので，神は我々を憐れまれるのか，それとも，神が憐れまれるので，善い意志の端緒が我々に生ずるのか，ということである。実に，多くの人が一方を信じ，妥当な線を越えて自説を主張して，さまざまな誤謬と矛盾に巻き込まれている。……一方を人から取り上げて，教会の信仰の規範を逸脱したと我々がみなされないためである。実に，我々が善へ向かって向きを変えるのをご覧になると，神は〔我々に〕走り寄り，整え，強めてくださる」と。

10) Conlationes patrum. XIII, 12: 331-32頁。

11) Conlationes patrum. XIII, 12: 332頁。

12) Conlationes patrum. XIII, 12: 333頁「それ故，〔神の恩恵が〕人間の意志に先行するのである。〈私の神は，その慈しみによって，私に先だって進まれます〉(詩59・11)と言われているからである。そしてまた，神は遅くなられ，〔我々の〕益のためにいわば立ち止まられる。我々の裁量を試され，我々の意志を先行させるためである」。

13) Conlationes patrum. XIII, 13: 334頁。それは次のように説明される。「そして，善い

ブリエル・ビールによって説かれたオッカム主義の恩恵論の先駆である*14。

ここから彼は「協働的な恩恵」を異邦人の教師パウロの言葉「わたしに与えられた〔神の〕恵みは無駄にならず、わたしは他のすべての〔使徒たち〕よりずっと多く働きました。しかし、〔働いたのは〕実はわたしではなく、わたしと共にある神の恵みなのです」（Ⅰコリント15・10）によって次のように説いている。「〈私は働きました〉と言う時、自分の裁量の努力を指しており、〈実は私ではなく、神の恵みなのです〉と言う時、神の守護の力を明らかにし、〈私と共にある〉と言う時、無為でも怠慢でもなく、労苦し汗まみれになった彼と共に〔神の恩恵〕が働いたことを宣言している」*15。このような協働説はペラギウスの協働の考え方と大差がない。したがって、彼はアウグスティヌスの思想をほとんど理解できず、主体的な責任を主張したに過ぎない。したがって「働く」神の恩恵を受容することのなかに認められる独自に「協働する」信仰の意味、つまり「信仰のないわたしを憐れみたまえ」と祈る信仰の態度を理解できなかった。

なお、彼は万人救済説によってアウグスティヌスの予定説を次のように批判する。「実に、小さな者らの一人として滅びることを望まれない方が、普遍的にすべての人ではなく、すべての人に代わってある一部の人々が救われることを望んでおられると、極めて大きな瀆聖を犯すことなしに、どうして考えられようか。それ故、滅びる人は誰であれ、〔神〕の意志に逆らって滅びるのである。……普遍的にすべての人を招くのではなく、ある一部の人々を招かれるとすれば、原罪によってであれ、実際の罪によってであれ、すべての人が重荷を負っているのではなく、〈すべての人が罪を犯したのであり、神の栄光を欠いている〉（ロマ3・23）という表明も真実ではなく、〈死はすべての人に及んだ〉（ロマ5・12）とは信じられないことになるはずである」*16。だが、これではキリストゆえに万人は招かれて

部分において、神の恩恵は常に我々の裁量と共に働くのであり、すべてにおいて〔我々の裁量〕を助け保護し守護するのである。それは、だらけた休息によって眠っていたり無気力に陥っている者に賜物を交付すると思われないように、善い意志の努力のようなものを駆り立てたり待ち望んだりするほどである。何らかの願望と辛苦の色合いのもとに〔恩恵〕を賦与するときに、その気前のよい寛大さが人間の怠惰からくる無能と無気力によって不条理なものとみなされないような機会をなんとかして探し求めるのである」と。

14）　これについて金子晴勇『近代自由思想の源流』創文社、125-28頁参照。
15）　Conlationes patrum. XIII, 13: 335頁。
16）　カッシアヌス前掲書、XIII, 7: 322-23頁。

はいても，選ばれる人は少ないというアウグスティヌスの思想は全く理解されていないのではなかろうか。

こういう東方教会の修道思想の強いカッシアヌス思想の影響によってマルセイユの修道院からアウグスティヌスに対する批判が起こったのは当然であったといえよう。

2 アクイタニアのプロスペルと南フランスのアウグスティヌス主義

アクイタニアのプロスペル（Prosper of Aguitaine, 390頃-463頃）は390年ころアクイタニアで生まれた[17]。同地で古典学の教育を受けた。426年にはマルセイユに滞在しており，カッシアヌスが活躍していた同地の聖ウィクトル修道院を中心にして起こった修道的神学に関心を寄せていた。それゆえセミ・ペラギウス主義の論争にも直接関係し，アウグスティヌスの恩恵論を擁護した。すでに本書の第Ⅵ章で詳細に述べたように，彼は南フランスにおいて起こったセミ・ペラギウス主義について知らせるため，北アフリカ出身の友人ルフィヌスとともにアウグスティヌスに手紙を書き送った。これに対してアウグスティヌスは『聖徒の予定』と『堅忍の賜物』をもって応えた。アウグスティヌスの死後，彼はローマに赴き，マルセイユ周辺で流布していたセミ・ペラギウス主義の教説を断罪するよう教皇ケレスティヌス1世に訴えた。同教皇はそれを認め，ガリアの司教たちに手紙を書き送って一時的に沈静化した。しかし，教皇が死去した432年にはアウグスティヌス批判が再燃したため，マルセイユに戻り，著作活動によってその活動を批判した。435年頃，聖ウィクトル修道院長のカッシアヌスが死去すると論争は下火となり，436年，マルセイユを去り，ローマに赴き，宮廷書記官として教皇レオに仕えた。455年に死去した。彼は生涯聖職には就かなかったが，神学者また歴史家として著作を残した。

アウグスティヌスの擁護論としては初期の作品『ルフィヌスへの手紙―恩恵と自由意志』があり，アウグスティヌスの恩恵論の優れた解説書と言われる[18]。この種の擁護論では二つの資料『アウグスティヌスのための

---

17) ゲンナディウス『著名者列伝』85〔86〕による。
18) 『中世思想原典集成4』平凡社，1999年，に樋笠勝士訳が完訳されている。

反論 ―― ガリアの誹謗者たちの反論箇条書きに対する』(Pro Augustino responsiones ad capitula objectionum Gallorum calumniantium, 432-33) と『使徒座の過去の司教たちの権威 ―― 神の恩恵と自由意志』(435-42) が重要であって，セミ・ペラギウス主義者のアウグスティヌス批判が箇条書きで示されているのみならず，プロスペルのアウグスティヌス主義が簡潔に示されている。ここでは二つの資料の内で前者のみを扱いたい。後者はカルタゴ教会会議の決議文の全八条を順を追って紹介し，それにイノケンティウス教皇とゾシムス教皇の見解が加えられている点で重要であるが，全体としてはアウグスティヌスの思想を確認しているように思われるからである[19]。

『アウグスティヌスのための反論 ―― ガリアの誹謗者たちの反論箇条書きに対する』の序言には当時の状況が記されている[20]。

「聖なる司教アウグスティヌスは，キリストの恩恵に敵対し，自由意志を称揚するペラギウス派に対して，何年にも亘って，使徒的〔伝承に則して〕論陣を張り，数々の文書をもって教示してこられたのであった。ところが，それを理解しなかったためか，理解しようとはしなかったためか，ある人々は，それに反論し，彼らの判断に引きずられた人々のために知識の概要を用意するのが適当であると考えた。その結果，上述の人物〔アウグスティヌス〕の書物の内に，非難すべきものを発見したとして彼らが吹聴していたことを，短い箇条書きにして刊行した」[21]。

---

19) その他ではレランスのウインケンティウスに対する反論『アウグスティヌスのための反論1ウィンケンティウスの反論箇条書きに対する』，『アウグスティヌスのための反論 ―― ジェノヴァ人の抜粋に対する』，カッシアヌスへの反論『神の恩恵と自由意志 ―― 談話者に反論する』がある。また『詩編100-150注解』はアウグスティヌスの注解に倣ったものであり，アウグスティヌスの最初の詞華集『聖アウグスティヌスの著作からの命題集』，二つの『聖アウグスティヌス格言集』も編集している。他の著作として，『ネストリオスとペラギウスの異端への墓誌』，『年代記概要』，『諸民族への呼びかけ』，『忘恩の輩』があり，またレオ1世の著名な書簡『フラウィアノスへの教書』に協力執筆したとも言われる。

20) Prosper, Pro Augustino responsiones ad capitula objectionum Gallorum calumniantium, MPL 51, 155ff.

21) Prosper, op. cit., 1, 1; 2, 1. 続けてこう言われる。「このカトリックの博士 (catholicus doctor) の著作には，根拠もなしにざん訴している輩が提示しているような意味のことが含まれていると思われることのないように，彼らが掲げたのに対して，短いが絶対的な表明をもって私は答えたい。それにあたっては，この聖なる人物の論考の内に納められている教説そのものの論旨から少しも離れまいと思う。細心の注意を払わない読者にも容易に，このカト

ここに暗示されている「ある人々」というのは南フランスのセミ・ペラギウス主義に同調する人たちであって、アウグスティヌスの教えに反対していた。彼らは続けて「根拠もなしに讒訴している輩」と言われている。このパンフレットには彼らが「有罪という罪状」を付して挙げている15の反対の箇条書が提示されている。ここには予定と万人救済への神の意志という二つの問題が集中的に提示されており、人間の意志的な行為とその結果を切り離す教えに攻撃を加えていた。これを論駁するプロスペルは意志と結果の間に結び付きがあることを論じた[*22]。そこにはアウグスティヌスの教えが間違って解釈され伝聞されていることが提示された。その中で予定および自由意志と恩恵に関するセミ・ペラギウス主義者の「反論」とそれに対するプロスペルの「回答」を次に示しておきたい。

最初に採りあげられたのは、神の予定についての反論と回答である。

「第一条　反論　神の予定によって、人間は、あたかも宿命的な必然性によるかのように、罪に駆り立てられ、死へと追い立てられている。回答　カトリックのキリスト者はだれ一人として神の予定を否定しない。キリスト者ではない多くの人も、宿命的な必然性といったものを斥けている。それ故、罪が死へと引き寄せるのである。しかし、神はだれをも罪に追い立てることはない。……従って、予定という名のもとに宿命を説く者は、宿命という名のもとに予定という真実を非難する者に劣らず是認されてはならない。宿命論は根拠のないものであり、虚偽から案出されたものである。しかしながら、予定についての信仰は、聖書の多くの権威〔ある言葉〕によって確認されたものである。人々によって悪く行なわれたことを予定に帰するのは全く道理に反することである。人々は神による〔創造の〕境遇によってではなく、人祖の犯行によって堕落への傾向を持つに至った。世の設立の前に、神の永遠の計画の内に前もって備えられ予定された、我らの主イエス・キリストの恩恵によらずには、何人もこの罰から解放されることはない」。

リックの説教者の思い出が不正な侮辱によって踏みにじられていることに気づいてもらいたいからである。また、他人の扇動に振り回されて、その名も著名な著述家を知るよりも前に簡単に非ありとみなしている人々は罪を犯していることに気づいてもらいたいからでもある）。

22) R. H. Weaver, op. cit., 133.

論敵は予定を「宿命的な必然性」とみなして予定説を批判する。ここには当然人間の意志が介入する余地がない。ところが予定の思想は聖書によって確立され，「宿命論は根拠のないものであり，虚偽から案出されたものである」と論駁される。意志的に犯された原罪は人を堕落に導き，自力では解放されないがゆえに，キリストによって救われる計画が神の予定によってたてられた，と反論された。したがって意志とその結果は分離されながらも予定によって結びつけられたと主張された。

次には自由意志と神の予定の問題である。

「第六条　反論　人間において自由意志は何ものでもない。善に向かうにせよ悪に向かうにせよ，人々の内に神の予定が働いている。

回答　自由意志は何ものでもないとか，存在しないとか言うのは間違いである。しかし，信仰による照明の前には，自由意志が闇の中，死の陰の中（詩107・10）を動いていることを否定するのは正しいことではない。神の恩恵によって悪魔の主権から解放される以前には，自分の自由によって自らを沈めた深淵に横たわっているからである。それ故，自分の無気力を愛し，自分が病んでいることを知らないので，健康であるかのように振舞う。それは，病んでいることを自覚し始め，病から引き上げてくれる医師の援助を渇望しうるという最初の治療法がこの病人に施されるまでのことである。……しかしながら，善に向かうにせよ悪に向かうにせよ，人々の内には神の予定が働いていると言うことは不敬極まりないことである。善い人々においては意志は恩恵に由来すると解され，悪い人々においては意志は恩恵なしに〔働くと〕解されねばならないのに，必然性のようなものが人々を〔善悪〕双方に駆り立てるかのようにみなされることになる」[23]。

まず，自由意志は存在しないと言うアウグスティヌスに帰せられる間違った解釈が徹底的に論難される。自由意志は原罪のゆえに「無知と無力」の状態に転落しているが，それでも「病んだ意志」として存在する。次に

---

23) Prosper, op. cit., 1, 6; 2, 6. 罪を犯した自由意志の状態について次のように付言される。「それ故，義とされた人間，即ち，不敬な者から敬虔な者とされた人間は，先行するいかなる善い功績によらずに賜物を受けるのであり，その賜物によって功績を積むことにもなる。こうして，キリストの恩恵によってその人の内に開始されたことは，自由意志の精励によっても増大される。しかし，神の助けが介在しないのでは決してない。これなしには，何人も進歩することも善に留まり続けることもできない」。

は「善に向かうにせよ悪に向かうにせよ，人々の内には神の予定が働いている」という自由意志を認めない「必然性」に基づく決定論が先の宿命論と同じく誤りである点が強調された。

第三の問題は万人救済説と予定の関係についてである。

「第八条　反論　神はすべての人間が救われることになることを欲しておられず，予定された特定の人数が救われることを欲しておられる。回答　全人類の普遍的な救いと真理の認識への呼びかけについて，人間はだれ一人として見捨てられることはないと教示されているかのように，それはあらゆる世代を通して無差別の神の意志であると主張せねばならないとすれば，神の裁きの測り難い深さは侮辱されることになる。……幼児たちの養子縁組と放逐の原因を見いだせないにもかかわらず，神の御業と裁きの原因は全面的に人間の意志と行為にあり，変わり易い自由意志によって神の計画は変動するとする者は，自分にとって神の裁きは究めうるもの，その道は辿り得るものであると公言することになろう。この人は，異邦人の教師パウロが敢えて立ち入ろうとしなかったことが自分には明らかであり，それを告知することができると考えている。だが，これに劣らない不敬は，それによって我々が救われるところの恩恵そのものは，善い功績に対して授けられると教えたり，悪い業績によって阻止されると主張することである」[*24]。

プロスペルは万人救済論を認めるが，高い意味を込められたものだけである。彼にはアウグスティヌスと同様に召命と選びが区別され，万人が救いに召命されても救いの実現は神の選びにかかっている。さらに予定の教えは畏怖の対象であって，人間には測りがたい事態であるとの宗教的な根本感情が批判の尺度となっている。この点でもアウグスティヌスと同じ態度が表明されている。

終わりに信仰と不信仰とは神の予定によって決定されるという批判に対してプロスペルは予知と予定との関係によって次のように明快に説明している。「福音を信じない者らの不信仰は，神の予定によって生じたのでは決してない。実に，神は善の創始者であって，悪の創始者ではない。したがって義の報いのためであれ，恩恵の贈与のためであれ，神の予定は常に

---

24) Prosper, op. cit., 1, 8; 2, 8.

善に向かう。実に,〈主の道はすべて,慈しみとまこと〉(詩25・10)である。それゆえ,信じない者らの不信仰は神の予定ではなく,〔神の〕予知に帰されなければならない」[*25]。

なお,予知と予定とが同一であるとの反論に対して,「神は瞬時の相違なしに予知と同時に予定されるが,この業〔悪い業績に対する報い〕の原因は全くご自身にはないことは単に予知されるだけで予定されないことには疑問の余地はない。このように,予知は予定なしに存在しうるが,予定は予知なしには存在しえない」[*26]（第15条の回答）と明確に説いた。つまり滅びへの予知はあっても善なる神には滅びへの予定というものはないことが力説された[*27]。

3 セミ・ペラギウス論争の進展

これに続くセミ・ペラギウス論争はリエのファウストゥスが行なったアウグティヌス主義に対する批判からはじまり,アルルの教会会議（473年）におけるアウグスティヌス主義の断罪にいたる。それに対する反論がルペスの司教フルゲンティウスのファウストゥス批判となり,さらにアルルのカエサリウスによるオランジュの教会会議にいたってこの論争の決着をみた。その経過のあらましを述べておきたい。

リエのファウストゥスのセミ・ペラギウス主義　ファウストゥス (Faustus of Rieg, 408頃-490頃) は400年から410年の間に,ブリタニア（イングランド）に生まれたと推定される。424年にはレランスの修道院に入り,433年に同修道院の院長となった。460年頃にはプロヴァンスのリエの司教に選任された。彼はレランスの修道院の影響によってセミ・ペラギウス主義に傾き,ヨアンネス・カッシアヌスとともにその代表的な人物とみなされた。彼はペラギウス主義とともにアウグスティヌスの予定説に

---

25) Prosper, op. cit., 1, 14; 2, 14.
26) Prosper, op. cit., 1, 15; 2, 15.
27) それは次のような文章に明らかである。「それ〔滅び〕は彼ら自身の罪によって彼らに招来したことである」（第11条の回答）。「むしろ,従順〔の恵み〕から遠ざかるであろうと予知しておられたので,その人を予定されなかった」（第12条の回答）。

も批判を向けた。直接には司祭ルキドゥスの主張に対して批判を行ない，その四つの教説の撤回を求めた。すなわち①異教徒と洗礼を受けていない幼児と罪人の滅び，②アダムの罪による自由意志の決定的な無力化，③洗礼は予定された者らのみに有効であること，④イエスはすべての人のために死んだのではないなどの教説を撤回するように求めた。これに対して473年にアルルの教会会議がファウストゥスの主導のもとに開催され，ルキドゥスの説は断罪された[*28]。ファウストゥスはアルルの教会会議での要請に応えて『恩恵論』(De gratia) を著した。この書は517年頃，コンスタンティノポリスの修道士たちによって問題視され，ローマ教皇に向けて質問状が発せられた。教皇ホルミダスは，ファウストゥスには何の権威もないこと，恩恵に関する教説はアウグスティヌスの著作，特に『聖徒の予定』『堅忍の賜物』，そしてプロスペルの『使徒座の過去の司教たちの権威 ―― 神の恩恵と自由意志』を参照するように返書を送った[*29]。

　ファウストゥスの学説にみられる特徴はペラギウス主義とアウグスティヌス主義という両極端を斥けて，その中道を折衷的に構成させている点に求められる。彼によるとペラギウス主義の誤りは，人間のわざが救いを得るのに充分であると説く点にあり，他方アウグスティヌスの誤りは救いのプロセスで恩恵だけで有効に働くと考える点である。それゆえ，恩恵と自由意志に関して彼は次のように主張した。

「ペラギウス主義は何らかの恩恵の庇護なしに忌むべき高慢によって，恩恵なしに人間の努力は力あるものでありうると主張しようと努めている。それは〔人間の〕努力を義務として救いをもたらす恩恵に結びつけようと，あるいは無分別な心から〔人間の〕努力のみを強調しようと躍起になっている。それは神への畏怖を忘れることが人間の弱さを

---

28) ルキドゥスは，475年のリヨンでの教会会議で，それを撤回し，信条に著名している。なお，ファウストゥスはアレイオス主義ならびに聖霊の神性を否定するマケドニオス主義に対して反論し，ガリアの地中海沿岸の地方を征服した西ゴート族の王エウリックによって司教座から追われたが，その死（485年）後復帰している。490年から495年の間に死去したようである。

29) それに満足しなかった修道士たちは，ヴァングル族に追われてサルディニアに逃れていた北アフリカの司教たちに問い合わせている。彼らの中の一人，ルスペのフルゲンティウスは『我らの主イエス・キリストの受肉と恩恵』と『ファウストゥス駁論』を論述している。なおファウストゥスのその他の著作には『聖霊論』と『信仰の理拠』おるび12通の手紙がある。

強調させ，神の審判の公正さを無としてしまったのである。そして，意志の完全で無傷の自由を公言することで，同様の結果に陥ったのである。これは，自由意志が全面的に空しいものとなってしまったと主張する人々と同様である。従って，この場では，一方恩恵だけを，他方は〔人間の〕努力だけを，残された進路ならびに真理の測りとして取り入れる，双方の誤謬が互いに争っているのである」[*30]。

このように述べてから彼は自分の態度を明瞭に定めて言う，「前者は恩恵を，後者は〔人間の〕努力を語る。双方が，神の言葉によって自分の主張を裏付けているのである。相違点を取り除き，陳述を結び合わせるなら，全く純粋な信仰が現れるであろう」[*31]と。こうした両極端の中道は折衷主義に過ぎず，果たして可能であろうか。

彼は自己のセミ・ペラギウス主義の主張を「恩恵を人間の努力と結び合わせ，人間の試みを神の助けから遠ざけないならば，努力する者の献身に高慢の罪科を混ぜ合わせることはないであろう。努力しないことは損失をもたらすことになると同様に，努力について傲慢になることは危険なことであるからである」[*32]と定めている。

彼によると「救いを得るために人間の自然本性 (natura) だけで充分である」という主張にペラギウス主義の特質がある。それに対し彼は人間の本性が創造においては健全であったばかりか，同時に原罪が波及している事実をも認める。「私が判断するには，最初の背信行為がその特典を侵害する前であっても，恩恵の援助なしには意志の自由だけでは充分ではありえなかった。それなのに，今，それだけで充分でありえようか。その僭越に

---

30) 「党派の種類としては異なっているが，不敬という点では類似している〔双生の誤謬〕は，熱中する方向は異なっているが，〔同じ〕一匹の蛇の霊によって騒ぎ立てているのである。一方，即ち，唯一恩恵のみを公言する者は，敬虔という装いの下にその毒液を隠しており，他方，即ち，〔人間の〕努力を強調する者は，節度のない高慢によって抜きん出た傲慢をたちまち明らかにするのである。後者の表明は〔人間の〕努力だけを取り込むことで，その掲げること自体から忌避すべきものではあるが，前者は敬虔を装っているが故に一層警戒すべきものである。後者は自らの瀆聖を自らの耳から生じさせ，前者は自らの病毒を，感知されるよりも前に，最も下部の内臓から注ぎ出しているのである。一つは海底深く隠れ，もう一つは天に響える二つの岩礁が狭い海峡を囲んでいる様を思い描くがよかろう。一方は航海する者らにとって脅威に感じられるが，他方は知らぬ間の難破によって不意に襲いかかってくるものである」(Faustus, De gratia, 1, 1)。
31) Faustus, op. cit., ibid.
32) Faustus, op. cit., ibid.

対して、〈私なしには、あなたがたは何もできない〉（ヨハ 15・5）と言われ、その傲慢に対して、〈主が家を建ててくださるのでなければ、家を建てる人の努力は空しい〉（詩 127・1）と言われているというのに。当然ながら、高慢によって恩恵なしに成し遂げることは否定され、謙遜に恩恵とともに遂行することは承認されるのである」[33]。確かに「原初の罪」(peccatum originis) の否定は「贖い主」が来臨する原因が撤収されることになる。しかし、原罪は自由意志を完全に滅ぼしたのではない。この点を彼は「人間にとって自由意志は悪に向かってのみ備えられており、善に向かって備えられているのではないと言われていることへの反論」として聖書の言葉を用いて次のように主張する。「使徒パウロが〈義に至るように従順であれ〉（ロマ 6・16）という。使徒はよりすぐれた熱意を人間に求めることで、〔人間には〕善い意志の能力 (facultas bonae voluntatis) が内在していることを明らかにしている。この能力は、それを我々が明らかにする時には、その創始者の秩序と驚嘆すべき配備を明らかに宣言している」[34]と。彼はこのような「善い業への熱意」の勧告には「善い意志の能力」が前提されていると考える。このように「勧告」や「命令」にはその「可能」や「能力」が前提されているとみなすのは、ペラギウス主義者カエレスティウスがかつて力説した「そうあらねばならないなら、そうありうる」(Si debet, potest) という主張と同じである[35]。しかし、この見解を道徳の領域を超えた宗教の領域に持ち込むことは誤りである。罪からの救いを得た人が聖化される過程で、行動によって結果をもたらす働きを人間の内に求めることはできない。アウグスティヌスはそのような最後の保証と明瞭な理解は神の内にのみあるを信じた[36]。それに対してファウストゥスは永遠の報酬と裁きは人間の功績に対して授けられると論じた[37]。

ファウストゥスは「善い意志のはじまり」(ortus bonae voluntatis) が恩恵よりも人間の努力に由来するというカッシアヌスの思想を知っていたように思われる。そこで彼はカッシアヌスとの距離を置いて、善い意志のはじまりをその終わりと同じく神にあると説いた。それゆえ、神に召されるこ

---

33) Faustus, op. cit., ibid.
34) Faustus, op. cit., ibid.
35) 本書 86 頁「カエレスティウスの定義集」参照。
36) ブラウン『アウグスティヌス伝』下巻、129 頁参照。
37) Faustus, op. cit., 1, 11.

とが神を求める意志の決断と召命の服従に先行する。同様に従順な応答に対する報酬も神から与えられる。しかし、従順そのものは人間とともにある。意志は自分の力で、恩恵に対する意志の願望がその恩恵に先行するように、応答できる[*38]。したがって神の召命と神の報酬の間に中間点があって、そこでは従順が恩恵に先行する。こうして従順が本性に備わった自由意志の選択に帰せられる[*39]。

ここからさらに進んでアウグスティヌスの予定説が否定され、「自由意志の殺戮者は、〔神の〕予定によってすべてはいずれか一方に固定され限定されていると公言することで、不敬な支離滅裂な見解によって悔い改めの至高の治療をも空しいものとしている。……もはや悪を避けることが私にはできないとすれば、いったいどうして、〈悪から遠ざかれ。そして善を行え〉(詩37・27)と私に対して言われるのであろうか。……業を止めてしまうなら、報償としての栄誉を手にすることもないであろうし、努力することが何の苦もないとすれば、徳において貴重なものは何一つないことになろう」と語られた[*40]。

アルルの教会会議（473年）におけるアウグスティヌス主義の断罪

こうしたアウグスティヌス批判は南フランスで優勢になってきて、アルルの教会会議においてはファウストゥスがそれを代表するようになり、会議でははっきりと表明され、どういう主張をなす者が断罪されるべきであるかを明示している。次のように列挙された。

「称賛すべき教会会議の最近の規定に即して、私は次の見解をあなたがたと共に断罪するものである。人間の従順という努力は神の恩恵と関連づけられるべきものではないと言う者。最初の人間の堕落の後、意志の自由は全面的に消滅したと言う者。我らの主であり救い主であるキリストが死を受け入れられたのは、すべての人の救いのためではないと言う者。神の予知が人間を強制的に (violenter) 死へと駆り立てる、あるいは滅びる人々は神の予定によって滅びるのであると言う者。合法的に洗礼を受けた後、罪を犯した者はだれであれアダムの内に死

---

38) De gratia, 2, 10.
39) R. H. Weaver, op. cit., 174.
40) De gratia, 2, 10.

ぬであろうと言う者。ある人々は死へと定められ，ある人々は生命へと予定されていると言う者。最初の祖先において自由意志を全面的に損失してしまったことで，アダムからキリストに至るまでの間，キリストの到来において，異邦人のだれ一人として神の第一の恩恵によって，即ち，自然本性の法によっては救われなかったと言う者。族長たちと預言者たち，あるいは聖人たちの中でも最高の人々は，贖いの時の前にも，楽園での居住を享受していたと言う者。〔地獄の〕火と陰府は存在しないと言う者」。

ここにも明らかなように「恩恵と予定について」に関心が集中していることが判明する。しかし，自由意志に関しては「人間の努力と骨折りを常に恩恵に結びつけ，人間の意志の自由は絶滅したのではなく，薄弱かつ病弱になっていることを表明し，救われた者も危機に瀕しうるし，滅びてしまった者も救われうることを〔表明する〕というように，神の恩恵を私は主張する」と表明された。それゆえ，この会議では原罪も次のように認められた。「〔キリストの〕聖なる血による仲介なしには，世界の初めから，原初の隷属状態 (originale nexum) から何人も赦免されることはないと私は主張する」。終わりにこういう信仰表明が司祭ルキドゥスの告白として付せられた[*41]。

アルルの教会会議は一地方のセミ・ペラギウス主義の信仰告白に過ぎず，これに対する反論もすでに北アフリカのその他の地域で起こっていた。

ルスペの司教フルゲンティウスのファウストゥス批判　次にわたしたちは，セミ・ペラギウス主義に対する反論のなかでファウストゥスの『恩恵論』を批判したフルゲンティウス (Fulgentius, 468-533) について考察すべきであろう。彼はカルタゴの南西の奥地テレプテに生まれ，当地での教育を経て修道生活に入った。やがて507年に北アフリカ・ビザンケナの海岸沿いの町ルスペの司教に選任された。532年に死去するまで西ゴート族の王たちが信奉するアレイオス主義の異端との論争に巻き込まれた。著作はアレイオス派駁論とセミ・ペラギウス派駁論に大別される[*42]。セミ・

---

41) 以上の引用文はすべて『司祭ルキドゥスの服従の書』小高毅編『原典　古代キリスト教思想史3』ラテン教父，教文館，2001年，413-14頁，デンツィンガー前掲訳書，76頁からの引用である。R. H. Weaver, op. cit., 180-82.

ペラギウス派との論争の書では『モニムスに宛てて』が残存しており，その第1巻は予定説，第2-3巻は三位一体についてが論じられた。彼はエジプトの隠修士たちの要請によってリエのファウストゥスの『恩恵論』に反論する七巻から成る『リエのファウストゥス駁論』を書き上げているが，残念なことに散逸して現存しない。恩恵と自由意志について論じた著作は，司祭ヨアンネスと助祭ウェネリウスに宛てた『予定と恩恵の真実について』と『書簡15』『書簡17』である[*43]。ここでは『モニムスに宛てて』第1巻から彼の思想のあらましを紹介する。

そこでの主題である「神の予定」について彼は，予定とは「滅びへの予定」ではなく「罰としての滅び」に予定されていることである，と次のように言う。「ある人々は滅びへと予定されていると断言するのであるが，それは罰としての滅びにほかならないのであって，罪としての滅びではない」[*44]。したがって予定は「悪へではなく，人々がいとも公正に甘受することになる呵責へ……第一の復活の特典を受けなかったり失ったりする罪へではなく，自己の不正な行為が悪しく彼らに備え，神の公正さが正しく報いる責苦へ」向けられている[*45]。しかし，この予定というのは人間に意志を強制するものではなく，神の慈しみを宣言するものである。

「予定という言葉によって，人間の意志を強制する必然性が表現されるのではなく，神の将来の御業の慈しみ深く公正で永遠の営み (dispositio) が宣言されているのである。教会は〈慈しみと裁き〉を神に向かって歌うが（詩101・1），隠されてはいるが，決して不正なものではないその意志によって，惨めな者に無償の慈しみを予めお与えになること，あるいは不正な者に至当な正義を報いること，これが人間に対する神の御業なのである」[*46]。

---

42) アレイオス主義との論争では515年に書かれた『アレイオス派駁論』はカルタゴでの王との討論に基づくものであり，『トラサムンド王に宛てて』，『ファビアヌスに宛てて』(10巻から成っていたが断片のみ現存)，『アレイオス主義者ファステイディオススの説教駁論』『ペトルスに宛てた信仰論』『フェリクスに宛てた三位一体論』，『書簡8』『書簡14』等がある。

43) 他に『罪の赦し』，八つの説教，アウグスティヌスの反ドナトゥス派詩に倣った『ABC詩（アベケダリウム）』がある。

44) フルゲンティウス『モニムスに宛てて』小高毅編，前掲訳書，417頁。

45) フルゲンティウス前掲訳書，同頁。

46) フルゲンティウス前掲訳書，419頁。

しかも，恩恵は無償の恩恵であって[*47]，そこには栄光に向かう義化の展開が含まれている。それゆえ「義化の内を歩む」ように導かれる。「〔恩恵は〕人間の善い報酬を義へと導き入れ，栄光に向かって完成させるのである。まず初めに人間の内に善い意志を起こさせ，次いで，その同じ意志が神の賜物によって善いものであり，神の助けによって悪い欲望を克服することができ，もはや悪い欲望を持ちえないまでに，その意志そのものが神によって完全なものとされるというように，起こさせられたその同じ意志を鼓舞するのである」。したがって義化は栄光に向かった完成される。「不敬な者を義化することで始められたその御業を義人に栄光を与えることで完成される」[*48]。

フルゲンティウスにとって恩恵による神との一体感が重要な意味をもっており，それは「神の内にあって我々によって行なわれることは皆，神が我々の内にあって行なわれるのである」という言葉でもって表現される。また恩恵が賜物であるのに反して，悪行の報いである死は恩恵と同じようには論じられない。「死が〈報酬〉と呼ばれるのに対して，永遠の生命は恩恵と呼ばれるのはなぜであろうか。〔死〕は支払われるものであるのに対して，〔永遠の生命〕は与えられるものであるからにほかならないのではあるまいか。だが，神がそれを支払われるところでは，罪人である人間の悪い業を罰せられるのである。神から離れないかぎり，人間は決してそのようなことを行なわない」[*49]。

しかし，恩恵がわたしたちに協働するときには，セミ・ペラギウス主義者が主張するように，自由意志が自律しているものとして認められるのではない。それゆえ彼は恩恵の先行性と後続性を次のように語る。

「恩恵は公正な報酬 (retributio iusta) でもある。……これに値するように，恩恵そのものが先行することによって，慈しみ深く開始し，後続

---

47) 恩恵の無償性について「実に，〔神は〕相応しくない者に無償で恩恵を与えてくださるのであるが，それによって義とされた不敬な者は善い意志という賜物によって照らされ，先行する慈しみとしての善い業を行う能力によって善いことを欲し始め，後続する慈しみによって欲する善いことを実行することができるようになるのである。予定するにせよ，それは同じ恩恵の御業なのである」とあるのを参照。この文章は小高編，前掲訳書，420頁から引用する。また「聖なる者たちにおいて，神は，ご自分が無償で彼らに授け，無償で保護し，無償で完全なものとされた義に栄冠を授けられる」（同428頁）と語られた。
48) フルゲンティウス前掲訳書，423頁。
49) フルゲンティウス前掲訳書，同頁。

することによって保護するからである。この恩恵は〔聖〕書において
は慈しみ (misericordia) とも呼ばれている。……従って、人間の内に
あるこの神の慈しみは、先行しつつ自らが与えたものの後に続くので
ある。それ故、道を踏み外した者を義化することで〔正しい〕道へ連
れ戻すだけでなく、永遠の栄光化の賜物へ導くために、善く歩いてい
る者を守り助けることもする。従って、これらのすべて、即ち、我々
の召し出しの発端と義化の増大と栄光化の恩典を、神は予定の内に常
に保持しておられた。聖徒の召命においても、義化においても、栄光
化においても、ご自分の恩恵が将来果たす業を知っていたからであ
る」[*50]。

さらに予定説の最大の難問である「悪人の滅びへの予定」について次のように語られた。

「では、聖なる人々において栄冠を受けることが予定されたと言われ
るのと同様に、それらのために彼らを断罪される不正な人々の業を神
は予定されたと信じるべきか否か吟味することにしよう。不正な人々
の断罪と聖なる人々の栄光化の原因を吟味する時、我々は前者が罰へ
と、後者が栄光へと予定されたことを否定しない。だが、それらによ
って義しい人々は栄光を与えられることになる善い業は神によって予
定されたと信じられるのと同様に、それらによって不義の人々が永遠
に罰せられることになる悪い業も神によって予定されたと信じるべき
なのであろうか。……それ故、双方において、即ち、義しい者たちと
不義の者たちにおいて、三つのものが考えられねばならないと私は思
っている。つまり、意志という端緒、業という経過、報酬という終局
である。彼らの内に義しく善いものを目にする時、我々はそれを義に
して善なる神に帰すればよい。しかしながら、それらの内に義も善も
見出せないものらは、神に相応しいものではないと我々は知ればよい。
業の性質を考える時、神の慈しみと公平さに値し相応しいとみなされ
るものは、神によって予定されたものであると我々は信じたらよいの
である。〈主は慈しみ深く、慈しむ方であり義しい方だからである〉
（詩112・4）。そして、まず第一に、あらゆる善い意志の端緒は、ひ

---

50) フルゲンティウス前掲訳書, 424-25頁。

とりで唯一の，真の神であられる永遠の三位一体によって予定され与えられたと我々は表明する。実に，この準備されていたものを授けてくださったのである。それは無償の義化によって，永遠の予定の内に授けられるはずのものとして準備されていたのである」[*51]。

このようにフルゲンティウスは神の予定を解釈する。それはあくまでも救いと完成への予定であって，滅びへの予定ということは考えられず，義化の内にない者は神にふさわしくないとだけ判断される[*52]。しかも，「義化の内を歩む」といわれるように，この義化は不完全な義から完全な義への途上にある。それゆえキリスト者は「義人にして同時に罪人」(simul iustus et peccator) であることが表明される。「賜物への期待によって完全な者であったが，戦闘の疲労によって不完全な者であった。心で神の律法に仕えていたことで完全な者であったが，肉では罪の法に仕えていたことで不完全な者であった。〈この世を去って，キリストと共にいることを願望する〉(フィリ1・23) 限りでは完全な者であったが，肉体の内にある限りは，主から離れて遍歴していたが故に，不完全な者であった」[*53]。こうした人間の現実に対する優れた洞察がアウグスティヌスと同様にフルゲンティウスにも生きていた。

4 アルルのカエサリウスとオランジュの教会会議

カエサリウス (Caesarius, 470頃-543) は470年にシャロン・シュル・ソーヌに生まれる。若くして聖職の道を志し，レランスの修道院に入る。ここでアンブロシウスとアウグスティヌスの伝統に基づく神学およびカッシアヌスとリエのファウストゥスのセミ・ペラギウス主義の信仰を学んだ。499年に修道院長によってアルルに送られ，同地の助祭次いで司祭に叙階され，やがて司教となる。当時，アルルを支配していたのは西ゴート族で

---

51) フルゲンティウス前掲訳書，419-30頁。
52) この義化の途上にあるキリスト者が「義人にして同時に罪人」である点をフルゲンティウスは完全と不完全との関係から把握していた。同様にルターも考えているが，パウロ，アウグスティヌス，ルターにおける基本的な相違については金子晴勇『ルターの人間学』第1部第4章を参照されたい。
53) フルゲンティウス前掲訳書，432頁。

アレイオス主義のキリスト教を信奉していたアラリック王によって彼は追放されたが，508年には東ゴート族のテオドリック王によってラヴェンナに召喚された。やがてローマに赴き，アルルの首都司教座の権利を確認したのち，シンマクスによってスペインとガリアの教皇代理に任命された。542年8月死去した[*54]。

カエサリウスはこの地を代表する司教として幾多の教会会議を開きかつ指導した[*55]。そのなかでも529年の第2回オランジュ教会会議は，恩恵論をめぐる論争に終止符を打ったものとして重要である。同年の7月3日，オランジュの聖堂献堂式に参列した13人の司教と8人の主だった信徒が，穏健なアウグスティヌス主義を表明する25の命題を含む決議録に署名した。この25の命題の内，初めの8つの条項は，カエサリウスが以前にローマに書き送ったものの中から教皇フェリクス4世が選んだものとされているが，いずれもアウグスティヌスの著作に見られる見解を土台にしたものである。他の17の提題のうちで第10条を除いた16条項は，アクィタニアのプロスペルの『聖アウグスティヌスの著作からの命題集』から教皇が選択したものである。教皇から送られてきたこれらの条項にカエサリウスが前書きと後書きを添付したものが，この教会会議の公文書である。これは，531年に教皇ボニファティウス2世によって承認された。

その前文には「恩恵と自由意志」が最大の問題である点が指摘されている[*56]。本文は「原罪について」「恩恵について」「アルルの司教カエサリ

---

54) 著作としてよく知られているのは説教集である。238の説教が彼のものとして伝えられているが，訓戒の説教（1-80），聖書についての説教（81-186），典礼暦に沿った説教（187-213），聖人についての説教（214-232），修道者に対する説教（233-238）とさまざまなものが含まれている。説教は短く，簡潔であるが，アンブロシウス，アウグスティヌス等の教父たちの説教を下敷きにしたものも多い。『恩恵に関する小論』『聖なる三位一体の秘義』『異端者駁論概要』『黙示録釈義』『遺言』，二つの修道規定『修道士のための戒律』『修道女のための戒律』，『修道女に宛てた手紙』『神に奉献した童貞女に対する奨励』がある。なお，『修道士のための戒律』『修道女のための戒律』の邦訳（又野聡子訳）が『中世思想原典集成4』平凡社，1999年，に収録されている。

55) カエサリウスが開催した教会会議は524年にアルルでの，527年にカルパントラスでの，529年にオランジュとヴェゾンでの，533年にマルセイユでの教会会議などがある。

56) カエサリウス『オランジュ教会会議決議録』「……純朴さから，あまり注意せずに，カトリックの信仰の規範に則ってではなく，恩恵と自由意志について考えようとしている人々がいることが我々〔の耳〕にまで届いた。そこで，正当な考え方とは違った考え方をしている人々を教化するために，使徒座の勧告と権威に沿って，まさしくこの問題に関して，古代の教父たちが聖書について論じている書物から集められ，使徒座から我々に送られてき

ウスによる結びの言葉」の三部分から成っている。

（1） まず「原罪について」の規定（第1-2条）ではペラギウスの誤謬が次のように明瞭に提示された。「アダムの背信行為という違反によって，人間全体，即ち，肉体と魂とに即した人間が〈より卑しいものへと変えられた〉(in deterius commutatum) のではなく，魂の自由は無傷のままであり続けたのであるから，肉体だけが腐敗に隷属したと信じる者は，ペラギウスの誤謬によって欺かれ，聖書の言葉（エゼ18・20；ロマ6・16；Ⅱペト2・19参照）に逆らうものである」。さらにアダムの罪が子孫に波及しないと主張する者も聖書の言葉（ロマ5・12）に反する。

（2） 次に「恩恵について」の規定（第3-8）が詳しく明記される。まず神の恩恵は人間の祈願によって与えられるばかりか，恩恵自体も祈り求められるように促している（第3条）。罪の浄めは人間の意志によってなされると主張し，聖霊の注ぎを否定する者は間違っている（第4条）。さらに「信仰の発端と信じることへの渇望そのものもまた，〔信仰の〕増大と同様に，恩恵の賜物，すなわち不信仰から信仰へと我々の意志を正す聖霊の鼓舞によるのではなく，本性的に我々の内に存在していると言う者は，使徒伝来の教理に反対する者であるとみなされる」（第5条）。また「神の恩恵なしに」善いわざをなし得ると主張するペラギウス主義に対して次のように言われる。

「神の恩恵なしに，信じ，欲し，望み，努力し，労苦し，祈り，徹夜して警戒し，研究し，乞い求め，探し求め，戸を叩く時，神に相応しいかたちで〔神の〕憐れみが我々に付与されるのであると言って，我々が信じ，欲し，なすべきすべてのことを行うことができるのは，我々の内に与えられる聖霊の注入ならびに鼓舞によるのではないと表明する者，あるいは恩恵の助けは人間の謙遜もしくは従順に付加されるのであり，我々が謙遜であったり従順であるのは恩恵そのものの賜物であると認めない者があれば，使徒〔パウロ〕の言葉に反抗するものである」（第6条）[*57]。

したがって「本性の力」(naturae vigor) によって永遠の生命という救い

た簡潔な箇条書きを，万人が遵守すべきものとして〔認め〕，我々の手で署名すべきであるとすることは正しく妥当なことであると思われる……」小高毅編前掲訳書，435頁，デンツィンガー前掲訳書，87頁。

に導く善を獲得できると表明する者は異端の霊に惑わされており，「私なしに，あなたがたは何一つできない」（ヨハ15・5）と福音の中で述べている神の御声を理解していない（第7条）。それゆえ自由意志によって洗礼の恩恵に至ることはできない[*58]。

（3）　次には24の提題が提示される[*59]。この中でわたしたちにとって重要と思われる発言だけを取り出してみたい。

①　まず原罪によって無力となった自由意志の改造について次のように言われる。「最初の人間において無力になった意志の自由は，洗礼の恩恵によらなければ修復されえない。失われたものは，与えることができた者によらなければ，再び与えられえない。それ故，真理そのもの〔である方〕が言う。〈もし御子があなたがたを自由にすれば，その時，あなたたちは本当に自由になるであろう〉（ヨハ8・36）」（第13条）と言明される。

②　次にアダムの原罪による本性の劣化と改造について次のように言われた。「アダムは，神が形造られた〔状態〕から変えられたが，それは自分の不正によってさらに悪化した。信じる者は，不正が働いていた状態から変えられるが，それは神の恩恵によっていっそう善くなる」（第15条）と。また恩恵の先行性については「〔善い業が〕行なわれれば，報償が

---

57)　続いて使徒パウロの言葉「あなたの持っているもので，いただかなかったものがあるでしょうか」（Ｉコリ4・7），「神の恩恵によって，今日の私があるのです」（Ｉコリ15・10）が付加されている。

58)　「ある人々は憐れみによって，ある人々は自由意志 ── これは，最初の人間の背信行為の後に生まれたすべての人においては損なわれたものとなっていることは確かである ── によって洗礼の恩恵にまで辿りつくことができると主張する者があれば，その者は正しい信仰とは関係のない者であるとみなされる。実に，この者は，すべての人の自由意志は最初の人間の罪によって無力になっているのではないと主張するか，傷ついたとはいえ，ある人々は神の啓示なしに自分自身によって救いの秘義を探求することができると考えている。これは，ある人々ではなく，だれ一人として「父が引き寄せてくださらなければ」（ヨハ6・44）ご自分のもとに来ることはできないと主ご自身がはっきりと言っておられることに反することである）（第8条，カエサリウス前掲訳書，438頁）。

59)　その主な項目を挙げると「神の助けについて」（第9，10条），「誓約の義務について」（第11条），「神はいかなる我々を愛するのか」（第12条），「自由意志の修復について」（第13条），「キリスト者の剛毅について」（第17条），「いかなる功績も恩恵に先行しないこと」（第18条），「神の憐れみについて」（第19条），「神なしに善をなしえないこと」（第20条），「本性と恩恵について」（第21条），「人間に固有なものについて」（第22条），「神の意志と人間の意志について」（第23条），「ぶどうの木の枝について」（第24条），「神に対する愛について」（第25条）である。

〔その〕善い業に義務づけられることになる。しかし，義務づけられるものではない恩恵は，〔善い業が〕行なわれるように先行する」（第18条）と言われた。

③　さらにペラギウスの根本思想が次のように論駁された。「神なしに，人間はいかなる善をも行なうことはできないこと。人間が行なうのではない多くの善を，神は人間の内で行なってくださる。しかし，人間が行なうように神が用意してくださらないと，善を何一つとして人間は行なうことはない」（第20条）。

（4）　オランジュの教会会議の終わりには「アルルの司教カエサリウスによる結びの言葉」として「恩恵，人間の協働，予定について」の結論が提示されている。その中で自由意志の劣化と義人の義について次のように言明された。

「最初の人間の罪によって，その後は，神の憐れみによる恩恵が先行しないかぎり，何人もそうあるべきように神を愛したり，神を信じたり，神のために善いことを行うことができないまでに，自由意志は歪曲し衰弱してしまった。それ故，義人アベルもノアもアブラハムもイサクもヤコブも，そして古代の無数の聖なる人々も，使徒〔パウロ〕が彼らに対する称賛の中で賛美しているその輝かしい信仰を（ヘブライ11参照），初めにアダムに与えられた本性の善によってではなく，神の恩恵によって付与されたと我々は信じる」。

さらに「協働の恩恵と予定」については次のように述べられている。

「洗礼によって恩恵を受けた後，洗礼を授けられたすべての人は，信仰をもって誠実に (fideliter) 努力する意志があれば，キリストの助けと協働によって，魂の救いに属することを実行することができるし，実行しなければならない。だが，神の権能によって，ある人々は悪へと予定されていると信じないだけでなく，これほどの悪を信じることを欲する人がいれば，嫌悪のかぎりを尽くして，我々はそのような人々を排斥するものである」[*60]。

終わりに信仰そのものも神から授けられることが再度確認されてい

---

60)　教会会議はアウグスティヌスに見られる二重予定に関してはこのように公然と拒否の姿勢を示した。つまり聖徒の数は予定されているが，誰も滅びに予定されていない。したがって滅びはその人自身の悪徳によって生じると説かれた。

る[*61]。このようにしてアウグスティヌスによって確立された恩恵論は反対者たちの批判にもかかわらず教会会議において承認されるに至った。この会議で決定された信仰箇条は教会が恩恵と自由意志の問題で提供した決定的な表明となり，その後にも基準として役立った[*62]。もちろんこうした信仰箇条と基準とは地方の教会会議で作成されたものに過ぎなかった。したがって教会全体によって教義として広く承認されるには至らなかった。しかし，西方教会はこれに優る基準を提起することができなかった。後代にはペラギウス主義は繰り返し復活したし，セミ・ペラギウス主義は一般に広く承認されていたのであるから，オランジュの教会会議の決定はアウグスティヌスの恩恵論の隠された勝利といえよう[*63]。

　これまでは恩恵の下で創造の恩恵や救済の恩恵などが概念的に厳密に規定されることなく用いられてきた。恩恵は聖書においては神の恵みとして多様に表現されており，神の像・神の子としての身分・選び・救済・分有・神の観照・赦し・新しい生活などによって示された。しかしこれらは固有な意味では恩恵ではなく，神的な恵みの援助との関連で理解されなければならない。アウグスティヌスは「主イエス・キリストの恩恵」として救済論的観点から厳密にこれを規定した。もちろんこの恩恵は人間の力によって獲得できるものではなく，神が人間の心に内的に働きかける出来事として生じ，そこには神が授け人が受ける授受の関係が成立する。この関係における受容は受け身的であっても，自由を増大させる優れた意志行為であるが，自由意志による能動的な創造的行為ではない。こうした内容からなるアウグスティヌスの恩恵論はカトリック教会の全体によって容易には受け入れられなかった。アウグスティヌス以前の道徳的で禁欲主義的な伝統へ回帰する運動はアウグスティヌス批判として起こらざるを得なかった。これが歴史の実情であった。

　したがって，アルルの会議でアウグスティヌスの恩恵論が否定された直後に，オランジュの教会会議がそれを救出したことは偉業であったといえ

61）『オランジュ教会会議決議録』の訳はすべて小高毅編訳「原典　古代キリスト教思想史 3」教文館, 435-44頁による。
62）R. H. Weaver, op. cit., 14.
63）O. H. Pesch, A.Peters, Einführung in die Lehre von Gnade und Rechtfertigung, 1989, S. 34ff. 参照。

よう。この会議なしには「恩恵は自然を破壊せず，かえってこれを実現する」と説いたトマス・アクィナスの恩恵論は考えられないし，「恵みの神をどうしたら見いだすことができようか」と探求したルターが「アウグスティヌスはわたしのすべてである」と宣言した可能性もなかったであろう。オランジュの会議で教会的に受容されたアウグスティヌスは「教会教父」の権威を確立したのである。

　カルタゴ教会会議とオランジュ教会会議との間を経過した歩みはキリスト教の歴史においてなんども反復されている。そこには極端なペラギウス主義と厳格な予定説の間を揺れ動く長い論争が展開した。しかし，多くの思想家はそのような両極端の中間に立つ「中道」(via media) の立場を選んだ。彼らは意志の自由を残そうと努めながらも，最初から人は腐敗している点をも認めて，予定説を主張した。とはいえ道徳的な行為を鼓舞する権利は人間の側に取っておかれた。

第IX章
恩恵論の中世における展開

―――――――

　アウグスティヌスの恩恵論はオランジュの教会会議において論争の決着がついたのであるが、これはフランスの一地方における決定であって、セミ・ペラギウス運動の沈静化とともに全世界的規模で承認されたものではなかった。古代末期からやがて中世の始まる時代に移るとともに精神状況が変遷すると、恩恵についての理解が変化してくる。そこには近代にいたって開花した自由の意識が少しずつ芽生えてきており、人間の自己理解の仕方が変化してくる。なかでも神との関係において問われてきた自由と自由意志が、神関係から離れて自覚されるとき、自己理解が主体的な自己の自覚から発現しはじめる。恩恵と自由意志との関係は大きな転換期を迎え、中世から近代への思想史における最大の問題となった。ここではその変遷の過程を中世における恩恵論の展開に即して概観しておきたい。

　アウグスティヌスの死後においても継続したセミ・ペラギウス論争の歴史の中で最大の論争点となったのは、義認から聖化に至る歩みをどのように理解するかということであった。その際ペラギウスのように自由意志を単に強調する考えは問題にならない。なぜなら、自由意志に立って人がどんなに励んだとしても、その人は現実の存在においては自己の内なる弱さを無意識のうちに裏切っていることを知っているからである。こうした裏切りをキルケゴールは「異教徒のペラギウス的な軽薄さ」と呼んだ[*1]。だが彼はこの弱さだけでは罪の消極的規定にすぎないと批判した。ところが

アウグスティヌスにとって弱さは無知とともに原罪にまで深められて把握されていた[*2]。彼を批判したセミ・ペラギウス主義はこの原罪の事実を認め、キリストによる救済を明確に説いていた。そこで新たに生じた問題は義認と聖化の関連であった。たとえば、セミ・ペラギウス主義者ファウストゥスの『恩恵論』を論駁したフルゲンティウスは、聖化の途上にある信仰者の姿を「義人にして同時に罪人」(simul iustus et peccator) の定式で —— この規定はなくとも、少なくとも内容的には —— 捉えていた[*3]。そこにはアウグスティヌスが生涯にわたって説き続けた人間の罪性についての深刻な理解が認められる。この深刻な罪性の認識は情欲の克服しがたいことに深く根ざしていた。それにもかかわらず救済と永遠の生命を得ようとするキリスト者の戦いは、義認から聖化への歩みとして把握され、予定や堅忍の教えとしてアウグスティヌスによって説かれ続けられたのであった[*4]。

　アウグスティヌスは「義人にして同時に罪人」の定式を次のように理解した。神によって義とされた者の中に克服し難く巣くっているのが情欲の罪であるが、この情欲に対立するのが聖き愛 (caritas) であり、信仰により愛を清めることをアウグスティヌスは力説する。信仰による清めの過程は神の摂理の個人的、また公的配剤による諸段階を心が経ることによって行なわれる。この段階は信仰に始まり神の観照にまで達する清めの段階を経て、罪によって毀損された神の像が神の似姿にまでいたって完成する。この発展段階の内容は何よりも被造物への愛（情欲）から創造者なる神の愛（聖愛）へと、可変的なものから永遠不変なるものへと愛を転換向上させることであり、信仰による愛の清めが説かれ、愛のかかる訓練こそ行為 (actio) であり、観照 (contemplatio) に至る必然的準備段階をなしている。この発展段階説の下にアウグスティヌスにおける「義人にして同時に罪人」の定式は理解すべきである。

　それゆえ「義人にして同時に罪人」の定式はアウグスティヌスにおいて

---

1) キルケゴール『死にいたる病』桝田啓三郎訳，世界の名著，519頁。
2) この「弱さ」(infirmitas) はキルケゴールによって単なる消極的罪の規定に過ぎないと言われる（『死にいたる病』539-40頁）。しかし、アウグスティヌスの場合には「無力」は当為を実現できない自己の深刻は反省を含意している。
3) 本書255頁参照。
4) ブラウン『アウグスティヌス伝』下巻，前出129頁参照。

次のように表現された。「部分的に義人であり，部分的に罪人である」（ex quadam parte justus, ex quadam parte peccator.…『詩編講解』CXL, 15）、また，「同じ人が霊的であり，また同じ人が肉的である」（Idem spiritualis, idemque carnalis…『説教』CLIV, 7, 9）と。この表現はパウロのローマ書第7章から来ており，義人は神の律法を喜ぶが，肉との戦いが残存しているがゆえに，罪人であると語られた。このような神の義に関して詩編第70篇の講解が注目に値する。そこでは人間が不義であるのに，義とされるのは神によって授与された義により，不義なる者を義とする信仰が義と算定されると説かれ，ルターの信仰義認と全く同じ主張が見られる。だが，アウグスティヌスの自己省察はこのような義にもかかわらず人間的弱さの洞察に向かい，死滅する身体がたえず魂を苦しめるので，どんなに神の恩恵により強められていても，もろい地上の器なる身体のゆえに誘惑に陥る危険があると言う（『詩編講解』LXX, 5）。

したがって『神の国』(De civitate Dei) における次の主張はルターに決定的な影響を与えたと考えられる。「また，われわれの義そのものは，それが導く真の善の目的のゆえに真なるものであっても，現世においては徳行の完成によるよりはむしろ罪の赦しによって成立している性質のものである」(『神の国』XIX, 27)。このように「義人にして同時に罪人」の定式が現在の自己についての省察に発している点でアウグスティヌスとルターは同じであるが，罪の理解がかなり相違しているため，表現は同じであっても内容が違ってきている。アウグスティヌスもルターもともに罪を歪曲性 (curvatus) に見ている。アウグスティヌスは意志が神に背いて自己に向かう歪曲性で生まれる高慢 (superbia) に罪の根源を見，高慢は「精神が自己の根源 (principium) として内属すべきはずのものを見捨てて，ある仕方で自己が自己の根源となり，またそうあろうとすることである。それは精神があまりに自分に気に入るときに起こる」(同XIV, 13) と言う。この考えは罪を「自己自身への歪曲性」(natura nostra est seipsam incurva)[*5]と見るルターの自己中心主義としての罪の理解に近づいているように思われる。しかしアウグスティヌスがさらに高慢としての罪の原因を問うとき，彼は永

---

5) WA. 56, 304, 25-26. ルターはこの「自己への歪曲性」のなかに「自己中心主義」としての原罪の実体を捉えている。

遠不変なる善から脱落し可変的な被造物への愛へと傾く意志の邪曲に罪の根源があるとし，それ以上問うことができないとしている。アウグスティヌスもルターもともに歪曲性に罪を認識しているが，両者の相違は歪曲性の内容から生じ，前者では不変の善から可変的善への歪曲が問題であるのに対し，後者では不変の善に向かっていても，それが自己中心的動機でなされている場合には二重の罪と考えられている。この点をニーグレンは簡潔に次のように評価している。「宗教改革的キリスト教の特質であると思われる〈義人にして同時に罪人〉がアウグスティヌスにおいて古代的欲求の心理学に結びついて表現されているのが分かる。義人にして同時に罪人とは理性と感性との相互の戦いを単純に意味している。義であるのは理性がこの戦いで優勢であるからであり，罪人であるのは人間本質の低次の部分が下方に導く傾向をもっているからである」[*6]と。

義認から聖化に至る間の自己理解がこうした相違を生み出している。したがって恩恵と自由意志の関係の理解もこの点から考察することができる。そこでこの関係を論じた中世の代表的な哲学者と神学者の思想を自由意志の把握の仕方から検討してみたい。

1 ボエティウス，アンセルムス，クレルヴォーのベルナール

ボエティウス ローマ末期の哲学者ボエティウス (Boethius, 480頃-525) の主著『哲学の慰め』には自由と必然性についての学説が展開しており，自由意志の主張に変化の兆しが現れている[*7]。

彼は緊密な因果の系列の支配する世界の中に意志の自由 (arbitrii libertas) が存在するかどうかと問い，理性の判断力をもつ存在者は望ましいものを

---

6) A. Nygren, Augustin und Luther, 1958, S.28. この主張は古代的人間学の図式，すなわち精神と身体，理性と感性の二元論をアウグスティヌスが随所において克服し，ルターに接近していることを考慮していない点で問題はあるが，アウグスティヌスにおける「義人にして同時に罪人」の定式の根本性格をよく表わしているといえよう。

7) 彼の説は後にイタリア・ルネサンスの思想家ヴァッラによって批判の対象とされたように，自由意志の選択機能が失われて，奴隷的になっている。この点でルターの先駆をなし，必然性を二つに分ける点でスコラ神学に先鞭をつけている（金子晴勇『近代自由思想の源流』252-55頁参照）。

求め,避けるべきものを斥ける自由をもっている,つまり「理性を内に宿しているものは,欲することと欲しないことの自由を具えている」という。しかし,この自由は神と人間とでは相違し,神の不滅の意志は望むところを実現する力をもっているのに対し人間の場合はそうではない[8]。

彼には新プラトン主義の影響が強く,自由は神に向かう時により大きくなり,物体や肉体に向かうとき,それに束縛されて失われる。それも自らの自由によって起こった「自己疎外」にほかならないと考える[9]。

さらにボエティウスは神の予知と自由意志との関係を詳しく論じてゆき,二つの必然性を区別している。神の予知は決して自由意志と対立しない仕方で必然性を形成していると彼は言い,同じ将来の出来事も神との関係では必然的でも,そのものの本性にしたがって考察すれば自由と考えられることから,「単純な必然性」と「条件付きの必然性」との二つに別けている[10]。実際,人間が時間のなかにあるのに神は全時間を超越し,万物を一瞬にして直観し,無限の時間を永遠の現在としてとらえる。だから神の予知したものは必然的に生起するが,この必然性は生起するものの本性に属さず,時間に生きる人間の自由意志とも矛盾しない。この二つの必

---

8)「人間の魂は神の精神を観照し続けている時には,いっそう自由であるが,物体へくずれ落ちると,それだけ自由を減少させ,地上の肉体に引き止められると,さらに自由を失わなければならない。しかし最悪の奴隷状態は,悪徳にふけって自分の理性を伐り倒してしまった時である。それというのも,人間の魂は目を最高の真理の光から卑しいものや暗いものに向けると,すぐに無知の闇におおわれ,有害な情念に悩まされ,このような情念に接近し共鳴することによって,奴隷状態を自分に引き起こし,かつそれを助長し,いわば,自分の自由により囚われ人となるからである」(Boethius, Philosophiae consolationis, übertragen von E. Gothein, S.272)。

9) アウグスティヌスも自由意志が失われると例外的に一回だけ述べているが,トマスが注記しているように神学的に罪の状態をそれは述べている。ボエティウスのこの発言は哲学的考察により自由の本質を述べたものか,神学的考察により罪の状態を記しているのか不明であるが,「意志の自由」の「意志」(arbitrium) が選択的機能を一般には指しているので,自由意志自体の喪失が考えられていると思われる。

10)「たしかに二つの必然性がある。一つは単純な必然性で,たとえばすべての人間が死すべきなのは必然的であるということであり,もう一つは条件つきの必然性で,もし誰かが歩いていることをあなたが知るならば,その人は必然的に歩いている,といったものである。……この条件つきの必然性は,そのものの本性ではなく,条件の付加によって必然的になる。……もし摂理が何かあるものを現在のものとして見るならば,たとえそれが本性の必然性をもっていなくても,それが存在することは必然的である。ところで神は自由意志から生ずる将来の出来事を,現在のものとして眺め,故に,それらの出来事は神の直観との関係においては,神が知っているという条件によって必然的なものになるが,しかしそれ自体として考察すれば自己自身の本性の絶対的自由を失っていない」(Boethius, op. cit., S.306)。

然性の区別は「自由を排除した強制」と「自由を含む必然性」の区別として後代に受け継がれていった。

アンセルムス　11世紀の後半から12世紀にかけて活躍したアンセルムス（Anselum 1033-1109）は，初期の『自由意志論』(De libertate arbitrii) と晩年の『自由意志と予知，予定，神の恩恵との調和について』(De concordia praescientiae et praedestinationis et gratiae dei cum libero arbitrio) の二つの著作で自由意志と恩恵の関係を論じただけではなく，主著『クール・デウス・ホモ』(Cur deus homo) においても恩恵と意志の関連が中心的主題となっている。彼が対決したのはペラギウス主義ではなく，信仰を求めた人たちであった[11]。彼は人々に真の自由がいかに神の恩恵と調和しているかを解明した。その探求の方法は「理解を求める信仰」(fides quaerens intellectum) に示されているように，信仰を前提とし，信仰内容を理性的にその根拠にまで追求することであった[12]。その理性的な探究のゆえにラテン的な贖罪論が示され，エイレナイオスに発する古典的な類型と区別される[13]。

　アンセルムスはこの神人関係の基本から自由意志を把握しようとする。まず自由意志は罪を犯したり犯さなかったりする力ではない。もしそうだとすると，神も天使も罪を犯すことができないので，自由意志をもっていないことになってしまう。神や天使がもっている罪を犯すことができない意志，つまり正しさから逸脱不可能な意志の方が逸脱可能なものよりいっそう自由である。そこで自由意志について次のような定義がなされる。「自由意志とは意志の正しさを正しさ自身のために保持することの可能な決定にほかならない」[14]。この自由意志の定義は神人関係から規定されているため神学的であるが，自由意志は罪により弱められているにもかかわ

11）「徳のすべての効力を自由にのみ置いた高慢な人たちがかつてはいたのに，現在では自由の存在に全く絶望する多くの人たちがいる」(Anselmus, De concordia praescientiae et praedestinationis et gratiae dei cum libero arbitrio, III, 1) と述べているような悲観主義的な人々であった。

12）　Anselmus, Cur deus homo, I, 22.

13）　Aulen, Christus victor. An Historical Study of the Three main Types of the Idea of the Atonement, 1953.

14）　Anselmus, De libertate arbitrii, 3.

1 ボエティウス，アンセルムス，クレルヴォーのベルナール

らず本性的に存在しているため，哲学的であるといえよう。罪を犯すことは自由意志によるのではなく，単なる意志決定 (arbitrium) によるのであって，罪のため正しさを保持する自由意志の力は弱められていてもなお存在している。それは，ちょうど視覚が対象や光をもたない場合でも，また障害物により遮断されているときでも，見る力を可能性としてもっているのと同じである。ここから自由な意志の力と人間の無力との調和が探求された[*15]。

こうして自由には三つの種類が認められた。①意志の正しさがあって自由意志によりこれが保持されている場合，これは自由な義なる状態と呼ばれる。②正しさから離反し罪の奴隷となっている場合，自分で正しさを回復できないが，それでも理性と意志の潜在的能力によって正しさを保持する可能性，つまり生来的自由はもっている。③ところでこのような潜在的能力だけでは行為を生みだすには十分ではなく，正しさを意志に与えて自由にする恩恵が必要である[*16]。「人間の救いに役立つのは恩恵だけでも，自由意志だけでもなく」，両者が共に働かなければならない。

アンセルムスの自由意志論は神と意志との根源的関係という神学的前提から出発していって，自由意志の存在を哲学的に解明している。こうしてまず自由意志は存在論的に正しさへ目的づけられている。しかし，意志のもつ選択し決定する能力は自由から転落して罪を犯す力をももっている。そして自由から罪の奴隷となっても意志は正しさを保持する力を潜在的，生来的に所有している。それゆえ，自己の選択し決定する力のゆえに罪を犯しても意志は究極目的に関して存在論的に方向づけが与えられる。ここから意志自体と個別的な決定能力としての選択意志とが区別されるようになる萌芽が生じてきた。この意志と自由意志の区別は後述するようにトマスに継承された。

---

15)「そもそも正しさをもっていない時には，正しさを獲る力は彼にはない。しかし，正しさをもっているなら，それを常に保持する力は常に彼にある。ところで，罪からは逃れることができない点で奴隷だが，正しさから引き離されることは不可能な点で自由である。一方，意志が罪とそれへの隷属から立ち戻ることは，他者をとおしてのみできることで，正しさから離反することは自分をとおしてのみできることだが，その自由が奪われることは自分をとおしても他者をとおしても不可能である。なぜかというと，正しさをもっている時も，また保持すべき正しさをもっていない時でさえも，人は正しさを保持することに関しては生来的に自由だからである」(Anselmus, op. cit., 11.)。

16) Anselmus, De concordia, III, 5.

第Ⅸ章　恩恵論の中世における展開

ベルナール　クレルボーのベルナール（Bernardus, 1090-1153）はシトー会を代表する神学者であり，16世紀においてアウグスティヌスとともに影響力をもったばかりか，人々に慕われた神学者である。彼の恩恵論は協働説の立場を明らかにとっている[17]。アウグスティヌスの著作と同名の書『恩恵と自由意志』において彼はアウグスティヌスに全く一致して議論を展開するが，そこには彼自身の哲学的考察も示される。なかでも意志が神の創造のわざから一般的善性をもち，創造者へと回心することによって善は完成される。彼も意志と自由意志との関係を一般と特殊とに分けて考察する。このことはアンセルムスから発し彼を経てトマスで完成された，両者の関係に関する学説を準備している。次に注目すべきことは自由意志をその働きによって選択(arbitrium)思量(concilium)満足(complacitum)に分けて論じ，罪が結果したのは，後の二つであって，自由選択の機能は残存すると説いている点である[18]。

ベルナールは自由意志の働きを選択に限定し，そこにふくまれていた能力や知恵から切り離して，独立させる。しかし，このことは自由意志の相対化を一面において引き起こしている。とはいえ，この選択の機能が自由意志に残っているところに「永遠にして恒常不変な神性の実体的像」が刻印されている，と語っている[19]。

恩恵と自由意志との協働説ではアウグスティヌスにしたがってセミ・ペラギウス主義の誤謬をしりぞけ，開始・進展・完成から成る三段階的な構成の中間において恩恵と自由意志は協働するが，その仕方は部分的に役割を分かつのではなく，「各々が独自の働きによって全体のわざを遂行する」[20]

17）エラスムスがベルナールの説を全面的に支持したのに対し，ルターはこれを完全に無視した。ルターはベルナールの協働説に自分が完全には合致しないのを知って，彼自身の解釈する協働説を提示した（本書295-96頁を参照）。
18）「それゆえ自由意志は罪に落ちた後にも，悲惨な状態ではあるが，損なわれることなく残っている。また人間が自分の力で罪や悲惨から脱却することができないということは，自由選択の破壊ではなく，他の二つの自由の欠如を意味している。というのは自由意志そのものに属しているのは，あるいはかつて属していたのは，行為する力や知恵ではなくて単に意志することだけであるから。それは被造物を力あるものとも知恵あるものともなすのではなく，単に意欲するものとなしている。だから力あるものや知恵あるものではなくて意欲するものであるのをやめたなら，自由意志を喪失したと考えるべきであろう」(Bernardus, Liber de gratia et libero arbitrio, 8, 24: Sancti Bernardi opera III, 183-84)。
19）Bernardus, op. cit., 9, 28 (III, 185)
20）Bernardus, op. cit., 14, 47 (III, 200)

と説かれた。この協働説こそ真の相互的な協力の仕方として確立されたものである。なお,彼はこの著作の初めで自由を三種類に分け,自然本性上の自由・宗教的救済の自由・栄光の自由とし,それぞれが強制的必然性・罪過・悲惨からの解放によって成立していると説いた。この三つの自由の区分は以後永きにわたり伝統的な学説となった。

2 トマス・アクィナス

13世紀スコラ学の代表者トマス・アクィナス (Thomas Aquinas, 1225-74) は一般的にはキリスト教的アリストテレス主義者とみなされてきたが,彼のアウグスティヌス主義やパウロ主義も評価されなければならない。自由意志に関して彼自身の思想は発展してきているが[21],ここでは完成した思想体系『神学大全』において組織的に叙述された自由意志と恩恵の関係だけを論じることにしたい。

まず,自由意志に関する哲学的な考察について触れておきたい。『神学大全』第1巻83問「自由意志について」で彼は,自由意志をもつ存在の特質を五つあげている。それは,①自らの欲するところを行なう,②欲するも欲しないも自由である,③自らの原因である,④自己の活動の主である[22],⑤自己の形成者である。これらの自由の規定は選択する機能である自由意志によるもので,主体的な作用を述べている。これとならんで選択する客体的側面が考察され,意志は知性の勧奨する最善のものを受け入れ幸福を求めるがゆえに,本性的に神を求め,それによって善とみなされる。しかし,悪しき行為が生じるのは,この善という目的にいたるための手段の選択における誤りからである。こうして自由意志は自己運動の原因ではあっても,第一原因ではなく,神こそ第一原因として自然的原因と意志的原因のすべてに対し各自の固有性に応じて働く。それゆえ,最高

---

21) Thomas Aquinas, II, Sent. dis. 28, q. 1, art. 4 はセミ・ペラギウス的見解に立ち, De veritate, q. 24, art.1et art. 15 は移行過程を示し, Summa Theologiae で完成した形になっている。この点に関して優れた研究 B. Lonergan, Grace and Freedom. Operative grace in the Thought of St. Thomas Aquinas, が発表されている。

22) Thomas Aquinas, Summa Theologiae, I, q. 83, art. 1.

善たる神は意志を外的に動かすのみならず,意志の力の根源として内的にも動かし,意志の自由を貫いて,意志の固有性を生かしながら活動する。この思想はトマスにとり必然性や予定の問題を解く基本姿勢となった[*23]。

意志と自由意志との区別について彼は言う,「意志は目的-すなわちそれ自身のゆえに欲求されるところのもの-に関わるといわれる所以である。〈選択する〉(eligere) とは,これに対して,何ものかを,それ以外のものを得んがために欲求することなのであり,だからそれは,厳密には目的へのてだてたるところのものにかかわる」[*24]。人間に本性的に具わっている選択意志は目的としての善を実現するために何を選んだらよいかという思量のうちにあって,理性の命令にしたがって選択がなされる。ここに選択の自由の知性的根源が説かれている。一方,意志は知性の判断に依存し,目的としての善が知性によって無制約的に示され,これとの一致を目ざす受容性をもつ以上,本性上誤ることはないが,選択的活動は目的にいたる手段に限定され,選択において誤って罪を犯すことがありうる。したがって道徳的悪とは本性上あり得ないものであって,罪とは本来のあり方からの逸脱にすぎない[*25]。

トマスは意志論の出発点において意志主体の能動的自己規定から出発して行って,知性の善に対する関係と同様に意志の受動性を導きだした。人間の精神は存在と善に対して開かれ,その分有において存在する。この客体としての善とその秩序への適合が倫理的善を内容的に規定している。このため自由の主体的意味が消える傾向を帯びてきて,ドゥンス・スコトゥスの批判を受けることになった[*26]。

---

23) Thomas Aquinas, op. cit., I, q. 105, art. 4, ad 2 et 3; II-I, q. 9, art. 6. そのさいトマスは意志と自由意志とが一つの能力でありながら活動を異にする点を知性 (intellectus) と比量知 (collectio) との区別によって明らかにする。知性認識が真理の「端的な受容」を意味するのに対し,比量知の方は一から他を推理して帰結をうるにすぎない。同じことは欲求の面でも「意志する」は「端的な欲求」を意味するのに自由意志は目的のための手段を欲求する働きである。

24) Thomas Aquinas, op. cit., I, q. 83, art. 4『神学大全』高田・大鹿訳,243頁。この考え方は「選択とは目的へのもろもろの手だてに関わる」という『ニコマコス倫理学』第3巻に由来している (Aristoteles, Ethica Nicomachae, III, 3.=1113 a 10)。

25) だから悪は「当然あるべき善の欠如」(privatio boni debiti) である。これはアリストテレス的「的はずれ」(ハマルティア) としての罪の理解に等しい。高橋亘『アウグスチヌスと第十三世紀の思想』創文社,152頁以下参照。

26) リーゼンフーバー「トマス・アクィナスから近世初期にかけての自由観の変遷」松本正夫他編『トマス・アクィナス研究』創文社,250頁。

次に恩恵と自由意志との関係について考察する。『神学大全』第2巻1部106-114問においてトマスは恩恵について論じている。人間は恩恵を受ける以前と以後とに分けられ、さらに恩恵以前がアダムの堕罪以前と以後とに分けられる。

この第一段階では自然本性は毀損されておらず、原義 (originalis iustitia) が保たれ、神・理性・魂の下位の能力が正しい秩序の中にあり、「人間は自然本性上善にも悪にも向かいうる自由意志をもっていた」[*27]。だが「超自然的賜物が上から与えられないとしたら、いかなる被造的本性も永遠の生命に値する行為への十分な源泉ではない」[*28]と判断される。

第二段階は自然本性が壊敗した段階で、さきの「原義の欠如が原罪である」[*29]と規定される。この罪の奴隷状態から自由への移行は恩恵によって生じる。それは「不義の状態から義の状態への改造」であって、「全く相矛盾する一方から他方への運動」であるから、この改造は罪の赦しにはじまり「不義なるものの義化」(justificatio impii) と呼ばれる[*30]。しかも、この義化の改造は人間の本性的特性たる自由意志に向けられている。これが自由意志が恩恵を受けるように働きかける恩恵である。

「それゆえ、義に向かう神からの運動は、自由意志を使用しているものには、自由意志の運動なしに生じることはない。しかし神は、義となす恩恵の賜物を注ぐにあたって、同時に自由意志が、この運動を受容しうる人たちのもとで恩恵の賜物を受け入れるように、恩恵をもってそれを動かしたもう」[*31]。

ここに「恩恵は自然を破壊しないで完成する」というトマスの根本思想が見られる。彼は恩恵の絶対性を自由意志に対して説いただけでなく、さらに具体的に義化のプロセスを習性の改造に求めた。恩恵が人間の心のなかに注がれるとき、本性に反した罪の習性のため壊敗していた自然本性が改造され、いまや恩恵による新しい内的習性が形成される。こうして初めて「自己原因である人が自由である」という状態に達する[*32]。これが聖

---

27) Thomas Aquinas, op. cit., II-I, q. 114, art. 9.
28) Thomas Aquinas, op. cit., II-I, q. 114, art. 2.
29) Thomas Aquinas, op. cit., II-I, q. 81, art. 5.
30) Thomas Aquinas, op. cit., II-I, q. 113, art, 1.
31) Thomas Aquinas, op. cit., II-I, q. 113, art. 3.
32) Thomas Aquinas, op. cit., II-I, q. 108, art. 1et 2.「そういうわけで聖霊の恩恵は内的な

化の恩恵である。

　もちろん『神学大全』に述べられた現実の人間に対する理解は，アウグスティヌスのペラギウス駁論の著作から影響されてもっと深刻なものとなり，罪の奴隷となっている人間観を示している[*33]。

　ところで，この習性が新しい性質として造られることから，それは偶有的 (accidentialis) であるが，それでも形相 (forma) として造られることによって功績となる行為が生じる，と説かれた。すなわち恩恵が魂の中でこの偶有的形相を造り出すと，それは人間と同じ本性の実在として存在する。人間の実体的形相はその理性であるのに対し，偶有的形相は個々人の特性に属してはいても人間の定義にとり非本質的なもの，たとえばキタラ奏者のようなものである。わたしがキタラを演奏できようとできまいと，わたしは人間であり続ける。というのはキタラを演奏する能力はキタラ奏者となるためにのみ本質的なものであって，人間であるためには必ずしも必要ではない。わたしは反復した教育と実践によりこの能力を開発することができる。これと同じく超自然的恩恵の注ぎによって各人には最初の出発点が与えられ，反復した実践によって習性を形成し，そのことによって神の愛を実践する達人となりうる。この恩恵の習性はひとたび獲得されると完全に失われることはあり得ない。

　このようなトマスの超自然的習性の理論はこの習性により実現される愛のわざが功績となり永遠の生命が報われるという功績思想の基礎となった。これに対する批判がスコトゥスとオッカムによってなされた。

3　ドゥンス・スコトゥス

ドゥンス・スコトゥス (Duns Scotus, 1266-1308) はフランシスコ会を代表す

習性としてわたしたちに注がれ，わたしたちが正しく行動するように心を変えるゆえに，恩恵に一致することをわたしたちは自由に行なうようになり，また恩恵に反するものを避けるようになる」。これが恩恵によって与えられる超自然的習性であって，彼独自のアリストテレス的倫理にしたがう理論的反省である。

33) Thomas Aquinas, op. cit., II-I, q. 109, art. 8 トマスとアウグスティヌスの恩恵論に関しては J. Duffy, The Dynamics of Grace Perspectives in Theological Anthropology, 1993, p. 133-43 参照。

る神学者であり，11-12世紀のスコラ神学とくにアンセルムスの伝統的意志優位説および道徳的責任性と罪責感にもとづいて，とりわけ当時明確になってきた個我意識と直接的な自由体験とに基づいて独自な思想を形成した。

自由意志学説　彼もトマスと共に意志が知性と相補的関係に立つ人間の本質的機能であることを認めているが，人間の自由や責任および倫理に関しては相違した見解をもつにいたった。彼によると知性と意志との根本的相違は，知性が絶対的に普遍な真理を単に受容するだけで，自明な真理に同意するよう強いられ，客体により決定されているのに対し，意志は自由で，かつ，自発的であって，何ものによっても強制されない。ここまではトマスに一致している。既述のようにトマスは目的としての善が知性により意志に無制約的な仕方で示されると，意志はこれを受容し，自由に選択できるのは目的に対する手段に制限した。こうして自由の本性は知性的に解明されていたのに対し，スコトゥスは知性の意志に対する影響力を否定しないが，いかなるものも意志に対し同意を強いるものではないと主張し[34]，両者の相違は歴然となる[35]。そこでスコトゥスはトマスの目的論的意志学説を否定し，意志は知性の命令にしたがって選ぶ必然性はなく，意志は非理性的にも行動できる。というのは意志は知性が観照している対象から知性を引き離すことができるからである，と次のように語っている。「しかし，意志は普遍的に理解された目的に向かう必然性をもってはいない。したがって意志は目的に向かって必然的に行為しているのではない。……むしろ意志は知性を何か他の対象を考察するように向け変える」[36]。

---

34)「アウグスティヌスは〈意志の歪曲は目的を手段とし，手段を目的として愛することにある〉と言う。その意味は，意志が手段として用いられるべき対象を目的として享受することができるということにある。他方，知性はこういう仕方では行動できない。知性は真理を単に名辞から自明な結論，原理，命題としてしか知ることができない。このように相違する根拠は知性がその対象によって自然本性的に動かされるのに反し，意志はみずから自由に運動するからである」(Duns Scotus, Quodlibetales, q. 16. n. 16)。

35) トマスの『神学大全』第1巻問82 (art. 2) の意志論とスコトゥスを比較してみると，トマスは意志の運動を終極目的とみなして「意志は必然性に基づいて至福という終極の目的に密着している」と言う (op. cit., I, q. 82)。また「意志は善という特質のもとにおいてでないかぎり何ものにも向かいえない」という。こうして彼の目的論的思考は選択意志の否定にまでいたる。「終極目的というものは決して選択の上に服したりしていない」(op. cit., ibid)。

36) Duns Scotus, op. cit., q. 16, n. 4.

次にスコトゥスは意志を二つに分け，自然的意志つまり欲求と，行動を自由に引き起こす能動的意志とに分けている。両者とも同じ意志に属しているが，両者の相違は「石」(lapis) と「意志」(voluntas) ほどの差がある[*37]。ここに意志が自由な原因性であること，意志にとって自由は本質に属していること，トマスが目的にいたる手段の選択に限定して認めた自由，つまり選択の自由は自由の本質ではなく，かえって不完全性のしるしであって偶有的な自由にすぎないと説かれた。

「自然的な〔因果的な〕運動と自由な行動とは〈行動原理〉の根源的区分を示している。意志は自由な行動の原理であって，まさに〈意志〉と呼ばれるゆえんである。自然にまさって自然的な運動があり得ないように，意志にまさって自由に行動し得るものはない」[*38]。

さらに意志が本質的に自由であり，行動を起こす原因であることが強調されていても，意志は決して恣意的でなく，「正しい理性」(recta ratio) つまり実践理性と一致することによって善い行為がなされる。だから「行為が自由意志から生じたのでないかぎり，その行為は称賛にも非難にも値しない」[*39]といわれながらも，「道徳的に善だと考えることは正しい理性と一致すると考えることである」[*40]と付加される。このように意志の自由は知性を排除しないで，かえってそれを含意している。

こうして意志には自由な原因性として行為や意欲を引き起こす力，自己決定力をもつ自律性が求められる。意志は自発的に自由に行為する原因，カントのいう「自由な原因性」であるから，客体的善は意志の目的として意志を引き寄せても，同時に意志により自律的に立てられるものとして相対化される。トマスにおいて意志は人格的自由をもつものとされ，目的論的に位置づけられていたが，スコトゥスでは意志が「自己自身を実現する本質形相になるという目立たないが重大な転回」[*41]が生じた。

ここに近代的自由の源泉が認められる。それは後にオッカムによって強

---

37) 「重さによる原因は自然的であるが，意志の原因は自由であり，その理由は意志がまさしく意志なのであって，重さは重さにすぎないからである」(Duns Scotus, op. cit., q. 16, n. 16)。
38) Duns Scotus, op. cit., q. 16, n. 15.
39) Duns Scotus, op. ox. II, 40, q. unica, no. 2-3.
40) Duns Scotus, op. cit., I, 17, q. 3, no. 14.
41) リーゼンフーバー前掲論文，201頁。

調される,「無記的な未決定の自由意志」(liberum arbitrium indifferentiae) の立場である.トマスでは善や目的の絶対的価値の下で手段の選択において無記的にふるまうとされていた自由意志は,スコトゥスにおいては善と悪のような相対立するものに対して決定を下す能力がそれ自身無記性をもって説かれた[*42].それは偶然であって,偶然の事実が生じるのは自己決定の力としての意志に帰せられ,そこに「相対立するもののいずれに向かっても決定されていない原因としての自由」が前提されている.こうして意志の自己決定から,自然必然性とは異質の「自由意志にのみ由来する不変の必然性」も説かれ,強制を排除し,自由意志を合意した必然性の立場が確立される.こうして客体的価値から離れて自律する意志が,それ自身の無色中立的な働きのなかに内在的動力因をもって登場してくる.このようにして近代的自由の萌しは彼の学説の中に芽生えてきた.

恩恵論　スコトゥスは神学上の救済の問題でも意志の優位,とりわけ神の意志の絶対的自由と愛とを力説し,独自な恩恵論を樹立した.彼によると愛の力は意志の中にあり,神の意志は何ものによっても決定されない自由をもつと同時に,理性に反する矛盾を決して含まない.彼は「神は矛盾を含まないすべてのことをなすことができる」という「絶対的権能」(potentia absoluta) からトマスの超自然的習性の学説に疑問をいだき,魂のうちなる偶有的形相に神が拘束され,習性にもとづいて神を愛する人を救わねばならないだろうかと問い,神はその絶対的権能のゆえにそのような習性(超自然的備え)をもっていない人をも救いうると説いた.神はまず人を天上界に入る者たちの数に予定し,神の愛を与える.この愛が善いわざを造りだし,神はそれを受納して功績とみなしたもう.だから救いにとって魂の性質よりも神の意志のほうがはるかに重要となる.人々は内的に救いに値するから救われるのではなく,神がはじめにそのように意志したもうから救われる.ここから彼の神学的公理「被造物はだれも内在的理由により神から受納されるべきではない」(nihil creatum formaliter est a deo acceptandum) が立てられ,被造物は永遠者を決して動かすことができず,神は絶対的自由である[*43].スコトゥスから見るとトマスは神を教会の恩

---

42) Duns Scotus, Quodlibetales, q. 18, n. 9.
43) W. Dettloff, Die Entwicklung der Akzeptations-und Verdienstlehre von Duns Skotus bis

恵の制度に結びつけていて，神の永遠の意志と被造世界に秩序を付与する神のわざとの大きな距離を見失っているように思われた。

　他方，スコトゥスは「神の秩序的権能」(potentia dei ordinata) にもとづいて，教会の制度にしたがい恩恵による超自然的習性にもとづく善いわざが功績となることをも認める。こうして一方では神の意志による罪人の義認を説き，他方では行為の功績をも採りあげる。功績となるわざは意志からだけで生じることはない。もしそうならペラギウス主義となってしまう。そこで意志は第一原因であっても恩恵による超自然的習性が付加されて初めて功績となりうる。もちろん自由意志と神の愛とから成る行為自体が功績となるのではない。なぜなら功績は神により受納されることによって初めて成立するからである。だから神の受納の第一根拠は神の寛大な意志，つまり恩恵であり，第二根拠が愛のわざとなる[*44]。したがって功績となる行為は次の二つの条件を満たしていなければならない。①自由意志と神の愛とが協働して行為を生みださねばならない（「二重原理」duplex principium）。自由でないような行為は決して功績とならないし，行為の中に神の愛が関与していないなら，神に受納されて功績とならない。したがって，②超自然的形相である神の愛への関係がなければならない。この関係は人格的な関係であって，個別的な人格が神に受け入れられないなら行為は受納されない。ここに人格が「受納の原理」となっている[*45]。こういうスコトゥスの思想の中には神と人とが意志を通して人格的な関係に入っていく新しい道が芽生えて来ている。

4　ウィリアム・オッカム

オッカム (William of Ockham, 1280頃-1349頃) はスコトゥスと同じフランシスコ会に属し，自由な精神と鋭利な論理をもって教皇政治を批判し，哲学ではノミナリズム（唯名論）の復興者として有名である。彼は伝統的なスコラ神学の方法，すなわち神学と哲学を階層的に統一する宗教哲学的方法

Luther, S. 39.
44) Duns Scotus, op. ox. I, dis. 17, q. 3, no. 24.
45) W. Dettloff, Die Lehre von der Acceptatio divina bei Johannes Duns Scotus, S. 109f.

に対してきわめて懐疑的であり，哲学の論証と宗教の信仰とを区別し，二重真理説を確立した。なかでも神の存在証明はいかなる方法でも論証しえず，推論により第一原因たる神に至ることもできないし，霊魂の不死・三位一体・万物の創造・受肉などの教説も論証することができないことを説き，カントの弁証論の先駆となった。

オッカムが確実性の土台に据えているのは，実践的意志の内的で明晰な経験であり，アウグスティヌスの内面性の立場に立っている。彼はスコトゥスにしたがって知性に対する意志の優位を主張する。人間の意志はその本性によって幸福，すなわち究極目的に関わっている。この目的は行為の規範となっているが，トマスのように客体的善の価値によっては決定されず，かえって主体的意志のうちにおかれている。だから意志は究極目的に外から引き寄せられたり，目的達成の手段選択においてのみ自由であるのではなく，それ自身の無記中立的性格のゆえに自由である。『自由討論集』第1巻16問は自由意志について論じ，次のようにいう。

「わたしは，自分で無記的にかつ偶然的にさまざまなものを生みだしうる能力を，自由と呼ぶ。こうしてわたしはその能力の外部に存在する多様なものになんらよることなく，同じ結果を惹き起こすことも起こさないこともできる」[46]。

自由は主体の外にある何らかの客体に依存することなく自立し，無記中立的な生産的動力因として把握される。この自由意志の事実は哲学的に証明されえなくとも，すべての人が直接経験している。「これは経験をとおして，すなわちいかに多くの人間の理性があることを命じようとも，意志がそのことを意志したり意志しなかったりし得ることを，人が経験するという事実によって明白に知られる」[47]。

人間の行為が道徳的に善であり，功績となるのは，この自由意志によって実現されたものだけであって，トマスのように目的に適っていたり，スコトゥスのように「正しい理性」に一致しているからではない。それに反しオッカムは道徳的行為の善悪を神の意志との一致に求める。神の意志こそあらゆる道徳的規範を越える規範そのものであり，スコトゥスのいう「正しい理性」（実践理性）も規範ではあるが意志によって措定されるがゆ

---

46) Ockam, Quodliberta Septem, I, q. 16 (Opera theologica, IX, 87-88)。
47) Ockam, op. cit., ibid.

えに，意志と並ぶ同等の根拠とはならない。このように意志が客体的規定から分離されたことは，正しい理性，目的，諸状況を相対化させるため，意志の自律的傾向があらわれ，主観主義に陥る危険を孕んでいるが，ここでは人間の意志は直接神の意志と人格的に関係するものとなった。ここにキリスト教思想史の重大な転回が見られる。

　アウグスティヌスがプラトン哲学によって，トマスがアリストテレス哲学によって，神学のなかに導入した形而上学は元来キリスト教とは異質のギリシア文化が生みだしたものである。キリスト教とギリシア形而上学の総合はアウグスティヌス以来構想されてきた宗教哲学の体系化の試みであり，中世スコラ神学がその頂点となったが，オッカムにおいていまや原理的に解体しはじめた。この解体はまず哲学と神学の分離や二重真理説として主張されたが，その根源はオッカムの自由意志の把握の仕方に求められる。実際，彼こそスコラ神学者のだれよりも信仰の主体性を重んじ，神学を意志の主体に集中させ，神学の中心に神の全能と人間の罪や功績との関係を問うノミナリズムの伝統を形成した。こういう伝統に立って初めて以前には予想だにできなかった主体的な救済の問いが発せられるようになった。それゆえオッカムにおいて神を世界との関係から類比的にとらえる哲学的神学に代わって，神と人とが直接意志において応答的に関係する新しい神学が創始された。彼の思想を神学的に完成させたのは，最後の中世スコラ神学者といわれるガブリエル・ビール (ca.1410-95) である。このオッカム主義は15世紀から16世紀にわたり「新しい方法」(via moderna) として勢力をのばしていった。これに対抗して建てられたのが，トマス復興の試みとしての「旧来の方法」(via antiqua) であった。ルターはオッカム主義の新しい学問と救済論を批判的に受容することによって宗教改革者となった[*48]。

---

48)　この間のいっそう詳しい研究として金子晴勇『近代自由思想の源流』第2章「オッカム主義の自由意志学説」70-135頁と第3章「ルターとオッカム主義の伝統」136-202頁を参照されたい。

第X章
近代思想における批判的受容

———————

ヨーロッパ16世紀の宗教改革はアウグスティヌスの恩恵論の復活をもって特徴づけることができる。つまり，宗教改革の中心的主題は恩恵に求めることができる。「宗教改革はアウグスティヌス主義の復興である。その鋭い切っ先は sola gratia, solo Christo, sola fide, soli Deo gloria, sola scriptura という恩恵のスローガンのうちに公式化される」[*1]。このような復興の試みをルターの宗教改革的認識の成立過程から考察し，その恩恵論の特質をエラスムスとの論争，カルヴァンとの比較，トリエントの公会議，パスカルとライプニッツによって概観してみたい。

1 ルターの宗教改革とアウグスティヌスの恩恵論

オッカム主義の救済論とスコラ神学の公理 ルターの修道士としての生活はアウグスティヌス派修道院から大学の教師となって活躍した時期にいたるまでも続き，その間に宗教改革的認識に到達し，改革の発端となった1517年の「九五箇条の提題」の発表へ向かう。彼の精神的発展の新局面となる出来事は宗教改革的認識の開眼である[*2]。そこでまずこの新し

---

1) W. C. Robinson, Reformation: A Rediscovery of Grace, 1962, Preface x.
2) 彼がこの認識に達したのが塔のある建物の一室であったことからそれは「塔体験」

い認識について考察してみよう。

　落雷に見舞われ死の恐怖と苦悶を経験したことが，修道院に入る直接の動機となり，そこでの厳しい修練の結果，彼の内的な危機は収るどころかかえって深まって行った。この危機の原因として伝統的な神学思想による修道が考えられ，彼は次第に内的な窮地に追い込まれていった。

　ルターが学んだエルフルト大学はオッカム主義の牙城となっており，神学部の教師と修道院の精神とは，ともにオッカム主義の神学者ガブリエル・ビール（彼はテュービンゲン大学の神学者で晩年をエルフルトで過ごした）の思想に従っていた。メランヒトンによるとこのビールの神学体系をルターは暗記するほどまで習得していた。したがって，このビールの学説を検討するならば，ルターが修道院の中でいかなる修道の道を歩んでいたかが知られる。

　修道の目的は，神によって義人として受納され，聖霊の賜物に与り，永遠の生命にいたることにあった。したがって神の恩恵を受けるにはどのような準備が必要であるかに最大の関心が寄せられた。恩恵に関して言うと，罪の赦しの洗礼を受けることが「第一の恩恵」と呼ばれ，永遠の生命を受けることが「最後の恩恵」と呼ばれた。ルターは形式的にはすでに洗礼を受けていたが，罪の赦しの確信もなく，永遠の生命にも予定されていないかも知れないという不安により苦しめられていた。したがって彼が恩恵を求めたのは救済の確実性，つまり救いの確信であった。

　一般的に言って，義認，つまり神によって義人と認定され，判断されることが修道の目的であるが，ここでは義認への準備についてのビールの学説がもっとも重要である。そのさいスコラ神学によって古くから提示されてきた公理をどのように解釈するかが各々の学説の特色となっていた。その公理は「自己の中にあるかぎりをなしている人に対し神は恩恵を拒まない」(Facienti quod in se est, Deus non denegat gratiam.) という命題によって示される[*3]。この命題はさまざまに理解された。スコラ神学の最大の権威者トマス・アクィナスは，この義認のための準備が神の恩恵と自由意志と

とも呼ばれている。修道院で経験した内的危機はこれにより克服され，確かな救済体験の基礎に立って，彼はこれまで支配していた後期スコラ神学の救済論を批判しながら自分の新しい神学を形成するにいたる。

　3）このスコラ神学の公理について金子晴勇『近代自由思想の源流』119-29頁参照。

の協働によって行なわれると初め説いたが，後に恩恵の先行性を強調し，この命題では恩恵を受けるに値する功績が自由意志に帰せられているのではない，なぜなら恩恵は無償で与えられるから，と説くにいたった。それに対しオッカムとビールにおいては義認への準備を自由意志の功績に帰する解釈がなされていた。恩恵の援助が救いと善いわざにとって必要であるにしても，信仰の行為の発端はもっぱら自由意志にかかっていると説いたペラギウス主義の特質がここに明瞭に見られる。すなわち，ビールは義認への準備が，聖霊の特別な働きによっても支えられていない自然的人間の自由意志によってまず開始されると主張した[*4]。

このビールの主張によく示されているように義認への準備とは自由意志によって罪に同意することをやめ，神に向かって立ち返ることであり，これが「自己の中にあるかぎりをなす」，つまり最善を尽すことの意味である。こういう準備行為によって恩恵を注ぎ込まれるに値するといっても，そこには一つの制限が与えられている。すなわち，この準備もしくは功績は「合宜的」(de congruo) に恩恵に値するのであって，「応報的」(de condigno) に当然の報酬として恩恵に値するのではないと主張された。当然の報酬として応報的に功績を立てるのはペラギウス主義である。しかしビールの言う「合宜的」とは「神の寛大さにもとづく受納」を意味し，「相当分以上」の恩恵が神の憐れみにより与えられることを意味する。ここにわたしたちはビールのセミ・ペラギウス主義とキリスト教的福音の使信を見ることができる。

罪の意識と試練 このような精神にもとづいて義認への準備に努めてもルターは恩恵の注ぎの経験にも，救いの確信にも達することができず，かえって絶え間ない罪の意識によって苛まれた。しかし，この罪の意識は

---

4) ガブリエル・ビール Collectrium, II Sent. dis. 27, g. uni. a. 2, concl. 4.「魂は自由意志により障害をとりのぞき，神に向かう善い運動によって呼び起こされるならば，最初の恩恵に合宜的に (de congruo) 値することができる。そこから次のことが明らかになる。神は自己の中にあるかぎりをなしているわざを最初の恩恵を与えるために受け入れたもうが，それも義に相当しているからではなく，神の寛大さからなのである。しかし，魂は障害をとりのぞいて，罪の行為と罪への同意とをやめ，神に向かい，自己の根源と目的に向かうように，善い運動を起こすならば，自己の中にあるかぎりをなしているのである。だから，障害をとりのぞく行為と神に向かう善い運動とを，神はその寛大さから恩恵をそそぎ入れるべく受け入れたもう」。

道徳上の違反によって生じたのでも情欲にかかわるものでもない。「わたしが修道士であったとき，わたしはすこしも情欲を感じなかった」，また「シュタウピツ博士にわたしがしばしば告白したのは女性のことではなく，真の葛藤であった」[*5]とも語っている。こうして彼は「ああ，わたしの罪，罪，罪」と絶叫するにいたった。彼の告解に立ち会った聴罪師も彼をよく理解できず，あまりにも良心的でありすぎると考えた。たしかに彼は良心にもとづいて罪を厳しく点検し，悔い改めにふさわしい行為をしようと試みたが，それは単に彼が道徳的であったからではない。他人にも知られないような罪の攻撃を彼がひそかに感じたのは，その良心が荘厳なる神の前に立ち，神の光に照明されて，徹底的に自己の罪性を認識させられ，告白にかりたてられたからである。彼はこのように罪を知らされたのであるが，罪の結果たる罰への反抗のゆえに，謙虚と自己認識とを失い，罪を罪として率直に認めず，かえって罪を憎んだ。しかし，やがて罪の認識のなかにも自己を追求してやまない自我の根源的罪性が宿っていることに気づいた。ところがこの罪性が存在するかぎり，すべての行為は神の前には全く役立たない。そこで彼は神が人間に不可能なことを行なうように戒めを与えておいて，義認へ導こうとしていると考え，「神の義」に対する憎悪を感じるようになった。

シュタウピツの指導と転向　この間にルターはヴィッテンベルク大学の神学部長であったシュタウピツからも宗教上の指導を受けている。シュタウピツは自己の神秘主義の立場から「キリストの御傷」の省察をすすめ，「真の悔い改めは神に対する愛にはじまる」と述べて，悔い改めから出発していって神の愛に昇りつめるオッカム主義の精進の道を逆転させなければならないことを彼に示唆した[*6]。事実，ルターが発見した真理もこの延

---

5) WA. Tr. 1, 122「わたしが修道士であったとき，わたしは肉のむさぼり，すなわち兄弟修道士に対する怒り，嫌悪，嫉妬などの悪を経験するごとに，わたしの救いはもうおしまいだと直ちに感じた。わたしは多くの救いの手段を試みた。……常に肉のむさぼりが生じてきた。……わたしはたえずお前はしかじかの罪を犯した，お前はなおも嫉妬や不忍耐などに悩まされている，と考えてひどく苦しんだ。ゆえにお前が修道会へ入ったのは無駄であるし，お前のすべての良い行いも役に立たない」(Erlangener Ausgabe, Latin, 3, 20)。

6) シュタウピツ宛ての手紙のなかでルターは言う。「真の悔い改めはすなわち神への

長線上にあった。すなわちオッカム主義の修道による準備の終局目標として立っている聖霊による恩恵の注ぎこそ，実はいっさいの善いわざの出発点である，というのが彼の到達した認識であった。宗教の本質は道徳からは捉えられないのであって，聖なる存在からの生命によって生かされる経験のなかにのみある。したがって，聖なる生命である聖霊の注ぎは，人為的なものによっても道徳的なものによっても獲得できず，ただ信仰によって受容するほかない。この認識は一つの決定的転向となり，「行為義認」から「信仰義認」への方向転換を生んだ。これが宗教改革的認識と言われる「神の義」の発見である。

　ルターは自伝的文章の中でこの転向を行為による「能動的義」から信仰による「受動的義」への転換であるという*7。

　ここに「神の義」というのは，神がそれによって罪人を裁く審判の正義ではなく，キリストの福音のゆえに罪人を義人とみなす，したがって人間の側からは信仰によって受動的に与えられる義である*8。この義は神と人との関係の義であって，人格的間柄が「信仰」や「信頼」によって成立し，内容的には神の判断，すなわち罪人にもかかわらず義人と認定する神の恩恵の行為によって成立する。もちろんこのような判断と認定は恣意的なも

愛であり，この愛は他の神学者たちでは終局のもの，悔い改めの実現であるが，実際にはすべての悔い改めの初めに立っている。このあなたの言葉は強者の放った矢のようにわたしにつきささり，悔い改めについて聖書のすべての出典を比較考察するようになりました」(WA. 1, 525)。

7)　「この〈神の義〉という言葉をわたしは嫌悪していた。なぜなら，それについてすべての博士たちの慣習的使用法は，わたしにそれを哲学的に解釈するように教えたからである。わたしはそれを（彼らのいう）〈形式的〉あるいは「能動的」義，神が罪人や不義なる者を罰するようにする義であると理解していた。……わたしは〔ローマ1・17において〕，使徒が何をいおうと欲しているのかを知りたいと熱心に願い性急に探索した。ついに神はわたしをあわれみたもうた。……わたしは，〈神の義〉がここでは義人が神の贈物により，つまり信仰によって生きるさいの，その義であり，福音により神の義が啓示されているという，この〔義という〕言葉が明らかに〈受動的〉であって，それによって神はあわれみをもって信仰によりわたしたちを義とすると，理解しはじめた。……そのときわたしはまったく生まれ変わったような心地であった。そしてわたしは広く開かれた門から天国そのものに入ったように思った」(WA. 54, 185ff.)。

8)　これは新しい認識がルターにもたらされたことを意味している。そこで，二つの義，したがって正義の相違に注意すべきである。彼は正義を「配分の義」，すなわち応分のものを報いる，応報的義と考えていた。ところが，彼が見いだした義は神が人間に授ける「授与された義」であって，哲学や法律で説かれる正義とは違っている。

のではなく,充分な根拠をもっている。そこにキリストの贖罪の意義があって,救い主が神と人との仲保者,つまり仲立ちに立っているから,罪人を無罪放免するという神の判決は法に適っている。

アウグスティヌスの義認論との関連　ルターは発見した「神の義」をアウグスティヌスも同様に説いているのを知った。そこから彼は聖書と並んでアウグスティヌスを尊重しながら,自分の新しい神学を形成する。しかし,両者の義認論の相違点も知っておく必要があろう。その相違は神の義により人間が義人に成るという考え方によってはっきりしてくる。アウグスティヌスは「それが神の義と呼ばれるわけは,神が義を分け与えて義人となすからである」という。ここでは神の義認は罪人を事実において義人となしてゆく神の恩恵として説かれていて,「義化」を意味する。これはカトリック的「成義」(Gerechtmachung) と関連して理解されている。ところがルターは神の義認の完全性にくらべると,人間の義が不完全であることを強烈に自覚していた。そのため「義人にして同時に罪人」(simul iustus et peccator) という逆説的な主張がなされ,人間は罪人のままで義人と宣言される,「宣義」(Rechtfertigung) として義認が説かれた[*9]。こうして神の義の宣告を聞いて信じることが求められた。このように信仰を力説するのは道徳や倫理を彼が無視しているからではなく,現実における人間の無力の徹底した自覚に立って信仰によってのみ道徳を再建しようとするからである。

2　エラスムスとルター論争の意義

教会改革については12世紀以来説かれてきたが,16世紀の改革は単に教会の制度的改革にとどまらず,信仰の中心である教義の改革にまで及んだ。エラスムス (Desiderius Evasmus 1466頃-1536) とルターは当時の教会改革については一致するところが多かったし,エラスムスの方がルターよりも

---

9)　本書第Ⅶ章8「義認における宣義と成義」230頁および金子晴勇前掲書,第4章第1節の(4)「アウグスティヌス義認論の受容方法」219-23頁参照。

ラディカルなところも多かった。しかし，宗教に対する理解においては二人のあいだには相当の懸隔があったといえよう[*10]。その懸隔が論争として噴出したのが自由意志と恩恵をめぐる見解の相違であった。両者は教会改革では共同線戦を張ったが，やがて分裂する宿命をもっていた。エラスムスのキリスト教的ヒューマニズムはキリスト教を土台としながらも古典文化の導入によってキリスト教世界を修復しようとし，当時のカトリック教会に攻撃を加えたのも，いわば外側から懐疑，機知，皮肉，風刺を用いて，ヨーロッパ世界に良い生活と平和を造りだそうとしたためである。他方ルターの方はキリスト教そのもの，その教義にまで迫っていって，キリスト教の新生を求め，徹底的に変革しようとした。だから1521年のヴォルムス国会の頃までエスラムスはルターを助けて共同の戦いに参加したが，やがてカトリック教会の圧力に屈してルターを批判するまでに後退した。こうして『評論・自由意志』が発表されたのは1524年のことであり，ルターの反論『奴隷的意志』は1525年に出た。わたしたちはこの自由意志と恩恵に関する論争をとおしてアウグスティヌスに淵源する恩恵論の近代における影響を把握することができる。

問題の所在　　恩恵と自由意志の問題はアウグスティヌスとペラギウス派との論争以来中世をとおして絶えず繰り返し論じられてきた中心問題であった。しかし，16世紀にエラスムスとルターの論争に見られるような変化がおこった。エラスムスはルネサンス・ヒューマニズムの代表者として人間の尊厳を説き，主体性の強い自覚に立って恩恵を捉えており，ルターも当代の新しい学派であるオッカム主義の下に教育を受け，自由意志による功績思想の問題性を身をもって経験し，これとの対決から思想を形成したため，両者の自由意志をめぐっての対決はこれまでに例を見ないほどの

---

10)　したがって16世紀の宗教改革の運動には次の三つの類型が認められる。①イタリアの改革運動はヒューマニズムに立ってキリスト教を受容する傾向を示し，強調点はヒューマニズムの上におかれた。フィチーノやピコがその代表である。②アルプスを越えた北のヨーロッパにおいては，同じ時代ではあっても，キリスト教の勢力が強く，キリスト教的ヒューマニズムという形態をとっている。ここでは強調点はキリスト教会の刷新におかれており，その代表者はエラスムスである。③このキリスト教的ヒューマニズムが支配的であったところから，その影響を受けながら登場してくるのが，ルターを代表とするいわゆる宗教改革の運動である。

激烈なものとなった。こうして，エラスムスがルターに賛同しがたいと批判した論点は実にヒューマニズムの生死にかかわっていた。彼は教皇制，浄罪界，贖宥状のような教会の制度や政治に関する，ルターに向けられた訴訟問題を採りあげたりしなかった。これらの点ではエラスムスの方がラディカルでさえあって，かえってルターを弁護したのであった。彼がルターと心情の奥底において意見を異にし，信仰の見方がもっとも深く対立したのは，恩恵と自由意志との理解の問題であった[*11]。

自由意志と神の恩恵についての論争は人間の自由な主体を神との関係においていかに捉えるべきかという神学上の中心問題，つまり宗教的な救済に関わる問題であった。ここでは両者の思想をいくつかの観点から対比させてみたい。

自由意志の定義　まず最初に論争がもっとも白熱的に展開する自由意志の定義について考えてみよう。エラスムスはいう，「わたしたちはここで自由意志を，それによって人間が永遠の救いへ導くものへ自己自身を適応させたり，あるいはそれから離反したりしうる人間の意志の力であると考える」[*12]と。この定義はルターの主張，「生起するものはすべて単なる必然性から生じる」[*13]という命題を批判して立てられた。ルターが説いた内容は，堕罪以後の人間が所有している意志は神の前では全く無力であり，神の恩恵がないならば自己の救いを達成しえないということであって，彼が強調した「神の独占活動」を述べるにあたって採用した補説が，先の絶対的必然性の命題であった。エラスムスはこの命題を集中的に論難の対象とし，もし必然性に立つなら，マニ教やウィクリフと同じ決定論に陥ると警告し，神の義と恩恵に対する人間の側の自由な応答性や責任性がなければならないと考え，この定義ができた。

ルターが堕罪以後の罪に染まった自由意志の状態を述べたのに対し，エラスムスの定義は自由意志の堕罪以前の完全な本性について語ったのか，そ

---

11)　それはキリスト教の教説の中心にして永遠なる問題であったがゆえに，ルターはエラスムスに対して「あなただけが事柄そのものを，つまりわたしへの訴訟の核心を捉え，事態の要諦を見，急所を突いた」と語って感謝している（Martin Luther, WA. 18, 786.『奴隷的意志について』山内宣訳，「ルター著作集第一集 7」聖文舎，488頁）。
12)　D. Erasmus, Ausgewählte Schriften, Bd. IV De libero arbitrio, diatribe sive collatio, I, b, 10.
13)　Martin Luther, WA. 7, 146, 7f.

れとも堕罪以後の現実をいっているのか不明確である。したがって人間の本性上の可能性や能力を哲学的に考察しているのか，それとも神の前に立つ現実の状況を論じているのか明らかでない。

　ルターによるとエラスムスの定義は意志が自己の力で恩恵を獲得し，永遠の救いを達成しうるとみなしているので，恩恵の働く余地はなく，結局のところ自由意志に，つまり「人間に神性を帰するものである」[*14]。エラスムスは恩恵への準備が人間の意志にそなわっていると考えているがゆえに，信仰の出発点を自由意志におくペラギウス主義に立っている。事実，彼はアウグスティヌスよりもより多く自由意志を肯定したいので，自分をペラギウス寄りの立場に位置づけた。

　ルターはエラスムスの定義を批判してから自説を次のように述べている。「神の恩恵を欠いた自由意志はまったく自由ではなく，一人では善へと自己を向けることができないがゆえに，いつまでも変わることなく悪の捕虜にして奴隷である」[*15]と。これがルターの奴隷的意志の主張であって，神の恩恵によって新生していないかぎり，自由意志は悪をなさざるを得ない奴隷状態に陥っていると主張された。宗教改革者が「恩恵がないなら」(sine gratia) 人は罪のうちにとどまると消極的に考えているのに対し，ヒューマニストは自由意志は恩恵に助けられて何をなし得るかと積極的に問うている。この設問の仕方にも両者の相違が認められる。

　原罪に対する理解　次にエラスムス自身がどのように人間本性とその罪性について考えたかを検討してみたい。それはアダムの罪を継承している人間の現実，つまり原罪の理解で端的に示されている。彼によると最初の人アダムは創造の始原において「毀損されていない理性と意志」とをもっていた。だから「正しくかつ自由な意志」は恩恵なしにも無垢にとどまり得たが，この恩恵を欠いては永遠の生命に達することはできない。さて，意志の毀損はアダムが神の戒めよりも「その妻に対する過度の愛ゆえに」

14）　エラスムスはこの批判は可能なかぎり最悪の解釈であり，自分の定義は恩恵を排除していないと反論した。しかし，定義の中の「永遠の救いへ導くもの」，換言すれば「神の言とわざ」(ルターの解釈による) へ自己を適応させたり離反させうる力を自由意志のものとみなしている以上，定義に恩恵が含まれているとはいえない。

15）　Martin Luther, WA. 18, 636, 5f.

生じた。このようにして理性も意志と同様に暗くされたが、それでもなお根絶されなかった。その毀損の程度は善へ自力で向かうことができず、罪の奴隷となり、徳を実行するのに有効でない程度である。このようにエラスムスはルターとの対論により奴隷的意志の主張の方に引き寄せられている。だが、ルターのように自然本性の全体的壊敗を説くのは極論として退けられる。アダムの原罪により自由意志の力は弱くかつ小さくなっていても、自由意志を取り除いてしまうのは明らかに行き過ぎであり、人間の責任性をあらわす自由意志は認められなければならない。彼は自由意志の力を最小限のところで、つまりミニマムのところで認めようとする。それはあたかも激しい嵐にあいながら舟を無傷で港へ導いた舟乗りが、「わたしが船を救った」といわずに、「神が救いたもうた」というようなものである。そこでエラスムスはいう、このような状況においても「それでもなお多少のものを彼は行なったのだ」[*16]と。この最小限度の意志の自由こそエラスムスがルターとの論争において認めた自由意志であった。

　恩恵に対する最小限の自由意志を主張するところにキリスト教的ヒューマニズムの主体性の特質が実によく示されている。どのように制限されようともなお人間の尊厳に立つ基本姿勢がここに堅持されているからである。ここから判断するとルターの主張は自然本性の全面的否定であると考えられた。これに対するルターの反論の要点を示そう。

　エラスムスがこのように自由意志を理解することは、先にあげた自由意志の定義と矛盾する。すなわち、先には自由意志を肯定し、ここでは否定している。しかし、定義の中で肯定している自由意志と、罪の現実にもかかわらず残存していると弁護されている自由意志とは別物である。ルターは創造における自由意志と堕罪以後のそれとを区別すべきなのに、エラスムスがそれらを混同しているといって批判する[*17]。

　さらにエラスムスは自由意志と恩恵との関連について学説史的検討をなした上で「多少のものを自由意志に帰し、多大のものを恩恵に帰している

---

16) D. Erasmus, op. cit., IV, 9.

17) もし哲学と神学とを厳密に区別しないのを誤りであると仮定すれば、この批判は妥当であろう。しかしエラスムス自身の立場に立つなら、彼は人間の主体性を恩恵に対して最小限においてでも認めようとしているのであるから、ここでの主張は定義と矛盾していない。だからルターの批判は当たっていないことになろう。

人々の見解にわたしは同意する」と主張した。この主張こそキリスト教的ヒューマニズムの精神をよく示し，調和のとれた理想をあらわしている。なかでも絶望しやすい人は自由意志を強めようとし，高慢になりやすい人は反対に自由意志を過小評価する傾向があるが，いずれも過度であってはならない。「真理の探求には節度を保つことが望ましいとわたしには想われる」[*18]と彼は説いた。これに対しルターは自分は自由意志の存在を否定しているのでもないし，不敬虔な意志でも何ものかであって無ではないのは自明だが，「神の前にあるという存在の仕方では無（ニヒル）である」[*19]という。したがってエラスムスがいうようにノンニヒル（多少のもの）とはいえないという。ルターは「神の前」という宗教的意識の下に思考しているため，人間の高貴な部分である理性と意志とを含めた「全人が失われていることを告白しないわけにはいかない」と主張した。

協働説の問題　　自由意志と恩恵との関係には，① ペラギウス主義のように自由意志から恩恵へと連続的に考える立場，② ルターのように両者を排他的に設定する立場，③ 両者を何らかの形で両立させようとする協働説の立場との三つの基本的類型が考えられる。エラスムスの主張は第三の類型に入り，協働の仕方は両者の対立・並存・合一・付加といった関係ではなく，本来的に相互的でなければならないが，キリスト教的ヒューマニズムの観点から彼は神と向かい合い，相互的な人格性を確立しようとした。まず彼は神の恩恵の働きが先行し，自由意志がこれに協働してはじめて善いわざが実現されると説いた。したがって恩恵が主原因であり，自由意志は二次的原因であるが，主原因なしには何事も実現しえないという仕方で協働する。これとアウグスティヌスの協働説とを比較してみよう。アウグスティヌスは「活動的恩恵」と「協働的恩恵」とを区別し，前者によって「善い意志」が造りだされた上で後者がこれに協働すると説いたため，神人関係は相互的ではなく，恩恵のイニシアティーヴに依存する信仰関係に立っている。エラスムスでは出発点を恩恵に帰するが，善いわざを協働的に実行する行為には自由意志が加わっており，最小限にまで制限されてはいても，それでもなお自律性を保っている。したがってセミ・ペラ

---

18) D. Erasmus, op. cit., IV, 16.
19) Martin Luther, WA. 18, 751.

ギウス主義ではないが,それに接近している。

　他方,ルターは協働説をもっとも嫌悪する。そのためエラスムスと正反対の協働説を樹立した。エラスムスが人間の主体性として最小限の自由意志を弁護し,「人間に協働する恩恵」を説いたのに反し,ルターは「わたしたちが神に協力すること」,つまり「恩恵に協働する人間」を説いた。ここに両者の対立は顕著となってくる。前者は人間を中心にして恩恵をも立てるヒューマニズムの立場であり,後者は人間を神に従属させる神中心の宗教改革の立場である。

　ところでルターは自由意志が単なる名目にすぎず,救済には実質上役立たないとみなしたため,その結果,恩恵のみに立脚して自由意志を排他的に分離した。しかし,このことははたして是認されるであろうか。神の独占活動および絶対的自由の主張は,人間をして不自由な奴隷の位置に貶めている。ここには彼の深刻な罪意識と「荘厳なる神」の前に立つ人間の無力が強烈に自覚されている。この無なる存在が神に向かいうるのは,もはや自由意志の力によるのではなく,自己を超えて他者なる神に向かう信仰によるしかない。信仰はここではエラスムスのように自由意志が包含されず,かえって自由意志を排除する。しかし,ルターにおいて自由意志が挫折したとき罪責を意識するのは良心の作用である。良心は罪の疚しさの中に自己を超えて神に向かう信仰の主体である。こうしてルターは恩恵と自由意志を排他的に考えているが,実は恩恵と良心とは深層において相関するものとして捉えた[20]。

　自由の弁証法　エラスムスは自由意志のもとで神の戒めに対し責任を負う倫理的主体を考え,「自律」を理解している。それは外面的儀礼に拘束された他律的生活に対する批判を含んでいる。意志は本性的に自由であり,何ものにも強制されていない。たとえ罪により暗く,かつ,弱くされていようとも,この存在は認められなければならない。だが,本性上の自由は即自的性格をもっている。他方,ルターのほうも何ものによっても拘束されない「自律」として自由意志を理解しているが,エラスムスと相違

---

　20)　この実存的な相関について金子晴勇『ルターの人間学』333, 345-48, 438-42頁を参照。良心はその第一次現象が「疚しさ」によって示されるように,自己を否定するという仕方において主体的な自覚を起している。

しているのは，ルターがこれを神にのみ認め，人間に認めない点である。もしこれを人間に認めるなら，それは人間の自己神化になると彼は考える。

　それではルターは自由意志の存在を否定するのであろうか。そうではない。人間は生まれながらの本性的自由意志，したがって即自的な自由をもっているが，ルターはこれを現世の諸領域で認めても，宗教，とりわけ神の前での救済に関しては認めず，かえって自らの行為により奴隷的意志となっていると説いた。その上で，この奴隷状態からの解放によって成立するいっそう高次の自由を弁証法的に捉えた。つまり自由の肯定は，その否定を媒介にして高い意味での肯定に達している。

　自由をそれ自身の本性にもとづいて肯定すると，それ自体的に自由がどこまでも主張され，自由はここに自己主張欲たる我欲のなかに自己を閉じこめてしまう。このような「自己への歪曲した心」(cor incurvatum in se) こそルターのいう罪の本質にほかならない。この自我の牢獄に閉じこめられた自己は罪の主体として悪をなさざるを得ない悪の奴隷である。真の自由はこの即自的意味での自由からの解放でなければならない。こうして獲得された新しい自由は『キリスト者の自由』の末尾にあるように，「もはや自己に向かわず，信仰において神に，愛において隣人に向かう自由」であって，他者との共同に生きる実践的主体となっている。

　わたしたちはこれまでエラスムスとルターによる自由意志についての論争をとりあげ，ルネサンスと宗教改革における恩恵と自由意志の関連を考察した[*21]ルネサンスと宗教改革はこのように代表者たちの論争によってその思想の特質をきわめてあざやかに展開させた。16世紀をもってはじまる近代は人間性の無限の可能性とその罪責性という対立する思想をもって出発しているが，この対立は次第に内面化し，いっそう激しいものとなって今日にいたっている。

　21）　この論争はルネサンス・ヒューマニズムに内在していた問題を摘出したものとして真に意義深いものであった。ヒューマニズムが主張する人間性は，その偉大さを追求してゆき，神や他者をも排除してまで自律するとき，ある運命的重力のようなものが働いて，その偉大さは一転して悲劇となる。ルターはこの可能性をエラスムスの中にいち早く洞察していた。したがってエラスムスが節度と中庸を重んじる合理主義の倫理に立ち，人間性の偉大な可能性を信じる理想主義のヒューマニズムに立っていたのに対し，ルターは人間性の罪と卑小さから逆説的にその偉大さを説く現実主義的ヒューマニズムに立っていたといえよう。

3　カルヴァン

宗教改革の第2世代を代表するジャン・カルヴァン (Jean Calvin 1509-64) はルターとツヴィングリの思想を総合し，16世紀プロテスタント神学における教義学の完成者となった。彼は最初『セネカ「寛仁論」註解』（1532年）を出版したことでも知られるようにヒューマニストとして出発し，後にルターの宗教改革の思想運動に参加し，法学で修得した組織力を駆使し，教会の組織化と教義の体系化とに天才的能力を発揮した。彼の主著はもちろん『キリスト教綱要』(Institutio Chritianae Religionis. 初版1536年，最終ラテン語版1559年，フランス語版1560年）という大作であり，恩恵と自由意志に関しても宗教改革神学の総決算がなされた[22]。

カルヴァンは自由意志についてアウグスティヌス以来伝統となっている方法に忠実にしたがい，創造におけるその本性と堕罪後におけるその状態，さらにその救済とに分けて論じた。ここでは創造における本性について第1編15章を，堕罪以後の状態と救済について第2編1-6章を簡略に述べるにとどめたい。

創造における自由意志　創造における自由意志についてカルヴァンはどのように考えていたのか。彼によると人間の自己認識は創造における存在と堕罪以後の状態との二重の理解から成立し，創造の存在は人間の悪を創造者の責任に帰させないようにするためにも重要である。この創造の本

---

22)　しかし，この著作の初版においては自由意志についての主題的考察は有名な予定説と同様に行なわれていない。それは初版発行の時代は「フランス国王への序文」に示されているようにフランスのプロテスタントの信仰告白とその弁明が主たる著作の目的となっていて，「準備，自由意志，功績」などのスコラ神学の主張に対する批判が物議をかもしていると述べられているが，これを充分に展開させる余裕はなかったからだといえよう。また初版には「キリスト者の自由」について論じた注目すべき箇所（第6章）があり，自由が三種に別けて論じられている。その中で，信仰による良心の自由と神の意志に喜んで従う自由のほかに，第三の自由として「善悪無記の」(indifferens) 外的事物に対する自由が論じられているが，ここではストア主義的な意味で善悪無記 (indifferentia) の自由が考えられていて，オッカム主義の学説とは相違している。またカルヴァン主義の特質として一般に示されている予定説は初版になく，その後の論争から発展してきたものである。そこで最終版から彼の自由意志の学説を検討してみたい。

性は「神の像」(imago Dei) に造られたことを一般に意味しており，堕罪によってこの像は全く失われたのではない。もしそうなら本性を認識する手がかりもなくなってしまう。ただし，その状態は甚だしく腐敗しているため，自由意志によって永生に達しうることは単なる可能性にすぎず，現実には拒否された。このように腐敗し堕落していてもなお認められる本性の品位は「恥」によって示され，罪の直中にあっても義を尊ぶ心は存在し，そこに「宗教の種子」(semen religionis) が認められた[23]。

こうしてカルヴァンはプラトンやアリストテレスに依って神の像としての精神の働きを説明するが，哲学者たちが人間の自己認識の二重性を知らず，両者を不当にも混同している点を批判した。つまり哲学者は人間の理想主義的な像から出発して行って，堕罪を無視して説かれた自律思想は否定された[24]。このことはカルヴァンとエラスムスがともに主張しているヘゲモニコン（指導的部分）について比較考察することによって明らかになる[25]。

このヘゲモニコンである人間の理性は，実践理性として意志を善に向けることをエラスムスも説いていた[26]。カルヴァンは自由意志を創造の本性に帰属させているが，意志は選択において自由であっても，善にとどまり続ける一貫性に欠け，堅忍の力が与えられていなかった。しかし自ら意志して破滅を招いたのであるから，弁解の余地なく，責任は意志に帰せら

---

23) Calvin, Institutio Chritianae Religionis. I, 15, 1. この言葉の意味に関して金子晴勇『恥と良心』教文館，32, 226頁参照。

24)「哲学者は自律的人格性の倫理に立ち，そのため意志の自由は絶対不可欠の前提となっている。ここからすでにカルヴァンの神律的に方向づけられた人間の理解と哲学者たちにより代表された自律的に規定されたそれとの間に開かれた橋渡しできない断絶が生じている」(W.A.Hauck, Vorsehung und Freiheit nach Calvin, 1947, S.60.)。

25)「したがって，神は人間の魂に精神を賦与し，これによって善を悪から，正を不正から区別し，理性の光の指導により何を求め，何を避けるべきかを見わけるようになしたもうた。それゆえ，哲学者たちはこの指導的部分のことをト・ヘゲモニコンと呼んだのである。神はこれに意志を結びつけたもうた。この意志によって選択が生じている。人間の最初の状態はこれらの卓越した賜物によってきわ立っていたので，理性，知性，思慮，判断は，たんに地上の生を支配するに足りていたばかりでなく，これらによって神と永遠の至福にまで移り行くものであった。次に選択が付け加えられ，これが意欲を統制し，すべての器官の運動を調整するのであった。こうして意志は理性の導きに全く合致するのであった。このような完全性の下で人間は自由意志を行使することができたので，もし欲するなら，自由意志によって永遠の生命にまで達することもできたであろう」。

26) 金子晴勇『近代自由思想の源流』379-40頁参照。

れる。ところが哲学者たちは自由意志を堕罪以後の現在の破滅的状態においても損なわれていないとみなす点で誤っている。彼はここに哲学と神学との混同を指摘し、その「乱心」と「幻想」を批判した[*27]。この批判はルターのエラスムス批判と一致する[*28]。

堕罪以後の自由意志　自由意志は堕罪以後では原罪により腐敗し、悲惨な必然性に服していても、喪失した自由に対するあこがれが認められる。つまり現実の「恥ずべき有様」や「良心の苦悩」が本来の人間性へのあこがれを生みだしている。しかし、このあこがれを直ちに現実とみなすのは「自由意志の幻影」にすぎず、「自由意志を擁護するものは、これを確立するのではなく、かえってくつがえす」とのアウグスティヌスの説が継承された[*29]。カルヴァンは主としてアウグスティヌスによって、クリュソストモス、ヒエロニュムス、オリゲネスなどの混乱した思想を批判し、同時代の自由意志の擁護者エラスムス、エック、コクレウス、ヨハン・ファーベルと対決した。また彼は中世スコラ神学における自由意志の概念を反省し、堕罪にもかかわらず「人間がまだ完全な地歩を守っているかのように自由意志という言葉がいつもラテン神学者たちの間で使われていた」[*30]事実を指摘し、自由を哲学的に強制からの自由、つまり偶然性にもとづいて考察する哲学的自由論が多くの誤謬の根源になっている点を批判した[*31]。こうして自由意志という言葉にまつわっている重大な危険性、たとえば自分が意志の主人であり、どちらの方に向かうこともできるといった錯覚を起こすことがありうるがゆえに、この言葉を正しい意味で用いることが困難となる。だから教会の用語から廃止されるように願い、現実には人間が罪の支配下にある以上、意志も罪の奴隷となっている点を力説した[*32]。

---

27) Calvin, op. cit., I, 15, 8.
28) 金子晴勇前掲書、383-39頁参照。
29) Calvin, op. cit., I, 15, 8.
30) Calvin, op. cit., II, 2, 4.
31) Calvin, op. cit., II, 2, 7.
32) Calvin, op. cit., II, 2, 27.

恩恵への準備の否定　意志が罪に拘束されていると,善にそなえる意志の「準備」などあり得ないところから,カルヴァンはオッカム主義に対する攻撃を展開した。人間は神の恩恵によらなければ,罪の奴隷状態から脱出することはできないが,自由意志はこの恩恵に対し準備しうるというのがオッカム主義の主張であった。これに対しカルヴァンはオッカム主義における「偶然性」と「無記的未決定性」に基づく自由意志の説に反撃を加えた[*33]。この種の中間的な選択の自由は理論的には可能であっても現実にはいずれかの方向に決定されており,それは存在しない。カルヴァンもルターの「荷役獣」と同様に神とサタンによって御せられる「馬」の比喩をアウグスティヌスから引用してこの現実を説明している。しかし,このような現実は決して強制によって生じているのではなく,悪への自発的選択行為にもとづいている。この意味での奴隷的意志のあり方こそアウグスティヌスが説きはじめ,ルターも共感したものであった。

予定説の理解　次にパウロの予定説(ロマ書9・16)から引きだしたエラスムスの結論「人間の意志や努力には,それ自身としては弱いけれども,神の憐れみによって助けられるならば,繁栄する成果を欠かないあるものがある」に対し,たとえオリゲネスやヒエロニュムスがそれを支持してもこれは不当な解釈であるとカルヴァンは批判する。神の予定に反対して「人間の意志や努力だけでは,このような重荷に耐えられないから,充分ではない」と解釈するのは,「欲するものによらず,走るものによらない」という聖句を「充分でない」つまりある程度の意志と力が人間にあると解釈し,そこに「欲するもの」「走るもの」があるとみなすことである[*34]。同様に半死半生の旅人(ルカ10・30)についても「正しい理性と意志とのいく

---

33)　「一般に流布しているあの(もしわたしが間違っていなければ)オッカムの命題〈自己にできるかぎりをなしている人に,神は恩恵を拒まない〉のようには,主はこの恩恵をだれにでも無差別に与えたまわない。だが神の慈しみが,それを求めるすべての人に,例外なく公示されている,ということは人々に教えられなければならない。しかし,天からの恩恵を吹き込まれていないなら,人々はこれをまったく求めはじめない。この恩恵に対する讃美からいささかなりとも取り去ってはならない」。また「詭弁家どもが,従うも拒絶するも自由である,と空想しているような,中間的な心の動きというものは,堅忍に有効である首尾一貫性が確信されているところにおいては,明らかにしりぞけられるのを,わたしたちは見て知っている」(Calvin, op. cit., II, 3, 10.)。

34)　Calvin, op. cit., II, 5, 17.

ぶんかが残っていないなら、どこに半分の生命はあるといわれるのか」*35 という解釈にもカルヴァンは反論し、「神の言葉は人間に半分の生命を残さないで、浄福の生活に関するかぎり人間は全く破滅していると教えている」と批判した。半死半生という意味はルターが「義人にして同時に罪人」(simul iustus et peccator) をこれに適応して義認論を確立したように、自由意志が半分肯定されていると解釈することが拒否された。つまり自由意志に何らかの自律性を残すことが拒絶された。その結果、救いと滅びについての神の絶対的な主権が確立され、二重予定説が説かれるようになった。

カルヴァンはルターと同様に神の恩恵と自由意志の問題には特別の力をそそいで反対者たちと格闘した。しかし、その反論は一点に集中している。すなわち「彼はただ自由意志が自律的であるという主張を反駁しているにすぎない」のであって、「哲学者たちによって要求されている意志の自律に対する余地は宗教改革者の人間学のなかには存在しない」*36 といえよう。

4 アウグスブルク信仰告白とトリエントの公会議

自由意志についてのエラスムスとルターとの間に交わされた論争はプロテスタントの神学者たちに影響を及ぼしただけではなく、カトリック陣営にも大きな影響を与えた。元来ルターにより創始された宗教改革の運動は教会の改革のために新しく公会議を開くことを目的としたものであって、カトリックとプロテスタントに分裂した後も、共同の公会議の開催に向けて努力がなされてきた。

---

35) Calvin, op. cit., II, 5, 18.
36) W. A. Hauck, op. cit., S.33, 62. カルヴァンの恩恵論はその二重予定説を含めてイギリスのピューリタンの思想にもあらわれている。たとえばピューリタンの代表者ジョン・バニヤンの恩恵説はその著作『罪人の頭に恩恵溢れる』と神学的主著 The Doctrine of the Law and Grace unfold. in: The Miscellaneous Works of John Bunyan, vol. II, 1976 に顕著に示される。神を信じてもこの世の誘惑に負けるため、彼の良心は極度の病的な状態に陥っていく。求道の途上にて彼はルターの『ガラテヤ書の注解』を読み、「今まで見たすべての本の中でマルチン・ルターのこのガラテヤ書注解こそ傷ついた良心にとって何よりも善いものだと思う」と考えた。バニヤンに代表されるピューリタンの信仰は良心的であり、自己反省から絶えず罪と戦うことによって信仰を霊的に深め、神に喜ばれる生き方を探求した。

「アウグスブルク信仰告白」 この試みはまず1530年のアウグスブルクの帝国議会に提出された「アウグスブルク信仰告白」に示されている。それはメランヒトンの手になり、ルターの同意を得て発表されたもので、カトリック陣営に対しプロテスタントの信仰の基本的態度を鮮明に宣言したものである。もちろん、これはトマス主義者エックにより議会で論駁されたとみなされたが、後にカトリックとプロテスタントとの教会合同を目ざした哲学者ライプニッツにより高い評価をえており、さらに今日のカトリック教会はこれを基本的に承認する方向に向かっている。

ところで、この信仰告白では自由意志はどのように理解されていたであろうか。その第18条は「自由意志について」という表題の下に次のように簡潔に述べられている。

「また自由意志については次のように教える。人間はある程度の自由意志をもっており、外的に行儀よい生活をし、また理性の把握できる事がらについては選択をすることができる。しかし、人間は、聖霊の恵みや助力、その働きによらないでは、神に受けいれられ、心から神を畏れ、信じ、また心の中から生来の悪い欲望を取り除くことはできない。むしろそのようなことは、神のみことばをとおして与えられる聖霊によって起こるのである。パウロは、コリント人への第一の手紙2章（14節）に、〈生まれながらの人は、神の御霊から何ものも受けない〉と言っているからである」[*37]。

これに続いてアウグスティヌスの長文の引用がなされている。ここに「ある程度の自由意志」が承認されており、理性による選択機能が認められた。しかし、これはこれまでもルターにより終始説かれている主張であって、ただ魂の救済にかかわる神学問題においてのみ、自由意志が否認されているにすぎなかった。というのは「罪は堕落した意志」に原因し（第19条）、「すべての者は母の胎にいる時から、悪への傾向と欲とにみちている」（第2条）ため、聖霊による以外に神に向かうことができないからである。

トリエントの公会議 カトリック教会はプロテスタントによって喪失した権威と失地とを回復するために対抗改革に着手し、トリエントにおい

37）『アウグスブルク信仰告白とその解説』石居正己訳・徳善義和著，聖文舎，22頁。

て第19回公会議を1545年から63年にわたって開催し，教義上の重要な決定を数多くなし，対抗改革の精神と理想をかかげた。教義上の重な決定はニカイア・コンスタンティノポリス信条の確認，聖書と伝統の等価値，教会の聖書解釈上の唯一権威性，神の恩恵と自由意志の協働，七つのサクラメント，聖餐の化体説の確認，職位兼有の禁止などの広範囲にわたっている。このなかで自由意志と恩恵が扱われている「義認についての決定」(Decretum de justificatione) だけを問題にしてみよう[*38]。この決定は1547年1月22日に開催された第6回会合によってなされた。そこでの自由意志についての主張は要約すると次のようである。

（1） アダムの罪によって無垢な状態を失い，自然の能力やモーセ律法によっては罪の奴隷から解放されえないが，「それにもかかわらず自由意志はその能力において弱められ悪化しているとはいえ，人々のうちに決して消滅しているのではない」(第1章)。ではこの自由意志はキリストによる義認に対しいかなる働きをなしているのであろうか。義認は神の恩恵の先行により功績のない者たちに生じる。そのさい自由意志の働きについて次のように言われている。

「罪により神から離反した人たちは，神が生き返らせ援助したもう恩恵によって，彼ら自身の義認に向けて回心するように，その同じ恩恵に自由に同意しかつそれと協働して，備えられ得る。こうして神が聖霊の照明により人間の心に触れたもうのに対して，その霊感を受けているのであるから人間自身が全く何もしないのではない。なぜなら，その人はそれを拒否することができるからである。とはいえ自己の自由意志によって，神の恩恵なしに，神の前に義へ向かって出立することはできない」(第5章)。

この協働の理解は本質的に言ってエラスムスの立場と同じである。それは自由に意志が恩恵に協力するというもので，続く「準備の仕方」を論じた第6章の初めには次のように述べられている。「だが彼らは神の恩恵により生き返らされ援助されて，聞くことにより信仰をはらみながら，自由に神に向かって出立する」。この準備により義認にいたるのであるが，義認は単なる罪の赦しではない。「そうではなく，恩恵と賜物とを意志的に

---

38) P. Schaff, ed., Creeds of Christendum, vol. II, p. 89-118. なおこれについての優れた研究に H. Rückert, Die Rechtfertigungslehre auf dem tridentinischen Konzil, 1925 がある。

受容することによる内的人間の聖化と更新なのである」(第7章)。つまり義認は単なる宣義ではなく，意志により受容して聖化してゆく成義であり，「各人自身の準備と協働にもとづいて」生じる (同)。

（2） このような協働説に立ってルターの信仰義認論に対する「破門」(anatathema) がペラギウス主義に対するのと同様に連発された。カノン1から3まではペラギウス主義に対して破門が発せられ，4からルターの主張に向けられた。

まず，自由意志の協働を否定する主張に対して次のように破門宣告がなされた。

> 「もしだれかが，神によって動かされ生き返らされた人間の自由意志が生き返らせ呼びかけたもう神に同意することによって義認の恩恵を獲るためにそなえ準備すべく協働することはすこしもない，また，もし欲するとしても，拒否できないで，生命のないもののように全く何も行為しないで，単に受動的にのみ振舞う，と主張するならば，破門されるべきである」(カノン4)。

恩恵に対する受動的態度がこのように批判されているが，これはエラスムスが批判していたところである。同様にルターの奴隷意志の主張も拒絶されている[39]。さらに「信仰によるのみ」(sola fide) のプロテスタントの原理まで弾劾された[40]。

トリエントの公会議はこうしてルターの信仰義認を全面的に拒絶し，エラスムスの自由意志学説を受容して，対抗改革の運動を進めてゆくことになった。しかし，カトリック教会の内部でこのような反動がすべて承認されたわけではなかった。たとえば，この対抗改革の精神に最も忠実であったイエズス会士らに対決してジャンセニズムの運動がフランスにおいて起こり，恩恵の絶対性を主張したアウグスティヌスの晩年の思想に立ち返り，人間性と自由意志の能力に対して悲観的に見るべきことが説かれた。イエ

---

39) 「もしだれかがアダムの罪以後人間の自由意志は失われ消滅していると，あるいは単に名称だけのもの，否，実体を欠いた名称，要するにサタンにより教会の中に導入された捏造物である，と主張するならば，破門されるべきである」(カノン5)。

40) 「もしだれかが不敬虔な者が信仰によってのみ義とされると，こうして義認の恩恵をうるように協働するためには信仰以外の何ものも求められていないと，また自分の意志の運動をもって準備しそなえる必要は全くないと主張するならば，破門されるべきである」(カノン9)。

ズス会神学に対する批判はすでに16世紀の半ばにルーヴァン大学のパイユスにより行なわれていた。彼はトリエントの公会議に出席していたが，彼自身はアウグスティヌス主義に立っていた。またトマス神学に立つドミニコ会もイエズス会に攻撃を加えた。

1649年7月，ソルボンヌの神学部長ニコラ・コルネはジャンセニウスの大著『アウグスティヌス』から異端とみなしうる五箇条（初めは七箇条）をとりだし，ジャンセニスト会の神学をルターやカルヴァンに近いものと解釈して次のようにまとめた。

第1条　神の命令のあるものは，正しい人々が実行しようと欲しかつ努力しても，不可能である。それを可能にする恩恵が彼らに欠けている ── 律法の解釈の問題。

第2条　人間性の堕落せる状態では，内的恩恵は不可抗のものである ── 不可抗的恩恵。

第3条　堕落の状態では，賞罰に値する行為をするために，人間は「必然性からの自由」をもつ必要はなく，「強制からの自由」をもつだけで足りる ── 自由と必然性の問題。

第4条　セミ・ペラギウス主義者たちは，一々の行為に対し，また信仰の開始に対してさえ，先行する内的恩恵が必要なことを認める点で正しいが，彼らは，人間の意志がこの恩恵に抗することも従うこともできると主張する点で異端である ── 自由意志の問題。

第5条。キリストが例外なくあらゆる人のために死んで血を流したというのはセミ・ペラギウス的異端である[*41] ── 普遍的救済の問題。

イエズス会士とジャンセニストとの論争はパスカルの『プロヴァンシャル』によって一大論争にまで発展した。それは，この五箇条がジャンセニウスによって事実述べられたものかどうかという問題のみならず，人間の罪の現実に対する理解および恩恵と自由意志をいかに理解すべきかの問題としてパスカルによって発展された[*42]。

41）野田又夫『パスカル』岩波新書，112頁による。
42）詳しくは田辺保『パスカル伝』教文館，225頁以下を参照。

5　モリナ・パスカル・デカルト

　17世紀に入ると恩恵と自由意志に関する学説はどのような展開を見せたのであろうか。この発展を全ヨーロッパ的視野で通観することは不可能なので、自由意志に関する論争で目立っている二つの場面を簡単に想起してみるにとどめざるを得ない。その一つはフランスにおけるイエズス会士の弾圧に対して対決したパスカルとそれに対するデカルトの反応であり、もう一つはピエール・ベールを批判するライプニッツの『神義論』である。

　パスカルは『プロヴァンシャル』によってイエズス会士と対決したが、恩恵と自由意志に関する限りでは『恩寵文書』の方がその対決姿勢がいっそう鮮明に示されている。その第一と第二の文書が自由意志と恩恵の問題を取り扱っている。彼は当時のフランスに三つの立場がこの問題において立てられているとみなし、①すべての人が神の絶対的意志による救済と断罪とに予定されていると説くカルヴィニストに対決し、②人間の救いも滅びもすべて人間の意志の自由にかかっていると説くモリニストが優勢となっていたが、③この二つの極端な主張を批判しながら、これらを超克する第三の立場として聖アウグスティヌスの弟子たちの主張が詳しく論じられる。この三つの立場のなかでモリニストの立場がペラギウス主義に接近しているので、恩恵論の思想史上で注目に値する。

　モリナの立場　モリナ (Luis de Molina 1535-1600) の主著『自由意志と恩恵との一致』(De concordia gratiae et liberi arbitrii, 1588) はトマスの『神学大全』の注釈の形で書かれ、公けにはルター主義の反駁を目ざしたが、事実はトマス主義的道徳の解体となった[*43]。つまり堕罪の軽視がそこには顕著に示され、人間が罪により失ったのは超自然的恩恵で、自然本性の完全性は残っていると主張され、自由意志が全面的に肯定されることになり、イエズス会士がプロテスタントに対決するためにこれと結びつくにいたった。「彼はただカルヴァン派を論駁して、そこからは人間の道徳的堕落が

---

43)　ボルケナウ『封建的世界像から市民的世界像へ』水田洋他訳、みすず書房、276頁。

生まれるものだという。反対に，〈人間は善である〉ということをイエズス会士ほど熱情をこめて言った者はまれである。モリナは，善行をなす人間能力がこの世のどんな対象に向かうのをもさまたげはしない。彼ははっきりと，なるほど人間で罪のない者はないが，各個の孤立化された罪には抵抗できる，と教えている。このことは，この世の諸対象にたいする地上的な態度にとってばかりでなく，この世を超えた諸対象にたいする地上的態度にもあてはまる」[44]。ここから人間の意志は自由であり，どのような対象に向かうことも向かわないこともできると主張され，「未決定の自由」(Liberté d'indifférence) が自由意志の特質として提示された。彼は「その存在が今，ここで，行動を引き起こすことも引き起こさないことも未決定的に可能であることにほかならないような能力は，たしかに自由である」[45]と語った。これはオッカム主義の主張と同じである[46]。実にこの「未決定」(indifferentia) としての自由意志こそ17世紀の自由意志学説の中心問題となったものである。

パスカルの恩恵論　そこでパスカル (Blaise Pascal 1623-62) のモリニストの見解について述べているところを参照してみよう。

「モリニストたちは，……神は，すべての人間を一様に全部救おうとする意志，ただし条件つきの意志を持っておられるとする。この目的のため，イエス・キリストは人間になられたが，それは，すべての者を，ただひとりの例外もなくあがなうためであった。ところで，神の恩寵はすべての者に与えられているが，これをよく用いるのも，わるく用いるのも，人間の意志によることであって，神の意志とは関係がない。はっきりと道をさし示す恩寵の助けがなくても，ただ自由意志だけでこの恩寵をよく用いたり，わるく用いたりするのを，永遠のむかしからあらかじめ知っておられるので，これをよく用いる者を救い，わるく用いる者を地獄に落とすことをなさった。ただ，ご自身と

---

44) ボルケナウ前掲訳書，272頁。
45) Molina, De concordia gratiae et liberi arbitrii, 23, 45, 1, 7. Index Scholastico-cartesien, par E. Gilson, p. 351 からの引用。
46) モリナは言う「いなむしろ，自分で決定することも決定しないこともできるように，〔行動する〕より前に，自然本性は未決定的であるからこそ，意志は自由に働くし，行動するように自分で自由に決定するのである」と (Molina, op. cit., 14, 13, 53, 4.)。

しては，どの人間に対しても，救おうとか，地獄に落とそうとかの絶対的な意志は持っておられない」[47]。

パスカルはこのようにモリニストの見解を要約して示した上で，この見解が人々を甘やかすと批判して，「自分が救われるのも，ほろびるのもすべて自分が決めることだとして，甘やかすのである。神から，いっさいの絶対的な意志を除き去り，救いも，地獄落ちもすべて人間の意志でどうにでもできることだとする」[48]と非難した。こうして人間は意志を善にも悪にも用いるが，意志それ自体は善悪無記的に中立し，自分の意志によって立つ自律となり，神の権威と恩恵から独立するようになった。このようにして神の意志に服することを強制と考え，それからの自由を求めて，他律から自律への方向を明確に説いたのがモリニストだということになる。この自律の思想はカントによって倫理学の根本概念として確立された。

しかし，パスカルは聖アウグスティヌスの弟子たちの見解をもってモリニストを批判した。その主要点は人間の本性のうちに二つの状態，すなわちアダムの創造された罪のない状態と堕罪以後の状態とを区別し，モリニストの説は罪のない状態に妥当し，カルヴィニストの見解は堕罪以後の状態に主として妥当しているとみなした上で，人間を次の三種類に分けた点である。「そこで三種類の人間があることになる。ついに信仰にいたることがない人々。信仰にはいたりつくものの，耐え忍ぶことがないため，大罪を負ったままで死ぬ人々。さいごに，信仰にたどりつき，死にいたるまで愛のうちに信仰を守りぬく人々」があげられ，神は第一の種類の人々には救いの意志をもちたまうことなく，第二の人々には恩恵を与えたが，彼らは正しくこれを用いず，忍耐の恩恵に欠けていたが，第三の人々を確実に救いに導きたもうた。「これでわかるように，神は救われる予定の人々を救おうとする絶対的な意志を持っておられ，ほろぶべき者をほろぼそうとする，条件つきの意志，予知にもとづく意志を持っておられる。そして救いは，神の意志からくるのであり，地獄落ちは，人間の意志からくる」[49]。こうしてパスカルはモリニスト，カルヴィニスト，教会の見解に対して次のように結論を下している。「そこでモリニストたちは，救いとほろびの

---

47) パスカル『恩寵文書』田辺保訳，パスカル著作集 V，教文館，142頁。
48) パスカル前掲訳書，143頁。
49) パスカル前掲訳書，146頁。

原因は人間の意志にあるとする。カルヴィニストたちは，救いとほろびの原因は神の意志にあるとする。教会は，神の意志が救いの原因であり，人間の意志がほろびの原因であるとする」[*50]と。

パスカルの自由意志論は結局人間にはほろびへの自由しかないという厳しく暗いものであって，ルターの奴隷的意志にきわめて近いと言わなければならない。そこには人間の罪の現実に対する厳しい理解がある[*51]。このような悪への自由は罪の奴隷であり，自由意志はその本性において選択の機能をもっていても，悪に向かわざるを得なくなっており，神の恩恵によってこの奴隷状態から解放されないかぎり，滅びへの意志しかないと説かれた。

デカルトの立場　同じ時代に哲学者として活躍したデカルト (René Descartes 1596-1650) はパスカルのようにイエズス会士と対決したわけではないが，この論争の影響が彼の著作に影をおとしているので，彼の自由意志学説についても触れておかねばならない。彼の方法的懐疑自体が「疑わしいものに同意を拒み，かようにして誤りを避ける自由意志」[*52]に基づいて実行された。つまりコギトは真理だけを選択する自由意志の上に成立している。デカルトにとり意志の自由は「神の像と似姿」(imago quaedam et similitudo Dei) といえるほどに偉大なものであり，その本質はオッカム主義と同様に未決定性に求められた[*53]。

ところでこの未決定性はデカルトによると自由の最も低い段階であって，意志を導く知性の認識が欠けているから，何を選ぶべきか決定できな

---

50)　パスカル前掲訳書，151頁。
51)　それはアウグスティヌスと同様に情欲の理解に表れている。「欲情は，彼の肢体の中にみちわたり，彼の意志を快くくすぐり，悪を無上の楽しみとさせるまでになった。そして心は暗いやみにとざされた。そのため，意志は以前には，善からも悪からも中立していたのに……今では，肢体のうちにみちわたった欲情にたぶらかされて動きがとれなくなっている始末である」(パスカル前掲訳書, 168頁)。
52)　デカルト『哲学原理』第1部第6節，桂寿一訳，岩波文庫，38頁。
53)　「それというのも，意志の本質は，われわれがあることを，なすこともなさないこともできる（つまり，肯定することも否定することも，追求することも忌避することもできる）というところにのみ存するから。あるいはむしろ知性によってわれわれに提示されるものを肯定あるいは否定する際，すなわち追求あるいは忌避する際に，われわれが何ら外的な力によって決定されてはいないと感じてそうする，というところにのみ存するから」（デカルト『省察』井上・森訳，「世界の名著」277頁。訳文は一部変更する）。

いでいる状態にある。知性における認識が増大して明晰になれば，意志において大きな傾向が生まれ，未決定な状態が少ないだけ，それだけ自由は大きくなる。こうして「わたしが自由であるためには，わたしがどちら側にも動かされうることは必要ではない。むしろ反対に，わたしが一方の側に傾けば傾くほど……わたしはいよいよ自由にその側を選択する。たしかに，神の恩恵も，自然本性的な認識も，けっして自由を減少させるのではなく，むしろ増大し強化する」[*54]。デカルトは認識論的に未決定性をこのように自由の最低段階として位置づけ，神の定めた真と善との明証的認識に従うことが人間の最高の自由であると説いたことは重要である。というのは，未決定性によって思惟は外的強制から自由であっても，人間においては神の未決定性のようにその全能の証しとなるどころか[*55]，認識の欠如と有限性を示しており，そのため意志は自律的ではありえず，神の恩恵によって自由とされ，その力によって支えられていなければならないからである。ここに恩恵によって意志が支えられていることが判明する。

デカルトは『省察』の第四省察でこのように論じているのに，三年後に書かれた『哲学原理』では未決定性の自由に対する厳しい批判はなくなり，自由を未決定と同一視し，この自由を疑いえない事実とし，神の予知と人間の意志の未決定との関係について論理的に説明することを断念した[*56]。このようなデカルトの学説上の変化には未決定の自由を説くイエズス会士とジャンセニストその他との神学論争がこの短い期間に白熱化してきた背景がある。未決定の自由を低く評価することはイエズス会士に対する挑戦と受けとられたばかりでなく，教会の権威を蔑する者として告発される危険さえもっていた。慎重なデカルトはこの種の神学論争に巻き込まれるのを避けた[*57]。

---

54) Oeuvres de Descartes, AT, VII, p. 57.『省察』三木清訳，岩波文庫，277頁。
55) Oeuvres de Descartes, AT, IX, p.233. 第6駁論。
56) デカルト『哲学原理』（前出）第1部41節62頁。
57) 西村嘉彦「デカルトの自由意志論」『哲学研究』第544号. 33頁以下参照。

6　ライプニッツの自由意志と恩恵

17世紀の後半から18世紀の初めにかけて活躍したライプニッツの時代は啓蒙主義と敬虔主義が主流をなしている。ライプニッツ (G. W. Leibniz 1646-1716) は新しい自然科学の精神とキリスト教の根本原理とを和解させようとした。彼の学説の中心は個体的実体つまりモナドに求められ、個体の概念のなかにはすべての出来事がふくまれている。しかし、人間の場合には自由意志が含まれ、これによって自らを展開するので、すべての出来事は確実であるが偶然性をまぬがれない、と説かれた。ここにオッカム主義的な「偶然性としての自由」に基づく近代的な人間の自覚と自由思想が顕著に示された。1686年の『形而上学叙説』には次のように述べられている。「各人の個体概念は、いずれその人に起こってくることを一度に全部ふくんでいるので、その概念をみれば、おのおのできごとの真理に関するア・プリオリな証明、あるいは、なぜあるできごとが起こって別のできごとが起こらなかったかという理由がわかる。しかし、これらの真理は神と被造物との自由意志にもとづいているから、確実ではあるが、やはり偶然性をまぬがれない。ところで、神の選択にも被造物の選択にも常に理由があるが、その理由というのは、傾向を与えるものであって強制するものではない」[*58]。このようにライプニッツは人間の自由が自由意志の自発性と未決定性において与えられている事実を指摘している。

さらに彼はピエール・ベールの自由意志論と対決しており、スピノザの絶対的必然性とベールの任意的自由との中間の立場に立つと主張する[*59]。

---

58) ライプニッツ『形而上学叙説』清水・飯塚訳、世界の名著、390頁。さらに彼はこの点を説明し、「神がたえずわれわれの存在を保存し、産みだすことによって、もろもろの思想はわれわれの個体的実体の概念がになっている順序に従って自発的に、すなわち自由に起こってくる」という。したがって「神はわれわれの意志が最善と思われるものを選ぶようにさせる。とはいえ、われわれの意志を強制することはない。なぜなら、一般的にいうと、われわれの意志は必然性と対比するかぎり、未決定の状態にあって、別の行為をしたり、あるいはまたその行為をまったく中止したりする力をもっているからである。その場合、いずれの方針も可能であり、また可能でありつづける」(前掲訳書、421頁)。

59) 「私は行動の力の本質と運動法則について新しい発見をしてから、ここでは、スピノザが想定したと考えられるようには、絶対的幾何学的必然が問題ではないということ、ま

その立場というのは，彼がデカルトともベールとも異なる行動について発見した仮定的必然性であって，自由意志を含む必然性の原理に立つものである。この種の自由の本性はライプニッツの予定調和説によれば人間の精神のうちに発現するのに先立って純粋可能態として与えられ，自由に行動するよう決定されている。したがって知性が捉える「有力な根拠がいつも意志を選択へ向けているが，この根拠は強いることなく傾けさすということで自由を保つには十分である。これが古代のすべての哲学者の，プラトンの，アリストテレスの，また聖アウグスティヌスの見解でもある。意志はすべてに優越する善の表象による以外には行動へ向けられることは決してない。このことは神にも善天使にも至福な魂にも妥当する。とはいえ彼らはなお自由なのである」[60]。知性はこのように善という有力な根拠をとらえ，意志も強制されていないがゆえに自由ではあるが，「永遠の理念のもとに照らし出された被造物の根源的不完全性」のゆえに，形相的には完全性を欠いており，実質的には自由意志に悪の原因が求められると説かれた。神と人との関係には永遠者と被造物との絶対的差異がこのように存在する。それゆえ自由なるがゆえに悪への可能性も認められてはいても，ほかならぬ意志の自由のゆえに神との協働関係に入ることによって，神と人とは「君主と臣下，いやむしろ父と子の関係なのである」と言われる[61]。したがって有徳な人は神の意志に基づいて自己の意志を決定し，幸福をもたらす目的因として神に結びついている。ここに恩恵に基づく倫理が神律的な意志としてその特質を明らかにしている[62]。

しかし，ライプニッツが洞察した「恩恵に根ざした意志」という神律的な意志は，やがて啓蒙思想の隆盛とともにその姿を消していく。ドイツ啓蒙主義を代表するカントは倫理学の基礎を理性の自律に置くようになっ

たベール氏および現代の若干の哲学者たちが考えているような，純粋に任意的なものではなくて，それは前に指摘したように最適のものの選択，あるいは私が最善の原理と呼んでいるものと関連していることを提示した」(Leibniz, Die Theodicee, übersetzt von A. Buchenau, PHB. S.26)。

60) Leibniz, op. cit., S.125

61) ライプニッツ『理性に基づく自然及び恩恵の原理』15節。なお同書15-18節から神の愛と恩恵に関する思想が叙述されている。

62) 恩恵に基づく意志が「神律」という特質をもっていることに関して金子晴勇『キリスト教倫理入門』教文館，第5章「神律倫理」132-66頁，『人間学講義』知泉書館，第9章3節「他律・自律・神律」146-50頁参照。

た。こうして理性的自立にもとづく近代の倫理学の成立とともにアウグスティヌスの恩恵論はヨーロッパ思想史からその姿を消していく運命を宿していた。しかし，新しいペラギウス主義者カントは果たして人間の現実を真に捉えていたのであろうか。そこにはキルケゴールが洞察した「異教徒のペラギウス的な軽薄さ」が認められるのではなかろうか。

付　論

オロシウスの恩恵論
―― オロシウス『ペラギウス論駁を弁護する書』(415) について ――

　ブラガのオロシウスは380-90年の間にヒスパニア西部, カリキア州の首都ブラカラ・アウグスタ（今日のポルトガル北部のブラガ）に生まれた。幼年時代に古典とキリスト教の教育を受けたが, 若くして聖職を目ざした。当時この地のカトリック教会はプリスキリア主義の異端問題に巻き込まれており, ゲルマン侵入者に対するローマの抵抗運動も盛んであった。またオリゲネスの思想も教会にとって脅威であった。それゆえオロシウスの最初の小論は『プリスキリア主義者とオリゲネス主義者の誤謬についてオロシウスがアウグスティヌスに図った探求（備忘録）』[*63]となっている。彼は30代のはじめに表向きは神学紛争を相談するため, しかし実際は政治的な理由で祖国を去り, 414年に北アフリカに着き, アウグスティヌスをヒッポに訪ねた。「オロシウスは聖書に関する燃えるような熱意に促されてスペインの最も遠隔の地から, つまり大洋に接する岸からわたしたちのところにやってきた」（『手紙』169, 13）。彼のヒッポ滞在は短く, 415年の春にはアウグスティヌスの依頼を受けてパレスチナに向かい, ヒエロニュムスを訪ねて旅立った。アウグスティヌスは彼のことを「理解力の速い人」と言う（『手紙』166, 1）。異端問題についてアウグスティヌスは『オロシウスに答えてプリスキリア主義者とオリゲネス主義者を反駁する』を書いた。オロシウスは2通の手紙とカルタゴ教会会議の情報およびアウグスティヌスの『自然と恩恵』を携えてヒエロニュムスを訪ねた。この派遣は周到に計画されたものであって偶然なされたものではない。ケリーは言う, 「こうしてアウグスティヌスが〈ヒエロニュムスの足下に〉オロシウスを派遣したことは論争における入念な動きであった。ペラギウスを手厚く歓迎していたエルサレム教会に警告を発しようと, とくにヒエロニュムスに新しい運動の危険を警戒するようにと彼は心を砕いていた」と[*64]。

---

　63) アウグスティヌスは『訂正録』II, 44で「探求」(consultatio) と命名したが, オロシウスは「備忘録」(memorandum, commonitorium) で終始している。
　64) N. D. Kelly, Jerome: His Life, Writings and Controversies, 1975, p.317-18.

オロシウスはエルサレムの司教ヨアンネスとの論争のあとで、彼は「神の助けをもってしても、人は罪なしに生きることはできない」との冒瀆的な発言のゆえにヨアンネスによって告発されるに至った。これを批判して彼の『弁明の書』(Liber apologeticus) が415年に書かれたと思われる。この論文は公に流布し、ヨアンネスの証拠のない告発に対する反論が展開する傍ら、ペラギウスの思想、その支持者、ヨアンネスを含めた弁護者たちへの攻撃が意図されていた。その後のディオスポリスの教会会議に関してはすでに述べたので省略し、この書に展開するオロシウスの恩恵論だけを問題にしてみたい。

オロシウスの著述目的は次の三つである、すなわち①エルサレムの司教ヨアンネスの冒瀆という非難に対する弁明、②ペラギウスに対抗する正統派の正しい信仰、③ペラギウスとその仲間たちに対する攻撃である。この書は二部構成をなし、第1部 (1-9) はエルサレムでの教会会議とオロシウスの行動に関する弁護を扱い、第2部 (10-33) はペラギウスの思想の説明と反論、とりわけペラギウスの著作『証言の書』(Testimonia) と『デメトリアスへの手紙』(Epistola ad Demetriadem) から引用された思想が扱われている。したがってここでは第2部が彼の恩恵論として重要な意味をもっている。彼はその論敵の道徳的な欠点を強調し、プリスキリア主義とオリゲネス主義と同類の最近の異端とは異なる、危険ではあっても、単なる道徳の指導者にすぎない点を力説する。とくに彼はペラギウスが神の恩恵に関するキリスト教にとって決定的に重要な観念を誤解し転倒させていると論じた。それに伴われる問題点として原罪・人間本性の弱さ・神の援助の必要性などが注意深く吟味された。ペラギウス主義に対決して彼が扱ったその論駁の方法が印象的である[*65]。

（1）神の全能を信じる者は神の全能性と人間の弱さや不可能性を告白する。たとえば「人間にはできないことも、神にはできる」（ルカ18・27）とか「神の恵みによって今日のわたしはあるのです。しかし、働いたのは、実はわたしではなく、わたしと共にある神の恵みです」（Ⅰコリ15・10）という告白がそれである。それゆえオロシウスはペラギウスに向

---

65) オロシウスはクインティリアヌスの弁論術に従っているとの指摘がある。C. L. Hanson, Iberian Fathers Volume 3, 1999, p.108.

かって言う,「不謹慎で傲慢な人であるあなたは,パウロがどうして〈わたしと共に〉と言った,と思うか。彼はこれに先だって〈わたしではない〉と語っているのをみなさい。この〈わたしではない〉と〈わたしと共に〉と間に〈神の恵み〉が置かれている。人間に意志があるにもかかわらず,善なる意志に従って万事を実現させてくださるのは神の特権である*66。ここからしてパウロは〈わたしではない〉と言ったがゆえに,〈わたしと共に〉と言ったのだと告白した。このようにして,人間の意志には神の善なる恩恵が働いており,それによってそのような意志自体が人間に授けられている。それは人間の良心が告白して,〈わたしではない〉と言うように,神の恩恵も〈わたしと共に〉あることを寛大にもお許しになる」と*67。

(2) オロシウスはペラギウスの主張の虚偽もしくは不正確さを指摘して言う,「あなたは〈人は罪なしに生きることができる —— 神の助けによって〉と主張するが,『証言の書』と題するあなた自身の論攷において,この主張そのものを次のように書いている。つまり〈人は罪なしに生きることができるし,欲すれば神の戒めを容易に守ることができる〉と。どれほどしばしば神の恩恵について語ったとしても,そこには〈神の恩恵〉も〈助け〉も明記されていない」*68。こうして彼は「欲すれば」を撤回して行為をすべて恩恵に帰すか,それとも,あなたは欲すれば人がなし得ると信じているのであるから,そこにはない恩恵に対するうわべだけの追従を止めて,偽りのない冒瀆の言葉を心から述べるかするがよい,と勧告する。

(3) ペラギウスの主張「人は罪なしに生きることができる」に付加された「神の助けによって」をオロシウスが批判したのを逆手にとってオロシウスを神の助けを否定するものだと決めつけたエルサレムの司教ヨハンネスの発言を反響させる方法で次のように語られる。「彼は恐らく反論

---

66) アウグスティヌス『神の国』12, 8-9の議論を参照。
67) Pauli Orosii, Presbyteri Liber Apologeticus. in: Pauli Orosii Presbyteri Hispani, Adversusu Paganos Histotiarum Libri Septem, 1615, 630. 以下においてもこのテキストとして使用した。なお,英訳 Iberian Fathers Volume 3, Pacian of Barcelona Orosius of Braga, 1999 をも参照した。
68) Orosius, op. cit., 631

し次のように言明するであろう。わたしの自惚れについてではなく，愚かさについてのこれらの侮辱は，もしもわたしが神の助けなしに，人は罪なしに生きることができる，と言ったとしたら，正しくわたしの上に積み上げることができよう。しかし，今や，わたしは主張する，〈神の助けでもって〉と。神にとっては何事も困難ではない」[*69]。オロシウスはさらに自己の見解をこれに付け加えて次のように言明する。「わたしの正確な疑問の余地のない意見はいつもこうである。神はその援助を教会である神のからだに提供されるだけでない。教会には信仰者の信仰のゆえに恩恵の特別な賜物を授けたもう。そればかりかこの世にあるすべての人に恩恵を与える。それは神がもっている忍耐と永続する寛大さのゆえである」[*70]。ペラギウスやその信奉者のカエレスティウスが間違っているのは人間性の本性に関する自然主義に基づいている。この点は義人ヨブにおいてとくに明瞭である。神はヨブにこの世的な災害を与えることをサタンに許したが，その命を手にかけることは許されなかった。そこに神の恵みの意志が明瞭に認められる[*71]。それゆえ，義人は「罪がない」と言われたのではなく，その外面的な行動に関して「非難がない」と言われる。「というのは罪を孕むのは思いなのである。だが，非難は行為の下で示される」[*72]。ペラギウスとその信奉者たちは「人が死すべきものとして造られたこと，また戒めの違反も結果によっては害を受けていない」と主張する。ここに彼らの自然主義が明瞭であるが，オロシウスは原罪 (originaris peccatum) の事実を認める[*73]。また神の予定をも承認している。

（4） 終わりに近いところでペラギウスの著作『デメトリアスへの手紙』に対する批判が展開する。この作品から二箇所が引用され，詳しい批判がなされた。その要点を述べてみよう。最初はヨセフが女主人によって誘惑された場面の叙述に関してである。「何度もあしらわれた女主人は，若者〔ヨセフ〕の身に迫って誘惑しました。密かに誰も見ていないうちに，

---

69) Orosius, op. cit., 645 b なお，英訳の注145参照。
70) Orosius, op. cit., 645
71) Orosius, op. cit., 645
72) Orosius, op. cit., 649
73) Orosius, op. cit., 657

ふしだらな女はヨセフを掴まえ、もっと不遜な言葉を吐く罪へと誘惑しました」[74]。この物語はペラギウスによって義人ヨセフが女への愛に負けなかったことの事例として挙げられていた。しかし、ここでの発言は「とても名誉ある人」であるペラギウスが神に献身し、聖なる生活を送ろうとする少女に言うべきことばではない。それは深夜に思いついたような猥褻な言葉であって、内容がきわめて不適切である。この発言はしたがって品性の卑しさを露呈しており、「あなたの〔ブリテンにおける〕誕生状況から生じたものであるから、あなたはさらに有徳な学問によって啓蒙されなければならない」とオロシウスは痛罵する。

続いて彼はペラギウスの同じ手紙から次の言葉を引用する。「反対に精神は尊大で気まれな状態で、傲慢かつ無能な僕として振舞いながら、私たちは主の面前で叫び、次のように語るのです。〈そんな面倒でむずかしいことなどできない。私たちは脆い肉に包まれた人間にすぎないのだ〉。なんという盲目の狂気。なんという神をも畏れぬ無思慮。私たちは神が二重の意味で無知だといって神を非難するのです。神は自分のなしたことも、命令したことも知らないかのようだ。あたかも神は自ら創造した人間の脆弱さを忘れて、人間に耐えられない命令を課したかのようだと」[75]。この文の前には「ところで神は私たちにとって、永遠の言い表すことのできない威容であり、測り知ることのできない権能なのです。神は聖書を、自らの戒めを記した真に崇むべき文字を、私たちに送られました。しかし私たちはそれをすぐに喜び敬いつつ受け入れることはなく、これほど偉大で崇高な権能の命令を大いなる恩恵とはみなしません。とりわけ命令者の利益ではなく、服従する者の便宜が求められるありさまです」[76]とあって、神の戒めを恩恵とみなすペラギウスの恩恵論が前提されている。オロシウスはこれはカトリック教会に対する非難であるが、ここでの推測は全く恐るべきものだと考え、ペラギウスの基本的な思想を厳しく批判する。とりわけペラギウスが神の戒めと神の恩恵を置き換えている点を指摘する。そのような理解の背景にあるのは「律法の重荷を担いうるというあなた自身

---

74) Orosius, op. cit., 662 ペラギウス『デメトリアスへの手紙』5章からの引用。
75) Orosius, op. cit., 664 ペラギウス『デメトリアスへの手紙』16章からの引用。
76) ペラギウス『デメトリアスへの手紙』鎌田伊知郎訳、「中世思想原典集成4」平凡社、953頁。

への信頼」なのである。これは全聖書の教えに相反しており，厳しく批判されなければならないと説かれる*77。ペラギウスの自信過剰に対する揶揄と毒舌が連打される。信仰の先達たちがさまざまな重荷やくびきのことを語っているのに，ペラギウスはその重荷に耐えうる特別な自信をもっているが，それは浴液や贅沢な食事で栄養を摂っているからだ*78。これはヒエロニュムスと同じく禁欲主義者ペラギウスに対する常套的な非難の言葉である。また脂肪を摂りすぎて恰幅がよいというのも同様な揶揄である。これにはアウグスティヌスも援用される。「祝福されたわたしの父アウグスティヌスによれば自信というものは健全な人物の特質ではなく，分別を欠いた人物の特質である」*79。

（5） 終わりになるとオロシウスの批判は毒舌に変わってくる。「お前は完全な人で何らの弱さもないというのか。お前は律法の重荷のすべてに耐えることができるというのか。お前は自惚れだらけで，空虚な奴だ。お前に価値があるというなら，救済者なる主に聞け。お前にまだ可能ならば，聖性に立ち帰るように，主はお前に呼びかけている」*80。しかし，オロシウスは神に造られたがゆえに人間本性の卓越性を認めると同時に，人間の罪に陥りやすい弱さを認めるように勧告する。「わたしは弱さをもっているが，わたし自身の弱さを認識して喜んでいる。〈というのは〉，弱いわたしに耳を傾けてくださり，あらゆる援助をもって再びわたしに約束してくださる，力強い神に祈願することによって〈わたしは弱いとき，力があるからだ〉（Ⅱコリ12・10）。いつどこでも全能の神に祈ることが弱さの特別な任務なのである」*81。それゆえ「わたしたちは各自が神に向かって自発的に志す畑として自分自身を提供しよう。なぜならこのことだけが自由意志に結果をもたらし，こうしてのみ自由意志は前進できるから。〈というのは，わたしたちは神の畑，神の建物であるから〉（Ⅰコリ3・9）」*82。最後に彼は異端を憎むが，異端者は憎まないと言明してこの書を終わっている。

---

77) Orosius, op. cit., 665
78) Orosius, op. cit., 666
79) Orosius, op. cit., 667
80) Orosius, op. cit., 668
81) Orosius, op. cit., 682-83
82) Orosius, op. cit., 684-85

結び

アウグスティヌスとペラギウス派との論争をとおして樹立された「恩恵」概念をこれまでその源泉から考察しはじめ，ヨーロッパの中世と近代にまで発展した軌跡をライプニッツに至るまで解明してきた。ところが啓蒙時代にはいると大きな変化が訪れ，恩恵概念が思想史からその姿を消滅するに至った。ヨーロッパ近代の啓蒙主義を代表するカントは理性的自律を確立するに当たって神学から独立し，人間自身に即してすべてを考察している。こうして，ライプニッツに至るまで神学を前提となし，またすくなくとも神学を含めて哲学を確立し，意志学説の上でも恩恵に基づいて自由意志を把握しょうとしてきた西欧の伝統からカントは訣別している。そのような時代環境が今日まで継続している現代においてアウグスティヌスの恩恵論はいかなる意味をもっているであろうか。

1 恩恵に基づいた自由の意味

これまでわたしたちは「恩恵」概念をキリスト教の歴史においてもっぱら考察してきた。ヨーロッパの知的な伝統においては，「恩恵」概念は二つの意味を元来所有していた。ギリシア語のカリスが優美さ・恩恵・感謝などの意味をもち，まず第一に「自然によって授けられた恩恵」を優美さとして表し，キリスト教によって「赦しとしての恩恵」が第二の意味として説かれた。ペラギウスが恩恵を第一の意味でしか考えることができなかったのは，キリスト教から見れば異教のギリシア的な教養（パイデイア）に

由来する。それに反してキリスト教的な恩恵概念は「イエス・キリストの恩恵」として「罪の赦し」を授ける宗教的な概念であった。この両者を分かつ決定的な契機は「罪」の理解に根ざしていた。この鍵となる罪の概念が啓蒙思想によって消滅する運命をもっていた。

　このことは自由の理解にも反映している。一般的にいって自由は政治的な領域で論じられるが、ヨーロッパ的な伝統ではそれに先立って人格的な問題として捉えられ、しかも最高価値である神との関係で宗教的に考察し、強固な土台の上に基礎づけられてきた。ここから自由と恩恵という歴史上の大論争が生まれ、ペラギウスとアウグスティヌス、エラスムスとルター、ジェズイットとパスカル、ピエール・ベールとライプニッツの対決に発展し、今日のヨーロッパ精神の土台を形成した。

　二つの自由　わたしたちは自由を一般に「障害や強制からの解放」として問題にする傾向をもっている。障害が除去されると、また強制がないと自由が増大したと感じる。しかし、このような自由は障害や強制がないという「消極的自由」であって、意志が自分で決断する「積極的自由」から区別される。こうした強制のない消極性に政治的な自由の本質がある。現実には自由が一定の条件で成立するがゆえに、自由の障害となっているものが除去、もしくは緩和されれば、自由は拡大する[*1]。

　それに対し自分の行動を何らかの外的な力ではなく、自分自身に依拠させたいと願うときには、自由意志という積極的な自由が問題となる。この積極的自由が文化の根底において創造的に作用して初めて、政治的・社会的・文化的自由も促進される。ヨーロッパ古代末期と16世紀の宗教改革はこの自由を宗教的に捉え、創造的な力を発揮して、新しい社会を生みだしていった。

　ところが、17世紀後半から起こってきた啓蒙主義は、その合理性の主張によって神の恩恵や人間の罪などを迷妄として排除したため、外面的な生活と科学技術においては繁栄をきわめるに至ったが、内面的な精神においては無神論とニヒリズムに陥り、今日に至っている[*2]。

---

　1)　この二つの自由についてバーリン『自由論』生松敬三他訳、みすず書房、305-19頁参照。
　2)　この点ではヨーロッパを手本にして近代化を追求してきた日本でも、同じ精神状況にあるといえよう。近代文化は宗教性を切り捨てて世俗文化を繁栄させてきたが、宗教のも

近代的自律の問題性　カントはこの意志の自律 (Automomie) において倫理学の基礎を見いだし，それを他律 (Heteronomie) と対比させて明瞭に説いた[*3]。このような自律こそ義務をして強制とも必然ともみなさない主体的契機であり，道徳の最深の基礎となっている[*4]。しかし，この自律は「理性的な自律」である。というのは自律の根拠が外的原因から全く自由な，人間のうちにある理性の能力に求められたから。彼によると「悟性」(Verstand, ratio)が感性的表象を判断により結合する働きであるのに対し，「理性」(Vernunft, intellectus) はそのような表象からも自由であり，「理念」(Idee) の下で純粋な自発的活動をなし，感性界と知性界を区別し，知性界に属するものとして「人間は，彼みずからの意志の原因性を，自由の理念のもとにおいてしか考えない」[*5]。このようにカントは理性の純粋な自発性のうちに自律の根拠をとらえている。

この理性的自律は理論的には可能である。カントは言う「あなたはそうあるべきである，それゆえになし能う」(Du kannst, denn du sollst.) と。この命題はペラギウスとカエレスティウス，およびエラスムスにおいてすでに説かれていた[*6]。ところで，そのように「あり得る」とは「可能的な自由」である。これがたとえ観念的であったり理想主義的であっても，この前提を欠いては道徳的な責任も反省も生まれてこない[*7]。ところでカントによると人間は現実には理性のみならず感性によって大きな影響を受け，人間の意志が転倒している事実を認め，『宗教論』でこれを「根本悪」

っている文化形成力が今日再考される必要があるといえよう。

3) カントによれば自己の理性の立てた普遍的な法則にしたがって行為する意志が自律であり，その他の自然必然性や傾向性 (快不快・自愛・幸福) にしたがう行為はすべて他律である。「意志の自律とは，意志が〔意志作用の対象のあらゆる性質から独立に〕かれ自身に対して法則となるという，意志のあり方のことである」(カント『人倫の形而上学の基礎づけ』野田又夫訳，世界の名著，286頁)。

4) この思想はルネサンス時代のヒューマニストであるピコ・デッラ・ミランドラに由来している。Pico della Mirandolla, De hominis dignitate, ed. Garin, p. 106.

5) カント『人倫の形而上学の基礎づけ』(前出) 299頁。そして自然法則が感性界の根底にあるように，道徳法則は理念において理性的存在者の行為の根底に存在している，と説かれている。

6) カエレスティウスの命題については本書89頁。エラスムスの場合については金子晴勇『近代自由思想の源流』336頁参照。

7) それゆえ彼は道徳性を合法性から区別した厳格主義を標榜し，「私の内なる道徳法則」に対する感嘆と崇敬の感情を表明している。このことは律法に対する服従から出発するルター的思考とその軌を一にしている。

(das radikale Böse) とみなし，キリスト教の原罪の教えに同意している[8]。

カントは新時代の倫理を「自律」(Autonomie) の上に確立したさい，「他律」(Heteronomie) と「神律」(Theonomie) を同一視する誤りを犯したといえよう[9]。たとえば『啓蒙とは何か』において他律の生き方に「わたしに代わって良心をもつ牧師」の実例を挙げている[10]。カントはここで良心の概念を世俗化している。ルターの伝統においては良心は神の言葉と相関的に立てられ，代替不可能な個別的なものである。この良心は恩恵によって救われて新生し，神律に到達する[11]。なぜなら神はわたしたちにとり他者であっても，よそよそしい他者ではなく，恩恵により新生をもたらすから。だがもし神が律法をもってわたしたちを脅かしたり，刑罰の恐れを惹き起こしたり，わたしたちが律法の外面的遵守により神に対して自分の正しさを主張しようとするなら，その時にはわたしたちの生き方は他律となっている。他方，神の恩恵により新生し，自発的に善い行為をなそうと励むような場合には神律が自律を内に含んでいる。神律には恩恵に基づく内的な変革による自由が認められる。

恩恵による自由の拡大　　事実，神の恩恵によって自由意志はいっそう自由となっている。自然本性的な自由はここでは超越的な神との関係の中で自由を拡大させている。アウグスティヌスは言う，「自由意志は健全になるにつれて，いっそう自由になるであろう。とはいえ，自由意志は神の憐れみと恩恵に服することに応じていっそう自由となるであろう」(『手紙』157, 2, 8) と。この自由の状態を彼は「自由とされた自由意志」(liberum

---

8)　根本悪とは道徳法則を行動の動機とするか，それとも感性的衝動を動機とするかを意志が選択するさい，どちらを他の制約にするかという従属関係によって意志は善とも悪ともなりうるが，正しい従属関係に立つ道徳秩序を転倒することによって，悪は自然的性癖となり，人間の本性にまで深く根づいている事実をいう（カント『宗教論』飯島・宇都宮訳，「カント全集9」理想社，57-8頁）。この根本悪の主張はゲーテのような啓蒙主義を超えた人びとにさえ，カントは哲学のマントを汚したと嫌悪されたものであった。

9)　神律について　P. Tillich, Theonomie, RGG. 2Aufl., Bd. 5, Sp.1128.　ティリッヒ『キリスト教思想史Ⅱ』佐藤敏夫訳「ティリッヒ著作集」別巻3，白水社，42頁参照。

10)　カント『啓蒙とは何か』篠田英雄訳，岩波文庫，8頁。

11)　良心と神の言葉との相関について詳しくは金子晴勇『ルターの人間学』創文社，195-96頁参照。

arbitrium liberatum) という。自由意志は本性的な機能としては「生まれながらの属性」(naturaliter attributum) であるが，堕罪後は神の助けがなければ罪を犯さざるをえないような「拘束された (captivatum) 自由意志」である。この「拘束された自由意志は単に罪を犯すことができるだけである。神によって自由とされ，助けられていなければ義をなしえない」(『ペラギウス派の二書簡駁論』III, 8, 24)。こうして自由は三段階の発展を経験することによって質的に高められる*12。ここに恩恵の基づく神律的な自由がある。

　現代においては自然本性的な選択の自由が拡大している。現代社会は選択によって造り出される。宗教社会学者バーガーは現代性の特質は「宿命から選択」へという大きな変化であると主張する*13。確かに，自由は拡大し現代人はそれを享受している。しかし，このような自由はたんに外面的な人間の行動に関するものに過ぎず，この自由を支えている人間の現実は依然として変わっていない。しかも現代人の自由は共同体から分離した孤立した個人の自由であった。孤立した自由は真の自由ではない。むしろ他者との共同において真実の自由は再建しなければならない。そこにはヘーゲルのいう最高形態の自由「最高の共同は最高の自由である」が探求されなければならないであろう。この最高形態をわたしたちはアウグスティヌスの恩恵論に見いだすことができる。彼は神との関係において授与された自由を説いていた。実際，神との共同が考え得る最高の共同であるがゆえに，ヘーゲルの言う最高の自由は神の恩恵によって授けられる形態以外にはないといえよう*14。

---

　12) このアウグスティヌスの三段階説はもっともよく知られた図式では，①無垢の状態「罪を犯さないことができる」(posse non peccare)，②罪の奴隷状態「罪を犯さざるを得ない」(non posse non peccare)，③キリストによる新生「罪を犯すことができない」(non posse peccare) から成立している。

　13) バーガーによると以前に生きた人たちは大抵宿命の世界ともいうべきものの中に存在しており，現代のテクノロジーによって開拓された広い選択系列がそこにはない。したがって前近代的な伝統社会が明快な慣行によって行動が支配される社会であって，そこでは評価の対立ということはありえないのに対して，近代社会に生きる人の現代意識には宿命から選択への移行が伴われており，行動の外的な規範は希薄となり，自由が拡大し，伝統社会の「宿命」が近代社会の「選択と決断」に変わったと説かれている（バーガー『異端の時代――現代における宗教の可能性』薗田稔・金井新二訳，新曜社，315頁）。

　14) 『カントからヘーゲルへ』の著者クローナーは，自由と恩恵とを分離して考える観点を一貫して批判し，キリスト教的な恩恵はキリストにおける恩恵であって，他の自由な被

2 アウグスティヌス恩恵論の研究史

本書のテーマであるアウグスティヌス恩恵論の研究史はその膨大な資料のゆえに簡単に概観できる性質のものではない。大学院時代から絶えず利用してきた Augustinus-Gespräch der Gegenwart, hrsg. C. Andresen, 1962 の巻末に掲載されている Augustinus-Bibliographie の恩恵論関連の文献では罪と原罪論の部門では29論文，恩恵論の部分では47論文，予定論では28論文が参考文献としてあげられていた。この中には含まれていないものでも重要な文献が数多く認められる。さらに，その後における研究を考えると研究史を辿ること自体が不可能なほど文献の量は増大している。そこで，わたし自身が学んできた歩みから研究史を問題にしてみたい。それは①教義史的な研究，②哲学・倫理学・人間学の観点からの組織的な研究，③歴史と思想を合わせた思想史的研究という3種類の分野に分けられる。

まず，恩恵論は三位一体やキリスト論にような古代キリスト教の教義に密接に関わっているがゆえに，教義史の文献を考慮しなければならない。この分野では有名な Harnack, Lehrbuch der Dogmengeschichite, Bd. III, 1909 (3Auf.) と R. Seeberg, Lehrbuch der Dogmengeschichite, Bd. II, 1923 (3Auf. 1960) が最高水準の文献であることは今日においても変わりがない。とくにハルナックのアウグスティヌスの恩恵論を論じた部分は白眉のものであって，今日でも必読のものである。とはいえ，今日的な観点からの研究としてLohse, Epochen der Dogmengeschichite, 1974 および O. H. Pesch, A. Peters, Einführung in die Lehre von Gnade und Rechtfertigung, 1989 を参照して補った。

次に，アウグスティヌスの恩恵論に対する哲学・倫理学・人間学的な観点からの研究では，古くはあるが倫理学の観点から全体を体系的に叙述した大作 J. Mausbach, Die Ethik des heiligen Augustinus. Bd. II, 1909 がもっとも優れている。これに対する批判も見受けられるが，アウグスティヌスの恩恵論を扱った基本文献である。また人間学の観点から全体像を組織的に

造物との関連における自由であると説き，自律の思想の問題性を指摘する（『自由と恩寵』福井一光訳，教文館，15；85-87；122頁参照）。

叙述した E. Dinkler, Die Anthropologie Augustins, 1934 も恩恵論を十分に考慮して叙述っされており，しかも読みやすい好論文である。さらに，規模としては小さいが内容の豊かさから優れた論文として高名な E. Gilson, The Christian Philosophy of Saint Augustine, 1961 (Engl. transl.) 第2部，第3章 Christian Liberty や J. Burnaby, Amor Dei. A Study of St. Augustine's teaching on the Love of God as the motive of Christian Life, 1960 の第8章 Sin and Punishment をあげておきたい。なお，哲学のなかでも少し前まで人気があった実存的な視点からの優れた研究として今日においても注目すべきは H. Barth, Die Freiheit der Entscheidung im Denken Augustins, 1935 と H. Jonas, Augustin und das paulinische Freiheitsproblem. Eine philosophische Studie zum pelagianischen Streit, 1965 である。実存的な要素はアウグスティヌス恩恵論の特質でもある。

さらにペラギウス派論争の歴史に関する研究では最高水準の研究であるブラウン『アウグスティヌス伝』（出村和彦訳，教文館）と G. Bonner, St. Augustine of Hippo. Life and Controversies, 1986 を代表的な研究として絶えず参照した。しかし，今日の研究はさらに進捗し，論争の歴史とアウグスティヌスの思想展開を合わせて考察するようになった。たとえば J. Lössl, Intellectus Gratiae. Die Erkenntnistheoretische und hermeneutische Dimension der Gnadenlehre Augustins von Hippo, 1997 が代表的な研究であり，ペラギウス論争以前のアウグスティヌス恩恵論の研究では V. H. Drecoll, Die Entstehung der Gnadenlehre Augustins, 1999 の大著があげられる。同様な傾向はセミ・ペラギウス論争の研究でもいえるのであって，R. H. Weaver, Divine Grace and Human Agency. A Study of the Semi-Pelagian Controversy, 1966; D. Ogliari, Gratia et Certamen. The Relationship between Grace and Free Will in the Discussion of Augustine with the So-called Semipelagians, 2003. があげられる。本書の研究はこの種の研究方法に拠っている。というのはペラギウス派との論争のプロセスからアウグスティヌスの恩恵論は展開してきたからである。わたしは歴史的な問題提起によって彼の著作がいかなる展開をなし，恩恵の思想が具体的に誕生するに至ったかをできる限り資料を忠実に辿りながら考察した。

終わりに日本における研究について述べておきたい。この研究史もかなり古くから始まっている。征矢野晃雄『聖アウグスチヌスの研究』長崎書

店，1929所収の第2論文「聖アウグスチヌスの恩寵論」は1925-27に16回にわたって「聖書之研鑽」誌に発表されたものである。この論文は180頁に及ぶ力作で広汎な問題点を扱っており恩恵論のよい紹介となっている。しかし，叙述のなかの引用には出典が記されておらず，参考文献もハルナックが一度だけあげられているが，文献名は記されていないし，大抵の場合学術用語も英語を使っている。次にもっとも簡潔なかたちで恩恵論の全体像をスケッチした好論文として伊藤邦幸「アウグスティヌスの恩寵論」基督教学研究，第15号，1996があげられる。その他では概説的な解説ではあるが三谷隆正『アウグスチヌス小伝』三省堂，1941の第6章「ペラギウス論争」，長澤信寿『アウグスティーヌス哲学の研究』創文社，1960の第7論文「ペラギウス論争」，宮谷宣史『アウグスティヌス』人類の知的遺産，講談社，1981の第10章2節「ペラギウス主義者との論争」が発表されている*1。

3 本書の研究方法と概要

アウグスティヌスのペラギウス派論争の研究史をわたしなりに見渡してみると，今日の研究が教義史的な研究から哲学・倫理学・人間学的な研究を経て歴史－思想的，つまり思想史的な研究に移っていることが明瞭である。というのはアウグスティヌスはペラギウスと出会う前にすでに彼の恩恵論を少なくともその骨子において完成させていたが，彼の学説はペラギウス派との対決において具体的に展開したからである。そこでわたしは初期の恩恵論と中期の恩恵論をまず採りあげ，その特質を述べてから（第1，2章），ペラギウスとその学派の思想家を紹介した（第3章）。その上でアウグスティヌスと彼らとがどのように歴史的な出会いをなし，それを契機にしてそれぞれの思想を確立していったかを，個々の作品に立ち入って解明した（第4〜6章）。幸いなことにわたしは彼の恩恵論に属する多数の著作を，時間をかけて翻訳し，その内容を熟知していたので，こうした研究に

---

1)　なお，聖アウグスチヌス『恩寵・意志・豫定』竹村清訳，新生堂，1931年があり，これに基づいて矢内原忠雄『土曜学校講義』(4)アウグスチヌス「ペラギウス論争」みすず書房，1972年があることを付記しておきたい。

自ずから入っていくことができた。

　このように研究を進めている間にペラギウス研究のほうも大いに進展し，山田望『キリストの模範——ペラギウス神学における神の義とパイデイア』教文館，1997が発表された。この研究はアウグスティヌスとの論争以前のペラギウスの思想を研究したものであるが，いつしか論争の歴史にも立ち入って，アウグスティヌスのディオスポリス教会会議の報告にペラギウスが「言い逃れした」という事実に反する誤りがあると指摘する最近の研究を紹介している。この点の真偽についてアウグスティヌスの発表した資料から検討するだけでは，その誤りは判明しない。アウグスティヌスがペラギウスとカエレスティウスは同一の思想をもっていると考えているのに対し，ペラギウス自身はカエレスティウスと自分とは相違すると主張したのであるから，こうした発言は当然なされたであろう。しかし，鈴木浩が二つの論文「ペラギウスの義認論」(「ルター研究」第9巻2004，ルター研究所編135頁以下) と「義認論の前提としての原罪論」(「ルター研究」第4巻1988 (前出) 175頁以下) において山田論文を批判して，述べているように，個々の罪の根源に潜んでいる人間の罪性の自覚と理解なしに恩恵とか義認とかを論じることは無意味である。わたしはペラギウス自身に関する研究にまで今回は手を広げることができなかったので，アウグスティヌスが残した資料，またその友人のオロシウスの著作を検討して，「罪と恩恵」の教義がいかなる意味をもっているかを考察した (第7章)。この論争はアウグスティヌスの死後までも継続したので，オランジュ教会会議に至る論争の歩みをも解明せざるを得なかった (第8章)。しかも，この論争は姿を変えて中世から近代にまで及んでいるので，その歴史をも考察したために大部な研究となってしまった (第9，10章)。

あとがき

　本書はこれまでの研究の中では最も長い歳月をかけて続けてきたアウグスティヌスの恩恵論を一書にまとめたものである。恩恵論は彼の晩年にいたって起こったペラギウス派との論争を契機として結実した思想である。この後期の思想を全体として理解するためにわたしは初期の著作から恩恵論の萌芽を人間学的な観点から考察してきた。その研究はまず24年前に『アウグスティヌスの人間学』として発表したのであるが、そこではペラギウス派との論争には立ち入って論究されず、論争以前の思想を扱ったにすぎなかった。その後はもっぱら『アウグスティヌス著作集』（教文館）に入っている「ペラギウス派駁論集」全4巻の翻訳と解説の仕事にかかわってきた。この仕事も「ユリアヌス駁論」をもって完了したので、この間に書いた論文を加えて恩恵論をまとめる作業に取りかかった。

　本書は既発表の論文に新たに3編の論文を加えてまとめられている。既発表の論文の初出について述べると、まず「序論」の「アウグスティヌス時代の状況について」には原題「アウグスティヌスの恩恵論成立に関する歴史的な考察」として『歴史と神学』大木英夫教授喜寿記念献呈論文集、上巻、聖学院大学出版会、2005年に掲載した論文を用いた。第1章と第2章は原題「アウグスティヌスにおける倫理思想の内的発展」日本倫理学会編『キリスト教』理想社、1968年にその後の研究を加えて完成させた。第4章「ペラギウス派論争の経過」は「総説」論文として「アウグスティヌス著作集」9と29、教文館、1979、1999年に掲載した論文に同著作集に収録した『罪の報いと恩恵』全3巻、『文字と霊』、『自然と恩恵』、『人間の義の完成』、『キリストの恩恵と原罪』全2巻の「解説」論文の一部を加えて修正のうえ完成させた。第5章「ペラギウス派論争の発展」は「アウグスティヌス著作集」29と30、教文館、1999、2002年に掲載した『ペラギウス派の二書簡駁論』全2巻と『ユリアヌス駁論』全6巻の「解説」論文の一部を用いて加筆修正して作成された。第6章「セミ・ペラギウス主義

あとがき

との論争」は『アウグスティヌス著作集』10, 教文館, 1985の「総説」論文に同書掲載の『恩恵と自由意志』,『叱責と恩恵』,『聖徒の予定』についての「解説」論文を部分的に使って完成させた。第9章と第10章は拙著『近代自由思想の源流』創文社, 1987年の第1章と第10章の骨子に恩恵論を加えて大幅に修正して完成させた。

この研究を完成するに当たってお二人のことが忘れがたく想起される。大学に入学したころわたしは高橋亘先生に出逢い, 哲学とラテン語を教わった。そして演習の時間にはペラギウス派駁論書の中でももっとも名高い『霊と文字』をラテン語で講読してもらった。そのときに使用したテキストは St. Augustine, De spiritu et littera with an Introduction by William Bright, Oxford, 1914であった。また卒論指導の時間にはハルナックの『教義史教本』第三巻をも一緒に読んでくださった。こうした大学院並みの高度な指導を受けてわたしのアウグスティヌス研究ははじまった。先生は昨年の夏に97歳の長寿をまっとうし他界された。このようなよい師の指導を受けることができたのは神の恩恵にほかならないと想う。もう一人は畏友伊藤邦幸氏である。わたしの姉が邦幸君のお父上を知っていた関係で, 京都に来る以前から彼のことは知っていたが, 博士課程の3年間を一緒にアウグスティヌスの研究に励み, その後のネパールでの医療活動の期間中も親交を続けてきた。彼の研究テーマこそ「アウグスティヌスの恩恵論」であった。博士課程を修了するさいに発表した研究論文は今日でも優れた内容であるが, 医療伝道というより大きな目的のために医学部へと進路変更し, そのためアウグスティヌスの研究は継続できなくなった。どんなに残念であったことか。ネパールでの過労が重なったためか比較的早く逝った彼のことが本書をまとめながら偲ばれてならない。

出版にさいしては今回も知泉書館の小山光夫社長にご迷惑をおかけしてしまった。わたしの書いたものは採算がとれないにもかかわらず, 出版していただき, 多大の恩恵に浴していることを深く感ずる次第である。

2006年1月13日

金 子 晴 勇

参考文献

(本書で参照したアウグスティヌスの著作と研究論文のみ)

1 原典の全集と著作の翻訳

Sancti Aurelii Augustini Opera Omnia (Benedictus) Paris 1838

Aurelius Augustinus : Oeuvres de saint Augustin, Paris, 1949ff.

Mercator, M, Commonitorium super nomine Coelestii (ed. Eduardus Schwartz), in; ACO 1, 5, S. 65-70 Berlin, 1924-26.

Orosius, Liber apologeticus contra Pelagium, de aribtrii libertate, in: Adversuu paganos historiarum libri septem, 1615.

Orosius of Barcelona, Defense against the Pelagians, trans. by Craig L. H., in: The Fathers of the Church, Iberian Fathers vol. 3, 1999.

Pelagius, Epistula ad Demetriadem, imn: MPL 30, 1846, Sp. 15-45. ペラギウス『デメトリアスへの手紙』鎌田伊知郎訳『中世思想原典集成4』平凡社，1999年所収。

Pelagius, Libellus fidei ad Innocentium, in: MPL 45, 1865, Sp. 1716-1718.

Pelagius, Pelagii Expositiones XIII Epistularum Pauli ad Romanos (ed. Alexander Souter), 1926.

Pelagius, Commentary on St Paul's Epistle to Romans, trans. by De Bruyn, 1993.

Pelagius, B. R., Pelagius Life and letters, 1998.

本書で主に扱った著作の翻訳

『アウグステイヌス著作集』教文館，1979〜のうちの次の巻が研究対象となった。

第9巻＝ペラギウス派駁論集（1）　『霊と文字』,『自然と恩恵』,『人間の義の完成』（以上，金子晴勇訳）1979年

第10巻＝ペラギウス派駁論集（2）　『恩恵と自由意志』,『譴責と恩恵』（以上，小池三郎訳）,『聖徒の予定』（金子晴勇訳）,『堅忍の賜物』（片柳栄一訳）1985年

第29巻＝ペラギウス派駁論集（3）　『罪の報いと赦し』,『キリストの恩恵と原罪』（以上，金子晴勇訳）,『ペラギウス派の二書簡駁論』第1〜2巻（畑宏枝訳）1999年

第30巻＝ペラギウス派駁論集（4）　『ユリアヌス駁論』（金子晴勇訳）2002年

その他の参照した邦訳
『告白』山田晶訳「世界の名著　アウグスティヌス」中央公論社，1969年
『原典　古代キリスト教思想史』第3巻，小高毅編訳，教文館，2001年

2　研究書

Aulen, G., Christus victor. An Historical Study of the Three main Types of the Idea of the Atonement, 1953.

Barth, H., Die Freiheit der Entscheidung im Denken Augustins, 1935

Bauer, Die christliche Kirche vom Anfang des vierten bis zum Ende des sechsten Jahrhunderts, 1859

Bohlin, T., Die Theologie des Pelagius und ihre Genesis, 1957

Bonner, G., St. Augustine of Hippo. Life and Controversies, 1986

Bonner, G., Augustine and Modern Reseach on Pelagianism, in: God's Decree and Man's Destiny, 1987.

Bright, W., St. Augustine De Spiritu et Littera with an Introduction by William Bright, 1914

Bright, W., Select Anti-Peragian Treatises of St. Augustine, 1880

Brown, P., Augustine of Hippo. A Biography, 1967.（ブラウン『アウグスティヌス伝』出村和彦訳，教文館，2004）

Brown, P., Pelagius and his supporters, in: Religion and Society in the Age of Saint Augustine, 1972

Brown, P., The Patrons of Pelagius, in: Religion and Society in the Age of Saint Augustine, 1972

Bruckner, A., Die vier Büecher Julianas von Aeclanum an Turbantius, 1973

Bruckner, A., Julian von Eclanum, 1897

Burnaby, J., Amor Dei, A Study of St. Augustine's Teaching on the Love of God as the Motive of Christian Life, 1960

Burns, J. P., The Development of Augustine's Doctrine of Operative Grace, 1980

Burns, J. P., The theological Anthropology, Fortress Press, Philadelphia., 1981

Caspari, C. P., Briefe,Abhandlung und Predigten aus den zwei letzten Jahrhunderten des Kirchlichen Altertums und dem Anfang des Mittelalters, 1890

Collingwood, R. G., in: Collingwood and Myres, Roman Britain and the English Settlements, 2nd ed., Oxford, 1949

Dettloff, W., Die Lehre von der Acceptatio divina bei Johannes Duns Scotus, 1954

Dettloff, W., Die Entwicklung der Akzeptations-und Verdienstlehre von Duns Skotus bis Luther, 1963

Dinkler, E., Die Anthropologie Augustins, 1934

Drecoll, V. H., Die Entstehung der Gnedennlehre Augustins, 1999

Duffy, J., The Dynamics of Grace Perspectives, in Theological Anthropology, 1993

Dunphy, W., Caerestius: A preliminary investigation, 「アカデメイア」南山大学, 1994

Evans, R. F., Pelagius Inquiries and Reappraisals, 1968

Körner, F., Das Sein und der Mensch. Die Existenzielle Seinsentdeckung des jungen Augustin. Grundlagen zur Erhellung seiner Ontologie, 1959

Ferguson, J., Pelagius. A historical and theological Study, 1956

Gilson, E., The Christian Philosophy of St. Augustine, 1961

Gilson, E., History of Christian Philosophy in the Middle Ages, 1955

Groethuysen, B., Philosophische Anthropologie, 1969

Gross, J., Das Wesen der Erbsünde nach Augustin, Magister Augustinus, II, 1954

Guardini, R., Die Bekehrung des A. Augustinus, 1959, 3 Auf.

Guardini, R., Anfang–Eine Auslegung der ersten fünf Kapitel von Augustinus Bekenntnissen, 1953, 3 Auf.

Harnack, A., Lehrbuch der Dogmengeschichte, Bd. III, 4 Auf. 1910

Jonas, H., Augstin und das paulinische Freiheitsproblem, 1965 (1930)

Jonas, H., Üer die hermeneutische Struktur des Dogmas, in : Augustin und das paulinische Freiheitsproblem, 1965

Lesousky, M. A., The De Dono Perseverantiae of Saint Augustine. A Translation with an Introduction and a commentary, 1956

Link, W., Das Ringen Luthers um die Freiheit der Theologie von der Philosophie, 1955

Lohse, Epochen der Dogmengeschichite, 1974

Lonergan, Grace and Freedom Operative grace in the Thought of St. Thomas Aquinas, 1971

Loofs, Leitfaden zum Studium der Dogmengeshichite, hrsg. Aland, K., 1953

Lössel, J. Tulian vom Aeclanum. Studien zu seinem Leben, seinem Werke , seine Lehre und ihrer Überliefernung, 2001

Ferdinand Lot, The End of the Ancient World and the Beginning of the Middle Ages, 1961

Mausbach, J., Die Ehtik des hl. Augustinus, 2 Bde., 1909

Maxsein, A., Philosophia cordis, Das Wesen der Personalität bei Augustinus, 1966

Mozley, J. B., A Treatise on the Augustinian Doctrine of Predestination, 1879

Nörregaard, J., Augustins Bekehrung, 1923

Nygren, A., Augustin und Luther, 1958

Nygren, G., Das Prädestinationsproblem in der Theologie Augustins, 1956

O' Connell, The Origin of the Soul in Augustine's Later Works, 1987

Ogliari, D., Gratia et Certamen. The Relationship between Grace and Free Will in the Discussion of Augustine with the So-called Semipelagians, 2003

O' Meara, J., The young Augustine. The growth of St. Augustine's mind up to his Conversion, 1954

Orosius of Barcelona, Defense against the Pelagians, tran. by Craig L. H., in: The Fathers of the Church, Iberian Fathers vol. 3, 1999

Paulinus, Vita Ambrosii, I, MPL XIV. The Wester Fathers, tran. by F. R. Hoare, 1954

Platz, P., Der Römerbrief in der Gnadenlehre Augustins, 1938

Plinval, G. D., Pélage, ses ecrits, sa vie et sa reforme, 1943

Pesch, O. H., Peters, A., Einführung in die Lehre vom Gnade und Rechtfertigung, 1989

Portalie, E., A Guide to the thought of St. Augustine, 1960

Questen, J., Patrology, vol. IV, The Golden Age of Latin Patristic Literature, 1992

Rahner, K., Augustin und der Semipelagianismus, in: Zeitschrift für katholische Theologie, 62.

Reuter, I-I., Augustinische Studien, 1967, Neudruck der Ausgabe Goata 1887

Rees, B. R., Pelagius Life and letters, 1998

Rottmanner, O., Der Augustinismus. Eine dogmengeschichtliche Studie 1892

R.Seeberg, Lehrbuch der Dogmengeschichte, Bd. II., 1960 (1923)

Schultz, W., Die theologia cordis bei Augustin und Schleiermacher, in: Schleiermacher und der Protestantismus, 1957

Southern, R. W., The Making of the Middle Ages, 1953.『中世の形成』森岡敬一郎，池上忠弘訳，みすず書房，1982年

Stählin, G., Gottes Gnade, III. Im NT, in: RGG, Bd. II, 1958

Teselle, E., Augustine the Theologian, 1970

Teselle, E., Rufinus the Syrian, Caelestius, Pelagius: Explorations in the Prehistory of the Pelagian Controversy, Augustinian Studies Vol. 3, 1972

Thier, S., Kirche bei Pelagius, 1999

Troeltsch, E., Augustin, die christliche Antike und das Mittelalter, 1915.（『アウグスティヌス』西村貞二訳，新教出版社）

Troeltsch, E., Gesammelte Schrifften., Bd. III, Der Historismus und seine Probleme, 1922

Thimme, W., Augustins geistige Entwicklung in den ersten Jahren nach seiner Bekehrung, 386-391,1973 (1908)

Weaver, R. H., Divine Grace and Human Agency. A Study of the Semi-Pelagian Controversy, 1966

Würthwein, E., Gottes Gnade, II. Im AT und Judentum, in: RGG, Bd. II, 1958

クレシェンツォ『物語・中世哲学史』谷口伊兵衛他訳，而立書房，2003年
鈴木浩「ペラギウスの義認論」「ルター研究」第9巻，2004年，ルター研究所編
鈴木浩「義認論の前提としての原罪論」「ルター研究」第4巻，1988年（前出）

征矢野晃雄『聖アウグスティヌスの研究』長崎書店，1929年
高橋亘『アウグスチヌスと第十三世紀の思想』創文社，1980年
デンツィンガー編『カトリック教会文書資料集』浜寛五郎訳，エンデルレ書店，1982
ハイネマン『カトリック教会と性の歴史』高木昌史他訳，三交社，1996年
ペイゲルス『アダムとエバと蛇 ──「楽園神話」解釈の変遷』絹川久子・出村みや子訳，ヨルダン社，1993年
ムールー『人間 ── そのキリスト教的意義』三雲夏生訳，中央出版社，1966年
山田望『キリストの模範 ── ペラギウス神学における神の義とパイデイア』教文館，1997年
ラーナー『キリスト教とは何か ── 現代カトリック神学基礎論』百瀬文晃訳，エンデルレ書店，1981年
リーゼンフーバー「トマス・アクィナスから近世初期にかけての自由観の変遷」，松本編『トマス・アクィナス研究』創文社，1975年

（本書で絶えず参照した著者の関連研究）
『ルターの人間学』創文社，1975年
『アウグスティヌスの人間学』創文社，1982年
『近代自由思想の源流』創文社，1987年
『マックス・シェーラーの人間学』創文社，1995年
『ヨーロッパの思想文化』教文館，1999年
『ルターとドイツ神秘主義』創文社，2000年
『ヨーロッパの人間像』知泉書館，2002年
『人間学講義』知泉書館，2003年
『愛の思想史 ── 愛の類型と秩序の思想史』知泉書館，2003年
『アウグスティヌスとその時代』知泉書館，2004年

人名索引
(nは脚注)

アウレリアヌス皇帝　10
アウレリウス（カルタゴの）　68, 69, 109, 110, 111, 130
アウレリウス皇帝　8
アタナシオス　8
アダム　15, 75, 80, 85, 96, 109, 113, 115, 137, 211, 214, 219, 222
アベラール　73
アポリナリウス　99
アラリック　12, 260
アリストテレス　21, 50, 88, 195
アリピウス　68, 94n., 153-55
アレイオス　23, 99
アンセルムス　272, 274
アンブロシウス　23, 60, 142, 144, 148n, 231, 259
イノケンティウス教皇　69, 70, 78, 81, 91, 93, 127, 135, 135n, 136, 137, 141, 142, 148n, 241
ウァレリウス　153, 162
ウァレンティヌス　171, 172
エイレナイオス　6, 272
エック　303
エラスムス　290, 299, 300, 304, 305, 323
オッカム　282
オリゲネス　6, 68, 132, 231, 301
オロシウス　68, 127, 129, 130, 315, 316, 318-20

カエサリウス（アルルの）　259
カエレスティウス　12, 65, 69, 75, 84-92, 100, 109-12, 132, 133, 136, 137, 142, 149, 195, 202, 203, 210, 228, 318, 323
カッシアヌス　239, 240, 253

カルヴァン　229, 298
カント　21, 89, 100, 313, 321, 323, 324
キケロ　8, 14, 23, 108
キプリアヌス　10, 115, 120, 186
キルケゴール　49n, 52n, 53n, 267, 314
クリュソストモス　98, 162, 196, 241
グレゴリオス　11
コンスタンティヌス皇帝　8, 10

ジェイムズ　16n, 198
シクストゥス3世教皇　94, 170, 171, 173
ジャンセニウス　306
シュタウピツ　288
シンプリキアヌス　40, 41, 186
シンマクス　260
スコトゥス　276, 278, 283
ゾシムス教皇　69, 75, 92, 137, 138, 151

ティマシウス　121
デカルト　310, 311, 313
デメトリアス　67, 70, 71, 99, 122, 128
テルトリアヌス　148n
ドーソン　10
トマス・アクィナス　198, 273-76, 283, 286
トレルチ　8

バーガー　325
パウリヌス（ノアの）　93, 106, 127
パウリヌス（ミラノの助祭）　109-11
パウロ　3-5, 39-41, 43, 45, 53, 58, 90, 118, 198, 317
バシレイオス　98
パスカル　306, 308-10

ハルナック　138, 237
ビール　284, 287
ピエール・ベール　307, 312
ヒエロニュムス　11, 68, 78, 115, 127-29, 135, 136, 196, 215, 301, 315, 320
ピュタゴラス　211
ヒラリウス　180, 182, 184, 192
ファウストゥス（リエの）　250
ファガスン　71
フェリックス　171
プラトン　24, 26
プランヴァル　71
フルゲンティウス　255, 268
フロールス　171-73, 177
プロスペル　180-82, 192, 239, 245, 251, 260
プロティノス　29, 30
ヘーゲル　325
ペラギウス　12, 14, 29, 65-84, 100, 106-08, 119, 122, 129, 131, 133, 134, 137, 144, 148n, 195, 197, 201, 202, 211, 316-21, 323
ヘラクレス　55
ベルナール　210, 274
ヘロス(アルルの)　68, 130, 135
ボエティウス　270, 271
ボニファティウス1世教皇　93, 153, 154
ボニファティウス2世教皇　260

ホノリウス皇帝　113
ホルミスダ教皇　240, 251
ポンティキアヌス　52

マリウス・メルカトル　77, 85, 109
マルケリヌス　113
メランヒトン　303
モーセ　80
モリナ　307

ヤコブス　121
ユリアヌス　65, 90, 92-99, 149, 151-68, 195, 197, 202, 210, 222, 228
ユリアヌス皇帝　10
ヨウィニアヌス　82
ヨハンネス　68, 127-30, 316

ライプニッツ　303, 307, 312, 313, 321,
ラクタンティウス　8
ラザルス（エクスの）　68, 130, 135
リケンティウス　24
ルキドゥス　251
ルター　269, 284, 285, 300, 305, 310
ルフィヌス　77
ルペスの司教フルゲンティウス　255

事項索引

(nは脚注)

あ 行

愛　34, 35
　——の秩序　218
アウグスティヌス主義　254
アウグスブルク信仰告白　303
悪徳　215
悪魔　95
アダムの原罪　262
アフリカ教会会議　75
アルルの教会会議　254
アンブロジアステル　214
イエス・キリストの恩恵　322
イエズス会士　306, 307, 311
意志
　——と自由意志　276
　——の奥底　62
　——の原因性　323
　——の自由　89, 120
　——の自律　323
　——の責務　205
意志決定　273
異端　194
遺伝説　221
ウルガタ　215, 214
運命論　71, 228
エレオス（いたわる）　3
奥義　204
オッカム主義　285, 286, 288, 291, 301
オランジュ教会会議　240, 259, 264, 265, 267, 329
オリゲネス主義　74, 315, 316

恩恵　144, 261
　——以前　58
　——概念　124, 202, 321
　——学説　146, 147
　——と自由意志　19, 165, 205
　——なしには　207
　——に協働する人間　296
　——の教師　19, 108
　——の協働　175
　——の絶対性　209, 277, 305
　——の先行性　27
　——のそそぎ　157
　——の定義　203
　——の博士　13
　——のみ　48, 177
　——の御霊　61
　——の無償性　209, 226, 243
活動的——　176, 193n, 207, 295
義とする神の——　117
充分な——　193n
先行する——　26
先行的——　183, 185
有効な——　178, 193n
赦しとしての——　321
恩恵論　210, 245, 264
　——の完成した図式　62
　——ノ図式　63
パウロの——　237
パスカルの——　308

か 行

解釈学　61

回心　　26, 27, 36, 48, 53, 54, 57
核　　50
仮定的必然性　　313
カトリック　　158
　　——教会　　157, 195, 231, 264
神
　　——との一体感　　257
　　——の贈物　　144
　　——の恩恵　　35, 40, 138, 174, 242
　　——の観照　　34, 36
　　——の義　　118, 233, 289, 290, 292
　　——の計画　　44, 191
　　——の裁き　　227
　　——の絶対的権能　　281
　　——の像　　79, 200, 299, 310
　　——の創造　　157
　　——の秩序的権能　　282
　　——の独占活動　　292, 296
　　——の前　　295
　　——の前に　　52
　　——の予知　　182, 226, 271
　　——の予定　　107, 191, 247, 249, 256
　　——の霊　　45, 47
　　——への対向性　　36
カリス（恩恵）　　3-5
カルタゴ会議　　85, 203
カルタゴ教会会議　　75, 86, 108, 110, 112, 121, 135, 265, 315
観照　　25
感染　　225
義化　　44, 231, 277, 290
義人にして同時に罪人　　160, 161, 259, 268, 269, 290, 302
義認　　73, 114, 118, 231, 236, 286, 304, 305
　　——の教義　　143
　　——論　　187
傷　　166, 199, 215, 223, 224
　　——ついた意志　　199
　　蛇から受けた古い——　　166
　　本性の中の——　　166
基礎経験　　200
機能　　63

救済計画　　6
教義の解釈学　　60
強制　　64
協働　　124, 257, 304
　　——説　　46, 176, 244, 295
　　——的恩恵　　140, 147, 176, 207, 295
　　——の恩恵　　263
教養　　321
聖き愛　　268
キリスト　　5, 20, 72
　　——との合一　　114
　　——の恩恵　　80, 91, 139, 146, 169
　　——の救済　　86
　　——の十字架　　73
　　——の贖罪　　73, 76
　　——の御傷　　288
　　——の模範　　73n
キリスト教的意識　　24-26
禁欲思想　　167
禁欲主義者　　66
禁欲生活　　68
偶然性　　312
鎖　　224
グノーシス主義　　6, 8
啓発　　203
啓蒙思想　　322
結婚　　95, 218
　　——のサクラメント　　166
　　——の善　　143, 152, 164, 18
原義　　277
原罪　　15, 30, 31, 36, 82, 89, 95, 97, 101n, 114-16, 124, 139, 142, 143, 147, 148, 157, 159, 165, 168, 169, 190, 204, 210, 212-14, 220, 222, 248, 252, 261, 268, 293, 318, 324
　　——遺伝説　　76, 152
　　——神学　　210
　　——説　　19, 30, 76, 148, 166, 191, 221
　　——の教義　　62, 143
　　——の傷　　166
　　——悲観主義　　60
譴責　　173, 177
堅忍　　179, 183, 191, 226

事項索引　　　　　　　　　　　　　　341

功績　　44, 81, 170, 175, 188, 189, 209
　　――思想　　146, 186, 291
高慢　　269
心　　50, 62
　　――の奥底　　58
　　――の病気　　49
　　清い――　　61
　　健全な――　　16
　　不安な――　　11, 49-51
根本悪　　323, 324n
困難　　30, 34

さ　行

罪責　　222
　　――感情　　51
　　根源的な――　　215
罪人の集団　　46
サクラメント　　43, 180, 182, 219, 220
成義　　73
四元徳　　33
自己認識　　51
自然　　157
　　――によって授けられた恩恵　　321
　　――の構造　　203
　　――の必然性　　89
　　壊敗した――　　206
　　更新された――　　126
　　損傷された――　　126
自然概念　　126
自然主義的　　102
自然哲学　　100
自然本性　　67, 123-26, 165, 252
　　――の力　　99
死の深淵　　58
自発性　　312
ジャンセニスト　　311
ジャンセニズムの運動　　305
自由　　207, 208
　　――とされた自由意志　　160, 208, 324
　　――な意志　　119
　　――な意志決定　　119

　　――な原因性　　280
　　――の拡大　　324
　　――の弁証法　　296
　　義からの――　　159
　　キリスト教的――　　208
　　近代的――　　280
　　神学的な――　　201
　　生来的――　　273
　　積極的――　　322
　　消極的――　　322
　　選択の――　　97, 325
　　哲学的な――　　201
自由意志　　14, 29, 30, 40, 42, 47, 54, 57-59,
　　71, 79, 95, 101, 103, 119, 120, 122, 158, 228,
　　242, 248, 275, 284, 303
　　――学説　　279
　　――と恩恵　　174
　　――の自由　　177, 209
　　――の力　　100
　　――の定義　　272, 292
　　拘束された――　　160, 235
自由決定　　119
習慣　　41, 42, 48, 54, 55, 58, 145
　　――の重荷　　59
　　――の鉄鎖　　48, 63
　　――の必然性　　53, 211
習性　　33, 278, 281
　　――の改造　　277
宗教改革的認識　　285
宗教的深化　　60
宗教の種子　　299
羞恥心　　216
宿命論　　181, 247
主体性　　59
受動的義　　289
受納　　281
　　――の原理　　282
条件付きの必然性　　271
召命　　43-45, 56, 58
情念の深淵　　36
情欲　　41, 59, 96, 114, 216, 217, 220, 224
　　――の邪悪　　152

贖罪　144, 180, 204
　　── の模範　72
自律　56, 296, 324
　　── 性　302
試練　52, 61
深淵　11
信仰　34, 44
　　── 義認　72, 289
　　── 義認論　305
　　── の恩恵　43
心身関係　223, 225
新生　61
神人協力説　176
神秘思想　21, 24
神秘的合一　24
神律　313, 324
新プラトン主義　20-22, 24, 27, 29, 33, 39
人類の教育　204
スコラ神学　282
　　── の公理　285
スコラ哲学　210
図式　63
ストア思想　14, 71
ストア主義　32, 102, 195
ストア哲学　20, 21, 27, 36, 100, 101
ストア派　21
性　168
　　── 悪説　158
　　── 善説　158
　　── 生活　218
　　── 体験　216
　　── 的行為　219
　　── 欲　165, 213, 216
聖化　73, 108, 190, 235, 253, 267, 270
　　── する霊　189
　　── の過程　241
聖書解釈　60
聖性の模範　81
聖霊　103
　　── の賜物　118, 188
成義　231, 235, 236, 290, 305
西方教会　241, 264

折衷主義　252
セミ・アウグスティヌス主義　239
セミ・ペラギウス主義　169, 239, 245, 246, 250, 259, 264, 268, 274, 287, 306,
セミ・ペラギウス論争　267
宣義　118, 231, 234-36, 290, 305
先在説　26, 76
善性　98
選択意志　28
選択機能　208
先例　101
洗礼　191
　　── のサクラメント　181
創造説　76, 212
創造の神学　90

た　行

第一原因　275
対向性　51
怠慢　31
堕罪　212, 294
　　── 神話　62
　　── 物語　211
堕落　228
　　── 説　213
正しい理性　280, 283
脱自　24
魂　95, 158
　　── の病気　54
他律　323, 324
単純な必然性　271
知的回心　27
知的救済論　22, 24, 25
恥部　220, 221
中間時の倫理　190
注入　45
仲保者　25
超自然的習性　278, 281
罪　32, 322
　　── と恩恵　13
　　── とその救い　146

事項索引

―― の遺伝　148
―― の遺伝説　84, 85
―― のかたまり　46
―― の起源　28
―― の根源　269
―― の支配　207
―― の習慣　90
―― の伝播　111
―― の奴隷　42, 103, 159, 175, 178, 208, 273, 277, 278, 300
―― の罰　223
―― の本質　88
―― の赦し　322
アダムの ――　97, 101, 211, 304
ディオスポリス　68, 77
―― 教会会議　71, 83, 91, 130, 134-36, 203, 329
手負いの意志　54
哲学的自由論　300
伝播説　75, 76, 212
道徳感化説　73
道徳的完成　67
陶土のかたまり　46
徳　33
ドナティスト　12, 113
トリエントの公会議　303, 306
奴隷状態　47, 207
奴隷的意志　297, 310

な　行

内心の分裂　53, 80, 199, 200
内的習性　277
内的人間　156, 232
内的弁証法　206
肉の人間　46, 47
肉の情欲　47, 158, 161, 164, 213
肉欲　217, 219
二重原理　282
二重真理説　283
二重予定説　302
任意的自由　312

人間
―― の全体　35
―― の尊厳　291
―― の弱さ　161
―― 本性の尊厳　79
病んだ ――　15
律法の下に立つ ――　156
人間学
―― 的三区分法　225
古代の ――　75
神学的な ――　168
哲学的な ――　168
ノミナリズム　282, 284

は　行

パウロ主義　44, 118, 147, 186
派遣説　213
恥　299
ハドルメトゥム　170-72, 177, 205, 226, 241
反オリゲネス主義　68, 78
万人救済説　226, 249
万人救済論　132
比喩的解釈　232
病気　214
不安な魂　200
不可抗的恩恵　178
普遍的救済論　179, 185, 188, 193
プラトン主義　23, 25, 167
プリスキリア主義　315, 316
ブルガタ　70
プロテスタント　307
―― 神学　298
ペラギウス
―― の恩恵論　125, 132, 201, 319
―― の急進主義　67
―― の図式　63
―― の人間学　78
ペラギウス派の自然主義　90
ペラギウス主義　99-103, 121, 149, 194-96, 237, 243, 251, 305
―― の根本命題　86

弁証論　98
弁論術　108
本性の力　261

ま〜ら　行

マニ教　74, 97, 108, 152, 154, 157, 158, 292
　　——の決定論　101
マニ教徒　82, 95
未決定性　312
未決定の自由意志　281
御霊　189
　　——の賜物　236
むさぼり　219
無罪性　78, 81, 87, 91, 114, 116, 122, 123, 126, 148
無償　62, 73
　　——で　147, 159
　　——の恩恵　125, 257
　　——の義化　259
　　——の賜物　186, 201
無知　30, 34, 36
　　——と無力　115, 116, 165, 248
無力　30, 36, 90
文字　117, 118
　　——と霊　232
模範　80, 145
模倣　113, 114, 148
模倣論　73n

病　215
　　身体の——　225
　　精神の——　199
病める魂　16
病んだ意志　248

有効性　226
友情　217
容易に　141
幼児洗礼　66, 84, 91, 108, 109, 114, 148
欲情　60, 222
予知と予定　187, 229, 249
予定　181-84, 189, 226-30, 249, 263
　　——の奥義　46
　　——の教え　107
　　——の教義　62
　　——の条件　188
　　滅びへの——　230, 256, 258
予定説　19, 40, 43, 44, 185, 189, 191-93, 250, 254, 258, 301
予定調和説　313
予定論　188
弱さ　320

楽園の神話　210, 211
理解を求める信仰　272
理性　98, 100
　　——的自律　321, 323
　　——の自律　313
律法と福音　232
良心　51, 52, 80, 223, 317, 324
　　——の証言　73
類的存在　46
霊　117, 118
　　——肉　53, 54
　　——と肉　232
　　——の注ぎ　45
霊化　47
霊的人間　35, 46
ロゴス　7

金子 晴勇（かねこ・はるお）
昭和7年静岡県に生まれる．昭和37年京都大学大学院文学研究科博士課程修了．立教大学，国立音楽大学，岡山大学，静岡大学を経て，現在聖学院大学大学院特任教授，岡山大学名誉教授，文学博士（京都大学）
〔著訳書〕『愛の思想史』『ヨーロッパの人間像』『人間学講義』『アウグスティヌスとその時代』（以上，知泉書館），『ルターの人間学』『アウグスティヌスの人間学』『マックス・シェーラーの人間学』『近代自由思想の源流』『ルターとドイツ神秘主義』『倫理学講義』『人間学―歴史と射程』（編著）（以上，創文社），『宗教改革の精神』（講談社学術文庫），『近代人の宿命とキリスト教』（聖学院大学出版会），アウグスティヌス『ペラギウス派駁論集Ⅰ，Ⅱ，Ⅲ，Ⅳ』『ドナティスト駁論集』『キリスト教神秘主義著作集2 ベルナール』（以上，教文館）ほか

〔アウグスティヌスの恩恵論〕　　　　　　　　ISBN4-901654-66-7

2006年2月20日　第1刷印刷
2006年2月26日　第1刷発行

著　者　金子晴勇
発行者　小山光夫
製　版　野口ビリケン堂

発行所　〒113-0033　東京都文京区本郷1-13-2
　　　　電話 03 (3814)6161　振替00120-6-117170
　　　　http://www.chisen.co.jp
　　　　　　　　　　　　　　　株式会社 知泉書館

Printed in Japan　　　　　　　　　印刷・製本／藤原印刷